Wilhelm Friedrich Volger

Urkundenbuch der Stadt Lüneburg

Wilhelm Friedrich Volger

Urkundenbuch der Stadt Lüneburg

ISBN/EAN: 9783744690447

Hergestellt in Europa, USA, Kanada, Australien, Japan

Cover: Foto ©ninafisch / pixelio.de

Weitere Bücher finden Sie auf **www.hansebooks.com**

Urkundenbuch

der

Stadt Lüneburg

bis zum Jahre 1369

bearbeitet

von

Dr. W. F. Volger,

Director a. D. der Realschule und Stadtbibliothekar in Lüneburg

Inhaber des K. Hannoverschen Guelfenordens IV. Classe, Ritter des K. Preuß. Kronenordens
III. Classe, Correspondirendem Mitgliede der Geschichtsvereine in Frankfurt a. M.,
Hamburg, Schwerin u. a. wissenschaftlichen Vereine in Wien, Emden ꝛc.

herausgegeben

vom

historischen Vereine für Niedersachsen.

Hannover.
In der Hahn'schen Hofbuchhandlung.
1872.

Hannover. Schrift und Druck von Fr. Culemann.

Vorwort.

Das Archiv der Stadt Lüneburg gehört zu den bedeutendsten Urkundensammlungen Deutscher Städte, denn es enthält über 6000 Originalurkunden. Es hat das Glück gehabt, im Laufe von sechs Jahrhunderten von verderblichen Ereignissen völlig verschont geblieben zu sein, denn weder Feuersbrünste, noch feindliche Gewalt, noch irgend ein anderer feindseliger Zufall hat auf dasselbe eine störende Wirkung geäußert; auch die Örtlichkeit des Archivs war nicht der Art, daß daraus ein nachtheiliger Einfluß auf die Erhaltung der Urkunden hätte ausgeübt werden können, und eine sorgfältige Beaufsichtigung bewirkte, daß der ganze Schatz mit wenigen Ausnahmen unverkürzt und unversehrt von einem Jahrhunderte dem anderen überliefert werden konnte. Die im Archive selbst bewahrten Urkunden sind durchaus wohl erhalten, aber die leidige Sitte, die Urkunden einzelner Stiftungen und Corporationen in besonderen Kasten und nicht selten in feuchten Gemächern zu verwahren, hat allerdings manchen Schaden angerichtet; doch sind die wichtigeren Originale von solchem verderblichen Einflusse gänzlich verschont geblieben. Das Alter der Urkunden geht über das XIII. Jahrh. nicht hinaus, ein einigermaßen befremdlicher Umstand, da eine freie städtische Gemeinde in Lüneburg mit großer Sicherheit schon zur Zeit Heinrichs des Löwen angenommen werden kann und die älteste vorhandene Urkunde über städtisches Recht ganz bestimmt auf ältere Gemeinderechte hinweiset. Verbürgte Nachrichten über die erste Stiftung unserer

städtischen Gemeinde findet der Forscher nicht, natürlich, da nach
altdeutscher Weise vorzugsweise Gewohnheit und Herkommen
nach und nach ein Gemeinwesen bildete; Constitutionen unserer
Zeit kannte man nicht; nur die Stiftungen Deutscher Gemeinden
im Auslande, z. B. in den Slavenländern, sind durch fürstliche
Patente beglaubigt. Was man im Deutschen Lande gewöhnlich
für Stiftungsurkunden zu halten pflegt, ist in der Regel nur
eine förmliche von dem Landesherrn beglaubigte Zusammen=
stellung und Vermehrung längst bestandener und anerkannter
Rechte. Daß nicht alle Urkunden des Archivs, welche sämmtlich
dem Herausgeber zu Gebote standen, von solcher Bedeutung
sind, daß der Abdruck derselben nothwendig oder nur wünschens=
werth erscheinen mußte, bedarf keiner Versicherung; dagegen trat
die Nothwendigkeit, zur Vervollständigung der städtischen Ge=
schichte auch Urkunden auswärtiger Archive zu berücksichtigen,
so drängend in den Vordergrund, daß der Bearbeiter dieses
Urkundenbuches sich der Mühe nicht entziehen durfte, die neuer=
dings herausgegebenen Urkundenbücher derjenigen Länder,
Städte, Stifter ꝛc., mit denen Lüneburg im Verkehr stand, zu
durchforschen und für sein Unternehmen nutzbar zu machen *).
Welche Frucht diese Arbeit getragen hat, liegt in der bedeutenden
Zahl von Urkunden und Regesten vor, welche dem Urkunden=
buche einverleibt oder in demselben wenigstens bemerklich gemacht
sind. Daß neben den Urkunden des Archivs auch die gleich=
zeitigen in den verschiedenen Stadt= und Copialbüchern (liber
civitatis, Donatus, registrum senatus etc.) aufbewahrten
Nachrichten benutzt sind, braucht wohl nicht besonders bezeugt
zu werden. Dem Geschichtsfreunde werden die Erzählungen
gleichzeitiger, selbst späterer Chronisten, namentlich über die ersten
Jahrhunderte der Stadtgeschichte, genehm sein.

So viele Lüneburger Urkunden auch bereits gedruckt sind,

---

*) Dagegen sind die Urkunden des ehemaligen Prämonstratenser
Klosters Heiligenthal, welche sich dem Urkundenbuche des Fürstenthums
Lüneburg anschließen müssen, unberücksichtigt geblieben, so weit sie nicht
unmittelbar in die städtischen Angelegenheiten eingreifen.

so kann doch die Wiederholung derselben in dieser Sammlung dem nicht überflüssig erscheinen, der es weiß, daß die früheren Abdrücke in der Regel nur nach Copialbüchern — und selbst den besten derselben ist nicht immer zu trauen —, auch wenn die Originale vorgelegen hatten, häufig fehlerhaft und im Allgemeinen unzuverlässig sind; selbst Werke, wie die Origines Guelficae, können diesem Vorwurfe nicht ganz entgehen.

Die Urkunden sind nicht allein wörtlich, sondern auch in der Schreibweise möglichst genau wiedergegeben, die Interpunction aber nach neueren Grundsätzen hinzugefügt, da ja bekanntlich die verschiedenen durchaus willkürlichen Zeichen der älteren Handschriften für uns völlig bedeutungslos sind. Als eine Eigenthümlichkeit muß ich bemerken, daß ich die so oft vorkommenden Bezeichnungen einiger Vocale (namentlich o und u), über welchen sich bald dieses, bald jenes Zeichen findet, dessen Bedeutung von den Herausgebern von Urkunden nicht gleichmäßig aufgefaßt wird, durch Auflösung deutlich zu machen gesucht habe. Dem Kenner der Niederdeutschen Sprache, die bis in die Mitte des XVI. Jahrh. in Norddeutschen Urkunden ausschließlich auftritt, wird es nicht entgehen, daß unser Alphabet in der Bezeichnung der Vocale durchaus unzureichend ist. Der oft ganz eigenthümliche Laut eines a, o, ö oder u läßt sich durch die gewöhnlichen Buchstaben nicht wiedergeben. Gewöhnlich wurde dies vom Schreiber nicht beachtet; er überließ es, wie es ja in hundert Fällen noch jetzt der Fall ist, dem der Sprache kundigen Leser, sich den rechten Laut gleichsam hinzuzudenken; sorgsamere Schreiber wollten aber dem Leser nicht etwa dieses Denken ersparen, sondern gerade andeuten, daß der Leser den in Frage stehenden Vocal nicht mit dem herkömmlichen, sondern einem besonderen Laute aussprechen müsse. Dazu wählte er ein Zeichen, das wie ein e oder ^ oder noch anders sich darstellt; Genaueres konnte er nicht geben. Dies Verfahren war rein willkürlich, selbst bei Eigennamen. Man findet z. B. den Namen einer alten Lüneburger Bürgerfamilie Hutb, Hout und Hot geschrieben; keine dieser Schreibweisen drückt den rechten Laut aus, den aber der, welchem die heutige Volkssprache (aber

nicht gerade wie sie beim Stadtbewohner lautet) bekannt ist,
unschwer findet. Der hier gemeinte Volksmund spricht eigent=
lich nie einen Vokal rein aus; er läßt stets einen andern daneben
tönen, der in den verschiedenen Provinzen keineswegs gleich
lautet. Der Lüneburger z. B. läßt in dem Worte don (thun)
ein e nachtönen, der Rheinländer schrieb doin, der Kalenberger
machte ein doun oder gar ein daun daraus und nannte die
oben erwähnte Bürgerfamilie nicht Lüneburgisch Hout, sondern
Haut. Das Hochdeutsche gut klingt dem Lüneb. Landmanne
gout, keineswegs got, dem Kalenberger gaut. Die Bezeichnung
der Urkundenschreiber ist dem Sprachkundigen völlig überflüssig,
weil sie die Aussprache doch nicht genau bezeichnet, viele Ab=
schreiber wandten daher obige Zeichen gar nicht an. Man
sollte sie daher bei dem Abdrucken der Urkunden, als durchaus
ihrem Zwecke nicht genügend, ganz weglassen. Ich habe einen
anderen Weg eingeschlagen; wo ich solche Zeichen fand, habe
ich durch einen beigefügten Vokal den richtigen Laut wenigstens
angedeutet. Ich schreibe daher statt dón doen; richtiger wäre
gewesen do-en, damit das Wort nicht gar in dön verzerrt
würde. So schreibe ich das urkundliche gût (gut) nicht got,
sondern ächt Lüneburgisch gout; der Kalenberger würde geradezu
gaut schreiben und sprechen.

Daß ich nicht ohne fremde Hülfe und freundlichen Rath
meine Arbeit durchführen konnte, brauche ich wohl nicht zu
versichern. Allen denen, welche mir helfend und rathend beistanden,
meinen bereitwilligsten Dank, aber vor allen fühle ich mich dem
Herrn Staatsarchivar Geh. Archivrath Dr. Grotefend
in Hannover, der mit besonderer freundlicher Mühwaltung
diesem Urkundenbuche seine erfolgreiche Mitwirkung widmete,
dankbar verpflichtet.

Lüneburg, 1. Januar 1872.

Volger.

Rex (Carolus) — cum exercitu in Saxoniam ingressus est et usque ad fluvium Albim pervenit ad locum qui dicitur Hliuni [1]). *Annales Laurissens. in Pertz' Monum. Germ. SS. I, 180.*

Cum (Carolus) in pagum Bardengoi pervenisset et juxta locum, qui Bardenwic vocatur, positis castris etc. *Einhardi annales l. c. I, 181.*

Rex Saxoniam ingressus est et usque ad fluvium Albiam pervenit ad locum, qui dicitur Hluini. *Annales Tiliani l. c. I, 222.*

Karolus cum exercitu Saxoniam vastando pervenit usque ad locum, quem vocant Hliuni. *Enhardi Fuldenses annal. l. c. I, 351.*

2. Das Lunabild.

König Karle de toch vort up de borch to Lunenborch unde verstorde dar ok den affgode, de heyt Luna.

[1]) Über die Ortsbezeichnung Lüne und Lüneburg vergl. Volger, der Urſprung und älteſte Zuſtand der Stadt Lüneburg. Lüneburg, 1861, S. 4. Dabei darf wohl darauf hingewieſen werden, daß nach einigen Chroniken die Ilmenau urſprünglich Lunow genannt ſei (auch in Meklenburg wird 1273 eine Lunowe angeführt. Liſch, Meklenb. Urkundenb. II, 1266), aber auch bemerkt, daß der Name des Fluſſes Elmanan (für Elmanau) ſchon im IX. Jahrh. in der Grenzbeſchreibung des Bisthums Verden (Wedekind, Noten I, 77.) vorkommt. Seit dem XV. Jahrh. iſt nur die Form Ilmenau gebräuchlich. Die Bezeichnung Luno, Lunow oder Lynaw kommt zuerſt in Hermann Korner's Chronik und nach dieſer in faſt allen ſpäteren Geſchichtswerken vor und darf nicht ſo ohne weiteres ins Reich der Fabeln verwieſen werden.

1

Den hadde keyser Julius dar gésat. De vant den barch in deme maneschyne. Do richte he daruppe eyne sule. Darup hatte he eyne belde mit hogen oren; dat hadde vor sick eynen vorgulden maan. Den beden de lude an un heten öne Luna. Dar wart dat slot Lunenburch na geheten. Bothonis chron. pictur. in Leibnit. scriptt. III, 291.

Et in monte proximo (bei Barbewif) Caesar Julius auream statuam erexerat in honorem deae Lunae, quae ab incolis colebatur et adorabatur usque ad adventum Egistii vel secundum aliquos usque episcopus Verdensis Rupertus (Wikbertus) tale idolum fregisse dicitur, et ibidem monasterium in honorem Mariae et Michaelis construxit. De fundatione quarundam Saxonie ecclesiarum in Leibnit. scriptt. I, 261.

Bardewik wart gebuwet — up dat water Luno, dat noch ligt ene halve mile van dem berge Luneborch, dar nu de stad is, up dem berch, dar Julius de keyser vor Caroli tyden na der Sassen Croneken eine borch buwet hadde, up den einen tempel in de ehre des manes der orsaken halven, dat he den berch schall im manescine gefunden hebben — und also in den tempel eine sule uprichte, dar ein belde upstunt mit einer schwarten kappen mit langen ohren, dat hadde einen gulden stern up siner borst und einen scepter in de hand. De ehrne sule und dat belde hadde he wyen laten in de ehre des manes van den heidenschen papen. Darvan nomede he dat slott Luneborg, unde dat belde ward angebedet alse got, wente to des hilligen biscops Egistii tiden, de en do vorstorede ²⁾. Bardewiker Chronik in Leibnit. scriptt. III, 216.

¹⁾ Angeblich einer der Jünger Chrisli, der in Barbewif den Märtyrertod erlitt.

²⁾ Das angebliche Lunabild findet sich in Botho's chron. pict. l. c. Die Säule der Johannistirche, auf der das Bild gestanden haben soll und die noch im vorigen Jahrhunderte das vergoldete Bild eines halben Mondes trug, ist aber nicht ehern, sondern Marmor. Die Sage ist durch den am Stadtwappen seit dem XVI. Jahrhunderte angebrachten halben Mond verewigt.

Nam in partibus nunc Saxoniae ob venerationem Lunae, cujus radios vidit quadam nocte in quodam monte, aedificavit (Julius Caesar) castrum Luneburg.

Anonymus Erphesfordensis in Pistorii rer. Germanicar. scriptt. I, 1297.

3. Stiftung eines Klosters am Fuße des Kalkberges. 906.

Anno Domini DCCCCVI monasterium in monte Luneborch fundatum est ob Ottone duce Saxonum hortante eum ad hoc Wicberto episcopo Verdensi.

De fundatione quarundam Saxoniae ecclesiarum in Leibn. scriptt. Brunsv. I, 261.

Monasterium parvum ordinis Wilhelmitarum.

Conradus Halberstad. chronic. msc.; cf. Wedekind's Noten I, 103.

Monasterium sancti Michaelis in Luneborch fundatur. Auch die Lüneburger Chronik bei Eccard (corp. historic. I, 1334) sagt: dar hadde oc dar bevoren (vor der Stiftung des Michaelisklosters) en closter gewesen van witten papen [1]).

Ribbagshäuser Chronik in Leibn. scriptt. II, 73.

4. Gründung der Lüneburg. 951.[2])

Iste Hermannus (vir egregius, filius comitis Billingi) primus castrum Luneborg [3]) construxit [4]).

Chronik des Kl. Michaelis in Wedekind's Noten I, 406.

---

[1]) Das älteste Kloster ist also eine Stiftung der Ludolfinger.

[2]) Wedekind (Noten II, 290) setzt die Erbauung (richtiger vielleicht die Besitznahme) der jenem Hermann als Amtsitz überwiesenen bereits vorhandenen Burg mit großer Wahrscheinlichkeit ins Jahr 951.

[3]) Die älteste Benennung der Burg war sicherlich Luneuborg (Lhiuniburg 959 in der Urk. des Kaisers Otto; Urkundenb. des Mich. Klosters 2), wie denn auch der Annalista Saxo 970 die Form Luninburch gebraucht (Pertz, Monum. Germ. VI, 624), die als Lunen- oder Lunemburch noch in Urkk. des XIV. und XV. Jahrh. vorkommt.

[4]) Daß schon vorher eine Burg der Ludolfinger auf dem Kalkberge war, läßt sich kaum bezweifeln und wird durch die Nachricht unter-

5. Stiftung des Klosters St. Michaelis. 954?

Fundator hujus basilice vir egregius Hermannus pie memorie primus dux Saxonie devotus extitit. — Dedicatum vero est hoc monasterium — anno Domini MLV. — Fluxerunt autem amplius quam centum anni a tempore, quo edificacio monasterii inchoata est, usque ad consecracionem ejusdem.

Narratio de fundatione monasterii s. Michaelis in Leibn. scriptt. II, 391.

Iste Hermannus (filius comitis Billingi) primus — construxit cenobium in honorem s. Michahelis, quod ipse multis praediis et ornamentis ditavit.

Chronicon monasterii s. Michaelis bei Wedekind, Noten I, 406.

Monasterium, quod Herimannus dux in Liuneburh construxerat. Annalista Saxo in Pertz' Monum. Germ. SS. VI, 621.

6. Erste Erwähnung der Sülze. 956.

Otto gratia dei rex. Noverint omnes fideles nostri — qualiter nos — teloneum ad Luniburc ad monasterium sancti Michahelis — ipsum teloneum [1]), qui ex salinis emitur, in proprium donamus [2]). —

Data idibus Augusti anno dom. incarn. DCCCCLVI. Actum Magedunburg feliciter.

Nach dem Originale in Wedekind's Noten III, 114, Urkundenb. des Kl. Michael. Urk. 1 und bei Jung de jure salinar. p. 195.

stützt, daß die Burg Gandersheimisches Lehn war, ein Verhältniß, welches im Laufe der Zeit eben so verschwunden ist, wie die spätere Lehensverbindung mit dem Bisthum Werden. Wedekind, Noten II, 115. Daß die Billinger in der Gegend von Lüneburg begütert waren, braucht damit nicht geleugnet zu werden.

[1]) Hier fehlt offenbar das Wort salis.

[2]) Otto verschenkte den Zoll als Inhaber der Krone, nicht weil er aus Ludolfingischem Stamme war.

7. Kaiser Otto soll dem Kloster Michaelis ein Fünftel des Marktzolles in Liuniburch geschenkt haben [1]). 965.

Urkundenb. des Kl. Michaelis 5 und 24.

8. Erste Erwähnung der Stadt Lüneburg. Erdfall. 1013.

In civitate Bernhardi ducis Luinberg dicta — aeris fit mira mutatio atque motio et immensus terrae hiatus. Hoc stupet accola et se prius nunquam vidisse testatur. Ditmar. Merseb. in Pertz' Monum. Germ. SS. III, 833.

In civitate Bernhardi ducis Luniburch dicta horribilis hiatus terre patuit ipsi templo [2]) minas ruendi praebens et incolis timore perterritis spem effugii ad tempus auferens [3]). Annal. Saxo l. c. VI, 665.

9. Lüneburg Hauptort des Herzogthums Sachsen.

1002. Herimannus dux de Liuniburh.
1037. Herimannus dux Saxonum de Liuniburch.
Annal. Saxo in Pertz' Monum. Germ. VI, 648. 681.

[1]) Die Urkunde ist nur in einer späteren Abschrift vorhanden und wird durch eine Urkunde des Kaisers Friedrich I. vom Jahre 1172, in welcher dieses Fünftel als vom Zolle in Barbewik unter ausdrücklicher Hinweisung auf Otto's Schenkung bezeichnet ist, widerlegt. Von einem Lüneburger Marktzolle konnte wohl, so lange das nahe Barbewik blühete, noch nicht die Rede sein.

[2]) Wahrscheinlich die Cyriakskirche am nördlichen Fuße des Kalkberges, zuerst zur Zeit des Herzogs Magnus († 1106) erwähnt, welcher diese Kirche dem Michaeliskloster geschenkt haben soll. Webers sind's Noten I, 413. Eccardi scriptt. I, 1359. Vergleiche Urkunde 12.

[3]) Vergebens versucht man, nach dieser unklaren Darstellung sich ein deutliches Bild von der seltsamen Naturbegebenheit zu machen.

10. König Heinrich IV. schließt in Lüneburg ein Bündniß mit dem Dänenkönige gegen die Sachsen [1]). 1071.

Adam. Brem. IV, 25 in Perb' Monum. Germ. SS. VII.

11. Die Burg vom Könige Heinrich IV. erobert, vom Billing'schen Grafen Hermann befreiet. 1071.

Rex Heinricus IV. castellum Liuniburg consideravit, cujus munitione perspecta in ejus cupiditatem suo more vehementer exarsit, quasi, si illud in sua potestate teneret, nullus in illis partibus sibi resistere potuisset. Illud autem castellum Magni ducis parentum semper fuerat et ad ipsum suumque patruum Herimannum tunc hereditario jure pervenerat. Ex paucis ergo, quos habebat secum, fidelissimos septuaginta fere dimisit in illo castello, qui etiam ipsum totamque regionem circa compellerent regio parere serviliter imperio, sed his temere ingressis Herimannus, dum rex e finibus suis fuisset egressus, expectat et mox ipsum castellum cum multa virtute circumdat. Illi quid facerent? Castellum quidem forte et cunctis nisi soli fami insuperabile, sed praeter paucos panes, quos discedentes monachi reliquerant, nihil, quod munducari posset, habebat et fames eos castellum relinquere jubebat, sed obvia ferri virtus eos exire non sinebat; paucis autem non erat tutum, cum exercitu venire in proelium. Deditionem ergo comiti Herimanno offerebant, sed ille, nisi Magnus dux, filius fratris sui, rediret, nullum istorum abiturum, dicebat. Quo comperto rex — reddidit Magnum ducem et suorum fidelium recepit multitudinem.

Bruno de bello Saxon. in Perb' Monum. Germ. SS V, 336.

Liuniburc quoque rex (Henricus IV.) oppidum maximum ducis Saxonici situm in confinio Saxonum et

[1]) Das Bündniß wurde wahrscheinlich in Barbewil geschlossen (Wedekind, Noten I, 213), wohin Heinrich den Dänen eingeladen hatte. Bruno de bello Sax. in Monum. Germ. SS. V, 335.

Luticiorum occupaverat militesque lectissimos — imposuerat.
— Herimannus frater ducis Saxonici (Ordulfi) jam pridem,
antequam rex Saxonia effugaretur, Lineburc obsederat
militesque regis — ad dedicionem coegit; nec tamen dimittere victos aut punire volebat, sed intra oppidum diligenti custodia — observatos pane arto et aqua brevi
sustentabat.

Lambertus Hersfeld. annales in Perß' Monum. Germ. SS. V, 200.

12. Die Cyriakskirche. Herzog Magnus schenkt sie dem Michaeliskloster [1]). 1106.

Chronik des Michaelisklosters in Wedekind's Noten I, 413. Lüneb. Chronik
bei Eccard, corp. histor. I, 1359.

13. Auswärtige Klöster schon im zwölften Jahrhunderte im Besitze von Sülzgut (Pfannen) und Sülzrente (Wispel 2c.), also schon Veräußerungen und Schenkungen an geistliche Stiftungen durch die Landesherren.

1121. Das Kloster Schöningen besitzt anderthalb
Pfannen in den Sülzhäusern Betzhusen und Mecten-
husen (vielleicht Metting), die aber von dem Schreiber der
Urkunde für Oerter bei Bardewik gehalten wurden.

Falke, cod. trad. Corbeiens. p. 760.

1124. Das Kloster Rastede besitzt Sülzgut, welches
päpstliche Bullen von den Jahren 1124 und 1190 als „in
Luneborch sex panstalia" bezeichnen.

Lappenberg, Hamburg. Urkundenb. I. Urk. 138.

[1]) Im Widerspruche mit dieser Nachricht steht Schlöpke's (Bardew.
Chron. 222) Angabe, daß der Bischof Tammo von Werden jene
Kirche nach der Zerstörung von Bardewik, die aber Tammo († 1188)
gar nicht erlebt hat, erbauet und dem Herzoge geschenkt habe, nicht
weniger auch die beurkundete Nachricht von der Schenkung dieser
Kirche durch die damaligen Herzoge Albrecht, Wenzeslaus 2c. 1376.
Urkund. des Klosters Michaelis 1, 684.

1135. Kaifer Lüber schenkte dem Kloster Königs=
lutter anderthalb Wispel Salz [1]).

Jung de jure salinarum p. 198.

Um dieselbe Zeit war auch das Kloster Korvei im Be=
sitze von fünf Pfannen [2]). Kindlinger, Münstersche Beiträge II, 140.

14. Kaifer Lüber in Lüneburg, wo er eine Urfunde ausstellt. 1134, 16. Mai und 1135, 23. Sept.

Actum in Luniburc anno dominice incarnationis
MCXXXIIII, XVII. kal. Jun.

Data anno incarnationis dominicc MCXXXV nono
kal. Octobr. Actum Luniburc. Urk. d. Al. S. Kirch. 15. 16.

15. Albrecht der Bär erobert Lüneburg. 1139.

Adalbertus (Albrecht der Bär) praecipiens castrum
Lunenburg cum civitatibus Bardewich [3]) atque Brema —
Saxonia potitus est. — Henricus (Leo) gener Lotharii
regis — ducatum obtinuit et nepotem suum Adalbertum
Saxonia deturbavit. Helmoldi chron. Slav. I, 54. 56.

[1]) Hindeutung auf den Ludolfingischen Besitz der Sülze. Heinrich der
Löwe nennt die Sülze sein Erbe. Helm.lb I, 76.

[2]) Außer den Besitzern von Sülzpfannen gab es eine noch größere Zahl
von solchen, welche ohne eigentliches Sülzgut nur Renten von den
Pfannenbesitzern erhielten. Diese Renten werden nach Wispeln
(chorus), Fubern, deren drei einen Wispel ausmachen, Rump
(zwölf == einem Wispel) und Süß (108 == einem Wispel) be=
stimmt. Ein Wispel enthielt 96 alte Himten. Die Rentenzahlung
(denn Salz wurde schon seit Jahrhunderten nicht mehr geliefert) ge=
schah in dreizehn Abtheilungen (flöde) jedes Jahres und zwei
kürzeren Zeiträumen (böninge). Der Rentener erhielt also seine
Rente in jedem dieser Zeitabschnitte. Ausführlicheres über die Sülz=
verhältnisse in Manecke's Beschreibung und Geschichte der Stadt
Lüneburg, Hannover 1816; und in Volger's Lüneburger Neujahrs=
blatte 1861 und den folgenden Blättern.

[3]) Lüneburg ist nur eine Burg, Bardewik eine Stadt.

16. Erzbischof Adalbert von Bremen in Ramelslo gefangen genommen und nach Lüneburg geführt. 1144 (1145?).

Ibi (Rameslo) in litis contestatione homines ducis arma
rapuerunt et seditione facta archiepiscopum captivave-
runt et aliquamdiu Lunenburg in captivitate detinuerunt.

Albert. Stad. in Monum. Germ. SS. XVI, 325.

17. Heinrich des Löwen erstgeborener Sohn stirbt als Knabe
(1147). Der Herzog schenkt zu dessen Seelenheile dem Michaeliskloster eine Mühle in der Stadt Lüneburg (die nachmals sogenannte
Abtsmühle).

Necrologium b. Kl. St. Michael. (1. Nov.) und Chronik des Michaelisklosters
in Wedekind's Noten I, 416 [1]).

18. Bischof Vicelin erhält vom Herzoge Heinrich von Sachsen in
Lüneburg das Bisthum Oldenburg. 1149.

Venit igitur dominus noster episcopus (Vicelinus) ad eum
(Henricum ducem) Lunenburg rogans — pro epi-
scopatus sui promotione — et suscepit episcopatum (Olden-
burgensem) per virgam de manu ducis.

Helmoldi chron. Slav. I, 70.

19. Die Herzogin Clementia Regentin des Landes und der
Obotritenfürst Niklot in Lüneburg. 1150.

Dux (Henricus) — profectus est cum militia, ut
reciperet ducatum Bawariae. Porro ductrix, domina Clementia, remansit Lunenburg, fuitque comes (Adolfus Hol-
satiae) clarissimus in domo ducis et officiosus in obsequio
ductricis paterque consilii.

---

[1]) Bestätigung dieser Schenkung 1234. Wedekind, l. c. III, 304.

In diebus autem, quibus dux aberat, venit Niclotus princeps terrae Obotritorum ad domnam Clementiam ductricem Lunenburg et conquestus est etc. abiitque comes (Adolfus) cum duobus milibus — electorum.

Helmoldi chron. Slav. I, 70. 71.

20. Herzog Heinrich beschwert sich beim Grafen Adolf von Holstein, daß das Salzwerk in Oldeslo seiner Sülze in Lüneburg Abbruch thue. 1154.

Conqueruntur hii, qui sunt Luneburg, quod sulcia nostra devorata sit propter sulciam — Thodeslo.

Helmoldi chron. Slav. I, 76.

21. Einweihung der Benedicticapelle.

Anno 1157 idus Decembris consecrata est capella juxta capitolium (Burg) in Luneburch — in honorem — Trinitatis et sancte Marie — speciali autem devotione in honorem sancti Benedicti abbatis.

Narratio de consecratione monasterii S. Michael. in Wedekind's Noten I, 420.

22. Große Versammlung von Bischöfen, Grafen 2c. in Lüneburg. 1158.

Herzog Heinrich übergiebt das von ihm gestiftete Bisthum Ratzeburg dem Bischofe Evermodus.
Datum in Luneburg anno verbi incarnati Mo Co LVIIIo.

Orig. Guelf. III, 43.

23. Erste Erwähnung des herzoglichen Vogts in Lüneburg. 1162.

Henricus advocatus de Liunenburg [1]).

Severius, Urk. d. Bisthums Lübeck I, 14.

---

[1]) Wahrscheinlich ist auch einer der beiden in einer Urkunde von 1158 (Orig. Guelf. III, 477) genannten advocati Hugold und Wasmod, Vogt in Lüneburg. Der oben genannte Heinrich gehört sicherlich einer der ältesten Ritterfamilien der Groten, von Meding, von dem Berge 2c. an.

24. Herzog Heinrich von Sachsen stellt in einer zahlreichen Versammlung von Bischöfen, Grafen und Rittern in Lüneburg eine Urkunde über die Grenzen des Bisthums Ratzeburg aus. 1167.

von Westphalen, Monum. ined. II, 2040.

25. Aelteste urkundliche Erwähnung der Kirche in Modestorp (St. Johannis in Lüneburg). 1174.

In nomine sancte et individue Trinitatis. Hugo Dei gratia Verdensis episcopus — notum esse cupimus videlicet, quod Richmarus venerabilis presbiter de Müddestorp fidelis servus — vigili industria sumptuosaque inpensa de collecta, que dicitur viredach, tantum recollegit — unde instituit — marcam Bardewicensium nummorum Verdensibus fratribus — annuatim in festo beate Marie Magdalene solvendam, insuper et Bardewicensibus canonicis dimidiam ex eadem collecta eodem die perpetuo jure descensuram — Prememoratus sacerdos — ordinavit, ut — amministracio (beneficii) — ad omnes ipsi in ecclesia Moddestorp successores — indesinenter extenderetur — Anno dominice incarnacionis MCLXXIIII°.

v. Hodenberg, Verdener Geschichtsquellen II, 47.

26. Herzog Heinrich der Löwe hält einen Landtag in Lüneburg [1]). 1180.

In nativitate Domini diem sollempnem egit (dux Henricus) in Lunenburg, et vocans domnum (episcopum Udalricum Halberstad.) statuit cum eo conditiones pacis, et relaxata captivitate cum honore eum ad sua remisit.

Dux — comitem Bernardum de Racesburch — captivavit — una cum filio suo Volrado.

Arnoldus Lubic. II, 15. 19.

[1]) Wahrscheinlich fand bei dieser Gelegenheit das von Wedekind (Noten II, 297) zum Jahre 1181 bemerkte Turnier statt, in welchem der Wendische Fürst Pribislav tödtlich verwundet wurde. Wedekind l. c. III, 98. Chronik bei Westphalen, Monum. ined. IV, 760.

27. Die Herzogin Mathilde von Sachsen bleibt beim Zurücken des kaiserlichen Heeres in Lüneburg und wird vom Kaiser nicht beunruhigt. 1181.

Ducissa, quia in Luniburg remanserat et eandem urbem dotem suam esse affirmavit, eam sibi imperatore libenter annuente conservavit.

Annales Pegav. in Monum. Germ. SS. XVI, 265.

28. Lüneburg vom Herzoge Bernhard von Sachsen in Bardewik beobachtet. Landgraf Ludwig von Thüringen in Lüneburg gefangen. Kaiser Friedrich lagert vor der Burg. Heinrich der Löwe kehrt nach Lüneburg zurück. 1181.

Imperator — Bernhardum ducem — cum aliis principibus orientalibus propter Lunenborgenses deputavit Bardewich. — Lodewicus provincialis (Thuringiae), qui prius in Lunenburg custodiebatur, deductus est Sigeberg.

Imperator — castra metatus est juxta Luneburg ad plagam orientalem [1]). — Dux (Henricus) se videns in arto positum rogavit domnum imperatorem, ut ipsius conductu veniret Luneburg. — Qui cum inter Hertheneburg et Bardewich conduceretur, occurrit ei multitudo militum de castris imperatoris pacifice salutantes eum — et ita veniens Luneburg, omnibus modis — animum imperatoris lenire studuit.

Arnold. Lubic. II, 20. 22.

29. Angebliche Erbauung der Stadt. 1190.

In düssen sulven jare ward de stadt Lunenborch gebuwet van heren hertoghen Hinrike dem Lauwen. Dat

---

1) Andere Lesart: occidentalem. Diese Angabe widerlegt die Sage, der Kaiser habe sein Lager auf dem Zeltberge (nördlich von der Stadt) gehabt und letzterer davon seinen Namen erhalten.

was tovorn ein torp. Wan do Bardewik vorstoret wart,
do wart Lunenborch ein stat unde ut Bardewik gebuwet und betert — unde dat torp heyt int erste M o y e r s -
t o r p e ¹).　Bothonis chronic. pictur. in Leibn. scriptt. III, 352.

30. Kaiser Heinrich VI. schenkt dem Bischofe Rudolf von Verden
medietatem castri Luneburg et medietatem saline de sustlis (sie),
castrum ipsum cum questu et omni jure et omnibus pertinenciis ²).
Altenburg 1192, 17. Nov.

¹) Diese Nachricht des späteren Chronisten hat, wenn man sie wörtlich
verstehen will, keinen Werth. Schon im XI. Jahrh. wird die Stadt
oppidum ducis maximum genannt. Richtig ist nur, daß
nach dem Sturze Bardewiks die Ausdehnung Lüneburgs schneller
erfolgte, die Vereinigung mit dem älteren Modestorpe herbeigeführt
wurde, die Gemeinde größere Rechte bekam und so zu einer völligen
Stadtgemeinde sich heranbildete. Sonderbarer Weise läßt Philippson
(Geschichte Heinrich's des Löwen II, 312) die Kostbarkeiten der zer-
störten Bardewiker Kirchen in den Dom zu Lüneburg bringen,
während die alte Sage den Dom in Ratzeburg mit der Beute aus
der eroberten Stadt schmückt.

²) Diese Urkunde, in einem Verdener Copialbuche enthalten und in
Hodenberg's Verd. Geschichtsquellen II, 53, so wie in Sudendorf's
Registrum III. Urk. 34 abgedruckt, an und für sich zum Theil
unverständlich, ist mit Recht von Philippson (Geschichte Heinrich's des
Löwen II, 468) angefochten und für unecht erklärt, wie es auch nicht
anders sein kann, da eine solche Schenkung den früheren und nachmals nie bezweifelten Verträgen geradezu widerspricht und die folgende Geschichte der Stadt wohl Antheile der Verdener Kirche an
dem Salzwerke, aber keine Spur eines Eigenthumsrechtes über die
Sülze selbst oder gar über die Burg nachweist. Dem steht nicht
entgegen, daß im XVI. Jahrh. der Bischof wirklich Ansprüche, wie
sie obige Urkunde begründen konnte, geltend machen wollte. Man
weiß, wie gern solche Ansprüche, wenn sie auch nur einen Schein
für sich hatten, von der Kirche hervorgesucht wurden. Das Stift
Gandersheim zählte noch im XV. Jahrh. Lüneburg sogar zu den
Lehnen der Braunschweigischen Linie des Welfenhauses (Sudendorf,
Urkundenbuch III. Urk. 113). Daß dem Rechte Gandersheims alte
in die Zeiten der Ludolfinger hineinreichende, aber längst vergessene
Verhältnisse zum Grunde gelegen haben mögen, soll damit nicht in
Abrede gestellt werden. In Bezug auf obige Verdener Schenkung
darf jedoch nicht unbemerkt bleiben, daß der Kaiser überhaupt kein Be-
denken trug, Eigenthum des Herzogs Heinrich zu verschenken. So erhielt
der Erzbischof von Magdeburg omnem proprietatem Henrici
quondam ducis de Brunswig in Lutere et Magdeburg. Urk.
1193. kal. Jun. in Geilenhusen. Rathmann, Geschichte der Stadt
Magdeburg I, 388.

31. Vertrag des Klosters Lüne mit Otto von Rapenstede über Sülzgut. Lüneburger Bürger zuerst genannt. 1200, Aug.

In nomine etc. Wilhelmus dei gratia dux de Luneborch omnibus in perpetuum. — Notum facimus —, quod domina Otgena se obtulit ecclesiae sancti Bartholomaei in Lune — Accedente nostra voluntate duas sartagines in superiori domo Dernetsinghe ad dextram sitas pecunia mariti sui legitime comparatas assignavit beato Bartholomaeo in perpetuum possidendas, et datis duobus solidis advocato, sicut juris est, talis donatio in nostro judicio est confirmata. Tempore itaque procedente Otto de Rapenstede, frater mariti ejus defuncti, insurgens contra ecclesiam dicebat, se jus habere in eisdem bonis. Cum autem lis ista inter ecclesiam et ipsum multo tempore verteretur, tandem mediante venerabili abbate Burchardo et aliis prudentibus viris tali fine ex arbitrio est dirempta, quod praedicta ecclesia dedit domino Ottoni XXXV marcas argenti, et ipse et omnes sui haeredes renunciaverunt omni suo juri, quod in iisdem sartaginibus habuerunt, coram multis in judicio promittentes, quod ecclesiam in Lune non inquietarent de caetero de hac causa. — Sane ut haec donatio semper maneat inconvulsa et ne ab aliquo posset in irritum revocari, sigillo nostro eam confirmavimus. Testes autem fuerunt — Hartmannus advocatus et alii quam plures castellani nostri. Cives etiam nostri [1] aderant isti: Achilles, Adam, Wasmodus de Barscampe, Lambertus Nipere, Godefridus, Helmvicus, Albertus et alii multi. Actum est anno Domini M° CC° in mense Augusto, regnante fratre nostro glorioso Romanorum rege Ottone.

Orig. Guelf. III. Urk. 350. Jung, de jure salinarum; sylloge doc. p. 72.

[1] Die als Zeugen auftretenden Bürger waren offenbar Mitglieder des damals schon gebildeten Gemeinderathes.

32. Der Rath im Vereine mit den Räthen anderer Städte in Sachsen beschwert sich bei den Schöffen der Stadt Gent über das Verlangen, daß die Städte für Gut, welches den Flandrischen Kaufleuten geraubt wird, Ersatz leisten sollen (um 1200?) [1])

Honorabilibus viris ac merito laude dignis schabinis de Gandango consules Bremenses, Stadenses, Hamburgenses, Luneburgenses, Quedelingeburgenses, Halberstadenses, Helmestadenses, Goslarienses, Hildensemenses, Brunsvicenses, Honoverenses, Werningerodenses nec non omnium oppidorum 5 Saxonie cum rerum et corporum exhibicione quicquid possunt obsequii et honoris. Ad nostram pervenit noticiam, super quo satis vehementi stupore miramur, quod illius vestre famose honestatis prudencia nimis oblita sui in nostre libertatis prejudicium et rerum nostrarum intollerabile 10 dispendium nec non et antique societatis nostre inevitabile periculum conditionem quandam in nos condidit, quam nec astruit ratio nec ulla fulcit sanctio canonica vel civilis, ut, si videlicet aliquos ex vobis ad terram nostram cum suis mercimoniis transeuntes, ipsa insultu predonum forte 15 perdere contigerit, nos eidem dampnum sustinenti apud vos refundere compellamur, cum tamen eandem mensuram vestram, qua metimini, et eandem legem, quam tulistis, nolletis aliquatenus sustinere, et sic punimur non solum sine culpa, verum etiam sine causa, presertim cum nos ipsi 20 rapinam bonorum nostrorum e tirannorum manibus eripere non possimus eo, quod in castris se recipiant fastigiis montium preruptisque petrarum inaccessibilibus, sic munitis, ut etiam ipsi principes eorum tirannidem cohercere non valeant nec presumant. Hinc est, quod discrecioni vestre 25 omni devocionis affectu supplicandum duximus, quatinus publice honestatis intuitu communisque . . . . in perpetuum obtentu, nec non et obsequiorum nostrorum interventu tam dampnosi statuti cancellantes edictum revocetis in irritum,

[1]) Warnkönig setzt diese Urkunde der Schrift nach spätestens in den Anfang des XIII. Jahrhunderts; Lappenberg hält sie für ein halbes Jahrhundert jünger. Hamburg. Urkundenb. 615.

₃₀ indulgentes nobis accedendi et incedendi inter vos in
negociacionibus nostris et negotiis, insuper et recedendi,
qua hactenus gavisi fuimus, liberam facultatem. Nos enim
in muris civitatum et municionum nostrarum, ubi nostrarum
virium viget aminiculum, indemnitati vestre bona fide
₃₅ caventes, benivoli semper erimus et parati res vestras
omni, quo possumus, patrocinio defendere. Quod si nostre
tam racionabiles preces apud vestram clementiam optatum
exaudicionis sorcientur effectum, vestre benivolencie cum
multis graciarum accionibus in perpetuum erimus inclinati;
₄₀ sin autem, consideratione sapientis pocius eligimus, torpore
regni quiescendi domi habita conservare quam venenatum
fructum perbennis jacture rerum nostrarum cum magnis
laboribus infeliciter reportare. Cetera laude . . . .

Warnkönig's flandrische Staats- und Rechtsgeschichte. I. Beil. Urk. 19.

---

33. Graf Siegfried von Osterburg stellt dem Kloster Walsrode
eine Urkunde aus. Datum Luneborch ad imperialis aule
curiam [1]) anno Domini MCCIII°.

v. Hodenberg, Urkund. d. Kl. Walsrode G.

---

34. Wilhelm, Sohn des Herzogs Heinrich von Sachsen, vermehrt
das Sülzgut des Klosters Lüne. 1205.

In nomine sancte et individue Trinitatis. Willehelmus
de Luneborg, filius domini Henrici ducis Saxonie,
omnibus qui hoc scriptum inspexerint. — Noticie posterorum
nostrorum transmittimus, quod nos et omnes, qui pro -
₅ prietatem in sulta habere dinoscuntur, graciam
summi judicis nobis comparare volentes ad supplementum
prebende dominarum in Lune ob redempcionem animarum nostrarum — de sincera cordis nostri voluntate et
heredum nostrorum compromissione concessimus in perpe-
₁₀ tuum, ut singulis fluminibus jam dictarum dominarum

---

[1]) Kaiser Otto IV. muß also im genannten Jahre in Lüneburg Hof
gehalten haben.

quadraginta urne (Eimer) de communi sulta adderentur.
Statuimus quoque, ut prepositus earundem dominarum potestatem habeat committendi eadem bona sine omni conventione, que in vulgari v o r e b u r e dicitur, interposita
homini, quem sibi et ecclesie cognoverit utiliorem. Hujus [15]
donacionis testes sunt dominus Burchardus abbas Sancti
Michaelis in Luneborg, Otto dapifer, Wernerus marschalcus, Sigebandus pincerna, Luderus camerarius, Olricus
Vultur, Wernerus frater dapiferi et Ghevehardus frater
suus, Henricus Puer, cives vero Henricus Snebart, Wigra- [20]
dus Advocatus, Eilwardus Dives, Helmwicus Sotmester,
Albertus Sotmester, insuper milites dominus Lampertus
Vultur, Henricus de Algoderstorp et alii quam plures. Factum
est hoc anno domini millesimo ducentesimo quinto, indictione septima, presidente sacrosancte Romane ecclesie [25]
summo pontifice Innocentio hujus nominis tercio. Ut autem
hec donacio racionabiliter a prudentibus viris instituta postmodum ob invidiam non valeat in irritum revocari, hanc
cartam communi consensu eorum, qui bona in sulta
habent, inde fecimus conscribi et impressione sigilli [30]
nostri insigniri. **Urk. des Kl. Lüne. Jung, l. c. p. 76 [1]).**

---

35. Erſte Erwähnung des Archidiaconats Modeſtorpe [2]). Das
Verdener Domcapitel beſchließt, daß dieſes Archidiaconat nur einem
Verdener Domherrn übertragen werden ſoll. Um 1205. Beſtäti-
gung dieſes Beſchluſſes durch den Biſchof Iſo und deſſen Ver-
ſprechen, von dem Archidiaconus keine Abgabe (synodalia)
einzuziehen. Um 1231.
v. Hodenberg, Verd. Geſch.-Quellen II, Urk. 40 und 56.

[1]) Jung verweiſet auf Pfeffinger, deſſen Urkundenabſchriften durchaus unzuverläſſig ſind und der auch durch die ſinnloſe Lesart
»indictione Septembr.« ſtatt »septima« Jung verleitet hat, der
Jahresangabe den Monat September hinzuzufügen. Der Inhalt der Urkunde iſt ſehr unklar und aus den ſpäteren Verhältniſſen
nicht zu erklären.
[2]) Modeſtorpe war ein Dorf in der Umgebung der Johanniskirche, in
deſſen Pfarrſprengel der neue Anbau der ganzen Stadt gehörte; nur
die Cyriaksкirche behielt ihren Sprengel, d. h. die Burg, die Altſtadt
und die Gegend des Grals.

36. Die Grafen von Wölpe schenken und verkaufen drei Sülz-
pfannen (eine in dem Haufe Gighingi?), die zu ihren Gütern in
Raven (Amt Winsen a. L.) gehören, dem Kloster
Walsrode. 1205—1221.

Walsroder Urk. 7.

37. Der Bürger Johann van der Molen schenkt dem Kloster
Michaelis ein Capital für arme Reisende. 1216, 1. Mai.

Quinquaginta marcas donavit monasterio nostro Johannes de Molendino [1], civis senior in Luneborg, die
Philippi et Jacobi apostolorum an. Chr. n. MCCXVI juxta
litteram donationis annuatim reditus V marcarum pauperibus
ex peregrino venientibus distribuendi [2]), quando veniunt petentes ostiantenus propter deum stipem, et ordinatum est
hoc ab ipso fundatore sub comminatione anathematis [3].

Gebhardi's Collect. msc. I, 501.

38. Der Geistliche Thebald schenkt der Kirche in Lübeck
Sülzgut. Um 1218.

Helena domina de Luneburg et Otto filius ejus
universis, qui presens scriptum viderint et audierint, salutem
et dilectionem. — Innotescat tam futurorum posteritati quam
presencie modernorum, quod Thebaldus clericus noster
sartaginem unam in salina Luneborch in domo, que
Volqwardinge ab hominibus nuncupatur, quam labore
proprio contraxerat, per consensum nostrum et proprium
arbitrium ecclesie contulit Lubicensi in hunc modum, ut
predicta ecclesia ipsi, ubicumque voluerit manere clericus
sive laycus, in decem marcas argenti respondeat annuatim,
liberam eciam habeat facultatem idem Thebaldus inpigno-
randi redditus sibi deputatos ad quatuor annos, si in
peregrinatione quacumque voluerit proficisci vel ad locum
studii proposuerit se transferre. Cum vero ipse vitam
finierit, de prefatis redditibus perpetuus ibidem canonicus

[1] Büttner's genealogische Tafeln reichen nicht bis zu diesem Johann.
[2] Es ist zu setzen: distribuendos.
[3] Diese Stiftung ging späterhin offenbar in das Benedicti-Hospital über.

statuatur. Ad evitandam igitur calumpniam — —. Hujus autem rei testes existunt Gevehardus dapifer, Segebandus pincerna, Hartmannus advocatus [1]), Crachto scriptor.

Severhus, Urk. des Bisth. Lübeck 33.

39. Ums Jahr 1219 kommen als Zeugen folgende Bürger vor: Adam, Diedrich Hannvot oder Hanbot, Nicolaus de Pomerio, Nicolaus Bye, Joh. vom Berge, [2]) Magister Putei, Godefrid, Henricus Crispus, Jordanis, Abbo, Leonardus Monetarius, voran der Vogt Hartmann.

Ungedruckte Urkunde des Klosters Ebstorf.

40. Bischof und Capitel in Lübeck verfügen über das in der Urkunde 38 bezeichnete Geschenk Theobald's. Am Schlusse eine Reihe von Lüneburger Zeugen. 1219.

Testium etiam de Luneborch hec sunt nomina: Hartmannus advocatus, Manegoldus de Estorpe, Lambertus Vultur, Helmoldus, Alexander de Werdhen, Bie, Abbo, Leonardus, Vincentius, Thomas de Heitveldhe [3]); cives: Adam, Tidericus Hannenvot, Wasmod de Berscampe, Nicolaus de Pomerio, Nicolaus Bie, Abbo, Leonardus Monetarius, Godefridus, Heinricus Crispus, Jordanis et alii quam plures. Actum anno incarnationis dominice M⁰. CC⁰. XIX⁰.

Severhus, l. c. Urk. 34.

41. Herzog Otto von Lüneburg genehmigt die Einlösung des vom Michaeliskloster verpfändeten Sülzzolles. 1225, Aug.

In nomine sancte et individue trinitatis. Otto dei gratia dux de Luneborg omnibus in perpetuum. — Omnibus

---

[1]) Der Lüneburger Vogt Hartmann kommt von 1200 bis 1234 in Urkunden vor.
[2]) Hier fehlt der Vorname, Helmwicus oder Albert.
[3]) Die sieben Letztgenannten sind offenbar Namen von Rathmännern und irrthümlich unter die Ritternamen gesetzt.

2*

igitur tam presentibus quam futuris cupimus esse notum,
quod thelonium in salina per manum gloriosi domini
Ottonis secundi bone memorie Romanorum regis et
semper augusti, ecclesie sancti Michaelis in Luneborg pro
anima sua datum et suo privilegio confirmatum aliquando
expositum et pro debitis fuerat obligatum. Dilectus autem
noster dominus Johannes venerabilis abbas et conventus
ejusdem loci argento non sine gravi dampno et difficultate
contracto illud redemerunt pro nonaginta et quinque
marcis argenti, ut unicum dampnum utilitatem duplicem
ymmo multiplicem reportarent. Huic siquidem facto multi
tam burgenses [1] quam cives nostri interfuerunt, et ne con-
tradictio sive calumpnia predicte ecclesie valeret imposterum obviare, id factum privilegio nostro duximus roborandum.
Actum est hoc anno dominice incarnacionis M⁰. CC⁰.
XXV⁰. in mense Augusto presentibus nostris fidelibus
Wernero de Louenborgh, Ghevehardo fratre suo, Seghebando et Thiderico de Monte, Paridamo marescalco,
Echardo Schacke, Hartmanno advocato nostro, Adam Cive,
Leonardo, Thiderico ante Portam, Abbone, Nicolao, Olt-
berno, Lamberto Nipere, Thetmaro, Ludero Dorlin et Cracht.

Düttner's Abschrift aus einem Copialbuche des Klosters Michaelis, nicht
völlig übereinstimmend mit dem Abdrucke bei v. Hodenberg l. c. Urk. 41.

42. Herzog Otto von Braunschweig bestätigt die Schenkung des
Domherrn Jordan, welcher dem Stifte in Bardewik Sülzgut
überweiset. 1226, Dec.

In nomine sancte et individue trinitatis. Otto dei
gratia dux de Brunsvic omnibus in perpetuum. — Universis igitur tam futuris quam presentibus cupimus esse
notum, quod Jordanus Bardewicensis canonicus, — accedente
nostro sincero consensu, bona, scilicet sartaginem unam —
in domo Volquardinge sitam integraliter et tres plaustratas

[1] Die burgenses sind offenbar die unten genannten Burgmänner
(castellani). Erst späterhin bezeichnet das Wort burgensis einen
Bürger der Stadt und wird gleichbedeutend mit civis, oder hebt
vielleicht einen bevorrechteten Theil der Stadtbewohner hervor, ein
Verhältniß, welches aber durchaus nicht klar vorliegt.

et dimidiam in sartagine — in domo Henringe posita conventui ecclesie in Bardevic dedit et in proprium assignavit pro suorum remedio peccatorum. — Sigillum nostrum huic scripto jussimus adhiberi tali facto bonum animum impendentes et consensum, ut canonici ibidem domino famulantes nostri et parentum nostrorum non sint immemores in suis orationibus et laboribus deo et sanctis ejus cottidie exhibendis. Anno dominice incarnationis MCCXXVI in mense Decembri. Hujus rei testes sunt Gervasius prepositus in Ebstorp, prepositus Helmericus, Conradus custos, Fridericus et Crachto capellani nostri, Gevehardus, Hartmannus, Druchtlevus, Seghebandus et Tidericus fratres, Otto Magnus, Wernerus de Louwenborg, Eghardus Scako, Adam Burge, Leonardus, Lampertus Nipere, Tidericus ante Portam, Tidericus Holle, Nicolaus Biel et alii quam plures.

Schlöpke, Bardew. Chron. 227.

43. Schusterinnung in den Städten Lübeck, Hamburg, Wismar, Stralsund, Rostock und Lüneburg, also in den sechs sogenannten Wendischen Städten der nachmaligen Hanse [1]). 1226.

44. Der Propst Konrad in Lübeck schenkt der Kirche daselbst eine Mark Sülzrente. 1227, 23. April.

Scortus, l. c. 55.

44 a.   Freiheit Lüneburger Bürger von Abgaben in Braunschweig. (1227.)

Item burgenses Lunenborch et alias, quocumque ad nostram jurisdicionem declinaverint, ab omni exactione absoluti manebunt.   Braunschw. Urkundenbuch I, S. 2.

---

[1]) Eine auffallende Nachricht, die sehr einer Bestätigung bedarf, ist in den Artikeln der Schuster in Hamburg enthalten, welche besagt, daß eine Ordnung für dieses Gewerbe von den Städten Lübeck ꝛc. im Jahre 1226 Montags nach der h. Dreifaltigkeit abgefaßt sei. So Sartorius in der Geschichte der Hanse I. Vorr. XXX.

Schon die Erwähnung der sechs Wendischen Städte, die weit später erst auftreten, macht die ganze Nachricht für das angegebene Jahr völlig unglaubwürdig.

45. Herzog Otto von Braunschweig erlaubt den Sülzbegüterten, jährlich einen Sodmeister zu wählen, und macht Bestimmungen über die Zeit des Salzsiedens. 1228, Nov.

In nomine sancte et individue trinitatis. Dei gratia Otto dux de Bruneswic omnibus in perpetuum. Ut ea, que in tempore labili geruntur negocia, privilegiis et attestacionibus perpetuo confirmentur, humana edocet consuetudo. Notum igitur facimus presentibus ac posteris universis, quod nos omnibus eis, qui bona habent et possident in salina, illa uti concessimus libertate, ut de anno in annum magistrum putei sibi statuant communiter et eligant, qui ad hoc officium usui ipsorum maxime expediens et utilis videatur. Consensus autem noster sive consilium ad hujusmodi electionem nullatenus requiretur. Statuimus quoque, ipsos gaudere semper et perfrui tali jure, ut in festo purificationis sancte Marie unoquoque anno puteum salinarem ad decoquendum salem incipiant preparare, et ille sit ultimus eis ad hoc terminus deputatus, nisi necessitate temporis sive anni pro communi bono voluntate omnium prorogetur, sed nostrum ad id consilium requiretur, predictum vero terminum eisdem anticipare et prevenire licebit sine nostro consensu, iuxta quod ipsorum sederit et placuerit voluntati. Sane, ut hoc factum nostrum firmum semper ac stabile perseveret et ne a nobis et ab universis heredibus et successoribus nostris valeat aliquatenus disturbari, presenti scripto apponi jussimus bullam nostram in testimonium et in signum. Actum est hoc apud Luneborch in mense Novembri, qui erat infra annum illum, in quo a captivitate nostra fuimus disponente domino liberati. Hi enim fideles nostri aderant tunc presentes: Wernerus de Bracle, Segebandus et Thidericus de Monte fratres, Wernerus marescalcus et fratres ejus omnes, Hildemarus Scukke, Bernardus Moye, Olricus de Blucher, Gevehardus uterque junior et senior, Thidericus Bor tunc temporis advocatus, Olricus Gir, Alexander de Odem, Otto de Boyceneborgh, Hartmannus, Wasmodus,

Wernerus de Merewede, Adam, Leonhardus, Thidericus
ante Portam, Lampertus, Oltbernus, Abbo, Thidericus
Holle, Heremannus magister civium, magister Reinerus,
Thetmarus thelonearius, Jacobus de Harena, Widekindus,
Johannes Cornkeste, Johannes de Dhude, Arnoldus magister
civium in Harena, Crachto notarius noster et alii quam
plures.

(Wohl erhaltenes Siegel des Herzogs mit dem schreitenden Löwen im
Schilde und der Umschrift: sigillum Ottonis ducis de Bruneswic.)

Orig. d. Arch.

46. Stiftung der Mariencapelle und des Barfüßer- (Minoriten-) Klosters. 1229. 1235.

Fundatio cenobii deipare virginis Marie in Luneborch: — Contigit igitur circa annum domini MCCXXIX,
quo tempore illustrissimus princeps et dominus Otto
dux Brunswikcensis et Luneburgensis populum suum
strenue gubernabat. — Placuit divine dispositioni, ut in
urbe (Luneburgensi) ad honorem virginis et matris Jesu
Christi ecclesia construeretur, unde factum est, dum quadam nocte dux Otto quiescit in castro suo, apparuit ei
virgo gloriosa — dicens ei etc. Erat autem tunc locus
presens, ubi nunc monasterium Fratrum Minorum extat
fabricatum, extra muros civitatis et erat mons pervius
undique aqua lutosa circumdatus, in qua aqua natabant
auce et aucte ceteraque volatilia terre. Ob id locus iste
vulgari vocabulo et nomine nominabatur de Gösebrink.
Evigilans dux Otto et in se ipso in animo revolvens, quid
sibi vellet hoc somnium — perpendens in animo predictum
locum electum et ostensum, mirari coepit inter se, quia
extra civitatem jacebat etc. Ob id putabat, visionem
esse inanem etc. Non multo autem interjecto tempore
iterum virgo benedicta Maria per visionem duci Ottoni
apparuit et, ut ecclesiam in honorem eius construeret,
monebat. — Dux diversis negociis circa terre sue dispositionem intentus factum et perceptum gloriose virginis

distulit et perficere neglexit. Evolutis postmodum paucis
diebus factum est quadam die —, dum illustris dux —
cum suis servis et nobilibus viris venisset ad quandam
curiam solitariam, que vulgari nomine dicebatur Stubbinx-
horn[1]) apparuit ei tercia visio virginis Marie — ipsum terribile
alloquens etc. Tremefactus igitur illustris dux — statim
retrocessit —. Perveniens autem ad quandam villam, que
Geldersen[2]) vocabatur — ibidem novum granarium re-
perit constructum (dat was eine kleine schune efte spiker).
Arripiens igitur illud edificium et ad locum electum in
Luneborg cum festinacione portabat et de illo quandam
capellam construxit ipsamque ad honorem virginis Marie
sine mora fecit consecrari —. Post hoc dux volens ampliare
cultum divinum ecclesiam gloriosam in modum crucis —
edificavit, quam venerabilis pater et dominus, dominus Gerardus episcopus Verdensis, consecravit. —
(Es folgt nun die Erzählung, wie, während der Herzog un=
schlüssig war, welchen geistlichen Personen er die Kirche über=
geben solle, zwei bettelnde Minoriten aus Hildesheim, die ihm
im Traume vorher erschienen waren, zu ihm in die Burg
kamen und den von der Jungfrau Marie bezeichneten Platz
zum Bau eines Klosters erhielten.) Anno igitur domini
MᵒCCᵒXXXᵒVᵒ calendis Septembris ab eodem illustrissimo
principe Ottone Fratres Minores cum magna populi
devocione in Luneborg recepti sunt.

Alte Aufzeichnung in Gebhardi's histor.-geneal. Abhandlungen IV, 173.

47. Herzog Otto von Braunschweig bestätigt den Verkauf einer
Sülzpfanne. 1230, 24. Febr.

Otto dei gratia dux de Bruneswic universis, ad
quos hoc scriptum pervenerit, salutem. — Nos de consilio
fidelium nostrorum et de nostra bona voluntate consensimus, quod Helenboldus miles unam sartaginem in civitate nostra Luneburg in salina in domo Mettinge sitam

[1]) Stübbeckshorn, ein Hof im Amte und Kirchspiele Soltau.
[2]) Kirchgellersen.

vendidit canonicis Lubicensibus —. Testes hujus facti sunt mi-
nisteriales nostri Sygebandus [et] Thiedericus de Monte,
Gevehardus et alii quam plures.   Quod ut ratum permaneat etc.   Actum anno gratie M°CC°XXX°.   Datum
apud Lun. per manus Theb[aldi] VI. kal. Marcii.   10

Sroerkus, l. c. 65

49. Ausstattung einer Kapelle in Lübeck mit einer Sülzpfanne
in Lüneburg. 1230.

Bertoldus dei gratia Lubicensis episcopus, Johannes decanus totumque ejusdem ecclesie capitulum. —
Ex parte conventus Lubicensis empta est salina sive sar-
tago salinaria in Lunenburch pro centum marcis et
viginti et redditus de eadem sartagine provenientes pro 5
medietate ad conventum Lubicensem et pro alia medietate
ad sacerdotem predicti altaris perpetuo pertinebunt. — Acta
sunt hec anno dominice incarnationis M°CC°XXX°.

Sroerkus, l. c. 66.

49. Herzog Otto von Braunschweig erlaubt dem Domcapitel in
Lübeck die Ertauschung einer Sülzpfanne. 1231, 24. Juni.

In nomine sancte et individue trinitatis. Dei gratia
Otto dux de Bruneswich omnibus in perpetuum. — Venerabiles Lubicensis ecclesie canonici ad nostram presentiam accesserunt — et ipsi de bona voluntate nostra per
commutationem dederunt Ottoni Magno et Wernhero 5
fratri suo, ministerialibus nostris, et heredibus eorundem
villam Ummenart et receperunt ab ipsis in domo Mettinge unam sartaginem salinarem ita, ut singulis annis in
memoriam avi nostri de sartagine idem peragant et faciant,
quod de villa predicta antea facere tenebantur. — Testes 10
hujus contractus sunt Otto Magnus et frater suus dominus Wernerus, Segebandus [et] Theodoricus de Monte,
Borchardus de Luchowe, Otto de Boycenceburg, Wern-

herus de Medinge et alii quam plures. Acta sunt
¹¹ hec anno dominice incarnationis M°CC°XXXI°, indictione (?).
Datum Lunenburg VIII°. kal. Julii.

Sverchus, I. c. 67.

50. Das Domcapitel in Lübeck ertauscht von den Groten eine Sülzpfanne. 1231, Juli.

In nomine sancte et individue trinitatis. Johannes
dei gratia Lubicensis ecclesie episcopus in perpetuum. —
Nos cum domino Ottone Magno et Wernero fratre ejus de
bonis eorum et nostris commutavimus in hunc modum.
⁵ Dedimus siquidem ipsis et eorum heredibus villam totam
Ummenart. — Ad ipsam vero illam addidimus militibus
praedictis triginta marcas argenti, et ipsi reddiderunt — ecclesiae nostrae sartaginem unam in domo Mettinge —. Actum
est hoc apud Luneborg anno dominicae incarnationis
¹⁰ MCCXXXI in mense Jul. praesentibus — multis de Luneborg
burgensibus et civibus.   Orig. Guelf. IV, 124.

51. Das Kloster Reinefeld verkauft ein Fuder Sülzrente. (1231.)

Herbordus dei gratia abbas totusque conventus
in Reinevelde —. Vendidimus unam plaustratam salis, quam
in salina Luneburg in domo Breminghe habuimus, domino Frederico, canonico Lubicensi, pro XXVIII marcis
⁵ denariorum Lubicensium etc.   Sverchus, I. c. 70.

52. Die v. Meding verkaufen Sülzrente. 1231, Decbr.

Wernherus de Medinge, Frethericus et Jordanis
fratres sui omnibus hanc paginam inspecturis salutem —. Nos de bona voluntate et consensu omnium heredum nostrorum domino Fretherico de Bardewich, ca-
⁵ nonico Lubicensi, vendidimus duas marcas denariorum,

quas habuimus — in salina Lunenburch in domo, que
Breminge vocatur. — Acta sunt hec anno dominice
incarnationis M⁰CC⁰XXXI⁰ in mense Decembri.

ſeverhus, 1. c. 71.

53. Herzog Otto von Braunſchweig verzichtet auf die in der Urkunde 52 erwähnte Sülzrente. 1231.

Otto dei gratia dux de Bruneswich omnibus pre-
sentèm paginam inspecturis salutem. — Nos omni juri et pro-
prietati, quam hactenus in duabus marcis in domo, que
Breminge vocatur, ad peticionem fidelium nostrorum
Werneri de Medinge fratrumque suorum funditus re-
nuntiavimus. — Acta sunt hec anno incarnationis domini
M⁰CC⁰XXXI⁰.

ſeverhus, 1. c. 72.

54. Herzog Otto von Braunſchweig tritt dem Biſchofe von Verden Sülzeinkünfte ab. 1231.

Otto dei gracia dux de Bruneswic omnibus, ad
quos hoc scriptum pervenerit, salutem in vero salutari. Ad
noticiam tam modernorum quam posterorum volumus pervenire, quod nos de consilio fidelium nostrorum domino [1])
episcopo Verdensi assignavimus in salina Luneburg,
septem marcas denariorum et dimidiam de denariis, qui
haverpennige nuncupantur, et viginti quinque solidos
de prato, quod jacet juxta salinam, in recompensatione
decimarum in palude. Hec igitur sunt domus, que solvunt denarios prenominatos: Huttinge VI solidos.
Derneschinge inferior dimidia pars domus, que pertinet
ecclesie Myndensi, III solidos, de altera parte domus ejusdem XVIII denarios. Huninge III solidos. Derneschinge
superior, pars domus, que dicitur inferior, XVIII denarios.
Honovere VI solidos. Brokhusen VI solidos. Gutschinge

[1]) Isoni.

superior pars III solidos. Benninge nichil dat. Thit—
meringe VI solidos. Kadschinge in orientali parte III
solidos. Volkwarde in orientali parte III solidos. Erde—
ringe non dat. Bererde III solidos. Ebbinge in parte ad
20 aquilonem III solidos. Ludolvinge in parte australi domus
III solidos, pars ad aquilonem XVIII denarios. Egetinge III
solidos. Cluvinge XVIII denarios. Aliud Cluvinge simi—
liter XVIII denarios. Campinge de sartagine domini
Alexandri de Odem XVIII denarios. Everinge non dat.
25 Deginge III solidos. Ebetschinge nichil dat. Geminge III
solidos. Eminge XXVII denarios. Udinge III solidos. Be—
schehusen VI solidos. Alverdinge nichil dat. Godskaleschinge
nichil dat. Munschinge III solidos. Edinge XVIII dena—
rios. Thenequeninge nichil dat. Soderstinge III solidos.
30 Glusinge XVIII denarios in orientali parte; altera pars libera
est. Loteringe VIII denarios in una sartagine. Velinge VI so—
lidos. Bremin in orientali parte III solidos, in occidentali
parte XVIII denarios. Hinxtebcke nichil dat. Ecbertinge
nichil dat. Walderschinge in orientali parte XVIII dena—
35 rios, occidentalis pars libera est. Hauringe in orientali
parte III solidos, in occidentali XVIII denarios. Menninge
VI solidos. Bernerdinge nichil dat. Einge III solidos.
Mettinge nichil dat. Volquardinge in una sartagine XVIII
denarios in orientali parte. Seveninge nichil dat. Huginge
40 XVIII denarios. Ulinge nichil dat. Ut autem hec rata per—
maneant et ab heredibus nostris inconvulsa, jussimus hanc
testimonialem paginam sigillo nostro communiri. Acta sunt
hec anno dominice incarnationis MᵒCCᵒXXXᵒI [1]).

v. Hodenberg, Verd. Gesch.-Quellen II, 54.

[1]) Der Abbruck dieser Urkunde in Rehtmeyer's Chronik und dessen
Wiederholung in Orig. Guelf. IV, 123 stimmt nicht mit obigem
Texte überein, aber auch in letzterem sind die Namen der Sülzhäuser —
die älteste urkundliche Aufzeichnung dieser Namen (einzelne Haus=
namen kommen schon früher vor, z. B. Dernetsinge 1205,
Volquardinge 1218) — größtentheils entstellt, zum Theil böllig
unkenntlich. Zur Vergleichung folgt hier dies Namenverzeichniß, wie
es bis zur Aufhebung der alten Sülzverfassung (1799) allgemein
angenommen wurde: Hutting, obern und niedern Dörnting, Huning,
Hanover, Brockhusen, Büßing, Benning, Ditmering, Köbesing, Gre=
ving, Boving, Erbering, Bernding, Ebbing, Ludolfing, Egeting, obern

55. Die Herzogin Helene und ihr Sohn Herzog Otto von Lüneburg und Braunschweig vertauschen die Kanutskapelle[2]) gegen
die Kirche in Winsen an das Kloster Michaelis. 1233.

In nomine etc. Helena dei gratia ducissa et Otto
filius ejus dux de Luneborg et de Brunswic etc.   Ad
noticiam omnium — volumus pervenire, quod nos cum
domino Johanne abbate Sancti Michahelis in Luneborg
et conventu suo de capella sancti Kanuti, que nostra [5]
erat, — commutavimus tali modo.   Dedimus enim et penitus
assignavimus predictam capellam memorato abbati et conventui — recipientes ab ipsis — ecclesiam Winhusen.

Acta sunt hec apud Luneborg anno dominice incarnationis MoCCoXXXIIIo, presentibus — Friderico rectore [10]
ecclesie (S. Cyriaci) in Luneborg. —

Orig. Guelf. IV, 137. Urk des Kl. Mich. 48.

56. Das Kloster Lüne ist ums Jahr 1233 im Besitze eines Wispels Sülzrente aus dem Hause Eberinge.

Leverkus, l. c. 75.

57. Herzog Otto von Braunschweig schenkt die Vogtei über die
Abtsmühle in Lüneburg dem Kloster Michaelis. 1234.

Otto dei gratia dux de Bruneswic etc.   Preterea dedimus eidem ecclesie (S. Michaelis) pro peccatis nostris
advocaciam de molandino, quod situm est juxta aquam in

und niederen Cluving, Kemping, Ebering, Deiing, Ebbetzing, Gem-
ming, Eming, Ubing, Betzhusen, Elverding, Gosselsing, Münting,
Ebing, Denquering, Södersing, Glüsing, Lottering, Veling, Brening,
Hingst, Elberting, Wolbersing, Hennering, Memming, Barning,
Eiing, Metting, obern und niedern Volquarding, Sevening, Huging,
Uling.

[2]) Von dieser Kapelle und deren Lage ist nicht das Geringste weiter
bekannt.   Der dänische König Kanut († 1156), ein Verwandter
des Welfischen Hauses, war ein Bruder des Michaelisklosters.   Ne-
crolog des Klosters (Wedekind's Noten III) Aug. 9.

civitate Luneborg, et sedulo confirmavimus donationem,
5 quam avus noster dux Heinricus fecerat ecclesie in eodem
molendino ¹). —

Hujus facti testes sunt — dominus Fridericus plebanus
Sancti Cyriaci, Bernardus plebanus de Modestorp — Hartmannus advocatus. — Acta sunt hec anno gratie
10 M°CC°XXXIIII°.   Wedekind's Noten III, 304.

58. Erste Erwähnung der Lüneburger Währung. 1234.

Machtildis praeposita — Quedlinburgensis ecclesiae —
Basilius (villicus in Saltowe) receptis a nobis viginti marcis Luneburgensis argenti — villicationem nobis resignavit etc. Quedelingeburch anno gratiae MCCXXXIV.
                    Fritsch, antiquitates Quedlinburg. S. 331.

59. Herzog Otto von Braunschweig schenkt dem Kloster Wien-hausen eine Sülzpfanne. 1235, Juni.

In nomine etc. Dei gratia Otto dux de Brunesvic
omnibus in perpetuum. — Sciant universi, quod — ecclesiae
in Winhusen — de patrimonio nostro dedimus unam
sartaginem in salina Luneborch. — Acta sunt haec apud
5 Brunesvich anno dominicae incarnationis 1235 in mense
Junii.   Rethmeyer's Chronik S. 472.

60. Kaiser Friedrich II. belehnt Otto von Braunschweig mit dem Herzogthum Braunschweig Lüneburg. 1235, Aug.

Transsumt in der zu Braunschweig 1366, 2. Februar, von dem Bischofe
Gerhard von Hildesheim, den Aebten Daniel von S. Michaelis in Lüne-
burg, Friedrich in Scharnebeck, Faber in Welzen (Oldenstadt) und den
Pröpsten Johann in Heiligenthal, Heinrich in Ebstorf und Diedrich in
Medingen ausgestellten und mit acht wohl erhaltenen Siegeln versehenen
Urkunde des Archivs ²).

¹) Die Schenkung der sogenannten Abtsmühle durch Heinrich den Löwen
in einem weiter nicht bezeichneten Jahre bezeugt das Todtenbuch des
Kl. Michaelis zum 1. Novbr. Wedekind's Noten III, 82.
²) Braunschweig wird in dieser Urkunde als civitas, Lüneburg als

61. Bischof Konrad von Minden verkauft dem Bischofe von Verden Sülzgut. 1236, April.

C[onradus] dei gratia episcopus — totumque capitulum Mindensis ecclesie universis — salutem. Noverint presentes et futuri, quod nos — quedam bona ecclesie nostre — Luneborg in salina videlicet in domo inferiori Dernetsinge ad sinistram in ordissem ²) sita venerabili domino Verdensi episcopo (Ludero) cum tota proprietate — pro quadraginta marcis argenti vendidimus absolute. — Acta sunt hec anno domini M⁰CC⁰XXX⁰VI⁰ mense Aprili.   v. Hodenberg, Verdener Geschichts-Quellen II, 108.

62. Vergleich des Abtes des Michaelisklosters in Lüneburg mit dem Schuhmacher Ricward über Sülzgut. 1239, 2. Nov.

In nomine sancte et individue trinitatis. Dei gratia Otto dux de Brunswick omnibus in perpetuum. — Frederico de Hoseringhe ³), advocato nostro, judicio presidente, Ricwardus sutor ab eodem requisitus advocato, quid sibi juris addiceret in bonis Volcwardinghe in duabus sartaginibus in ipsa domo in occidentali parte positis, omnibus castellanis nostris, consulibus et burgensibus civitatis astantibus, voce publica fuit protestatus in omnium audientia ita dicens, quod nichil sibi in bonis prehabitis de jure

castrum bezeichnet. Die Urkunde ist gedruckt Orig. Guelf IV, S. 49. Sudendorf, l. c. III, 291 und dessen Anmerkungen.

²) Dies Wort giebt keinen Sinn; es soll wahrscheinlich heißen: orientem, denn die Lage der Pfannen wird in dieser Zeit häufig nach den Weltgegenden bezeichnet.

³) Der Abdruck in Orig. Guelf. IV, Urf. 81 liest fälschlich Holderinghe; auch der Abdruck in dem Urkundenb. des Klosters Michaelis ist nicht völlig genau.

10 ascriberet, nisi quantum de venerabilis Thome tunc abbatis
et conventus posset gratia obtinere. Facta autem hac
protestatione sollempni coram nostro advocato et castellanis
et communitate civitatis, bona sepius dicta abbati et suo
conventui sunt a Ricwardo nominato libera judicata. Post-
15 modum idem Ricwardus dans abbati decem marcas nummorum talem conventionem iniit, ut eadem bona ab abbate
teneret ad vite sue tempora et monachis inde calceos
annuatim ministraret, ipso vero Ricwardo discedente vel
casualiter recedente, bona ecclesie cederent libera, ita ut
20 nullus de suis heredibus sibi jus in bonis illis usurparet
nec gratiam deberet sibi allegare. Sane ut hoc factum
reverendi domini Thome abbatis nullus valeat imposterum
irritare, presentem paginam inde conscriptam sigillo nostro
munivimus ad cautelam et, nostrum assensum huic facto
25 adesse, apertissime protestamur. Hujus rei testes sunt
Jordanis dapifer noster, Baltwinus frater suus, Druchtlevus,
Everhardus de Odem, Wernerus de Medinghe, Manegoldus
de Estorpe, Olricus Vultur et Lambertus, Johannes et Fredericus de Moule, Gerfridus, Wasmodus, Seghebandus de
30 Witthorpe, milites; burgenses vero Lambertus Nipere,
Olbernus, Nicolaus Puer, Theodericus de Valva, Alardus
et frater suus Ricbernus, Fredericus Aurifaber, Bertramus
Monetarius, Jacobus de Harena, Johannes de Dhude,
Widekinus, Ludengerus et alii quam plures. Facta sunt
35 hec Luneborch anno dominice incarnationis M⁰CC⁰XXXIX⁰.
quarto Nonas Novembris.   Urk des Al. Mich. 51.

.

63. Herzog Otto von Braunschweig erläßt den Hamburger Bürgern
den in Lüneburg bisher erhobenen Zoll. 1239, 21. Dec.

In nomine sancte et individue trinitatis. Dei gratia
Otto de Bruneswic omnibus in perpetuum. — Ad noticiam
tam presentium quam futurorum volumus pervenire, quod
in procinctu itineris versus Pruciam constituti ob
5 divine retributionis meritum et dilecti nepotis nostri Abelis

ducis Jutie[1]) petitionem tam etiam propter precedentia burgensium de Hamburch servicia relaxamus et omnino deposuimus omnem injustitiam et exactionem indebitam, que nostris temporibus sunt Luneborch instituta, que a dictis burgensibus de Hamborh requirebantur, volentes, ut inde amplius sint soluti nec illa a nostris heredibus in posterum inponi valeant vel resumi. Sane, ut hoc pium factum nostrum a nullo valeat infringi, hanc paginam in testimonium inde conscribi fecimus et sigillo nostro ad cautelam jussimus insigniri. Hujus rei testes sunt dominus Baldewinus etc. Acta sunt hec Luneborh anno incarnationis M°CC°XXX°VIIII°, die Thome.   Hamburg. Urkundenb I, 517.

64. Graf Johann von Holstein befreiet die Lüneburger Bürger von den bisherigen Zöllen in Hamburg. 1239, 21. Dec.

Iohannes dei gratia comes Holtsatie, Wagrie, Stormarie una cum fratribus suis omnibus in perpetuum. — Ad noticiam tam presencium quam futurorum volumus pervenire, quod nos eodem tempore, cum dux de Bruneswic iter arriperet versus Pruciam, et ob divine retributionis meritum omnem injusticiam et exactionem indebitam deposuisset, que suis temporibus Luneborg fuerant instituta et a burgensibus nostris de Hammenborg ibidem requirebantur et ab ipsorum burgensium servicia precedencia omnino relaxasset, volens, ut inde amplius sint soluti nec illa a suis heredibus in posterum imponi valeant vel resumi, similiter omnem injusticiam et exactionem indebitam temporibus patris nostri, comitis Adolfi, Hamenborg institutam burgensibus de Luneborg omnino relaxamus ita, ut nec per nos nec per nostros heredes in posterum inponatur aut resumatur. Sane, ut hoc pium factum nostrum a nullo valeat infringi, hanc paginam in testimonium inde conscribi

[1]) Abel war der Sohn des dänischen Königs Waldemar, Bruders des Königs Kanut, welcher Schwiegersohn Heinrichs des Löwen war. Er ward 1250 König.

fecimus et sigillo nostro, veluti dominus dux de Bruneswic,
cum nostris burgensibus de Hammenborg suum dedit pri—
20 vilegium, facere decrevit, ad cautelam jussimus insigniri.
Hujus rei sunt testes Godescalcus prefectus, Vollradus
dapifer, Jurius advocatus, Herbordus scriptor, Halic-
bernus, Frithericus de Dotzekenthorpe, Hildebrandus,
Hartwicus de Erteneborg, Bernardus, Ludolfus et Hen—
25 ricus Leo, Leo, Henricus, Wunnerus, Frithericus, Frithericus, Rotholfus, Hermannus, Geroldus et consules
civitatis et alii quam plures. Acta sunt hec Ham—
menborg anno incarnationis M⁰CC⁰XXXIX⁰, die Thome
apostoli. Orig. i Arch ¹)

(Ziemlich gut erhaltenes Reuterfiegel mit der Umschrift: Sigillum Johannis
comitis Holtsazie et Sturmarie.)

65. Die Witwe Segebands von dem Berge, Diedrich Hanebot und
Hermann Simodis schenken dem Kloster Scharnebeck Sülzgut. 1243.

In nomine sancte et individue trinitatis. Universis
Christi fidelibus hanc paginam inspecturis Fredericus ²)
advocatus de Luneburg et consules ejusdem civitatis
in perpetuum. — — Ad omnium noticiam volumus per-
5 venire, quod domina Ermengardis, vidua relicta domini
Sygebandi de Monte, pro remedio anime sue et suorum
omnium fratribus de domo sancte Marie, que antiquo
nomine Steinbeke vocabatur, chorum salis contulit in
loco, qui dicitur Sudersdinc, quem videlicet chorum
10 de sarthagine juxta parietem in australi parte accipiendum designavit, datisque ex more civitatis advocato
XII denariis et consulibus IV solidis fratres prefate

¹) Das Hamburg. Urkundenbuch (I, Urk. 518) beruft sich auf die angeblich
einem Originale entnommene Urkunde in den Orig. Guelf. IV, S. 176;
letztere ist aber, wie dabei bemerkt wird, nur „ex veteri apographo.‟
Diese Urkunde ist auch in einem Transsumte einer Urkunde von 1417,
8. Mai enthalten. Sie steht auch in dem Gebhardischen Registrum
Principum s. XIII. ex.
²) de Hoseringhe.

domus sancte Marie porrecta sibi, ut mos est, teda in
possessionem ducti sunt. Eodem tempore Theodericus,
concivis noster cognomento Hanevout, spe remunerationis 15
divine predictis fratribus dimidium chorum salis contulit
consentientibus heredibus suis, quem videlicet dimidium
chorum in domo de Tennincke in australi parte occidentalis plage accipiendum designavit. Sed et Hermannus
Symudis, noster etiam concivis, eadem spe sepedictis fra- 20
tribus tertiam partem chori dedit. Hec igitur donationes
coram nobis civibusque nostris sollempniter celebrate, ne
posteris in oblivionem veniant, presens scriptum sigilli nostri
testimonio dignum duximus confirmari. Hujus rei testes
sunt Wernerus marscalcus, Otto Magnus, Wernerus de 25
Zvirin, frater ejus, Johannes de Moul, Ekgardus Schakke;
hii omnes milites. De burgensibus autem affuerunt Rich-
bernus et Alardus, frater ejus, Johannes filius Thodonis,
Nykolaus de Lubeke, Bertramus Monetarius, Jordanus
parvus et alter Jordanus et alii quam plures.   Acta 30
sunt hec publice anno dominice incarnationis millesimo
ducentesimo quadragesimo tercio, indictione prima [1]).

Orig. des Kön. Staatsarchivs zu Hannover.

66. Abt Thomas des Klosters Michaelis belehnt den Vogt Segeband (von dem Berge) mit Grundstücken. 1244, 7. April.

Thomas dei gratia abbas de Luneborg omnibus
hoc scriptum inspecturis salutem in eo, qui est salus
omnium. Multis incommodis et magnis occurrimus, cum
etatis nostre negocia litterarum testimonio perhennamus.
Sciant igitur tam presentes quam futuri, quod nos de com- 5

[1] In einem Aufsatze über die Familie von Wanenberg in der Zeitschrift
des histor. Vereins für Niedersachsen (1868, S. 158) ist ein Theil
dieser Urkunde nach dem im Königl. Staatsarchive in Hannover befindlichen Scharnebecker Copialbuche abgedruckt. Für die Vergleichung der Urkunde mit dem Originale des Königlichen Staatsarchivs bin ich dem Herrn Archivrath Grotefend verpflichtet.

muni consilio domino Segebando advocato de Luneborg,
quosdam agros ultra Elmenowam Luneborg sitos in pheodo
porreximus, quos ipse postmodum civitati Luneborg vendidit per consensum nostrum et assensum.   Verum ne
10 ecclesia nostra dampnum de tali vendicione pateretur, dominus Segebandus iam prefatus quasdam areas in Bardewik de sua proprietate ad recompensacionem nobis resignavit, quas iterum jure pheodali de manu nostra recepit.
Ne igitur factum nostrum in posterum ab aliquibus valeat
15 cassari, presentem litteram sigilli nostri munimine et
testium approbatione dignum duximus roborari. Hujus rei
testes sunt Wernerus prior, Alwardus camerarius, Ri-
quardus capellanus, Henricus Eyko, qui scripsit hanc litteram, Gerefridus miles de Echeme, Albertus Magister
20 putei, Gerardus filius domini Lamberti, Jordanis filius Ade,
Johannes Niemarket et alii quam plures.   Actum est hoc
VII. idus Aprilis anno incarnationis dominice MoCCoXLoIIIIo

Crig b. Arch. Subentorf's Urkunbenb d. Herz von Br. u. Lüneb. I, 25.

67. Herzog Otto von Braunschweig bestätigt und erweitert das Stadtrecht von Lüneburg. 1247, 28. April.

In nomine sancte et individue trinitatis.   Dei gracia
Otto dux de Bruneswic omnibus in perpetuum.   Fidele
testimonium habet littera, que et civitatum jura et dominum facta sibi commissa non obliviscitur et de generatione
5 in generationem ipsis tamen intereuntibus non patitur in-
terire.   Nos igitur predecessorum nostrorum principum
vestigiis inherentes largitionem et graciam, quam burgensibus nostris de Luneburch civitate liberaliter contulimus,
tam presentis quam futuri temporis Christi fidelibus cupi-
10 mus innotescere ab ipsa re exordium capientes.   Primo
siquidem statuimus de areis edificandis, ut libero jure
possideantur.   Item si quis in ipsa civitate annum et diem

transegerit non requisitus a domino suo, pro libero ho-
mine teneatur et a nemine in posterum impetatur. Si quis
degens in ipsa civitate, in lecto egritudinis constitutus habens vires se erigendi et per se marcam librandi pro
anima sua vel alias, ubicunque sibi placuerit, omnia bona
sua conquisita conferendi habeat facultatem. Insuper concedimus, ut, quicunque extra civitatem uxorem duxerit, ea
sine liberis mortua, maritus obtineat ejus suppellectilem que
rade dicitur, consanguineis uxoris defuncte extra civitatem
manentibus, nullam in ea habentibus actionem. Item que
filios habuerit sine filiabus, filii mortue matris suppellectilem,
rade videlicet, accipiant infra domum. Idemque circa filias,
si fratres non habeant, in herewede patris earum volumus
observari.   Preterea, si quis infra civitatem homicidium
vel aliud simile in collum suum excesserit et casu effugerit,
eo manente profugo, sive satisfaciat sive non, judex bona
sua, que relinquit heredibus suis, nullatenus praeoccupabit.
Item si vir advena talium aliquid, ut premisimus, in collum
suum perpetraverit et elapsus evaserit per fortunam, civitas se de bonis illius per annum et diem sub testimonio
judicis intromittet.   Quod si venerit ille volens satisfacere
actoribus et civitati, juvetur ad id cum propriis bonis; si
infra vel postea morte preventus fuerit aut vivens satisfacere noluerit, civitas duas partes bonorum illius, judex
vero tertiam sortietur, si vero frater suus aut alius sibi
proximus veniens pro eo satisfecerit, sicut successit in
onere, sic in hereditate successor legitimus habeatur. Quicunque etiam advena in civitate moriens nec habens aliquem, qui bona, que relinquit, de jure tollere debeat, civitas
et judex de pari consilio tollent et infra annum et diem
reservabunt, et si infra dictum tempus frater vel aliquis
consanguineus suus bona illa requisierit et per justitiam
poterit obtinere, illi debent presentari; sin autem infra
tempus prescriptum nullus ea requisierit, duas partes ad
structuram civitas et judex tertiam partem tollet.   Adici-
mus etiam, ut, quicunque infra wicbelede hereditaria bona
comparaverit et per annum et diem quiete possederit,

50 vicinior erit, cum justitia sua obtinere, quam aliquis ab
ipso exquirere ea possit. Item si aliquis ipsum super
hiisdem impulsaverit et possessor evicerit, victus componet
judici sexaginta solidos, civitati tres marcas denariorum,
victori sexaginta solidos, quia bona sua posuit in questione.
55 Item si quis aliquem convenerit super debitis et debitor
debitum recognoscens infra quatuordecim dies non solverit,
judex non dabit illi inducias longiores, sed debitum solvet
ipsa die, et quia inducias supersedit, pro eo octo solidos
judici vadiabit. Civitas nostra Luneburch utens hujus pri-
60 vilegii libertate multas vexationes pertulit a nobis aliquando,
erant namque in civitate homines quidam, qui proprii
nostri erant, quorum quidam se nobis recognoverunt,
quidam non, et illorum herewede et rade indifferenter
accepimus, in quo jura civitatis et statuta privilegii infrin-
65 gere videbamur. Multis ergo et magnis dilecti nostri burgenses nobis precibus insistentes, ut ab hujusmodi injuria
cessaremus, instantissime supplicarunt, et tandem conve-
nimus tali modo, quod pro danda libertate omnibus illis,
qui proprii nostri erant, summam quandam acceptavimus,
70 quam, quia de suis facultatibus habere non poterant, communitas civitatis eis subsidium prestitit, tum propter hoc,
ut nulli in civitate manenti vel per nos vel per aliquem
heredum nostrorum seu per aliquem advocatorum nostrorum sive per aliquem de parte nostra violentia vel injuria
75 inferatur. Acceptis igitur CCC et L marcis puri argenti
omnes in civitate manentes, qui nostri proprii fuerant,
damus perpetuo et per omnia liberos eorumque successores ita, ut nec nos nec filii nostri Albertus, Johannes
et Otto neque filie nostre, neque aliqui successorum
80 nostrorum quicquam juris in ipsis habeant neque in herewede neque in rade accipienda, nec in aliquibus bonis
eorum, sed liberaliter et totaliter liberi sint a nobis. Mi-
nisteriales autem nostri in civitate manentes, qui dant ad
consagitationem et petitionem, quod dicitur schot et schulde.
85 nec rade nec herewede dabunt, nec in propriis bonis eorum
aliquid juris nobis vendicabimus, homines autem Sancti

Mychaelis in civitate manentes, qui se ecclesie recognoscunt, abbas in bonis eorum nichil omnino juris habebit, nisi in exuviis tollendis, que rade et herewede nuncupantur. Item eis in bonis eorum per nos vel per aliquem de parte nostra injuria vel violentia nulla fiat. Volumus etiam quod advocatus noster nulli in hac civitate manenti bona sua occupet vel impediat ullo modo, quam diu justiciam facere vult, si vero justiciam facere recusat, tam diu cum bonis suis est cogendus, quousque justiciam faciat. Item si ad-vocatus noster super magna causa aliquem voluerit incusare, de loco judicii surgere debet et ponere alium judicem loco sui, acceptoque prolocutore procedere debet contra illum per justas sententias, quantum potest. Ex habundanti autem gratia supperaddimus, quod burgenses prehabite civitatis ab omni exactione et theloneo sint soluti, excepto theloneo, quod de sale datur, quod debito more solvent; verum si thelonerius noster aliquem incusaverit dicens, quod theloneum deduxerit, ille se cum duobus burgensibus domos in civitate habentibus expurgabit; si vero aliquis convictus fuerit de eo, quod theloneum deduxerit, idem theloneum novempliciter nobis solvet. Ultimo autem omnium omnia illa jura, que civitas a prima sui fundatione habuit usque ad tempus hodiernum, ei stabilimus et presenti privilegio confirmamus. Ne igitur hec donatio libertatis et juris confirmatio a nobis publice celebrata ab ullo heredum vel successorum nostrorum mutari valeat vel infringi, presentem paginam inde conscriptam in augmentum fidei et testimonium veritatis sigillo nostro fecimus roborari. Hujus rei testes sunt Olricus comes de Regenstein, Ludolfus comes de Halremunt, Burchardus comes de Woldenberge, Hermannus nobilis de Werberge, Ekbertus de Asseburch, Anno de Heimborch, Baldewinus de Blankenborch, Jusarius pincerna noster, Anno dapifer noster, Heinricus Grubo marschalcus noster, Herewicus camerarius noster, Fridericus de Esbeke, Heino de Weneden, Gevehardus de Bortwelde, Otto Magnus, Gerhardus de Doren, Wernerus de Medinge, Gevehardus Juvenis, Otto de Boicene-

burch, Segebandus et Luderus fratres de Monte, Mane-
goldus et Alardus fratres de Estorpe, Segebandus de
Marboldestorpe, Nycolaus Aries, Tydericus de Area, Everhardus de Odeme, Segebandus advocatus noster, milites;
burgenses vero Nicolaus de Lubeke, Hogerus, Jordanis,
Gerhardus filius Lamberti Nipere, Hartmannus juxta Cimiterium, Lambertus Institor, Wasmodus, Lutwardus filius
Eleri, Bertrammus Monetarius, Gerbertus, Johannes Todonis,
Ricbernus, Bernardus Zabel, Volquardus, Johannes Sartor,
Johannes Lamberti et frater ejus Nicolaus, Jacobus et Johannes filii Jacobi, Ludengerus, Olbernus, Fridericus Aurifaber, Leonardus, Florentius et alii quam plures viri probi
et honesti. Datum in Luneburch per manum Heinrici notarii nostri anno dominice incarnationis millesimo ducentesimo quadragesimo septimo, die Vitalis [1]).

Orig. d. Arch. Herausgegeben von Dr. W. Ch. Kraut. Göttingen 1846.

(Prachtvolles großes Siegel des Herzogs, der rechts schreitende Löwe, in grünem
Wachse an rothseidenen geflochtenen Schnüren mit der Umschrift: Sigillum
Ottonis ducis de Bruneswic.)

68. Die Herzogin Mechtild von Braunschweig giebt alle ihre
Hörigen in der Stadt frei. 1247, 28. April.

In nomine sancte et individue trinitatis. Mectildis
dei gratia ducissa de Bruneswic omnibus in perpetuum. —
Omnibus tam presentis quam futuri temporis fidelibus volumus esse notum, quod dilecti burgenses nostri in Luneborch diligentes honorem ac libertatem civitatis ipsorum
multis nobis peticionibus institerunt, ut certam summam
pecunie acceptaremus et daremus proprios homines
nostros, quoscumque in ipsa civitate Luneborch haberemus, a proprietate liberos et solutos. Nos itaque, cum racionabiles eorum preces semper exaudire in
omnibus, que honorem ipsorum respiciunt, intendamus, ad

[1]) Rehtmeyer schreibt in seiner Chronik (S. 481) von einem Lüneburger Stadtrechte vom 15. Juni (Viti) 1244; davon aber findet
sich keine Spur.

peticionem eorundem quinquaginta marcas argenti acceptantes, de pleno filiorum nostrorum Alberti, Iohannis et Ottonis
ac filiarum nostrarum consensu universos proprios homines, tam masculos quam feminas, quoscumque et quocumque 15
modo eos sive racione patrimonii sive racione aliorum
bonorum nostrorum in civitate Luneborch manentes habemus, filios quoque et filias ipsorum, si quos progenuerint,
nec non et omnes eorum successores ab omni servitute
et proprietate liberos dimittimus et solutos, dantes 20
eis per omnia et perpetuo integram libertatem ita,
quod nec nos nec filii nostri nec filie nostre neque aliqui
successorum nostrorum quicquam iuris in ipsis de cetero
habeamus, neque in hereweda, neque in rade, accipienda
nec in aliquibus bonis ipsorum, sed totaliter liberi sint a 25
nobis. Ne igitur hec donatio libertatis a nobis publice celebrata ab ullo heredum vel successorum nostrorum mutari
valeat vel infringi, presentem paginam inde conscriptam in
aucmentum fidei et testimonium veritatis sigillo nostro fecimus roborari. — Hujus rei testes sunt: (hier folgen 30
sämmtliche Zeugen, wie sie in der Urkunde 67 aufgeführt
stehen). Datum Luneborch per manum Johannis notarii
nostri anno dominice incarnacionis MᵒCCᵒXLVIIᵒ, die Vitalis.

Orig. d. Arch.

(Schönes grünes Wachssiegel; im Schilde die sitzende Herzogin, zu deren
Rechten ein Löwe, zur Linken ein Adler mit der Umschrift: Sigil. Mechtildis ducisse de Bruneswic et de Luneborch.)

69. Herzog Otto von Braunschweig kauft von Ekkehard Schack
in Bardewik ein Pfund Sülzrente und schenkt dies der Kirche in
Wittingen. Lüneburg 1247.

Isenhagener Urkundenb 19.

70. Herzog Otto von Braunschweig verzichtet auf eine Sülzpfanne (sitam versus aquilonem) ¹) im Hause Volcquardinge und

¹) Die in frühester Zeit gebräuchliche Bezeichnung der Pfannen nach den
Weltgegenden.

ſetzt den Eigenthümer durch ſeinen Vogt (qui tedam extractam de
igne sartagini subjacentem in signum possessionis dictis canonicis pre-
sentavit, quia jus est et consuetudo in salina [1])) in den körperlichen
Beſitz. Zeugen ſind außer ſieben Rittern, unter denen der herzogliche
Vogt Segeband von Withtorpe, die Pfarrer in der Stadt Walt-
mann und Hugold (zu S. Cyriaci), der Capellan Titmar und die
Bürger Bertram Münter, Johann Lode's Sohn, Hoyer, Jordanis,
Gotthard, Johann Schröder (Sartor), Lambert Kramer (Institor),
Friedrich Goldſmed. Lüneburg 1248.

Severkus, l. c. 102.

71. Herzoglich Sächſiſcher (Lauenburg.) Zoll in Lüneburg
erhoben. 1248.

Lüneb.N. Urk. I, 131.

71 a. Biſchof Lüder von Verden beſtätigt dem Kloſter Lüne den
Zehnten von Lüne, welchen das Kloſter dem Archidiaconus in
Modeſtorpe Gerhard von Hoya abgekauft hat. 1248, 27. Febr.

Büttner's Abſchrift vom Originale.

72. Das Kloſter Scharnebeck kauft den Adenbruch. 1250, Jul.

G[erhardus] dei gratia abbas totusque conventus ecclesie
sancti Mychaelis in Luneburg universis Christi fidelibus imperpetuum. — Notum esse cupimus tam presentibus quam futuris, quod abbas et conventus de domo sancte Marie
5 Cysterc. ordinis quendam campum, qui dicitur Adenbroch [2])
una cum rubo ceterisque pertinentiis suis, quem Nycolaus
cognomento Puer et Ludolfus dictus Stuve, olim cives Luneborgenses, pensionem quatuor solidorum Luneborgensis
monete custodi ecclesie nostre annuatim inde persolventes,
10 de manu nostra tenuerant, ab heredibus predictorum Nycolai atque Ludolfi uni familie dantes pro sua parte sex

[1]) Dies geſchah vor der Sülze bei zwei die Gerichtsſtätte bezeichnenden
Steinen (ad lapides) im dort gehegten Gerichte.
[2]) Der Adenbruch lag an der Ilmenau vor dem Rothen Thore.

marcas puri argenti, alteri vero pro sua octo marcas Bremensis argenti compararunt. Nos quoque cum consensu
tocius capituli nostri predictis fratribus de domo sancte
Marie prenominatum predium cum suis pertinentiis ob solitam pensionem videlicet quatuor solidorum perpetuo jure
possidendum contulimus, donantes eis insuper summam
pecunie, que nobis ex hoc debebatur, quam vulgo dicunt
vorhure. Ut igitur hoc factum a nostris successoribus
inviolabile permaneat, presens scriptum sigilli nostri attesta-
cione roboravimus. Acta quoque sunt hec solemniter in
Luneborg anno dominice incarnationis millesimo ducentesimo quinquagesimo, mense Julii, indictione octava.

Orig. d. Arch.

(Siegel des Abtes und des Convents des Michaeliklosters.)

73. Der Bürger Jordanis sichert dem Kloster Walsrode Ersatz zu für entzogene Sülzeinkünfte. 1250.

Dei gracia Otto de Brunsw. dux omnibus in perpetuum. — Audiat ergo presens etas et futura — cognoscat,
quod burgensis noster Jordanis filius domine Ade, cum
viveret, habuit sub se duas sartagines in salina Luneborch
in Superiori Cluvinge in introitu domus ad sinistram et
unam sartaginem in domo Velinge eciam ad sinistram.
De istis tribus sartaginibus dedit annis singulis duas last
salis, et quicquid superfuit, illa (ille?) suis usibus reservavit.
Cum autem dictus Jordanis deberet persolvere nature debitum moriendo, ipse et omnes heredes sui dictas sartagines claustro Walsrode resignavit libere possidendas
perpetuo et quiete, quia illas in custodia et in commisso
a claustro habuerat memorato. Pro dampno autem, quod
claustrum de parte ejusdem Jordanis videbatur per annos
plurimos recepisse, assignavit eidem cenobio duas marcas
denariorum in redditibus in restaurum, unam in Superiori
Dernetsinge et alteram in domo et area Udonis sartoris in
die Michahelis annis singulis persolvendas. Sane ut istud
a nemine in posterum infringatur, presentem paginam inde

₁₀ conscriptam sigillo nostro munivimus ad cautelam. Huju:
rei testes sunt — Segebandus advocatus noster — consule:
Nybbern, Lambertus Institor, Bernardus Zabel, Johanne:
Todonis filius, Johannes Lamberti Niperonis ¹) filius, Henricus Metsinge et alii quam plures. Datum — anno
₂₃ M'CC°L°. Walsroder Urk. 37.

73ª. Woltmann, Pfarrer in Modestorpe, Vogt Otto von Boicene-
borch) — und die Rathmänner Nicolaus von Lubeke, Johann
Tode's Sohn, Lambert Kramer, Berthold Kramer, Nikbern, Gotthard, Johannes Lambert's Sohn, Johann Eler's Sohn, Lüdinger,
Heinrich Messin (van Metzingen), Bernhard Zabel, Ludolf Elers,
Hoyer Jakob's Sohn, Gerhard Lambert's Sohn, Leonhard und
Konrad vam Nien Markt bezeugen den vorstehenden Vertrag und
bezeichnen das Haus des Schneiders Ubo als in der Sackstraße
auf der Altstadt (Walsroder Urk. 47) liegend. 1250, 9. Novbr.

Walsroder Urkunde 38.

74. Der Bischof von Verden schenkt dem Nicolai Hofe das Eigenthum eines Zehntens in Bardewik. 1251.

Luderus dei gratia Verdensis episcopus omnibus
presentem paginam inspecturis salutem in domino. Tenore
presencium innotescere cupimus universis, quod a domino
Segebando advocato de Lunebuorch, facta in manibus
₅ nostris libera resignatione decime de bonis domini Widonis
in Barduwic, quam pauperes infirmi in villa Barduwich
existentes pro viginti marcis argenti ab eo in perpetuos
usus pauperum ibidem degentium comparaverunt, proprietatem ejusdem decimae cum omni jure et utilitate sua
₁₀ predictorum infirmorum domui perpetua donatione contulimus et presentibus litteris confirmamus. Datum Lobeke
anno Domini MCCLI hiis presentibus et super hoc testifi-
cantibus clericis Gerhardo scolastico Verdensi, Hermanno de
Elsthorpe, canonico Verd., magistro Frederico canonico Sancti

---

¹) Nicht inperonis, wie gedruckt steht.

Andree Verdensis; laicis Joh. de Moule, Joh. de Sebenhusen, Gerefrido de Echenn, Lamberto Institore de Luneborch et aliis quam plurimis. Ut autem predictum factum robur firmitatis habeat et plenum effectum tam apud nos quam apud nostros, qui pro tempore fuerint, successores, presens scriptum sigilli nostri appensione duximus roborandum in perpetuum testimonium hujus rei. Orig. b. Arch.

(Etwas verletztes Siegel des Bischofs.)

75. Die Herzogin Mechtildis von Br. und Lüneb. genehmigt die Veräußerung von Sülzgut. 1253, 11. Octbr.

Dei gratia Mechtildis ducissa de Brunsvic ac domina in Luneburg omnibus hoc scriptum cernentibus salutem. — Ad imprimendam tam presentis quum futuri temporis hominibus memoriam, robur hujus scripti confici precepimus et conscribi protestantes dilucide in eodem, quod assignationem sartaginis in domo Lotaringe sita, que dicitur gunkpanne, fratribus domus de Rivo sancte Marie a domino Hunero dicto de Odeme, ministeriali nostro, factam ipsorum fratrum devotione inclinate gratam fecimus et acceptam. Nolentes autem fratrum predictorum alicujus calumnia infirmari, presens ipsis scriptum super eo concessimus sigilli nostri munimine roboratum. Datum Saltwedele V. idus Octobris, indictione undecima.

Copialbuch des Klosters Schorneben.

76. Das Kloster Königslutter verkauft der Cyriakskirche Sülzrente. 1253.

Lodewicus dei gratia abbas — totusque conventus beatorum apostolorum Petri et Pauli in Luttere, universis Christi fidelibus presentem paginam inspecturis salutem. — Innotescat tam presentibus quam futuris, quod nos de unanimi consensu conventus nostri Hugoldo plebano Sancti Cyriaci in Luneborch duas marcas denariorum in domo

Suderstingge ad dextram manum in sartagine domini He-
lenberti de Sarcke [1]) pro octo marcis examinati argenti
vendidimus proprietate perpetua possidendas. Ne vero etc.
10 Testes autem hujus venditionis sunt: (hier folgen die im Ein-
gange genannten Geistlichen), predictus Hugoldus, Eckehardus dictus Scakke, milites vero Wernerus de Zwerin, Wernerus de Todendorp advocatus, consules etiam ejusdem
civitatis (Lüneburg) Leonardus, Gerhardus filius domini Lam-
15 berti, Ludwardus filius domini Eleri, Gerbertus, Lambertus Institor, Fridericus Aurifaber, Hoierus de Pomerio, Hermannus
Albus, Volcmarus de Erteneborch, Henricus de Mezinge,
Nicolaus Paron, Vulveko de Melbeke, Johannes filius domini
Todonis, Jordanis frater domini Bertrammi et alii quam
20 plures. Acta sunt hec anno incarnationis domini MoCCoLIIIo.

Severus, l. c. I, 114.

77. Der Rath verkauft einem Bürger ein Grundstück neben den
Planken der Stadt. 1254.

Christi fidelibus universis presens scriptum visuris vel
audituris universitas consulum in Luneborch, Ricbernus,
Johannes de Honouvere, Jordanus frater Bertrami Monetarii, Johannes filius Todonis, Johannes filius Lamberti,
5 Johannes de Novo foro, Conradus de Novo foro,
Ludengerus de Arena, Johannes filius Jacobi, Heinricus Puer, Wasmodus, Wolbertus juxta Aquam in perpetuum. Dignum duximus significare tam futuris quam
presentibus, quod nos ex deliberato consilio vendidimus
10 Johanni Alboldi filio, burgensi nostro, spacium, quod est
inter aquam et plancas [2]) civitatis retro curiam ipsius,
hereditario jure possidendum et in eo, quid sibi placuerit
rebus suis, disponendum, dummodo non perveniat ad
lesionem civitatis. Hanc summam, quam idem Johannes
15 dedit, de communi consensu posuimus ad edificationem

[1]) gewöhnlich Serkem, eine Lüneburgische Ritterfamilie.
[2]) Mauern muß die Stadt bald darauf erst erbauet haben.

civitatis [1]). Ne ergo successores nostri factum nostrum presumant molestare, litteram hanc super hoc a nobis datam sigilli nostri appensione munimus. Actum est istud anno dominice incarnationis M°CC°LIIII° et confirmatum ab advocato Wernero de Todendorpe secundum jus civi- [20] tatis. Orig. i. Arch.

(Das älteste Stadtsiegel noch ziemlich erkennbar, wie es in dem Urkundenbuche des Klosters Michaelis (Urk. 57 vom Jahre 1247) abgebildet ist.)

79. Der Lübecker Domherr Willekin van der Molen schenkt dem
Domstifte eine jährliche Sülzrente von einer Mark Lüneb. aus
dem Hause Suderstinghe zur Feier des Festes aller Seelen.
1254, 31. October.

Seveckus, l. c. 117.

79. Der Rath bezeugt dem Kloster Lüne dessen Sülzrente. 1257?

Consules de Luneborch Ricbernus, Johannes de Ha-
nouvere, Johannes Todonis filius, Jordanus frater Bertrammi Monetarii, Henricus Puer, Johannes filius Jacobi,
Johannes de S. Spiritu, Conradus de Novo foro, Johannes
de Novo foro, Wolbertus juxta Aquam, Ludengerus Wide- [5]
kindi filius, Wasmodus juxta Salinam, omnibus presens
scriptum visuris vel audituris salutem. — Notum esse cupimus tam futuris, quam presentibus, quod ecclesia Lunensis
habet in salina Luneborch quatuor choros salis in domo
Erderinge quolibet flumine perpetuo possidendos in parte [10]
origentali, duos in sartagine, que similiter gunchpanne dicitur [2]).
Ne autem in futuro aliquis presumat ecclesiam prefatam in
ipsis choris quatuor molestare in sartaginibus predictis,
testimonio presencium litterarum sigilli nostri impressione
retractamus. Copialbuch des Klosters Lüne [15]

[1]) Befestigung und Bauten waren stets ein Hauptgegenstand der städtischen Verwaltung; daher Schoß und Vermächtnisse zu diesem Zwecke,
daher aber auch die großartigen alten öffentlichen Bauwerke.
[2]) Offenbar fehlt die Bezeichnung des einen Sülzhauses.

80. Der Rath bescheinigt dem Kloster Walsrode den Besitz folgenden Sülzgüter und Renten, als einer Pfanne im Hause Velinge,
einer halben Last Rente [1]) in jeder Fluth im Hause Deynge [2]) und
zu Jacobi vier Wispel, zu Martini fünf Wispel, im Hause Obern
Cluvinge in Süden zwei Pfannen, im Hause Obern Dernetsinge
in Süden eine Mark zu Michaelis. 1257, 15. März.

Walsroder Urk. 47.

81. Die Herzogin Mechtild von Braunschweig und Lüneburg gewährt größere Freiheit im Salzverkehr. 1257, 22. Decbr.

Dei gracia M[echtildis] ducissa de Bruneswich ac domina in Luneborch, omnibus ad quos scriptum presens
pervenerit, perpetuum valorem. — Cum civitas nostra sive
opidum Luneborch, variis gravaminum dispendiis et pres-
5 suris obrutum et obpressum necessitatis sue articulum cum
affectuosissimis precum instanciis graciam expetens et requirens, nobis duxerit exponendum, — inhabitantibus et
confluentibus ad eosdem talem graciam et libertatem in
sale suo, quod quisque obtinet in salina vel comparavit
10 in eadem, affectuosissime dignum duximus indulgendum, ut
unusquisque ligandi leve vel grave vel non ligatum sua in
custodia reservandi aut quoquo alio modo, prout ipsi melius et utilius visum fuerit, disponendi ex nostre concessionis
beneficio liberam habeat facultatem, dummodo in octavo
15 dimidio denario de quolibet choro salis nobis aut ei.
quem ad hoc duximus deputandum, primitus nomine theo-
lonii satisfactum fuerit in salina. Nolentes autem liberalitatis nostre graciam a posteris nostris, ne materne pietatis
viscera commoveant aut perturbent, que provida delibera-
20 tione petitione ac consilio discretorum salubriter subjectorum
utilitatibus est indulta, revocari aliquatenus vel infringi,
sufficienti examinatione decoctam, in presentium et futurorum noticiam sigilli nostri robore procuravimus communiri. Ut autem tocius surreptionis hujus gracie ambiguitas

---

[1]) Was der selten vorkommende Zusatz levis salis bedeutet, ist schwer
zu erklären.
[2]) Nicht Seynge, wie gedruckt sieht.

subtollatur et gracie concesse certior fides fiat, quasdam personas, quarum petitione, consilio et affectu eadem dinoscitur ministrata, presentium serie animadvertimus per nomina disserendas, inter quas principalis extitit clericus et confessor noster dominus Henricus de Bretic, dominus Alardus de Estorpp, Hunerus de Odeme, Fredericus de Moul et dominus Herbordus, milites nostri et pariter castelani, necnon de consulibus ejusdem opidi dominus Ricbernus, Hartmannus, Jordanis, Gerardus, Johannes Eleri, Johannes Albus, Johannes de Novo foro, Wolquardus et Nicolaus Parona et alii quam plurimi ejusdem opidi consules et burgenses. Datum Luneborch XI. kalend. Januarii anno gracie M°CC°LVII° per manum Nicolai notarii nostri et canonici Lubicensis.

(Siegel der Herzogin, wohl erhalten, wie an der Urkunde 68.)

Orig. d. Arch. Sudendorf, l. c. 44.

82. Herzog Albrecht von Braunschweig bestätigt die in der Urkunde 81 gegebene Freiheit beim Salzhandel. 1258, 1. Mai.

Dei gracia A(lbertus) dux de Bruneswich omnibus presens scriptum cernentibus salutem. — Quod ab illustris matris nostre provida pietate Luneborch ex gracia speciali ejus videlicet opido et confluentibus opidum ad predictum in salis ordinatione provida deliberatione et consilio est indultum et ipsius dilectionis munimine stabilitum, una cum fratribus et coheredibus nostris firmum et ratum in omnibus obtinentes ac idem factum nostri consensus beneplacito confirmantes, sigilli nostri inpressione duximus muniendum, dum tamen in octavo dimidio denario pro quolibet koro salis suo aut nostro theolonario in salina satisfecerint et indultam sibi beneficii graciam non excedant. Ut autem presentibus pronior fides detur et tocius ambiguitatis materia subtollatur, quasdam personas in geste rei testimonium per nomina duximus disserendas, quarum una dominus Otto de Bouzeneborch, dominus Hunerus de Odeme, dominus Herbordus et dominus Fredericus de Moul, milites.

4

et Ricbernus et Johannes Albus, Jordanus, Hartmannus et
Ludengerus, ejusdem civitatis consules et burgenses. Datum
¹⁰ Luneborch anno domini M°CC°LVIII°, in festo Warburgis.

(Schönes wohlerhaltenes großes Siegel, ein rechts schreitender Löwe mit der
Umschrift: Sigillum Alberti ducis de Bruneswic.)
Orig. d. Arch. Sudendorf, l. c. 47.

83. Die Herzoge Albrecht und Johann von Braunschweig bedingen sich im Verkehr ihrer Unterthanen mit Hamburg gegenseitigen Schutz aus. 1258, 13. Aug.

Dei gratia Albertus et Johannes et fratres eorum duces
de Bruneswic universis et singulis presens scriptum inspecturis et audituris salutem et plenitudinem omnis boni.
Super omni discordia et rancore, que inter nos ex una
⁵ parte et civitatem Hammemburgensem ex altera parte
videbatur emersisse, talis compositio et forma amicicie
ordinata est, sicut presens littera in subsequentibus mani-
festat. Noverint igitur universi, quod nos illos omnes de
Hammemburch pre omnibus, qui causa nostri facere vel
¹⁰ omittere quicquam volunt, in nostram protectionem recepimus et pacem (pacis) tutelam, sicut nostros homines de
Bruneswic et Luneburch, ut, quemadmodum dictos nostros homines deberemus protegere et vellemus, illos de
Hammemburchg taliter tueamur et, si quem in districtu
¹⁵ nostro, qui eos spoliis vel alias indebite perturbasset, for-
sitan detinerent, eis justum judicium, sicut nostris hominibus deberet fieri, procurabimus exhiberi, ipsi vero vice
versa nostros homines in civitate eorum Hammemburg et
alias, ubi possunt, debent sicut suos concives in omnibus
²⁰ fideliter promovere et etiam nostris hominibus justum judicium procurare et aliquem turbatorem . num in civitate
Hammemburg vel illis terminis detinerent. Ad hec, si illis
de Hammemburg talis causa vel casus adversitatis occur-
reret, ad que nos decreverint advocandos, accedere debe-
²⁵ mus eorum placita, nostrum consilium et auxilium impen-
dendo, si vero, quod absit, inter nos et comites Holtsatie

aliqua rancoris vel discordie materia oriretur, ad sopien-
dam illam in bono et amicabiliter componendam, burgenses
de Hamburch sepius nominati debent omni, qua possunt,
diligentia interponere partes suas. Sane ut hec prescripta
majorem obtineant firmitatem — —. Hujus rei testes sunt
(hier folgen bekannte Ritter, unter denen aber Heno de
Wiestede falfch geschrieben ift für Henr. de Wrestede, ferner
Braunfchweiger und Hamburger Bürger). Actum et datum
Luneburg anno gratie M⁰CC⁰LVIII⁰, idus Augusti.

Sappenberg, Hamburg. Urkundenb. I, 625.

84. Bericht der Braunschweiger Schuhmacher und Gerber an den
Rath zu Lüneburg über Lederbereitung. o. J.

Honestis viris advocato, consiliariis omnibus in Luneborgh sutores et alii operarii preparantes corium ad calcios
in Brunswik paratum semper obsequium voluntarium et
devotum. Sicut nos rogastis ex parte domini nostri ducis,
ut vobis jus nostrum in corio preparando et operando
transmitteremus, quod ad antiquis predecessoribus nostris
ad nos esset hactenus devolutum, hoc fecimus, sicut in
ista littera perpendere poteritis et videre. Corium bovinum preparatur in eo, quod vocatur bete, videlicet in cemento, quod vocatur betelkalk, et in lo quercino. Cutis
de hyrco et de agno preparatur in eodem cemento, in quo
corium bovinum, sicut antea diximus, preparatur et postea ad
plenum preparatur in foliis herterinis ¹). Pelles vero
hyrcionis preparamus cum haringsmere et pelles ovium
cum salsmere, sicut nobiscum consuetum est et volumus
libenter perpetuo observare. Quicumque istud inter nos
non observat secundum nostram quam statuimus justiciam
est puniendus: Illam justiciam inter vestros operarios pro

---

¹) Sind unter dieser Benennung etwa die Blätter des Hartriegels
(cornus sanguinea) zu verstehen? Dieser Strauch ist unter dem
Namen Hartern oder Hartjebom in einigen Gegenden des Hannoverschen Landes bekannt.

vestra poteritis ordinare et statuere voluntate. Si quis
20 vero contradixerit, derogat veritati.

Donatus im Archiv ¹) Gabendorf, l. c. 53.

65. Der Vogt Albert und der Rath bezeugen, daß Wasmod
von Friedrich von Bora Sülzrente aus dem Hause Berdinge und
aus jedem Hause gekauft hat. 1260, 24. Juli.

Universis presentibus et futuris presens scriptum
audientibus Albertus advocatus Luneburgensis ejusdemque
civitatis consules salutem in Domino.   Notum sit omnibus
hanc literam legentibus, quod emit contra Fridhericum de
5 Bora Wasmodus bona in salina, videlicet omni anno tres
mesas levis salis, illas recipiet de Berdinge in festo Jacobi,
et omni anno de unaquaque domo in salina tres sussas,
et illas accipiet in festo Martini.   Hujus facti sunt testes
Albertus, Bertoldus advocati; Johannes Todonis, Hogerus
10 de Pomerio, Fridericus Aurifaber, Gerbertus, Nicolaus de
Pomerio, Johannes Eleri, Johannes de Lubeke, Bertoldus
Institor, Alardus Rieberni, Heinricus Fortis, Heinricus Puer,
Hogerus, consules, paginam sigillo civitatis roborantes.
Actum anno Domini MoCCoLXo, sabbato ante festam Jacobi.

Aus dem Registrum Principum der Kön. Bibl. zu Hannover p. 51.

85 a. Der Vogt Segeband (von dem Berge) und der Rath bezeugen, daß der Bürger Bartholdi von Manegold von Estorpe
einen Wispel Sülzrente aus dem Hause Meninghe gekauft hat.
1261, 29. Juni.

Alte Abschrift d. Arch. auf Pergament.

86. Die Herzoge Albrecht und Johann von Braunschweig erlauben
dem Abte des Michaelisklosters Sülzrente zu verkaufen. 1261, 30. Nov.

Nos Albertus et Johannes dei gratia duces de Bru-

---

¹) Unter der Aufschrift Donatus verwahrt das Archiv einen starken
Pergamentband, der eine um das Jahr 1400 angelegte lehrreiche
Sammlung von Urkunden, Rechtsbelehrungen, Zunftrollen ꝛc. enthält.

neswic notum esse volumus universis, quod de nostro
beneplacito et consensu existit, ut dilectus nobis dominus
Gerhardus abbas in Luneborg vendat pro necessitate sua
et ecclesie sue chorum unum salis in salina Henrico Forti,
civi Luneborgensi, perpetualiter possidendum, ita tamen,
quod ipse infra presentem annum chorum salis alium adeo
bonum ad opus sui et ecclesie sue debeat comparare.
Super quo damus presens nostrum scriptum sigilli nostri
munimine roboratum. Datum Luneborg anno gratie
M°CC°LXI°, in die beati Andree apostoli.

Urkunde des Kl. Mich. 79.

87. Der Rath bezeugt, daß das Kloster Michaelis Sülzgut und
Sülzrente in dem Hause Hengstebeke besitzt. 1261, 21. Decbr.

Universis — universitas consulum civitatis Luneborgensis salutem. — Hinc est, quod — posteritati signifi-
candum duximus esse necessarium, quod conventus monasterii sancti Michaelis in Luneborgh habet in domo, que
dicitur Hengstebeke, sartaginem, que gungpannen vocatur, ad
manum dexteram, qua in ipsam domum intratur, de qua
sartagine derivantur duo chori salis ad quodlibet flumen, et
in principio anni, videlicet post natale domini, recipit memoratus conventus unum chorum salis, et si in ultimis boningis funduntur quatuor uncie, percipit similiter unum
chorum etc. Datum Luneborgh anno incarn. dom. M°CC°LX°
primo, die beati Thome apostoli, presentibus — honestis
dominis Jordano, Richberno, Gerardo filio Lamberti, Hogero
Stufen, Hermanno Albo, Volemaro, Bertoldo Longo, Bernardo
Zabel, Wicberto, Thidrico de Dulden, Nicolao Paron,
Johanne de Lubeke, ejusdem anni consulibus.

Urkunde des Kl. Mich. 80.

88. Die Herzoge Albert und Johann von Braunschweig erlauben,
daß drei Sülzhäuser Bernding erbauet werden. 1262, 11. Novbr.

Dei gracia Albertus et Johannes duces de Brunswic

omnibus presens scriptum audituris vel visuris in perpetuum.
— Ex antiquis temporibus talis consuetudo in salina Luneborgh servabatur, ut ad domum Berdige vulgariter nomi-
natam tantum de aqua salsa funderetur, quantum decoqui
poterat in eadem. Tandem consuetudo predicta a viris
prudentibus, scilicet domino abbate Gerardo et aliis, qui bona
habere in domo prehabita noscebantur, diligentius examin-
nata, inventa est universitati minus utilis extitisse, qui suis
precibus nobis multum instantes et etiam proinde centum marchas puri argenti dantes, apud nos, cum justa esset eorum peticio, exaudicionis graciam invenerunt ita, ut de bona nostra
voluntate et pleno consensu, assentientibus etiam illis, qui
bona habebant in domo, sicut premisimus, supradicta consuetudo prehabita in melius est mutata, videlicet in hunc
modum, ut in loco, in quo ipsa domus Berdige erat edili-
cata, tres domus ¹) construantur et in qualibet earum
quatuor sartagines collocentur sic, ut in singulis ebdomadis
ad ipsas tres domos octo uncie et dimidia fundi debeant,
et cum primo post nativitatem domini de ipso fonte funditur,
predicte tres domus semper erunt prime, et addetur eis
aqua de viis, prout aliis domibus solet generaliter admini-
strari, finitis vero hiis septem diebus, sequenti die tali modo
percipient iterum aquam sibi deputatam, ut pulsatis matutinis
in castro, postquam aliqua domus, que non habet consociam,
receperit aquam sibi asscriptam, una de istis tribus semper
erit prima et postea alie due sequentur aquam suam reci-
piendo. Verum si casualiter, quod absit, contigerit, istas
domos incendio devastari, domini, quorum ipsa bona esse
dinoscuntur, easdem in expensis suis tenebuntur reedificare
et in statum pristinum reformare. Sane, ne de hujusmodi
facto contractu possit ab aliquibus in posterum dubitari vel
aliqua questionis materia a nobis vel nostris successoribus
contra possessores predictorum bonorum indebite suboriri, presentem paginam inde conscriptam sigillorum nostrorum appensionibus roborari fecimus ad cautelam. Acta sunt hec Luneborgh,

---

¹) Niedern, Obern und Verkehrt Bernbinge.

presentibus viris probis et discretis, quorum nomina subscribuntur, fratribus nostris Ottono (sic) et Conrado, domino
Gerardo abbate, Wernero preposito de Lune, Johanne
preposito de Ebbeckestorpe, Wernero de Zrerin, Wernero
de Medinge, Hunero et Everhardo de Odeme, Ottone Magno,
Frederico de Moule, Ottone de Boyzeneborgh, Wasmodo
Puero, Gevehardo et Tenemaro advocatis nostris, Johanne
ante Valvam, Henrico Puero, Bertoldo, Gerberto, Johanne
Todonis, Johanne de Lubeke, Johanne Albo, Johanne Ome,
Johanne Eyleri, Volemaro Vulveke, Hinrico Meszing, consulibus, Gerardo Nipere, Godehardo, Richberno, Volemaro
de Novo foro, Hogero, Wasmodo Magistro fontis et aliis
quam pluribus fide dignis. Datum Luneborgh anno incarnacionis dominice M⁰CC⁰LX⁰ secundo, die beati Martini
episcopi.

(Schöne unverschrte Siegel der Herzoge mit dem schreitenden Löwen in
grünem Wachse.)

Orig. des Arch. Jung, l. c. 77.

88 a. Altes Sülzrenten-Verzeichniß [1]).

Johannes de Peine I corum in sartaginibus duabus
ad sinistram, cum itur in domum (Deyinge). Filius suus
Henricus I plaustratam in domo Hinestebeke in sartagine
Ludegheri. — Tancmarus de Wenethusen in domo Sevenige F corum in wecpanne ad sinistram, cum itur in domum.
Godeco de Ripe in inferiori Dernsige in sartagine, que
dicitur wecpanne ad sinistram, cum itur in domum, F corum.
Domine Ide in Butsige in sartagine, que est wecpanne et
jacet ad sinistram, cum itur in domum, IIII plaustratas.
Domine Mechtildis de Bardewic Edige in sartagine, que est
gunpanne ad sinistram, cum itur in domum, II plaustratas.
Uxor sacerdotis de Handhorpe Ebetsige in sartagine, que
est wecpanne ad dextram manum, cum itur in domum,
I plaustratam. Albertus de Witige in domo Gerardige in

[1]) Von verschiedenen Händen in der Mitte des 13. Jahrhunderts nach
und nach eingetragen. Da Sülzgüter in inferiori Berdige erwähnt
werden, ist das Verzeichniß hier eingeschaltet worden, wiewohl die
Handschrift der ersten Eintragungen entschieden älter ist. Die verschiedenen Hände sind durch Gedankenstriche bezeichnet.

sartagine, que est gunpanne ad dextram manum, cum itur
in domum, III corum. — Bernardus Niebur de Ullesen Honovere in sartagine, que est gunpanne et jacet ad dextram
manum, cum itur in domum, I corum. Filii Tanckeri Honovere I corum ad sinistram manum, cum itur in domum,
in duabus sartaginibus. Stephanus de Merika Deige in
duabus sartaginibus ad sinistram, cum itur in domum,
I plaustratam. Montsige in sartagine, que est gunpanne
ad dextram, cum itur in domum. Hogerus Niemarket II
plaustratas Montsige in sartagine, que est gunpanne ad dextram, cum itur in domum. Codesige in gunpanne ad sinistram
I plaustratam. Borchardus Lucius I corum in sartagine,
que est gunpanne ad sinistram, cum itur in domum Ulige.
Cristianus Miles Titmerige in II bus sartaginibus, que
jacent ad sinistram, cum itur in domum, I corum et in
inferiori Berdige in bonis domni Herbordi I corum. Ber-
terammus de Wernigerodhe II corum in sartagine, que
jacet in domo Bremige. — Hartwicus Bracsator Tanquenige
in sartagine, que est gunpanne ad sinistram manum, cum itur
in domum, I corum. Hogerus carnifex Mettige in sartagine, que est gunpanne ad sinistram, cum itur in domum,
I corum. Titmaringe in sartaginibus duabus, que jacent
ad sinistram, cum itur in domum, Lyppoldus III plaustratas.
— Cifridus de Ponte in inferiori Dernsige in sartagine, que
est wecpanne ad sinistram, cum itur in domum, III corum. —
Domina Greta, soror Wlfardi, Bruchusen in sartagine, que
est gunpanne ad sinistram, cum itur in domum, I corum.
Soror Godeste I plaustratam. Johannes de Boltessen I corum.
Hogerus Nigemarket I plaustratam. Heinricus de Teche Codesige in sartagine, que est wecpanne ad dextram, cum itur
in domum, I corum. Johannes de Boltessen I plaustratam
in domo Sivenunghe in wechpanne ad sinistram manum,
cum itur in domum. Ospitale in Lubeke Hincstebeke in
sartagine, que est gunpanne ad sinistram, cum itur in domum, I corum. — Stesouwe de Saltwidele III choros. —
Johannes de Abbenburg in Soderstinghe II plaustratas ad
sinistram manum in gunpanne, cum itur in domum. —

Socer Ludolfi de Stenbike dimidium chorum in domo
Eyinge. — Johannes de Saltwidele dimidium chorum in inferiori Dernsige in sartagine, que guncpanne dicitur ad sinistram, cum itur in domum. Luderus de Wetdesen II **63**
plaustratas Edige in sartagine, que est wecpanne ad sinistram, cum itur in domum. — Ludeco II plaustra Butsige
in sartagine, que nominata est wecpanne ad sinistram, cum
itur in domum. Brochusen habet Aleke de Medige I
plaustratam, in tercia sartagine, que posita est ad dextram **63**
manum, cum itur in domum Brochusen, quia omnes IIII
sartagines stant in illa domo ad dextram simul posite [1].
Vidua in Brokehovede F plaustratam in sartagine, que dicitur gunpanne ad dextram, cum itur in domum Huttige [2].

Aus dem Registrum principum der Königl. Bibliothek zu Hannover p. 27.

89. Der Rath stellt einem Bürger, der des Betrugs angeklagt
ist, nach gerichtlicher Untersuchung ein Zeugniß der Unschuld aus.
1263, 2. Februar.

Universis presentes litteras visuris vel audituris consules civitatis Luneborgensis salutem. — Significante nobis
concive nostro Marcwardo Polux cognominato, quod bona
quorundam mercatorum in curru sibi attinente deducenda
vehebat, que casu miserabili accidente per violentiam pre- **5**
donum de ipsius curru extiterunt depredata. Unde tam
ab advocato nostro quam etiam ab aliis eidem impingebatur,
quod consilio interfuisset, quod bona memorata a justis
possessoribus dei timore postposito fuerunt spoliata, super
cujus culpe infamia ab advocato domini ducis tam in pre- **10**
sentia nostra quam tocius universitatis publice extitit in-
cusatus. Ipse vero, suam in hac parte innocentiam cupiens
defensare, testes produxit ydonios, qui suam innocentiam
allegabant, ipsum in sacramentis per juramenta expurgando,
asseverantes, eundem hujuscemodi criminis innoxium et **15**

[1] Die vier Pfannen jedes Hauses standen einander gegenüber, zwei
zur Rechten x.
[2] Die bei den Namen der Sülzhäuser und auch bei Personennamen
vorkommende Endung ige muß stets inge gelesen werden.

immunem nec facto seu consilio aliquatenus interfuisse.
Quoniam nostre est justicia et constitutio civitatis, quod
quilibet burgensium nostrorum super aliquo crimine accu-
satus vel accusandus, si contra ipsum actor evidenter
10 causam ei impositam probare non poterit, potior erit suam
justitiam prosequi defendendo, quam actor contra eum in
agendo, et ne de cetero super hujusmodi facto, cum se
legitime expurgare studuerit, ab aliquo possit indebite
impeti vel aggravari, presentes litteras sibi peciit dari in
15 testimonium et cautelam tam sigilli advocati quam etiam
nostri munimine roboratas. Actum Luneborgh anno incarn.
dom. MoCCoLXoIIIo, circa purificationem beate Marie virginis.

Lüben Urk. II. b. 1006.

90. Herzog Johann von Braunschweig bittet die Sülzbegüterten
um Geldhülfe. (1263). 22. April.

Venerabilibus patribus abbatibus, prelatis ecclesiarum,
clericis, militibus, burgensibus necnon universis et singulis
in Luneborg, ad quos presens scriptum pervenerit, dei
gracia Jo. dux de Bruneswic salutem et sincere dilectionis
5 affectum. Verum est, dominus frater noster dux (Albertus)
in recessu suo a terra patrie reliquit nos quibusdam pro
persona sua debitis obligatos, pro quibus persolvendis
quasi captivi ab emulis honoris nostri ac adversariis deti-
nemur, unde bona nostra eciam ubicunque sita exposuimus
10 ad vendendum vel ad obligandum, ut sic habere possemus
pecuniam, de qua creditoribus nostris satisfieret, et non
opus esset, quod per modum alium gravaremur, cumque
per jam dictas vias et eciam apud Judeos propositum mi-
nime haberemus, visum est nobis necessarium esse, quod
15 petitionem quandam fecimus in salina Luneborg nullo de
jure sed speciali de gracia, deus novit, hac necessitate cogente,
non habentes hoc pro consuetudine neque nobis in eo debitum
aliquod addicentes. Quam ob rem universos et singulos
suppliciter exoramus, quatenus petitionem factam ista vice
20 curetis admittere ipsamque benigno animo de speciali dono
gracie supportare, scientes et pro certo habentes, quod de

cetero opus non erit, quod aliquis vestrum in bonis suis prehabitis gravetur vel aliquid a nobis seu fratre nostro dispendii patiatur. Super quo quidem verbo nostro dilectum nobis dominum prepositum Thetmarum, exhibitorem presentium, transmittimus et rogamus, ut ipsius verbis tanquam nostris adhibeat vestra discretio plenam fidem. Datum Bruneswic X. kal. Maji. **Sudendorf, Urkundenbuch I, 56.**

91. Herzog Johann von Braunschweig bescheinigt die erhaltene Geldhülfe von der Sülze und verpflichtet sich und seine Brüder, nie eine ähnliche Auflage zu fordern. 1263, 29. April.

Dei gratia Johannes dux de Brunesvik omnibus imperpetuum. — Ad noticiam tam presentium quam futurorum, quibus presens scriptum fuerit exhibitum, volumus pervenire, quia, cum nos gravibus debitis obligati, de quibus nullam viam persolvendi potuimus invenire, sed inimicis nostris captivi pro ipsis debitis jacebamus, civitatem nostram Luneborgh adivimus burgensium nostrorum ibidem manentium, qui tam patri nostro pie recordationis quam nobis semper in necessitatibus benivoli extiterunt, auxilium invocantes, quod licet eis multum esset grave et difficile super vires, tamen, sicut soliti ab eis fuimus, peticionem nostram ad exaudicionis gratiam admiserunt. Illi siquidem, qui ad nostra servicia[1] et ad civitatis eorum firmationem hoc, quod scot et sculde dicitur vulgariter, dant frequenter, sic nostris petitionibus liberaliter annuerunt, ut de bonis eorum in salina, quantum eos tangit, de qualibet sartagine quatuor marchas puri argenti nobis dare non denegent ista vice. Quoniam autem hoc ab eis pro munere recipimus speciali, hoc circa ipsos, quam diu vivimus, modis omnibus intendimus promereri. Ne autem hec vexatio insolita et inaudita burgenses nostros de Luneborgh, qui dant scot et sculde, ut premisimus, terreat supra modum et manendi nobiscum diffidentiam eis prestet, universis et

[1] Die Stadt gab dem Herzoge jährlich eine bestimmte Summe.

singulis plane volumus hoc constare, quod neque per nos
neque per fratres nostros ex nunc in posterum talis vexatio
nec etiam per nostros successores fiet nec de cetero
attemptabitur ullo modo, qualiscunque necessitas nobis vel
nostris successoribus processu temporis incubuerit excepta
peticione, que ex gratia ab universis generaliter necessitatis inminente articulo aliquando solebat antiquitus ex-
postulari, cum recognoscamus, nos in predicta salina in tali
vel consimili exactione exceptis bonis nostris propriis
nullum penitus jus habere. Igitur ad evidentiam hujus et
veritatis expressionem, quia nunquam de cetero hiis similia
animo concipere vel opere adimplere aliquatenus intendamus,
fratris nostri Alberti et nostri sigillorum munimine presentem
super eo scriptam paginam roborare duximus ad cautelam.
Hujus rei testes sunt Conradus de Dorstat, Luthardus de Mey-
nersen, nobiles; Baldwinus de Campo, Baldwinus de Wendhen,
Hinricus de Wrestede, Jordanis pincerna noster, Fredericus
de Nendhorpe, Heinricus de Heinborgh, Heinricus de
Borghdorpe, fideles nostri; Otto Magnus, Hunerus de Odem,
Wernerus de Medinge, Egehardus Scacke, Lippoldus et
Tethardus fratres de Doren, Fredericus de Moule, Otto de
Boyzeneborgh, Everardus de Odem, fideles nostri. Item,
Gerardus Nypre, Hogerus de Pomerio, Ricbernus, Bernar-
dus Zabel, Godehardus, Volcmarus de Novo foro, Wic-
bernus, Paron, Hogerus Stufen, Hogerus Albus, Johannes
Todonis, Ludengerus, consules, et alii quam plures. Datum
Tszellis per manum prepositi Heinrici anno domini
MᵒCCᵒLXᵒIIIᵒ, in die beati Vitalis.

(Wohlerhaltenes schönes Siegel des Herzogs mit dem schreitenden Löwen.)

Orig. d. Arch. Sudenborf, l. c. 57.

92. Die Herzoge Albrecht und Johann von Braunschweig wieder-
holen die in der Urkunde 91 gegebene Erklärung in Betreff der
Sülzsteuer. 1263, 6. Juli.

Dei gratia Albertus et Johannes duces de Bruneswic
omnibus hoc scriptum cernentibus salutem in domino. Recog-

noscimus tenore presentium, quod, cum nos gravati multis debitis peteremus dilectos burgenses nostros in Luneborch et alios bona in salina nostra ibidem habentes, ut in sub- ⁵ sidium solutionis debitorum nostrorum quatuor marcas puri argenti de singulis sartaginibus nobis darent, sine quorum adjutorio a tam gravi debitorum onere non poteramus absolvi, quia nos dictos burgenses nostros, qui nobis sicut et nostris progenitoribus semper benivoli in ¹⁰ necessitatibus exstiterunt, in admissione hujusmodi petitionis nostre voluntarios invenimus et paratos et ipsi nobis dictam summam favorabiliter exsolverunt, nos eis deinceps parcere volentes talem ipsis eorum exigente benivolentia concedimus libertatem, quod, si nobis in posterum incumbat similis ¹⁵ necessitas, talis petitio sive exactio hactenus inaudita contra ipsos nec per nos nec per fratres nostros attemptabitur ullo modo. Ut autem hec libertas a nobis concessa dictis burgensibus nostris rata in posterum et firma permaneat, presens scriptum sigillorum nostrorum appensione munitum ²⁰ ipsis dari jussimus ad cautelam. Hujus rei testes sunt (hier folgen dieselben Zeugen, welche in der Urkunde 91 ge= nannt sind). Datum Lubike anno domini M°CC°LX°III°, in octava beatorum apostolorum Petri et Pauli.

(Schöne Siegel des Herzogs Albrecht in grünem, des Herzogs Johann in gelbem Wachse.)

Original des Archivs.

93. Turnier in Lüneburg [1]). 1263.

Zu Lunenburg kam er [2]) darnach,
da er sich ritterschaft erwag.
Einen turney liess er kreyen
fürsten, grafen und freien
zu Leunenburg uf dem gefilde,
da die ritter under ihr schilde ⁵

---

[1]) Rethmeyer erwähnt S. 503 dieses Turnier, verlegt es aber wohl richtiger in das Jahr 1262.
[2]) Herzog Johann von Braunschweig.

kamen rittersambt zu üben;
werder knaben sich auch huben
viel zu den fordersten.

10 Da kamen werder gesten
woll fünfhundert ritter und knaben.
Da ward ein herfart geschaffen,
die auch sint der zeit erging.
Der turney alle umb den ring

15 geflorret stunt mit preiss;
der junge und auch der greis
da nach werden lob ranck;
des einen mannheit, des andern lieb zwanck.
Da der turney war zergahn

20 der so herrlich hett gestahn etc.

Chronic. rythmic. princip. Brunsvic. in Leibn. scriptt. III, 140.

**94. Bifchof Gerhard von Verden ſchenkt ſeinem Capitel Sülzrente.
1264, 26. März.**

Gerhardus dei gratia Verdensis ecclesie episcopus
omnibus — salutem in domino. — Notum esse volumus —,
quod nos tres marcas denariorum in salina Luneborch in
domo Memminghe, in qualibet quatuor sartaginum ipsius
5 domus XII solidos, nobis vacantes de morte Johannis, filii
domini Werneri militis dicti de Moule, qui a nobis eos
habuerat in pheodo, libere contulimus fratribus nostris
Verdensis ecclesie canonicis pleno jure perpetuo possidendos. — Datum Verde proxima quarta feria post Bene-
10 dicta — anno domini M°CC°LX°IIII°. —

v. Hodenberg, Verdener Geſchichtsq. II, 127.

95. Werner von Meding verkauft Sülzgut. 1264 [1]), 15. Jun.

Consules et universitas civitatis in Luneborch. — Notum
esse volumus et tenore presentium protestamur, quod do-

---

[1]) Das Jahr ergiebt ſich mit ziemlicher Sicherheit aus der Angabe der
Rathmänner.

minus Wernerus miles dictus de Medinge vendidit Bernardo Swickero dominium et plaustratam unam super sartaginem, que jacet in domo Gosletzinge, — cum consensu omnium heredum suorum. Testes hujus venditionis sunt advocatus Gevehardus, Gerbertus, Henricus Puer, Jordanus, Johannes de Valva, Johannes Todonis, Johannes Albus, Bernardus Zabel, Wicbernus ante Valvam, Nicolaus Paron, Elverus, Ethelerus Longus, consules. Ne quis vero hujusmodi factum valeat in posterum revocare sive impedire, sigilli nostri munimine fecimus confirmari. Datum in die sancti Viti.

(Zweites großes Stadtsiegel, welches seitdem in stetem Gebrauche geblieben ist.)

Orig. b. Arch.

96. Vergleich des Michaelisklosters mit dem Bürger Olbern. 1264.

Universis has literas audituris Gevehardus advocatus et consules in Luneborg salutem in salutis auctore. — Olbernus noster burgensis et coheredes ipsius, qui monachos Sancti Michaelis in Luneborg de duabus sartaginibus in domo Alverdigge et de duabus in Wolderzinghe infestantes multotiens, prima vero vice, ut a tali infestacione cessarent, XI marcas puri argenti receperunt, secunda vice idem Olbernus et sui coheredes predictos monachos infestaverunt, quare ex utraque parte dolentes, ut inter eos amicabilis et perseverans fieret compositio, talem statuimus compositionem, ut, si quid juris haberent in jam dictis sartaginibus, coram nobis renunciarent, tali vero conditione, quod ipsi monachi filium Olberni recipiant in monachum et in fratrem et filio Frederici fratris Olberni X marchas conferant argenti examinati. Ne autem hanc compositionem amicabilem sive Olbernus vel heredum suorum vel etiam amicorum suorum aliquis deinceps possit vel audeat perturbare temeritas, sigilli nostre civitatis munimine fecimus roborari. Testes hujus facti sunt Gerbertus consul, Johannes Magister putei, Jordanus Monetarius, Johannes frater Hoygeri de Pomerio, Henricus Puer, Johannes de Lubeke, Wulfoldus, Volemarus, Bertoldus Longus, Hermannus Albus, Nicolaus Paron, Wicbertus, Godehardus, Bertoldus Institor, Bernardus Zabel, Thidericus de Thoude. Datum Luneborch anno domini millesimo ducentesimo LXIIII[0].

Urkund. des Kl. S. Michaelis, 87 [1]).

97. Herzog Konrad von Braunschweig genehmigt den Verkauf einer Sülzpfanne. 1265, 18. Oct.

C(onradus) [2]) dei gratia dux de Bruneswic. — Ad communem noticiam volumus devenire, quod nos sartaginem in sulta Luneborch, quam nostri fratres Karulo civi in Bruneswic et suis heredibus contulerunt, cum omni jure, quod ad ipsam pertinere dinoscitur, eidem conferimus fratrum nostrorum factum in eo firmum semper et stabile habituri. — Datum in Bruneswic anno domini M[o]CC[o]LXV[o], in die Luce [3].

Sudendorf, l. c. 175.

98. Die Herzöge Albert und Johann von Braunschweig verpfänden eine Sülzpfanne. 1265, 19. Nov.

Nos dei gratia Albertus, Johannes duces de Bruneswic notum facimus universis et presentibus protestamur, quod viro provido dicto Karulo suisque heredibus sartaginem quandam in salina nostra Luneburg sitam in superiori domo Berdinghen, que est proxima Woldercinghe, titulo pignoris obligavimus pro CL marcis puri argenti a festo epiphanie proximo usque ad unius anni circulum libere possidendam. — Datum Luneburg anno gratie M[o]CC[o]LXV[o], die Elizabet.

Sudendorf, l. c. 176.

---

[1]) In einer besondern Urkunde vom 30. April (1264) bezeugt das Domcapitel in Hamburg diesen Vergleich. Urk. d. Kl. S. Mich. 88.
[2]) seit 1269 Bischof von Verden.
[3]) wahrscheinlich richtiger Lucie (13. Dec.). Vergl. Urk. 98.

99. Herzog Johann von Braunschweig verkauft einem Hamburger
Bürger Sülzgut. 1266, 12. Jul.

Nos dei gratia Johannes dux de Bruneswic omnibus
presens scriptum visuris volumus esse notum, quod Johanni de Bergen, burgensi in Hamburg, unum chorum salis
in salina nostra Luneburg septimana qualibet colligendum
in bonis domini Ottonis Magni, in domo Berdinge videlicet,
que est sita apud Brochusen, contulimus possidendum jure
hereditario, conferentes eidem denarios sabbatorum quin-
quies colligendos, cum sunt colligendi circa nativitatem
domini nunc instantem. — Datum Luneburg anno domini
M°CC°LXVI°, in vigilia Margarete.   Sudendorf, l. c. I, 61.   10

99 a. Derselbe Herzog verkauft dem Johann von Bergen eine
Pfanne im Sülzhause Hohginge. 1266, 12. Juli.

Lübecker Urk. II a. 37.

100. Die Herzoge Albrecht und Johann von Braunschweig verkaufen Sülzgut. 1267, 25. April.

Dei gratia Albertus et Johannes duces de Bruneswich
omnibus in perpetuum. — Nos communi consensu et pari
voluntate Karolo, burgensi nostro de Bruneswich nobis
dilecto, dimisimus unam sartaginem in Berdinge in superiori
parte domus, que vocatur wechpanne, sita versus domum
Woldertsinge —. Sane, ut hoc nostrum factum nulli sit dubium et nemo presumat in posterum violare, ipsam sartaginem ad lapides Heinricus Mumpaler nomine nostro
dicto Karolo coram judicio resignavit ipsumque in possessionem ejusdem sartaginis cum teda extracta de ipsa sar- 10
tagine, sicut in salina solet fieri, induxit, assignans eam
sibi jure hereditario possidendam. — Actum et datum in
Luneburg anno domini M°CC°LXVII°, in die beati Marci
ewangeliste.   Feuerbus, l. c. 193.

5

101. Bischof Gerhard von Verden schenkt dem Archidiaconus von
Modestorpe Johann von Moufe Leibrente aus dem Zehnten des
Dorfes Erjen. 1267, 14. Nov.

v. Hodenberg, Verd. Geschichtsq. II, 132.

102. Der Bürger Wilbern verkauft Sülzgut. 1267.

Universitas consulum Luneburg omnibus paginam presentem inspecturis salutem in domino. — Burgensis noster
Wicbernus juxta Valvam uxore sua et heredibus suis consentientibus vendidit Johanni Nigro, cerdoni juxta pontem
5 antiquum, dimidium chorum in salina Luneborg in inferiori
domo Cluvinghe — jure hereditario possidendum, et secundum jus civitatis ipsi est in judicio resignatus, Heyrico
Mumpaler cum Gotefrido Soc judicio presidente. Hujus
facti testes (hier folgen die Namen der Rathmänner). Datum
10 Luneborg anno domini 1267. Copialbuch des Kl. Scharnebeck.

103. Der Rath bezeugt, daß der Burgmann Wasmod Kind dem
Kl. Wienhausen Sülzrente verkauft hat. 1268, 6. Oct.

Omnibus Christi fidelibus paginam presentem visuris
consules civitatis Lunborch Gerbertus, Jordanus, Heinricus Puer, Hermannus Albus, Bernardus Zabel, Wicbertus
ante Valvam, Nicolaus Paron, Johannes Todonis, Helerus
5 Longus, Albertus Holle, Elverus de Wittinge salutem. —
Notum igitur esse cupimus — dominum Wasmodum Puerum, castellanum in Luneborch, duas marcas annuatim et
duo plaustrata unius fluminis quolibet anno in festo
Michaelis solvenda utraque in Inferiori Cluvige sita —
10 domino Lamberto preposito sanctimonialium in Winhusen —
et hanc emptionem Ghevehardum advocatum in Luneborch
secundum jus civitatis multis astantibus confirmasse. —
Acta sunt hec anno domini M°CC°LXVIII°, in die Michaelis
octava. Pfeffinger, Br. Lüneb. Historie I, 789.

104. Herzog Johann verkauft die Bare auf der Sülze an die Sülzbegüterten. Bergen, 1269, 25. Febr.

In nomine sancte et individue trinitatis. Johannes miseratione divina dux de Bruneswich, universis nostre clementie paginam inspecturis sive audituris in omnium salvatore salutem. — Ad universorum tam futurorum quam presentium noticiam volumus pervenire, concives nostros Luneborgenses communitatemque clericorum necnon laycorum in veteri salina apud Beatum Lambertum [1] bona possidentium domum, in qua funduntur sartagines, que bora [2] volgari nomine nuncupatur, cum area et domo atque edificiis, que juxta boram prenominatam edificata noscuntur pertinentque ad ipsam, cum suis redditibus et omnibus attinentiis a nobis cum omni jure nos et heredes nostros sive successores contingente ita videlicet, quod nichil juris, potestatis sive violentie in ea ulterius obtinebimus, nec aliquis ex parte nostra violentiam facere presumet, emptionis titulo comparasse, ut de veteris saline sartaginibus fundendis sive restaurandis liberam habeant facultatem. Pro quo emptionis contractu quorundam nobis familiarium voluntatibus inclinati et predictorum virorum communi utilitate considerata ab eisdem quinquaginta marchas argenti examinati dinoscimus recepisse. Ne autem hanc nostre serenitatis paginam aliquis heredum nostrorum aut successorum dilapsu temporis molestare presumat, scriptum presens nostri sigilli appensione decrevimus confirmandum. Hujus rei testes sunt milites Ghevehardus de Bortvelde, Johannes de Saldere, Tidericus de Walmede, Wernerus de Medige, Hunerus de Odeme, Otto Magnus, Hildemarus de Oberghe, Eggehardus Scacke, Ludolfus de Estorpe, Eggehardus de Boyzeneborgh, Manegoldus de Estorpe, Manegoldus filius Alardi de Estorpe; burgenses

---

[1] Herzog Johann hatte schon auf eigene Rechnung die neue Sülze angelegt.
[2] Das zum Gusse der Bleipfannen bestimmte Gebäude, gewöhnlich die Bare genannt.

Gherbertus, Johannes Todonis filius, Wasmodus, Hermannus Albus, Hogerus de Pomerio, Heinricus Puer, Johannes de Lubeke, et alii viri quamplures honesti. Acta
sunt hec in Berghe anno dominice incarnationis M⁰CC⁰LX⁰
nono, proxima die post festum beati Mathie apostoli.

(Siegel des Herzogs Johann von Braunschweig mit dem rechts
schreitenden Löwen.)

Orig. d. Arch.

105. Herzog Johann von Braunschweig erlaubt dem Braun-
schweiger Bürger Karl, die vom Herzoge erkaufte Pfanne im
Sülzhause Berdinge für 500 Lüneb. Mark dem Domstifte in
Lübeck zu verkaufen. Zelle, 1269, 20. Sept.

Severkus, l. c. 202.

106. Die Rathmänner Gerhard Nipere, Hoyer Stube, Ludolf,
Olbern, Johann van Lübeke, Wilbold, Wikbern am Dore, Johann Om, Berthold Lange, Johann Witte, Johann van Melbeke,
Folgmar up dem Sande bezeugen, daß die Brüder Nicolaus, Jakob
und Johann Bomgart (de Pomerio) und Albert Holle die Gewähr
für den Verkauf der von dem Braunschweiger Bürger Karl an
den Lübecker Domherrn Burchard von Serkem veräußerten Pfanne
im Sülzhause Berdinge übernommen haben. Lüneburg, 1269, 2. Oct.

Severkus, l. c. 204.

107. Die Rathmänner Johann Tode, Hoyer vam Bomgarde,
Willekin van Melbeke, Hoyer Witte, Bernhard Sabel, Nicolaus
Paridami, Diedrich Nossack, Eler Lange, Jordan, Nicolaus vam
Bomgarde, Heinrich und Diedrich Niebern's Sohn bezeugen, daß
Mag. Gottfried anderthalb Wispel Sülzrente dem Domstifte in
Hamburg geschenkt hat. 1270, 5. Aug.

Lappenberg, Hamburg. Urk. I, 742.

108. Herzog Johann von Braunschweig verleihet der Stadt Uelzen
das Lüneburger Stadtrecht. 1270.

Hoffmann's Samml. ungedruckter Urkunden I, 238. 247.

109. Der Rath bezeugt, daß der Bürger Wiebert sich und seine Gattin dem Kloster Lüne, sowie, daß Wulferd dem Kloster einen halben Wispel Sülzrente übergeben hat. 1271, 5. März.

Omnibus, ad quos presens litera pervenerit consules civitatis Luneburgensis, salutem in omnium salvatore. — Sciant tam presentes quam posteri, quod dominus Wicbertus et uxor sua adjunxerunt se claustro in Lune in hunc modum. Chorum unum salis situm in domo Cotsinghe — prefato claustro tali condicione apposita contulerunt, quod ipsi redditus ipsius chori recipient tempore vite sue, post mortem vero ipsorum medietatem ejusdem chori tollent filie ipsorum ad tempora eciam vite sue. Quibus descendentibus [1]) memoratus chorus integraliter cedet claustro. Contulerunt preterea memorato claustro domum suam, in qua manent, cum ceteris bonis suis tali similiter condicione apposita, quod, si placet eis, in jam dicta domo mansionem facere usque ad tempora vite sue, hoc erit in arbitrio ipsorum, si autem placet eis, transire ad claustrum, prepositus in mensa sua dominum Wicbertum honeste procurabit, uxori vero ejus et matri ipsius ministrabuntur due prebende more aliarum dominarum in claustro. Si vero procedente tempore predicta domus fuerit vendita, cum denariis inde provenientibus comparabuntur bona, quorum medietatem tollent ipsi, residuam vero medietatem tollere debet claustrum; et si forte non fuerint comparata bona cum denariis jam predictis, ipsi medietatem illorum denariorum ad se recipient, aliam autem medietatem recipere debet claustrum. Item ligna et olera ministrabuntur eis de claustro, et, si placet eis, habere duas vaccas vel tres sive quatuor, ministrabitur eis fenum sicut vaccis claustri. Preterea si emerint duos porcos, ministrabuntur eis necessaria et in curia et extra curiam, sicut porcis claustri. Item post mortem ipsorum bona, que post se reliquerint, cedent claustro, sanctimoniales vero ipsius claustri deum in oracionibus suis memores eorum erunt et post mortem ipsorum anniversa-

[1]) i. e. decedentibus.

rium eorum solempniter agent, sicut fratrum et sororum
anniversarii solent agi. In cujus rei evidenciam, firmitatem
et memoriam presentes literas scribi et civitatis nostre sigillo fecimus communiri. Nomina autem nostra qui tunc
temporis consules eramus, cum hec fierent, sunt hec:
Gherardus Nipere, Hogerus Stuve, Johannes Bertoldi, Johannes de Lubeke, Herderus, Ludingerus, Fridericus in
Harena, Johannes Albus, Bertoldus Longus, Thidericus
Simundis, Albertus Holle, Johannes Avunculus. Protestamur
insuper tenore presencium quod Wulferdus bone memorie
quondam famulus domini Gherardi Niperonis contulit ipsi
claustro in Lune pro remedio anime sue dimidium chorum
salis situm in domo Betzehusen. — Acta sunt hec anno
domini M°CC°LXXI°, III° nonas Marcii.

Aeltere Abschrift (ſauer Copialbuch?).

110. Vögte und Rath bezeugen, daß der Sodmeiſter Johann [1] von Wasmod Rente aus einer Sülzpfanne gekauft hat. 1271.

Universis tam presentibus quàm futuris, presentem
litteram inspecturis dominus Thidericus, major advocatus in
Luneburc, Godeco minor advocatus, consules ejusdemque
civitatis salutem in domino. Notum sit universis presentes
litteras inspecturis, quod emit Johannes magister fontis
contra Wasmodum in sartagine, que dicitur weepanne et
jacet in domo Loteringe ad dextram manum, cum itur in
domum, singulis annis II marcas denariorum. Illi dabuntur
omni anno in festo Michahelis jure censuali. Ex predicta
sartagine dabuntur omni flumine VII plaustrate. Supra
nominata bona emit idem magister fontis ad utilitatem
putei cum denariis fontis. Hujus facti sunt testes dominus
Thidericus de Altun et Godeco advocati, dominus Gerardus
Nipere, Hogerus Stuvo, Johannes de Lubeke, Johannes
Albus, Johannes Om, Johannes Bertoldi, Bertoldus Longus,

---

[1] Nicht Johann Sootmeſter, wie Subendorf ſchreibt, und nicht
mit Salingelbern, ſondern aus der Sodmeiſterkaſſe.

Tidemannus, Herderus, Ludegherus, Fridhericus de Arena, Albertus Hollo, honesti et discreti consules, paginam sigillo civitatis confirmantes. Datum anno domini MᵒCCᵒLXXIᵒ,

Sudendorf, l. c. I, 72.

111. Herzog Johann von Braunschweig verkauft den Sülzbegüterten die neue Sülze und verbietet die Anlage neuer Salzwerke im Fürstenthume. 1273, 15. Juni.

Johannes dei gracia dux de Bruneswic omnibus Christi fidelibus presentes litteras inspecturis cum gracia Jesu Christi salutem in domino sempiternam. — Ad noticiam tam presentis quam future etatis hominum cupimus pervenire, quod, cum nos infra civitatem sive opidum Luneborg, quod ad nos jure pertinet hereditario, puteum salis fodi fecissemus sive novam salinam expensis et laboribus plurimis invenissemus et sal ad ampliandos nostros redditus coqui faceremus, de Amelingesborne, de Doberan, de Reinevelde abbates ordinis Cistersiensis et eorum monasteria et quidam alii abbates ejusdem ordinis et quidam alii abbates et eorum monasteria ordinis sancti Benedicti et plures prepositi sive provisores monasteriorum monialium tam Cistersiensis quam ordinis sancti Benedicti necnon tam Lubecensis quam Bardwicensis et Rameslensis ecclesiarum decani et canonici et plures milites et burgenses tam de predicta civitate Luneborg, quam ex aliis locis, qui hereditatem et redditus in antiqua salina habuerunt, timentes, quod eorum redditus in antiqua salina diminui possent hoc modo, nobis humiliter supplicarunt, ut ipsis specialem gratiam facientes, novam salinam eis venderemus. Nos autem, ut orationum et aliarum spiritualium actionum, que cottidie fiunt a religiosis supra nominatis et in eorum monasteriis, participes esse mereamur et dominus nobis in eterna vita propicietur et milites et burgenses predictos nobis favoris et dilectionis fortioribus vinculis astringamus, proborum et discretorum consilio mediante, novam salinam superius memoratam

abbatibus, prepositis et aliis redditus in antiqua salina
habentibus vendidimus ita, quod eadem nova salina penitus
30 destruatur et ulterius non debeat permanere; attamen
areas adjacentes sub taxatione illorum, quos ex utraque
parte ad hoc deputavimus, nobis persolverunt et neque
nos neque heredes nostri neque successores nostri umquam
alio tempore in eodem loco, ubi nova salina fuit inventa,
35 nec in alio loco infra civitatem Luneborg vel etiam extra
in dominio Luneb. fodi vel exstrui alium puteum salis sive
salinam aliam faciemus. In restaurum autem dampni,
quod ex predicta conventione possemus allegare, abbates,
prepositi, canonici, milites, burgenses et universi, qui habent
40 redditus in antiqua salina, de quinquaginta domibus in ipsa
constitutis centum et quinquaginta choros salis [1] in quolibet
flumine nobis dabunt ita videlicet, quod de ipsis quinquaginta domibus tres chori salis de unaquaque domo, ut
predictum est, in quolibet flumine nobis cedant. In eligendo
45 autem magistro putei et dominiis et boningis neque nos
neque heredes nostri contendimus vel volumus aliquod jus
habere et nullam nobis addicimus potestatem. Pro gratia
autem et favore abbates et alii superius nominati et etiam
pro theloneo in nova salina, quod ibi de sale accipere
50 consuevimus, penitus removendo mille octingentas marcas
examinati argenti nobis exsolverunt. Si autem nos, quod
absit, sive heredes nostri pro tempore veniremus contra
predictam ordinacionem vel violaverimus aliquam etiam sui
partem, sustinebimus patienter, quod abbates, prepositi
55 supra nominati et alii prelati et sacerdotes in civitate ipsa
Luneborg vel etiam extra civitatem in dominio Luneborg constituti ipso facto statim a divinis cessabunt
et precipue a sepultura mortuorum et omnibus aliis ecclesie
sacramentis exceptis penitentiis moriencium et baptismate
60 parvulorum. Ad hec adjectum est, quod, si vel nos vel

[1] Diese Rente, welche neben der alten Pachtrente (Altflodgut) von den
Pfannenbesitzern gezahlt werden mußte, hieß Hertogengut (bona
ducis), nicht zu verwechseln mit dem Hertogensülver (Bremer
Silber) in der Urkunde 118.

aliquis heredum nostrorum ipsam ordinationem totam vel partem violaverimus, eo ipso facto excommunicationis sententia sumus innodati. Si autem aliqui prelati et sacerdotes pro nostro favore vel timore nollent, secundum quod supra dictum est, abstinere a sacramentis, Bremensis archiepi- 65 scopus, qui a papa dabitur exsecutor, de plano compellet eos ad id per ecclesiasticam censuram, qui etiam injurias et gravamina, si forte nobis in prefatis redditibus evenerint, autoritate domini pape per ecclesiasticam censuram similiter exsequetur. Nos Otto Hildensemensis ecclesie postulatus et 70 confirmatus tutor, Conradus Verdensis postulatus et tutor, Albertus dux de Bruneswic, fratres ipsius ducis Johannis, Gerardus comes Holsatie, quia predictam ordinationem a nobis et heredibus nostris firmiter volumus observari, presens scriptum exinde confectum placuit, sigillorum nostrorum 75 munimine roborari. Datum anno domini M°CC°LXX°III°, in die beati Viti. Testes autem sunt hi: Gerardus decanus Verdensis, Hinricus prepositus de Lune, Bernardus prepositus de Buestehude, Lippoldus canonicus Beati Blasii in Bruneswic, Adam monachus in Reinevelde; milites: dominus 80 Hinricus comes de Woldenberge, Gevehardus senior de Bortvelde, Gevehardus filius suus, Gevehardus filius domini Ludolphi, fratres de Veneden Boldwinus et Hinricus, Olricus de Tune, Bernardus Sprengere, Eghardus Scacko; burgenses: Johannes de Berge, Wasmodus, Albertus Holle, Johannes 85 de Lubeke et alii quam plures.

(Siegel des Herzogs Albrecht von Braunschweig, des Bischofs Otto von Hildesheim, des Bischofs Konrad von Verden, des Herzogs Johann von Braunschweig und des Grafen Gerhard von Holstein.)

Büttner's Abschrift nach dem Originale. Leverkus, l. c 231 nach dem Orig.[1])

[1]) Das Original dieser Urkunde ist im Archive nicht vorhanden, Büttner hatte es aber noch in Händen und nahm eine Abschrift, die mit der von Leverkus (l. c. Urt. 231) von einem Originale des bischöflich Lübecker Archivs genommenen Abschrift völlig übereinstimmt. Auch die bei Jung (II p. 83 Nr. 7) gedruckte Abschrift ist bis auf wenige Kleinigkeiten richtig, aber nicht einem Originale, sondern einem Copialbuche des Archivs entlehnt.

112. Herzog Johann von Braunschweig verspricht, daß auch seine Brüder ihre Siegel an die Urk. 111 hängen sollen. 1273.

Dei gracia nos Johannes dux de Bruneswich tenore presencium recognoscimus protestando, quod, cum novam salinam nostram, quam habuimus in civitate Luneborg, abbatibus, prepositis, canonicis, militibus, burgensibus et

5 universis redditus in antiqua salina Luneburch habentibus venderemus, taliter exstitit placitatum, quod litera super hujusmodi conventione confecta sigillis domini Ottonis Hildensemensis electi et domini Cunradi Verdensis ecclesie postulati, domini Alberti illustris ducis de Bruneswich,

10 nostrorum fratrum, et nobilis viri domini Gerhardi comitis Holtsatie et nostro deberet communiri, ne unquam a nobis vel nostris heredibus sive successoribus contractus tam racionabilis infringatur, et, quia dictorum fratrum nostrorum sigilla habere non potuimus ista vice, decrevimus, ut

15 advocati et castellani nostri de Luneburch, de Thune, de Horburch, de Lechtenberg et de Honovere universi promittant fide data, quod, cum nos et heredes nostros carnis debitum contigerit exsolvere, prefata castra non presentabunt alicui, quin predictorum fratrum nostrorum sigilla ad

20 literam, quam eis super vendicione saline nove dedimus, sint annexa. Ceterum, si in premissis castris advocatum aliquem mutaremus vel castellanum a nobis contingeret recedere sive mori, alius, qui succedet, promittere debet, sicut predictum est. Cum vero sigilla eorum habere pote-

25 rimus, ex tunc a promisso isto facto seu faciendo erimus absoluti. Datum anno domini M⁰CC⁰LXXIII⁰.

(Siegel des Herzogs Johann von Braunschweig.)

Büttner's Abschrift nach dem Orig.[1]) Sudendorf, l. c. I, 77. Jungius de jure salinarum liber; documentum VII.

---

[1]) Auch von dieser Urkunde ist das Original, von dem noch Büttner die hier gegebene Abschrift genommen hat, bislang nicht aufgefunden. Sudendorf's Urkundenb. (I, Urk. 77) giebt den Text nach einem Copialbuche im Ganzen richtig (eximus am Schlusse statt erimus ist wohl nur Druckfehler). Die angeblichen Berichtigungen Sudendorf's über Jung's Urkundentexte (Anmerk. *) sind nach den nach den Originalen abgedruckten Urkunden zu beurtheilen.

113. Das Stift Ratzeburg kauft Sülzrente. 1273.

Advocatus et consules Laneburgensis civitatis omnibus — salutem. — Conventus Raceburgensis ecclesiae emit dimidiam chorum salis ad quodlibet flumen in antiqua sulta contra Henricum dictum Puerum — in domo Glüsinge etc. Hujus facti testes sunt dominus Gerardus advocatus, dictus de Burtfelde [1]), Godeke Sock subadvocatus, consules vero Hermannus Albus, Johannes Todonis, Wiboldus, Nicolaus Paron, Thidericus Roffsack, Elver de Witinge, Elerus Longus, Wolbertus de Melbeke, Gereke Garlop, Thitmarus Gerberti, Thidericus Rubin, Bernoldus [2]) Aurifaber et alii quam plures fide digni. Datum Luneborch anno dominice incarnationis M⁰CC⁰LXXIII⁰.

Jung, de jure salinar. p. 221. Mecklenburg Urk. II, 1265.

114. Der Papst Gregorius X bestätigt den Verkauf der neuen Sülze. 1274, 22. Jun.

Gregorius episcopus, servus servorum dei, dilectis filiis abbati et conventui monasterii de Reynevelde Cisterciensis ordinis Lubicensis diocesis salutem et apostolicam benedictionem. Cum a nobis petitur, quod justum est et honestum, tam vigor equitatis, quam ordo exigit rationis, ut id per sollicitudinem officii nostri ad debitum perducatur effectum. Sane peticio vestra nobis exhibita continebat, quod, cum olim inter vos et quam plurium monasteriorum abbates, abbatissas et conventus necnon et capitula et rectores ecclesiarum et nonnullas alias personas ecclesiasticas et etiam seculares, vestros in hac parte consortes, Bremensis, Lubicensis, Verdensis, Zwerinensis et Hildesemensis civitatum et diocesium ex parte una et nobilem virum Johannem ducem de Brunswic, dominum de Lunemborg, ejusdem Verdensis diocesis ex altera super eo, quod idem dux infra

---

[1]) Die Lübecker Urk. I, 340 nennt den Vogt Gevehardus; auch in dem Mecklenb. Urkundenbuche heißt derselbe Gevehardus dictus de Bortvelde.

[2]) Andere Lesart: Thidericus Ricberni, Verdewardus.

oppidum de Lunemborg ad ipsum pertinens quandam salinam de novo fodi fecerat, cujus occasione redditus et
proventus antique saline infra oppidum consistentis, quos
vos et dicti consortes proportionaliter percipitis, diminue-
bantur non modicum, orta fuisset materia questionis, demum
mediantibus bonis viris amicabilis super hiis inter partes
compositio intervenit, in qua inter alia est expressum,
quod predicta salina de novo facta destrueretur omnino
et quod idem dux seu heredes ipsius infra dictum oppidum
seu etiam extra in dominio ipsius ducis nullam novam
salinam construerent vel fodi facerent in futurum, prout
in patentibus litteris inde confectis plenius dicitur contineri.
Nos itaque vestris supplicationibus inclinati compositionem
ipsam, sicut rite et pro ecclesiastica utilitate provide facta
est et ab utraque parte sponte recepta et hactenus pacifice
observata, ratam et gratam habentes, illam auctoritate
apostolica confirmamus et presentis scripti patrocinio com-
munimus. Nulli ergo omnino hominum liceat hanc paginam nostre confirmationis infringere vel ei ausu temerario
contraire. Si quis autem hoc attemptare presumpserit,
indignationem omnipotentis dei et beatorum Petri et Pauli
apostolorum ejus se noverit incursurum. Datum Lugduni X.
kalend. Julii pontificatus nostri anno tercio.

(Gewöhnliche Bleibulle des Papstes.)

Orig. d. Arch. (dreimal) Sudendorf, l. c. I, 83.

115. Herzog Johann von Braunschweig verkauft dem Lübecker
Bürger Jakob vam Bomgarde (de Pomerio) eine Sülzpfanne (gune-
panne zu linker Hand) im Haufe Obern Berdinge. Uelzen in der
neuen Stadt. 1275, 14. Aug.

Froerkns, l. c. 245.

116. Herzog Johann von Braunschweig verkauft dem Salzwedler
Bürger Christian Ridder zwei Sülzpfannen im Haufe Obern
Berdinge für 425 Mark Silber. Zeugen sind die Ritter Werner
von Meding, Otto Grote, Eggehard von Bohreneborch, Willekin

von Gustede, Gebhard Truchseß von Bortfeld, Lippold von Doren
und die Bürger Eggehard Münter, Johann von Lübeck, Volkmar
vom Sande, Ditmar Gerbert's Sohn, Johann Berthold's Sohn.
Lüneburg, 1275, 30. Aug.

Lappenberg, l. c. I, 760.

117. Die Rathmänner Johann Hom (Om), Willebolt, Berthold
Lange, Albert Holle, Lüdiger (vam Sande), Johann van Ulessen,
Johann Berthold's Sohn, Diedrich Simodi, Matthias Zabel,
Ditmar Gerbert's Sohn, Ferdewan (Verdeward) Goldsmed, Alard
(vam Schiltstene) erklären, daß Lüdiger (vam Sande), seine Frau
Beata und deren Söhne Jakob, Lüdiger und Andreas dem Dom-
stifte in Bardewik einen Wispel Sülzrente geschenkt haben.
1276. 12. März.

Büttner, Lüneb. patric. Familie der v. d. Sande.

118. Herzog Johann von Braunschweig verkauft einem Lübecker
Bürger Sülzrente, das sogenannte Bremer Silber.
Lüneburg, 1276, 25. Juni [1]).

In nomine patris —. Nos Johannes dei gratia dux
de Bruneswich — notum esse volumus —, quod nos habito
maturo consilio et deliberatione provida consiliariorum et
vasallorum nostrorum dilecto nobis Sifrido dicto de Ponte,
civi Lubicensi, — vendidimus quinquaginta marcarum argenti Bremensis redditus exsolvendos de quinquaginta [2])
domibus in sulta vel salina Luneburgensi anno quolibet,
qui redditus hertogensulver in vulgari nominantur, pro
quadringentis marcis puri argenti, sicut nobis compete-
bant —. Que quidem quinquaginta marce Bremensis argenti
de predictis quinquaginta domibus in vigilia circumcisionis
domini nostri, priusquam ignis sartaginibus supponatur,

---

[1]) Herzog Otto genehmigt 1281, daß die bezeichneten Renten dem Jo-
hannikloster und dem Hospitale des h. Geistes in Lübeck verkauft
werden. Lübeck. Urk. I, 420.
[2]) Die Sülze hatte von Alters her nur fünfzig Häuser; vier sind erst
späterhin zugesetzt.

integraliter persolventur ita, quod quaevis domus unam
marcam eroget expedite —. Nomina vero quinquaginta
domorum prefatarum, quarum quelibet ad integrandum
memoratos redditus — exsolvet unam marcam Bremensis
argenti, sunt hec: Ghosletsinge, Elverdinghe, Bhetsehusen.
Udinghe, Ebbinghe, Emighe (Emminghe) [1], Egringhe (Ege-
dinge), Ludolvinghe, (Superius) Cluvinge, Inferius Cluvinge.
Everinghe, Deninghe (Deyinge), Ebbetsinghe, Geminghe,
Montsinghe, Edinghe, Tanquardinghe (Denqueringe), Soder-
stinghe, Glusinghe, Kempinghe, Grevinghe, Bovinghe, Volquardinghe [2], Erderinghe, Gherardinghe, Lotheringhe, Va-
linghe (Velinghe), Breminghe, Starhusen (Starth), Hinestebeke
(Hingst), Honovere, Dorvetsinghe (Dernetsinge) Superior,
Hinneghe (Hüninge), Dorvetsinghe Inferior, Huttinghe,
Ulinghe, Honinghe (Hoyinge), Seveninghe, Wolquardinghe ',
Mettinghe, Ekbertinghe, Berdinge, Memminghe, Henringhe,
Woldersinge, Brokhusen, Botsinge, Benninghe, Ditmaringhe,
Kodesinge. Testes hujus rei sunt —. Ut autem hec
omnia a nobis et a nostris successoribus — inviolabiliter
observentur, presentem paginam sigillorum munimine
nostri — nec non communitatis civium Luneburgensium
duximus roborandum. — Datum et actum anno dominice
incarnationis M°CC°LXX° sexto Luneburgh, in crastino
sancti Johannis Baptiste.   Sübeſ. Urk I, 373.

119. Herzog Johann von Braunschweig verkauft dem Kloster Lüne Sülzgut. 1276, 20. Sept.

In nomine sancte et individue trinitatis amen. Dei
gracia Johannes dux de Bruneswic omnibus Christi fidelibus,
ad quos presens scriptum pervenerit, salutem perpetuam in
omnium salvatore. — Nos de bona voluntate, ratihabicione
et consensu heredum nostrorum Henrico preposito, priorisse

---

[1] Die völlig entſtellten Namen ſind durch den Klammereinſchluß be-
richtigt.
[2] Das Haus Volquarding iſt irrthümlich zweimal genannt.

et conventui virginum Christi in monasterio Lune deo fa-
mulancium bona nostra, que a progenitoribus nostris libere
possedimus in salina nostre civitatis Luneborch, videlicet
duas uncias [1]) urnarum [2]) ad quodlibet flumen, que vulgari
nomine vogbetstighe dicuntur, pro centum et quadraginta
tribus marcis puri argenti vendidimus. — Presens scriptum
sigilli nostri munimine fecimus communiri. Testes aderant
presentes milites Willekinus advocatus, Wernherus de Medingen, Otto Magnus, Eckehardus de Boyceneborg, Lippoldus
et Dethardus fratres de Doren, Eckehardus et Scacko de Wrestorp, Manegoldus Struve, Manegoldus Estorp, Bernhardus Saltator; famuli Wernherus de Zuerin et fratres sui Henricus et
Georgius, Segebandus de Monte, Ludolfus de Estorp, Johannes Greving, Hunerus de Odem; burgenses Albertus
Holle, Martinus Loso, Harderus de Toppenstede et alii
quam plures milites, famuli et burgenses. Datum et actum
Luneborch anno domini M°CC°LXXVI° XII. kal. Octobris.

Nos dei gracia Conradus Verdensis ecclesie postulatus
et tutor presentes et per omnia favorabiliter et rationabiliter consencientes premisse vendicioni illustris principis
fratris nostri Johannis ducis de Brunswig — precepimus cum
sigillo fratris nostri, impressione nostri sigilli et (?) presentem paginam communiri. Datum et actum anno gracie
die premisso.   Original des füner Archivs.

120. Vogt und Rathmänner bezeugen, daß die Bürger Johann
von Melbeck und Ditmar Gerbert's Sohn dem Custos Hermann
im Kloster Scharnebeck eine Pfanne im Sülzhause Sodersting, die
einst dem Sohne Alard's, dem Enkel Nikbern's gehört hatte, verkauft und der Käufer die Aufkünfte der Pfanne zur Anschaffung
von Wein und Oblaten (unde conficitur corpus et sanguis Jesu
Christi) für das Kloster bestimmt habe. Unter den Zeugen steht
vor den Rathmännern der Vogt Willekin von Gustedt. 1276.
       Copialb. d. Klost. Scharnebek.

[1]) Stiege = 20.
[2]) Eimer.

121. Die Rathmänner bezeugen, daß Friedrich von Wenthusen der Kirche in Lüne drei Pfannen in den Sülzhäusern Erderinge und Gererdinghe und ein Fuder Salz aus diesen zu seiner Gedächtnißfeier geschenkt und damit zugleich die Zusage seines Begräbnisses in der Kirche erkauft habe. Vor den Rathmännern der Vogt Wilkin von Gustede und der Untervogt Bodo. 1276.

Copialb. d. Aloft. Lüne.

122. Herzog Johann von Braunschweig hebt eine vom Rathe auf Sülzgüter gelegte Steuer auf. 1277, 10. April.

Johannes dei gratia dux de Brunswich universis hoc scriptum visuris salutem in perpetuum. Quoniam necessitate exigente consulibus in Luneburg permisimus, ut in subsidium murorum ejusdem civitatis instaurandorum aliquibus annis unum flumen de bonis ecclesiarum, videlicet Lubicensis, Doberanensis et Reyneveldensis, reciperent in salina, ad petitionem earundem ecclesiarum praelatorum consilio habito retractavimus illud indulgentias privilegiorum, quas a nobis et nostris progenitoribus super exemptione hujusmodi libertatis habent, eisdem plenius recognoscentes, pro qua benevolentia octoginta marcas Lubicensium denariorum nobis gratanter contulerunt. — Hujus rei testes sunt Hildemarus advocatus noster de Oberge — Willekinus advocatus in Luneburg dictus de Gustede — —. Datum Winsen anno domini M°CC°LXXVII°, quarto idus April.

Severkus, l. c. 257.

123. Die Rathmänner Nikolaus Paron, Diedrich Nossack, Gerhard Garlop, Hoyer Witte, Elert Lange, Johann van Melbeck, Wasmod Sodmester, Heinrich Kind, Johann van Lübeke, Hoyer Stube, Herder (van Toppenstede), Friedrich vam Sande bezeugen, daß Godehard, Prior des Klosters S. Johannis in Oldenstadt, für seine Kirche von Lüdinger vam Sande ein Fuder Salz aus dem Sülzhaufe Hingst für 45 Mark Hamburger Münze gekauft hat. 1277, 2. Sept.

— Acta hec sunt anno domini M°CC°LXXVII°, sequenti die Egidii, Willekino de Gustede tunc temporis advocato et Johanne de Gandersen judicio presidente. Büttner's Patr. fam. v. d. Sande.

124. Vogt Willekin von Gustedt und die Rathmänner Albert Holle, Johann Bartholdi, Johann Om, Werbewarb Goldsmed, Matthias Zabel, Alert vam Schiltstene, Barthold Lange, Lüdinger, Tidemann Zabel (Symodis), Wollebolb, Ditmar Erenberti (Gerberti), Johann van Ulßen bezeugen, daß der Lübecker Bürger Siegfried van der Brügge der Kirche in Raßeburg zwei Pfund Sülzrente aus dem Hause Untern Cludinge geschenkt hat. Lüneburg 1277.

v. Westphalen, I. c. II, 2093.

125. Die Markgrafen Otto und Albrecht von Brandenburg in Lüneburg. 1278, 14. Jan.

Lübeck. Urk. I, 369.

126. Herzogs Johann von Sachsen (Lauenb.) Zollrolle für Lüneburg. 1278, 20. März.

In nomine sancte et individue trinitatis. Johannes dei gratia Saxonie, Ang., Westvalie dux burgraviusque Magdeburgensis, omnibus presens scriptum cernentibus in perpetuum. Libertates, quas de gratie nostre liberalitate sperantibus indulgere solemus, ad commodum illas sic volumus muniri nostrarum testimonio literarum, ut contra quoslibet pravorum incursus robur obtineant et validum firmamentum. Hinc est, quod notum esse volumus tam presentis temporis quam futuri Christi fidelibus universis, nos civibus universis in Luneborch hanc dedisse libertatem, quam a patre nostro felicis memorie noscuntur habuisse, videlicet, quod, quicunque predictorum civium per Albiam navigio descenderit cum lignis et mercimoniis quibuscunque vel cujuscunque generis annonam deduxerit ad usus civitatis Luneborch et civium predictorum, ab omnis ungheldi ac telonei et cujuslibet exactionis solutione sit liber penitus et solutus, si vero ulterius processerit Hamborch cum bonis jam prenominatis, Louenborch, sicut ceteri transeuntes, ad teloneum persol-

6

vendum tenebitur et ungheldum. Si vero dubium aliquod
nostre fuerit telonario, quod ligna, mercimonia vel annona
ad usus predicte civitatis non deberent, hoc consules sepedicte civitatis literis et sigillo civitatis confirmabunt. Sal
vero, quod de Luneborch pur Albiam ascenderit, pro quolibet koro Louenborch dabuntur septem denarii cum dimidio,
in reditu vero naves libere transibunt absque teloneo et
ungheldo. De promptuario vero, quod habebit in se triginta duos koros, ut nunc in presenti mensura se habet,
triginta sex solidi dabuntur; quod si promptuarium plus
quam triginta duos koros habuerit, pro hoc nostro respondebitur telonario, quem pro tempore duximus ordinandum,
et tunc libere et absque impedimento transibit Molne et
per totam nostram jurisdictionem et districtum. Preterea
de quolibet promtuario dabuntur triginta denarii, qui volgariter dicuntur aringpennigghe, addentes, ut, ubicunque in
nostro districtu sal ligatum fuit repositum, ad solutionem
denariorum, qui aringpennigge dicuntur, tenebitur predictorum; si vero aliqua ligatura salis sive mesa subtracta
sive perdita fuerit, pro hoc respondere tenebitur, qui predictos receperit aringpennigghe, ita tamen, quod debito
tempore expectaverit. per se vel per nuncios prius juramenti
faciat cautionem. Item cives memorate civitatis in nostra
civitate Molne pro quolibet last allecum dabunt quatuor
denarios et septem solidos. Quicunque vero ipsorum
habuerit telonium in redditu, quod vulgariter dicitur weder-
tolne, dabit quatuor denarios et quatuor solidos et tunc
libere et absque impedimento transibit per totam nostram
jurisdictionem et districtum. Item civibus sepedictis descendentibus navigio per Elmenowe et ascendentibus in Eislin-
ghe, pro qualibet last cupri, stagni, metalli sive eris dabitur
solidus unus pro theloneo et exactione, de last plumbi sex
denarii dabuntur, de vase vini Renensis quindecim denarii,
de vase vini de Ritsel[1]) sive Herbipol. octo denarii, de
dimidio vase quatuor denarii persolventur. Preterea de

---

[1]) Kieselensis im Stabtrechte.

vase ungenti solidus unus dabitur, de dimidio vase sex
denarii, si vero minus fuerit, de quolibet Normanorum ᵃˢ
pondere duo denarii cum dimidio persolventur; item de
pannis et de lineo panno, de vario opere, de cera, de
pipere, de cimino, de ture, de sulfure, de lapide vini, de
cuprifumo, de amigdalis, de aniso, de ficubus, de valdea,
de riso, de sagimine allecis, de sacco, de flockis, de car- ⁶⁰
nibus quibuscunque, de lana, de quolibet genere pellium,
de pondere mellis, de quolibet Normanorum pondere duo
dabuntur denarii cum dimidio. Item de pondere calamini
et cretae denarius unus dabitur, de koro frumenti, humuli,
pise et cujuslibet rei taliter mensurate septem denarii cum ⁶⁵
dimidio persolventur, de last allecum, qui venit de Ruia
vel de Scone, viginti denarii dabuntur, de last vero,
qui venit de Norwegia, unus solidus persolvetur. Preterea
de majori ferro duo dabuntur denarii, de minori ferro
tantum unus denarius detur. Preterea apponimus, ut noster ⁷⁰
thelonarius de melioribus bonis descendentibus et ascendentibus theloneum recipiat ad placitum suum, aliis demissis
liberis et solutis. Preterea statuimus, sicut ab antiquo
statutum et consuetum est, ut cives de Luneborg in descensu
theloneum persolvant cum denariis moneto Lunenborgensis, ⁷⁵
in reditu vero sive in ascensu nostro thelonario in denariis
monete Hamborgensis respondebunt. Preterea talem apponimus condicionem, si aqua per sui inundationem et magnitudinem littus sive terminum vel modum consuetum excederet, ita quod naves extra Elmenowe et viam non con- ⁸⁰
suetam transirent, nostro thelonareo in Eistlinghe in theloneo
nihilominus respondebunt. Item quicquid cives sepedicte
civitatis Hamborch vel alibi emerint et suis denariis com-
paraverint, sive equos sive jumenta vel oves vel porcos
ad usus predicte civitatis sive cibaria, quecunque sint illa, ⁸⁵
sive sit butyrum sive casci vel carnes et quecunque genera
cibariorum ad usus suos emerint et per Albeam et Elmenove
ascendendo transduxerint, libere transibunt absque aliqua
exactione telonei et ungeldi. Supra dictum vero jus sive
gratiam et omnia jura, que ab antiquo a nostris habuerunt ⁹⁰

progenitoribus, sepedictis civibus de Luneborch dedimus,
volentes, ut per nos et a nostris successoribus ipsis firmiter
observentur. Testes hujus rei sunt avunculus noster dominus Conradus Verdensis ecclesie episcopus, avunculus noster
95 dominus Albertus dux de Brunsw., Henricus de Crumesse,
Henricus de Withorp, Ludolfus Scorlomorle, Hechardus
Scacko, Ludolfus Scharpenberg, Hermannus Ribo, nostri
milites; Paredam advocatus de Luneborg, Johannes de
Berghe, Thidericus Rofsack, Albertus Holle, Johannes de
100 Lubeke, Johannes de Melbeke, Gerardus Garlop, et alii
quam plures fide digni. In evidens testimonium predictorum omnium presentem conscribi jussimus literam et nostri
sigilli munimine fecimus roborari. Datum anno domini
M⁰CC⁰LXXVIII⁰, in dominica, qua cantatur Oculi mei, tercio
105 decimo kal. Aprilis [1]).

(Reuter-Siegel des Herzogs Johann von Sachsen.)

Orig. i. Arch.

127. **Aufforderung des Dechanten des Verdener Domkapitels zur
Unterstützung der Kranken im Nicolai Hofe. 1278, 7. Oct.**

Omnibus sacerdotibus et aliis Christi fidelibus presentem
literam inspecturis Gherardus dei gratia Verdensis ecclesie
decanus orationes in Christo devotas et salutem in domino
sempiternam. Cum intuitu karitatis opera misericordie,
5 videlicet alere esurientes, potare sitientes, vestire nudos et
similia, merito sint indigentibus omnibus exhibenda, tum
precipue illis, qui incidentes in lepram magis abjecti et
despecti inter alios homines reputantur et etiam ideo ab
hominum consorcio segregantur. Hinc est, quod ego pro-
10 visoris domus leprosorum in Bardewich et ipsorum pau-

¹) Sudendorf's Anmerkung in dem Urkundenbuche I, Urk. 84, sowie
Lappenberg's Abdruck im Hamburg. Urk. I, 776, find nach diesem Abdrucke vom Originale zu berichtigen. Die Zollrollen, welche Sudendorf l. c. Urk. 84 und 85 giebt, stimmen der Hauptsache nach mit
dem Inhalte obiger Urk. überein; beide hat auch Kraut in seiner
Ausgabe des Lüneburg. Stadtrechtes S. 79 bereits abdrucken lassen.

perum et leprosorum in eadem domo quiescentium et suam miseriam lugentium monitionibus et precibus inclinatus et, ut etiam particeps merear divine consolationis, quam exspectant, sinceritatem et dilectionem vestram rogo, attencius exhortando . . . . nuncium . . . .[1]) domus 15 leprosorum in Barduwich, cum ad vos venerit pro elemosinis colligendis, sive in ecclesiis vestris sive hostiatim erogetis grata subsidia karitatis, ut per hec et alia bona, que domino feceritis inspirante, possitis ad eterna gaudia pervenire, et . . . . . .[1]) omnibus supplicem, ut dictis leprosis 20 manum porrigant adjutricem, tum quia ipsum negocium mihi est cordi, specialiter sacerdotes cum plebe iis commissa, quorum ecclesie ad me spectant et in mea juridicione consistunt, duxi specialiter exhortandos. Datum Luneborg anno domini M°CC°LXXVIII°, sexta feria post diem beati 25 Remigii.

(Siegel des Bischofs mit abgegriffener Umschrift.)

Orig. d. Arch.

128. Die Herzoge Johann und Albrecht von Sachsen (Lauenb.) bewilligen den Bürgern in Uelzen gleiche Zollfreiheiten, wie den Bürgern in Lüneburg. 1278. 27. Oct.

Dei gracia Johannes et Albertus, duces Saxonie, Ang., Westf. burgraviusque Magdeburg., omnibus hanc literam intuentibus salutem in domino Ihesu Christo. Notificamus hanc literam inspecturis, quod ad peticionem illustris principis Alberti ducis de Brunswic burgenses de Ullessen frui 5 volumus in theoloneo nostrorum terminorum eadem gracia, qua burgenses de Luneborg hactenus in suis theoloniis utebantur, scilicet in Albea in nostris civitatibus et villis sic nominatis Hidzackere, Blekede, Louenborg, Ertenborg, Drage, Eyslinge, Molnen et Razeborg, et hanc graciam 10 volumus eisdem perpetualiter observari. Datum Ullessen in vigilia Symonis et Jude apostolorum anno domini millesimo CC°LXXVIII°. Transsumt von 1315, 24. Juli. Copialbuch d. Arch.

[1]) Die ausgelassenen Wörter sind in der Urk. nicht zu entziffern.

129. Innungsgeld der Zünfte 1278?.

Institores, dum acquirunt innynge contra consules civitatis, dabunt XXIIII solidos, penestici XXIIII solidos, pistores XXX solidos, pellifices XXIIII solidos, sutores XXXVI solidos, carnifices XXXVI solidos, cerdones XXXVI solidos, fabri XVIII solidos, craterarii XVIII solidos, textores XVIII solidos, sartores XXIIII solidos.

Sudendorf, l. c. I, 86.

130. Der Rath bezeugt, daß Johann von Melbeck dem Kloster Medingen bei der Aufnahme seiner Schwester Adelheid einen halben Wispel Sülzrente im Hause Hanrige geschenkt hat. Unter den Zeugen stehen vor den Rathmännern die beiden Vögte Berthold und Nikolaus. 1280, 17. Juli.

Copiald. d. Klost. Medingen

131. Der Rath in Boizenburg bezeugt einen Sicherheitsvertrag für die Kaufleute des Landes Lüneburg. 1280, 23. Aug.

Universis has litteras visuris consules Boyceneburg cum omni fide et dilectione quicquid possunt. Noscant universi, quod domini, videlicet episcopus Verdensis ex parte ducis Luneburgensis et comites Zwerinenses, arbitrati sunt quoddam fedus et promissum perhenne, quod omnes mercatores seu mercimonia facientes de dominio Luneborgensi, si predicti domini discordiam vel guerram inierint, tuti ac securi cum ipsarum rerum in terra ac dominio nostrorum dominorum possunt esse. Et hec securitas a prima die discordie per quatuor septimanas durabit, quilibet medio tempore suas res bona pace disponendo. Insuper omnes mercatores de terra vel dominio Luneburgensi uti possunt libere usuali vel Boyceneborgensis monete tamquam cives nostri. Datum et actum Boyceneborg in vigilia Bartolomei anno domini M°CC°LXXX°.

(Großes schönes Siegel der Stadt)
Orig. d. Arch. Sudendorf, l c. I, 92.

132. Der Vogt Berthold und die Rathmänner Wasmod (van der Sülte), Nikolaus Paron, Albert von Wittingen, Friedrich vom Sande, Heinrich Kind, Albert Holle, Herder von Toppenstedt, Werdeward Goldsmet, Nicolaus Abhelholt, Ditmar Gerberts, Heinrich vam Bomgarde, Johannes Toben bezeugen, daß Elisabet Johann Rapeilber's Wittwe dem Kloster Isenhagen einen halben Wispel Sülzrente aus dem Hause Egetinge geschenkt hat. 1280, 29. Aug.

Isenhagener Urk. 39.

133. Der Rath in Boizenburg bezeugt einen zur Sicherung der Kaufleute des Herzogthums Lüneburg mit den Grafen von Schwerin geschlossenen Vertrag. 1281, 10. Febr.

Universis has literas audituris consules civitatis Boyceneborch cum omni fide et dilectione quicquid poterunt obsequii et honoris. Notum esse cupimus tam presentibus quam futuris, quod nobiles viri domini nostri Helmoldus et Nicolaus comites Zwerin. cum illustribus principibus, venerabili in Christo patre ac domino Conrado Verdensi episcopo, necnon Ottone duce de Bruneswich convenerunt in hunc modum promisso manuali, quod omnes mercatores seu mercimoniam facientes de dominio Lunenborg, si predicti domini discordiam aut gwerram inirent, tuti ac securi cum ipsorum rebus in terra dominorum nostrorum esse debent. Et hec securitas a prima die discordie durabit per quatuor septimanas, ut quilibet medio tempore de rebus suis disponat, prout eidem videatur sanius expedire. Preterea omnes de terra Lunenborg, tamquam burgenses nostri, usuali moneta liber euti debent. Ut autem hec ordinatio firma maneat et illesa, presentes literas dominorum nostrorum sigillorum munimine ac nostri videlicet sigilli procuravimus communiri. Datum in villa Guliz anno domini M·CC·LXXXI°, in die beate Scolastice virginis.

(Siegel: a. des Grafen Helmold rund, mit dem schreitenden Pferde, b. des Grafen Nikolaus ein Dreieck mit den beiden Lindwürmern am Baume. c. der Stadt Boizenburg.)

Orig. b. Arch. Sudendorf, l. c. I, 94.

134. Das Kloster Scharnebeck verkauft dem Kloster Medingen Sülzgut. 1281, 11. Juni.

In nomine sancte et individue trinitatis. Omnibus presens scriptum intuentibus frater Regenbode abbas in Rivo sancte Marie, Alexander prior, Ludolfus subprior, Hermannus sacrista, Johannes cantor totusque ejusdem loci conventus salutem in domino sempiternam. — Tam presentibus quam futuris notum esse volumus, quod nos unanimi consensu domino Nycolao preposito in Medinghe ac sue ecclesie vendidimus dimidium' chorum salis pro triginta et quatuor marcis examinati argenti ad quodlibet flumen in domo Breminghe. — Testes hujus rei sunt dominus Johannes prepositus in Ebbekestorpe, dominus Henricus prepositus in Lune, dominus Ghevehardus plebanus in Ulsen, dominus Olricus plebanus in Bevenhusen, dominus Hartwicus plebanus in Dalenborch, dominus Johannes Stedinghus plebanus in Netze, dominus Conradus capellanus in Medinghe et alii quam plures. Acta sunt hec in Rivo sancte Marie anno domini M°CC°LXXXI°, in die Barnabe apostoli, concurrente secundo, indictione nona, epacta XXVIII.

Transsumt in einer Orig.-Urk. des Arch. von 1301.

135. Die Herren von Werle genehmigen den Vertrag eines Ritters von Kercdorpe mit Lüneburger Bürgern. 1281, 24. Aug.

H(einricus), J(ohannes) et B(ernardus) domini de Werle gratia dei omnibus hoc scriptum visuris salutem in omnium salvatore. Noverint universi presentia inspecturi, nos gratum et ratum habituros, quicquid dilectus miles noster dominus   dictus de Kercdorpe ex parte nostri et civium nostrorum Gustrowensium cum Jo. et Jo. civibus Luneburg placitaverit, eosdemque cives ob causam jam sopitam in posterum nulla re inpetemus; acta nam, que semel

exstincta est, non debet ex zelo rectitudinis iterari. Datum
Guzstrowe anno domini M°CC°LXXXI°, in die beati Barto- 10
lomei apostoli.

(Zwei Siegel der Herren Heinrich und Johannes mit gleichem Stierkopfe,
dreieckig, aber von ungleicher Größe, beide ziemlich gut erhalten; kleiner als
beide ist das übrigens gleiche Siegel Bernhards und verletzt.)

Orig. des Arch.

**135. Herzog Otto von Braunschweig bezeugt, daß der Bürger
Jakob Baumgarten den Brüdern Halb Sülzgut verkauft hat. 1281.**

Otto dei gratia dux de Brun. omnibus, ad quos presentia
devenerint, plenitudinem omnis boni. Insinuatione presencium recognoscimus puplice protestantes, quod Hermannus,
Johannes, Henricus Halt[1]) fratres de Wolsrode emerunt
in salina Luneborch sartaginem unam a Jacobo de Pomerio 5
possidendam cum omni jurisdictione, proprietate et libertate,
qua ipsam dictus Jacobus emptum a patre nostro felicis
recordationis, Johanne duce de Bruneswic, jam dudum
possederat. — Datum anno domini MCCLXXX primo.

Lüb. Urk. II, s. 52.

137. Der Rath kauft zinspflichtige Grundstücke. 1282, 23. Febr.

Nos consules in Luneborg, scilicet Thidericus Rofsac-
cus, Tidemannus Zoboli, Wolbertus, Hoygerus Stubo,
Johannes Bertoldi, Johannes de Melbeke, Adeboldus,
Volkmarus, Mathias Zabel, Alardus de Schilsten, Gerardus

---

1) Die Herausgeber des Lüb. Urkundenbuches interpungiren, als ob
Halt [in dem Abdrucke steht Halt(o)] ein Vorname der Gebrüder
von Walsrode sei, und in der Urkunde des Klosters Walsrode von
1289, 29. Sept. (Walsrober Urk. 77) werden dieselben Brüder
(Halt heißt dort Halco) genannt, aber zwei Walsrober Urk. vom
24. April 1303 (l. c. Urk. 85 und 86) nennen die Brüder Hermann
und Heinrich Hold und die Hold, Lübecker Bürger. Der Name Halb
oder Hold ist also Familienname und der Zusatz de Wolsrode bezeichnet nur die Herkunft der Brüder, welche ihrem heimatlichen
Kloster Sülzgut schenkten. Eine Familie von Walsrode kommt
nirgends vor.

¹ Garlop, Andreas ¹), omnibus presentem paginam visuris et audientibus salutem in perpetuam. — Notum sit omnibus Christi fidelibus tam presentibus quam futuris, quod tres areas, videlicet unam a Lamberto de Nusse ex parte Spiritus sancti et unam ab Henrico de Pumerio, unam
¹⁰ ab Elvero de Repenstede dicto sub empcionis titulo civitati comparavimus jure hereditario perpetuo possidendo ²), de quibus et de domo laterum duos solidos domini nostri Ottonis ducis villico nostros ³) successores persolventes ³) in festo Jacobi censualiter annuatim. Ne autem hoc factum
¹⁵ possit a posteris infirmari, presentem paginam sigillo ²) civitatis munimine duximus roborandam. Datum Luneborch, anno domini M⁰CC⁰LXXX⁰II⁰, in vigilia Mathie.

Donatus des Arch. Subendorf, l. c. I, 96.

138. Herzog Otto von Braunschweig verkauft dem Kloster Scharnebeck drei Wispel Salz von der Sülze für 210 Mark Silbers. Bürgen sind Bischof Konrad von Verden und die herzoglichen Räthe und Ritter Otto Grote, Eckard von Boizenburg, Manegold Strube, Diederich von dem Berge, Werner von Schwerin, Diederich von Alten, Eckard Schacke. Anwesend Abt Regenbodo und dessen Conventualen in Scharnebeck. Besiegelt hat die Urkunde auch Herzog Heinrich von Braunschweig. Lüneburg im Kloster der Franziskaner 1282, 3. April.

Copialbuch des Klosters Scharnebeck.

139. Herzog Otto von Braunschweig verkauft den Hamburger Bürgern Heinrich von Gardelegen, dessen Sohne Johannes und Johann Ridder zehn und einen halben Wispel Sülzrente in den Häusern Elverding, Betzehusen, Ubinge und Enninghe und sichert den Käufern im Falle eines Krieges sicheres Geleite zu. Lüneburg 1282, 5. April.

Subendorf, l. c. I, 97.

¹) In diesem Jahre werden in verschiedenen Urkunden nicht weniger als achtunddreißig Rathmänner genannt.

²) 3. 11 ließ possidendas, 3. 13 nostri und persolvent, 3. 15 sigilli.

140. Vogt Manegold (von Eſtorf), die Rathmänner und die Gemeinde (communitas civitatis) erklären, daß der Ritter Manegold Slichte (von Eſtorf), Alards Sohn, einen Wiſpel Sülzrente aus dem Hauſe Bernendinge der Kirche (Domſtift) in Lübeck für zwei und ſiebenzig Mark Silbers mit Bewilligung ſeiner Frau Alheydis nach Stadtrechte (coram nobis ad lapides extincta teda dominium et proprietatem in ecclesiam transferendo) verkauft hat. Lüne=
burg. 1282, 10. Mai.

Sverrhus, l. c. 294.

140a. Herzog Otto von Braunſchweig beſtätigt dieſen Verkauf.
Lüneburg 1282, 15. Juni.

Sverrhus, l. c. 286.

141. Der Vogt Manegold von Eſtorf und die Rathmänner Nikolaus Paron, Johann Om, Herder von Toppenſtedt, Albert Holle, Bertold Lange, Elver von Wittingen, Johann von Abbenburg, Johann von Uelzen, Bertram Münter[1]), Berdewerd Goldſmed, Johann Tode, Johann Roſſack bezeugen, daß Albert Ritter, Eylemann's Sohn, mit dem Kapitel der Kirche S. Nicolai in Lübeck einen Zins von 24 Schilling aus dem Sülzhauſe Eginghe für einen Hof in Reeze (Amts Blekede) vertauſcht. Lüneburg 1282,
12. Mai.

Sverrhus, l c. 285.

142. Ritter Huner von Odeme verkauft ſeinen Hof neben der
Burg dem Kloſter Michaelis. 1282, 27. Dec.

Nos Conradus dei gratia Verdensis ecclesie postulatus et tutor, Otto dux de Bruneswic omnibus has litteras visuris salutem in domino. — Scire volumus tam presentes quam futuros nostris litteris manifeste protestantes, quod dominus Hunerus miles de Odeme — aream cum edificiis , sitam sub castro Luneburch contra hospitale (S. Benedicti) et omnibus attinentiis, scilicet terra sive mansis, que terra solvit V wichemeten siliginis pensionem, et aliam aream

---

[1]) Münter wird in der Urk. archimonetarius genannt, eine Bezeich=
nung, die in keiner andern Urk. vorkommt.

sitam trans pratum, quod vulgariter dicitur Sultewisch,
10 ecclesie s. Mychaelis vendidit pro LXX marcis Hamburgensium denariorum. — Item recognoscimus, quod in ipsis
prefatis areis nos et antecessores nostri non habuimus
aliquam juris, scilicet advocatie, exactionum, petitionum,
aliosve census. — Datum anno domini M·CC·LXXXII°, in
15 die beati Johannis apostoli et ewangeliste.

Urkundenb. des Klost. Michaelis, Urk. 117.

143. Vogt Thomas und die als Zeugen genannten Rathmänner
Nikolaus Paron, Johann Om, Berthold Lange, Albert Holle,
Elver van Wittingen, Herder, Bethemann Münter, Verdeward,
Johann Roffad, Johann von Uelzen, Johann Abbenburg, Johann
Toden bezeugen, daß das Kloster Isenhagen zwei Wispel Salz
aus dem Sülzhause Bovinghe von den Rittern Ludolf von Estorf
und Diedrich von dem Berge gekauft hat. 1283, 21. Jan.

Isenhagener Urk. 42.

141. Herzog Otto von Braunschweig genehmigt den Verkauf
einer Sülzlehnrente. 1285, 14. Aug.

Nos dei gratia Otto dux de Bruneswich recognoscimus
publiceque protestamur, quod Ghevehardus de Monte, fidelis
noster, vendidit domino Ludolfo de Moulen et ecclesie
sancti Mychahelis in Luneborg redditus quatuor marcarum
5 singulis annis, in domo Cluvinghe Superiori — duas marcas et
in domo Tancquinghe — duas marcas, et hoc ratum tenemus
resignantes eidem Ludolfo et ecclesie jam dicte quatuor
marcas liberas ab omni jure pheodali, quo ipsas sepedicto
Ghevehardo contulimus possidendas. — Hujus rei testes
10 sunt dominus Luderus abbas et sui fratres Seghebandus, Johannes et Henricus dicti de Monte, dominus
Eckehardus de Boyceneborg, dominus Thidericus de Monte,
dominus Ghevehardus Magnus, dominus Wernerus de Zwerin,
dominus Wernerus de Medinghe et alii quam plures fide
15 digni et honesti. Datum Zcellis anno domini M·CC·LXXXV°,
vigilia assumptionis Marie virginis.

Urk des Kl. S. Michael. 129.

145. Vogt Hilmar von Oberg und die Rathmänner Johann Om, Berthold Lange[1]), Albert von Wittingen, Albert Holle, Herder, Volkmar, Lüdinger[1]), Hinrich vom Bomgarde, Verdeward[1]) Goldsmed, Johann Hoyer, Johann von Blekede und Johann Zabel erklären, daß der Lübecker Volmar von Atenbher vom Ritter Huner von Odem einen Wispel Sülzrente aus dem Hause Geminge gekauft hat. 1286, 12. März.

Lübeck. Urk. I, 490.

146. Ritter Huner von Odem verkauft dem Lübecker Domstifte einen Wispel Sülzrente aus dem Hause Geminge in der linken Wechpfanne unter Bürgschaft zweier Ritter (scilicet annum et diem secundum jus civitatis Luneborg). 1286, 12. März.

Feverkus, l. c. 301.

147. Vogt Hildemar von Oberg und die in der Urk. 145 genannten Rathmänner erklären, daß Johann van Berghe dem Lübecker Domstifte fünf Sonnabende[2]), jeden zu fünf Pfund Lüneb. für 390 Mark Lüb. (coram nobis et aliis honestis viris, advocato judicio praesidente) verkauft hat. 1286, 26. Juni.

Feverkus, l. c. 305.

148. Vogt Diedrich von dem Berge und der Rath bezeugen, daß die Kirche S. Nikolai und deren Pfarrer in Holdenstedt (Amt Oldenstadt) im Hause Sodherstinge einen halben Wispel Sülzrente besitzen. 1296.

Copialb. d. Arch.

149. Vogt Diedrich von dem Berge und die Rathmänner Nikolaus Paron, Diedrich Rossack, Tidemann Zabel, Johann von Melbeck, Gereke Garlop, Adelholt, Matthias Zabel, Johann Bertholdi, Alard von dem Scilstene, Andreas, Siegfried Hoyle und Nikolaus

---

[1]) Im Lübecker Urkundenbuche steht Congus statt Longus, Lodingerus statt Ludingerus, Verderardus statt Verdewardus.

[2]) Sonnabende hießen gewisse von den Pfannenpächtern zu leistende Zahlungen, deren ursprüngliche Bedeutung nicht mehr zu ermitteln ist.

Kind erklären, daß weil. Johann Tode schon vor fünf Jahren einen Wispel Sülzrente im Hause Ebbinge vom Ritter Dethard von Doren gekauft hat. 1286.

Severtzo, l. c. 306.

150. Herzog Otto von Braunschweig und Lüneburg verkauft dem Kloster Marienrode mit Einwilligung seiner Schwester für 112¹/₂ Mark Silbers 1¹/₂ Wispel Sülzrente aus dem Hause Dehing ¹). Lüneburg, 1287, 5. Febr.

Orig. d. Arch.

151. Der Domherr Gerhard von Metzendorf in Hamburg schenkt dem Kloster Reinfeld Sülzrente. 1287, 11. Febr.

Notum esse cupimus presentibus et futuris, quod nos Gherardus de Metzendorph, Alheidhis uxor ejus et Bruno, ejusdem Alheidis filius, Hamburgensis ecclesie canonicus — deo et beate virgini Marie in Reinevelde redditus duorum chororum ²) salis annuatim Luneborch sitorum in domo Ebbing — humiliter optulimus — tali modo, quod nos prenominati tres eisdem perfruamur, quamdiu vixerimus. — Insuper si nos, quod absit, interim ad aliquam inopinatam devenerimus egestatem, idem abbas de Reinevelde nobis debet solvere cum paratis denariis plaustrum vel dimidium chorum salis —, sicut tunc Luneborch emi poterit in salina. — Datum Hamborch anno domini MᵒCCᵒLXXXVIIᵒ, proxima secunda feria post Exsurge. Lappenberg, l. c. 825.

152. Die Rathmänner Nikolaus Paron, Christian Ridder, Friedrich vom Sande, Diedrich Zabel, Gerhard Garlop, Adelhold, Johann von Melbeck, Johann Bertoldi, Hinrich Remensnidere,

---

¹) In der fast ganz vermoderten Url. sind noch die Namen der Zeugen Hildemar von Obergbe und W[erner] von Wedinge zu erkennen. Das Siegel des Herzogs ist zerbrochen.
²) Wispel, nicht Scheffel, wie Lappenberg sagt.

Nikolaus Kind, Diedrich von Erteneburch, Johann Sohn der Benedicta erklären, daß der Hamburger Bürger Hartwich Löwe dem Domstift in Hamburg 1½ Wispel Sülzrente aus dem Hause Eynghe verkauft und der Sodmeister Ditmar und Volkmar vom Sande nach Gewohnheit der Stadt dafür Bürgschaft geleistet haben. 1287, 14. März.

Lappenberg, l. c. 829.

153. Bischof Conrad von Verden schenkt dem Hospitale S. Lamberti (h. Geisthospital) Ablaß und bestätigt den Ablaß der Bischöfe von Brandenburg und Lebus. Lüneburg, 1287, 4. Juli.

(Siegel abgerissen.)

Orig. d. Arch.

154. Vogt Bocmaste[1]) und die Rathmänner erklären, daß das h. Geisthospital in Lübeck von Johann von Berge eine Sülzpfanne im Hause Hohnge erkauft hat. 1287, 12. Aug.

Lübeck Urk. I, 516.

155. Dieselben erklären, daß mit dem von Bertram Mornewech dem Kloster Isenhagen geschenkten Gelde für letzteres ein Fuder Sülzrente aus dem Hause Edinge gekauft worden. 1287.

Isenhagener Urk. 44.

156. Herzog Otto von Braunschweig und Lüneburg verspricht den nach Lüneburg reisenden Sicherheit in seinem Gebiete. 1288, 10. Febr.

Nos dei gratia Otto dux Brunsvic. et Luneburg. universis presentes visuris salutem in domino. Ad notitiam

---

[1]) Am Schlusse des Jahres war Johann von Lobeke Vogt. Schidt, vom Adel, S. 467.

multorum devenire cupimus, quod omnibus mercatoribus et
viatoribus accedentibus Luneborg conductum in nostris
districtibus securum, si saltem graves expensas desuper
sufferre nos contigerit, audacter ministrabimus, dummodo,
prout rogati sumus, dent de quolibet tyere pannorum unum
fl. [1]) argenti et suum teloneum expedite. Super quibus presentes nostro sigillo signatas conferimus ad cautelam.
Datum anno domini MᵒCCᵒLXXXᵒVIIIᵒ, in die beate
Scholastice virginis. *Rethmeyer's Chronik S. 514.*

---

157. Herzog Otto von Braunschweig und Lüneburg sagt den
Hamburgern und ihren Gütern in seinem Gebiete denselben Schutz
zu, den seine Unterthanen von Lüneburg genießen, verlangt aber
auch, daß die Hamburger letztere getreulich fördern und in Fällen
der Friedensstörung ihnen gerechtes Gericht angedeihen lassen.
1288, 18. Feb.

Sappenberg, l. c. 834.

158. Herzog Otto von Braunschweig und Lüneburg bestimmt
Lüneburg zur Leibzucht der Herzogin Mechthild. 1288, 24. April.

Nos Otto dei gratia dux de Brunswic et Luneburch
notum facimus presentium inspecturis universis, quod —
Lodwicus illustris comes palatinus Reni — promisit nobis
sex milia marcarum puri argenti Coloniensis ponderis in
dotem pro illustri domina Mechthildi filia sua, uxore nostra
karissima, se daturum. — Nos vero castrum, civitatem et
advocatiam Lunenburch — cum omnibus illarum pertinentiis —, que in feudum ab imperio tenemus, ad manus
serenissimi domini nostri Rudolfi, incliti Romanorum regis,
— resignabimus petituri — quod una nobiscum eidem
collaterali nostre in feudum — pro donatione propter

---

[1]) Vermuthlich ist solidum zu lesen.

nuptias conferantur. — Datum in Ingolstat anno domini M⁰CC⁰ octogesimo octavo, in crastino beati Georii.

Orig. Guelf. III praef. 72.

153 a. König Rudolf bestätigt den Inhalt vorstehender Urfunde. 1288, 28. Octbr.

Orig. Guelf. I. c. 74.

159. Die Stadt huldigt der Herzogin Mechthild. 1288, 7. Aug.

Nos Johannes Om, Cristianus Miles, Volcmarus de Arena, Albertus Hollo, Elverus de Witinge, Herderus, Verdewardus, Johannes Bertoldi, Hinricus Hot, Alardus de Scilstene, Andreas, Ludolfus Hoppensac, Tidericus de Hertesberge, Nicolaus de Molandino, consules civitatis Luneborch, ac universitas civium ibidem notum esse volumus presentium inspectoribus universis, quod, cum magnificus princeps, dominus noster illustris Otto dux de Bruneswik et Luneborch, illustri domine nostre Meichtildi, collaterali sue, filie magnifici principis domini Lodewici, illustris comitis Palatini Reni, ducis Bawarie, in castro, civitate et advocatia Luneborch cum omnibus pertinenciis suis, bonis, possessionibus et hominibus, cujuscumque status aut condicionis fuerint, juribus, honoribus et judiciis eandem advocatiam respicientibus et in quibusdam aliis constituerit donationem propter nuptias, eaque una secum eidem domine nostre ducisse, collaterali sue, in pheodum conferri procuraverit ad habendum, tenendum in pheodum pro donatione propter nuptias, sive heredes insimul habuerint sive non, pro tempore vite sue, prefate domine nostre ducisse de Bruneswik et de Luneborch fidem dedimus et de ea servanda corporaliter prestitimus juramentum, quod, si memoratus dominus noster dux premortuus fuerit et nunc una cum ipso eidem domine nostre tamquam domine nostre obediemus, obtemperabimus

et intendemus in omnibus eamque respiciemus specialiter
et pro viribus manutenebimus et conservabimus jura sua
nosque pro defensione honoris et jurium suorum murum
ponemus et scutum infatigabile contra omnes adversus
eam vel in persone sue vel rerum suarum dispendium
moliri aliquando presumentes et ea mortua heredibus,
quos ex domino nostro duce domino concedente susceperit,
omnia supradicta servabimus, ad que sibi, dum viveret,
tenebamur. Ad hec specialiter eidem nostro inclusimus
juramento, quod, si heredibus ex ipso domino nostro duce
non extantibus, juxta pacta et condiciones utrimque inita,
que in instrumento super hoc confecto lucidius apparebunt,
cum bonis illis et aliis detrectaverit remanere et bona
eadem juxta conventionem habitam pro duodecim milibus
marcarum puri argenti Coloniensis ponderis in pignus sive
ypothecam deliberaverit obliganda, sibi in obligatione sive
inpignoratione hujusmodi cooperabimur bona fide, consule-
mus fideliter, astabimus viriliter et virilius defendemus et
illi vel illis, cui vel quibus facta fuerit inpignoratio sive
obligatio ante dicta, usque ad absolutionem bonorum
illorum per eos, qui dictorum bonorum apparuerint legitimi
successores, fidelitatem et homagium prestabimus, quale
sepe fate domine nostre ducisse prestitimus ista vice. In
cujus rei testimonium presentes damus sigilli nostri robore
communitas. Datum anno domini millesimo ducentesimo
octogesimo octavo, septimo ydus Augusti in civitate Luneborch.   Copialb. d. Arch. Sudendorf, l. c. I, 111.

160. Der Priester Reinbold schenkt der Kirche in Modestorpe Sülzrente. 1288.

Nos Johannes de Lobeke, advocatus in Luneborch, et
consules —. Dominus Reynboldus sacerdos contulit ecclesie
Modestorpe omni anno unam marcam denariorum, que dabatur
semper in festo Michahelis de guncpanne — in domo Hauringe, — postea vero ex communi nostre civitatis consulum

consensu necnon ejusdem plebani in Modestorpe proventus dictorum denariorum transpositi sunt — in sartaginem unam, que est sita in inferiori Berdinge — et dabitur ammodo in festo beati Martini. Ista marca denariorum empta est a domino Alberto Milite filio domini Eylemanni et a suis veris heredibus. Denarii isti dabuntur plebano in Modestorpe, qui dabit singulis suis sacerdotibus in anniversario ejusdem domini Reinboldi — unum solidum, sibi quatuor solidos optinebit, campanario dabit sex denarios, ut eo melius anniversarius eius peragatur, quod vero residuum fuerit —, dabit pro vino et oblatis ad conficiendum corpus Christi. — Datum Luneborch anno dominice incarnat. M°CC°LXXX°VIII°.   Orig. d. Arch.

161. Der Rath erklärt, daß die Witwe Elisabeth Lange ein Fuder Sülzrente aus der Gunepfanne (nicht Gumpanne, wie das Lübecker Urkundenbuch hat) des Hauses Untern Derntsinge (nicht Derutsinge) dem h. Geisthofpitale in Lübeck verkauft hat. Zeugen sind die Rathmänner Albert Holle, Christian Ridder, Volkmar vom Sande, Herder von Toppenstedt, Alard vam Schilsten, Andreas, Johann Om, Johann Bertholdi, Verdeward Goldsmed, Ludolf Hoppensack, Elver von Wittingen, Heinrich Hot, Nikolaus van der Molen und Diedrich von Hertesberge. 1288.

Lübeck. Urk. I, 528.

162. Ritter Konrad von Estorf verkauft dem Kloster Isenhagen ein Fuder Sülzrente aus dem Hause Bobinghe; seine Brüder, Eckhard Pfarrer in Modestorpe ꝛc., genehmigen diesen Kauf, der vom Vogte Joh. Prekel und den Rathmännern Albert Hollo, Johann von Melbeck, Johann Om, Herder, Alard van dem Scilstene, Andreas, Johann Hoyers, Gerhard Garlop, Heino Remensnider, Johann Dicke, Ludolf Hoppensack und Diedrich Burmester bezeugt wird. 1289, 21. Jan.

(Siegel des Pfarrers Eckhard, der als Hamburgischer Domherr bezeichnet wird: der h. Johannes mit dem Lamme zwischen zwei Bäumen; vor ihm ein knieender Geistlicher, unter dem die Estorffsche Lilie.)

Isenhagener Urk. 45 und 46.

7*

163. Herzog Otto von Braunschweig vertauscht an das Johanniskloster in Uelzen zwei Wispel Sülzrente in dem Hause Glusinghe
gegen Zins von Meiergütern des Klosters. Uelzen 1289, 10. Febr.

Sudendorf, l. c. I, 113.

164. Herzog Otto von Braunschweig und Lüneburg erklärt, daß
das Johanniskloster und das h. Geisthospital in Lübeck im Besitze
der von seinem Vater dem Lübecker Bürger Siegfried von der
Brügge für tausend Mark Hamburger Währung und hundert
Mark Bremer Silber verkauften fünfzig Mark Sülzrenten (Bre-
mer Silber) für immer bleiben können, falls er nicht binnen drei
Jahren die Kaufsumme zurückzahle. Zeugen sind Heine von
Wenden, Burchard von Cramme, Werner von Meding und
Gebhard von dem Berge. 1289, 5. Juni.

Lübeck. Urk. II, a. 69.

165. Herzog Otto von Braunschweig und Lüneburg schenkt dem
Stifte Cyriaci in Braunschweig einen Wispel Salz Lüneburger
Sülzrente. Zeugen sind Friedrich Edler von Dorstadt, Johann
von Escherde, Heinrich von Wrestedt, Burchard von Cramme,
Diedrich von Alten. Lüneburg 1289, 15. Juni.

Herzog Otto macht obige Schenkung dem Rathe in Lüneburg bekannt. 1289, 24. Juni.

Copialb. d. Klost. Scharneb.

166. Herzog Otto von Braunschweig und Lüneburg verkauft dem
Domstifte in Lübeck vier Wispel Sülzrente aus den Sülzhäusern
Vernendinge und Mimminge für achthundert Mark Lüb. (resignantes predictos koros ad lapides secundum loci consuetudinem
transferentes cum teda) unter Bürgschaft von vier und zwanzig
ritterlichen Mannen, sowie des Rathes und der Bürger. Unter
den Zeugen sind der Abt Lüder des Michaelisklosters und der
Pfarrer Eckard in Modestorpe. 1289, 1. (2.) Aug.

Leverkus, l. c. 312.

167. Herzog Otto von Braunschweig und Lüneburg genehmigt den ohne seine Einwilligung von Seiten des Lübecker Domstifts geschehenen Ankauf von Sonnabendspfennigen (Urk. 147), welche sein Vogt in Beschlag genommen hat. Unter den Zeugen ist der Pfarrer Eckhard (von Estorf) in Modestorpe. 1289, 2. Aug.

Sudendorf, l. c. 311.

168. **Confoederatio dominorum Mecklenburgensium, Lubecae, Hamburgi, Wismariae et Luneburgi contra Albertum ducem Saxoniae, qui suasore Hermanno Ribe, agnato Petri Ribe prae donis Lubecae suspensi, praedonibus receptacula in ducatu quaesive subsidia paraverat. Lubecae, die Galli MCCLXXXIX.**

Die Urkunde selbst ist noch nicht aufgefunden (Lübeck. Urk. II, a. 71). Im hiesigen Stadtarchive ist keine Spur davon. Lappenberg (Hamburger Urk. I, 845) führt sie auch an, aber unterm 1. Juli. Noch auffallender ist es, daß die in dem Hamburg Urkb. 846 (12. Juli) aufgeführte Urk. desselben Jahres ein Bündniß der Städte Hamburg und Lübeck mit dem Herzoge Albrecht von Sachsen bezeugt. Kobbe, Gesch. d. Herzogthums Lauenburg II, 21.

169. Der Rath vertauscht der Johanniskirche ein Grundstück. 1289.

Nos consules civitatis Laneborch — unanimi cum consensu permutationem fecimus arearum quarundam cum domino Eckehard, nostro plebano (S. Johannis), dando sibi aream quandam sitam juxta Novum Pontem, que nostre fuerat civitatis, pro area quadam juxta Valvam Rubeam, que fuerat ecclesie sancti Johannis, et in hac permutatione nostre civitatis necessitas simul et utilitas consistebat. Ne igitur de dictarum arearum permutatione a nobis facta in posterum aliqua questio vel dubietas oriatur in prejudicium dicti domini Eckehardi necnon omnium ejusdem ecclesie plebanorum, presentem litteram sigillo nostre civitatis duximus roborandum. Datum anno dominice incarnacionis M°CC°LXXXIX°.

Orig. d. Arch.

170. Vogt Johann Prekel und die Rathmänner Nicolaus Paron, Johann von Melbeck (nicht Meltese, wie das Lübecker

Urkundenb. hat), Friedrich vom Sande, Diedrich Zabel, Verdewarb, Johann von Uelzen, Adelold, Johann Rossack, Nikolaus Kind, Johann Hoyer, Johann von Blekede, Nikolaus van der Molen, Siegfried von Uelzen und Ludolf Viskule erklären, daß der Burgmann Egherd von Boyzenburg dem Johanniskloster in Lübeck eine Pfanne Sülzgut im Hause Kempinge (nicht Keinpinge) [1]) verkauft hat. 1289.

Lübeck. Urk. I, 541.

171. Erste Anlage des liber civitatis.

Bloßes Verzeichniß derer, welche Bürger geworden sind, mit der Ueberschrift: Anno domini M°CC°LXXXIX° Luneborg burgenses et concives sunt effecti secundum nostre jura civilia civitatis. Die ersten eingetragenen Namen, deren jährlich im Durchschnitte zwanzig verzeichnet stehen, sind: Johannes de Bernestede, Meynwardus de Brakele, Bertoldus servus Nicolai de Molendino, Heyne apud Sanctum Spiritum, Nicolaus de Tribus Domibus (Dorf Drenhausen), daneben steht Prekel advocatus, Helmoldus servus Bertoldi Longi etc. Dies Verzeichniß reicht nur bis 1333.

Das zweite Heft des Stadtbuches beginnt mit folgender Einleitung: Anno domini M°CC°LXXX° presidente Luneburch advocato Johanne Prekel [2]). Die Eintragungen von Pfandschaften reichen bis zum Jahre 1333.

Das dritte Heft beginnt folgendermaßen: Hic est liber civitatis Luneborch continens primo ordinem consulum, postea ordinationes contractus particulares et acta particularia, deinde burgenses, qui eodem anno sunt recepti,

---

[1]) In einer andern Urkunde desselben Jahres, welche der Vogt Johann von Lobeke ausstellt (Lübeck. Urk. 540), ist fälschlich der Rathmann Rossack Rossac genannt und das dort erwähnte Sülzhaus heißt nicht Nunzinghe, sondern Muntzinge. In einer andern Lübeck. Urk. (544), in welcher Herzog Otto den obigen Verkauf bestätigt, ist ein Ritter Heinrich von Wichorp statt Withorp (Wittorf) und Manegold Strovo statt Struvo (von Estorf) als Zeuge genannt.

[2]) Dieselbe Einleitung findet sich mit der richtigen Jahresangabe 1290 im sogenannten Donatus burgensium antiquus (Urk. 180).

per manum domini Johannis de Remstede, pro nunc civitatis notarii, exaratus anno domini MᵒCCCᵒXXXIVᵒ. Das 20
Heft schließt mit dem Jahre 1382.

172. Ablaß für den Bau der Beginenhäuser. 1289 oder 1290.

Universis Christi fidelibus, ad quos pervenerit hec scri-
ptura, nos dei gratia Petrus Arborensis archiepiscopus (es
folgen noch die Namen von fünf frembländischen Bischöfen)
salutem in domino sempiternam. Quoniam, ut ait apostolus,
omnes stabimus ante tribunal —. Cum igitur dilecte filie 5
begine opidi de Lunenburg Verdensis dioc. de novo opere
magis sumptuoso domos mansionesque edificare proponunt,
in quibus creatori nostro cum sanctissima virgine Maria
possint famulari, quibus siquidem proprie non suppetant
facultates, per quas hujusmodi mansiones edificare valeant, 10
nisi a Christi fidelium elemosinis subveniatur eisdem, monemus, rogamus et in domino exortamur, quatinus de bonis
vobis a deo collatis vestras pias elemosinas et grata caritatis subsidia dictis beginis pia mente erogetis, ut per hec
et alia bona, que deo aspirante feceritis, adipisci possitis 15
vitam eternam. Nos de omnipotentis dei misericordia
(folgt die gewöhnliche Ablaßformel). Datum Rome anno
domini MᵒCCᵒLXXXᵒ¹), pontificatus domini Nicolai pape IIII
anno secundo.

(Sechs wohlerhaltene Siegel der Bischöfe an rothen seidenen Schnüren.)

Orig. d. Arch.

173. Herzog Otto von Braunschweig und Lüneburg verkauft dem Verdener Domkapitel Sülzrente. 1290, 3. Febr.

In nomine sancte —. Otto dei gratia dux de Bruneswich et Luncborch universis — salutem —. Recognoscimus,
quod nos consilio habito cum fidelibus consiliariis nostris
— honorabili viro domino Henrico decano Verdensis ecclesie

---

¹) Die Jahreszahl stimmt nicht zu dem Regierungsjahre des Papstes
und muß in 1289 oder 1290 geändert werden.

s — unam chorum salis — in salina Luneborch — vendidimus pro ducentis marcis denariorum Hamburgensium —.
Idem chorus situs est — in domo Velinge. — Sepedictum
eciam chorum resignavimus in manus Henrici decani
— ad lapides coram advocato nostro Prekel tedas de
10 qualibet sartagine domus eisdem dominis presentando —.
Datum Luneborch anno domini M⁰CC⁰XC⁰, in die Blasii.

v. Hodenberg, Verd. Geschichtsq. II, 154.

173ᵃ. Der Vogt Johann Prekel und der Rath in Lüneburg
bezeugen den obigen Verkauf. 1290, 3. Febr.

v. Hodenberg, l. c. II, 156.

174. Herzog Otto von Braunschweig und Lüneburg verkauft dem
Lübecker Bürger Johann Holt einen Wispel Lüneburger Sülzrente für 200 Mark Hamburger Münze. Erfurt 1290, 5. Febr.

Copialb. d. Klost. Scharnebeck.

175. Der Vogt Johann Prekel und der Rath bezeugen, daß der
Ritter Manegold Strube (ex parte Conradi episc. Verd.) mit Zu-
stimmung Ludolf's, seines Bruders Heinrich und des ehemaligen
Pfarrers Meinekin in Hitzacker dem Bürger Johann von
Nezen einen halben Wispel Sülzrente aus dem Hause Soderstinge
verkauft hat. 1290, 5. Febr.

Orig d. A. ch.

176. Vogt Johann Prekel und die Rathmänner Albert Holle,
Johann von Melbeck, Johann Om, Herder, Alard vam Schilsten,
Andreas, Johann Hoyer, Gerhard Garlop, Heinrich Nemensnider,
Johann Dicke, Ludolf Hoppensack, Johann Bebe, Diedrich Bur-
mester, Ludolf Stenbeke (fälschlich gedruckt Scenbeke) erklären,
daß der Priester Rudolf dem Kloster Buxtehude einen Wispel
Sülzrente aus dem Hause Obern Derzinge geschenkt hat.
1290, 25. April.

Schlichthorst's Beiträge zur Erläuterung der Gesch. d. Herzogth.
Bremen III, 205.

177. Bischof Konrad von Verden schenkt dem Verdener Domstifte Sülzrente. 1290, 2. Mai.

In nomine —. Conradus dei gratia Verdensis ecclesie episcopus universis — salutem —. Nos volentes parentum ac fratrum nostrorum eternare memoriam — duos choros salis in salina Luneborch —, nobis ab illustri principe, patruele nostro karissimo Ottone de Bruneswic et Luneburg duce, pro quadam summa pecunie — datos, ecclesie nostre Verdensi et canonicis nostris — donavimus. — Datum et actum in capitulo Verdensi anno domini M°CC°XC°, VI. nonas Maii. v. Hodenb., Verd. Geschichtsq. II, 158.

178. Ablaßbrief für eine nicht zu bestimmende Kirche der Stadt. 1290.

(Die Urkunde ist so sehr von Moder angegriffen, daß kaum eine volle Zeile zu lesen ist. Vier Namen von Bischöfen sind zu entziffern und vier Siegel erhalten.)

Orig. d. Arch.

179. Herzog Otto von Braunschweig und Lüneburg erlaubt dem Johanniskloster in Lübeck, von Eckhard von Boizenburg Sülzgut zu kaufen. 1290.

In dei nomine amen. Otto dei gratia dux de Brunswic et de Luneborch —. Notum esse volumus — quod accidente maturo consilio et consensu fidelium et consiliariorum nostrorum pro remediis animarum omnium progenitorum nostrorum et nostri — concessimus abbatisse, priorisse et conventui sanctimonialium monasterii beati Johannis ewangeliste civitatis Lubicensis, quod de domino Eckhardo de Boyceneborch, milite nostro, — emerunt sartaginem in domo Kempinge — pro sexcentis marcis denariorum Lubicensium et Hamburgensium. — Datum anno domini M°CC°LXXXX°. Lübecker Urk. I, 544.

180. Der sogenannte **Donatus burgensium antiquus**, ein Folioband des Archivs auf Pergament, welcher gerichtliche Verhandlungen enthält, hat folgende Einleitung:

Anno domini M°CC°LXXXX° presidente Luneburch advocato Johanne Prekel nos Albertus Hollo [1] etc., consules civitatis Luneborg, habito consilio cum nostris antecessoribus [2] ac discretioribus [3] civitatis nostre communi utilitati ejusdem civitatis, prout potuimus, providentes librum, qui vulgariter nominandus est Liber civitatis, per manum Nicolay (Flörcke), notularii nostri, in hunc modum decrevimus componendum, ut, quicunque alteri obligatur pro quocunque debito, intituletur huic libro atque hujus anni, quo debitor fuerit inscribendus, consulum testimonio confirmetur et singulis annis suo loco, prout supra signavimus, annus incarnationis domini prenotetur hujusmodi inscriptionis serie tempore perpetuo duratura.

181. Herzog Otto von Braunschweig und Lüneburg ertauscht von dem Domstifte in Ratzeburg das Dorf Barendorf (Amt Lüneburg) für drei Wispel Sülzrente aus dem Hause Hoginghe. (Lüneburg) 1291, 25. Febr.
Der Vogt Johann Prekel und der Rath bezeugen dies.
1291, 25. Febr.

v. **Westphalen**, l. c. II, 2214. 2215.

182. Das Kloster Scharnebeck verkauft den Abenbruch. 1291, April.

Nos frater Ludolfus, abbas in Rivo sancte Marie, tenore presencium recognoscimus, quod, cum ecclesia nostra quosdam agros sitos ad meridianam partem civi-

---

[1] Es sind vierzehn Rathmänner genannt, der neue Rath.
[2] Der alte Rath.
[3] Die Bürgervertreter, deren Rechte, Wahl ec. wir nicht kennen. Discretus bezeichnet eine ausgezeichnete Klasse der Bürger und ist also der im XVII. Jahrhunderte gebrauchte Ausdruck fürnehm, nicht aber, wie es vor dieser Zeit übersetzt wurde, bescheiden.

tatis Luneborg extra muros, qui vulgari verbo dicuntur
Adenbruch, legitimo possideret, de eisdem ecclesie sancti
Mychabelis in Luneborg quatuor solidos denariorum annis
singulis persolvebat, medio autem tempore predictos agros
ecclesia nostra vendidit ecclesie sancti Johannis in Luneborg
eo jure, quo nos eosdem habuimus perpetuo possidendos.
Acta sunt hec illis diebus, quibus dominus Heynricus de
Biwenden plebanus extitit ecclesie supradicte. Datum anno
domini M°CC°XC° primo, mense Aprili.

Urk. des Kl. Michael. 141.

183. Vogt Diedrich von dem Berge und der Rath bezeugen, daß
der Ritter Werner von Meding und deffen Bruder Werner,
sowie Jordan und Otto von Meding, dem Sodmeister Ditmar
ein Fuder Sülzrente und die erstgenannten Brüder auch eine
Pfanne in dem Sülzhause Benninghe verkauft haben.
1291, 13. Juni.

Orig. d. Arch.

184. Vogt Diedrich von dem Berge und die Rathmänner Chri-
stian Ridder, Albert Holle, Volkmar vom Sande, Diedrich Zabel,
Johann Bertoldi, Adhelold, Nikolaus Kind, Ludolf Hoppenfack,
Diedrich von Hertesberg, Johann von Blekede, Seghehard und
Johann Witte erklären, daß das Kloster Neuenkamp von einem
Lübecker Bürger anderthalb Wispel Sülzrente gekauft hat.
1291, 29. Aug.

Lübeck. Urk. II, a, 80.

185. Herzog Albrecht von Sachsen (Lauenb.) setzt den Zoll, den
die Hamburger in Eislingen (Zollenspieker) für Lüneburger Salz
geben sollen, auf fünf Pfennige für den Wispel fest. Lauenburg
1291, 25. Sept.

Transsumt in der Urk. 1316, 4. Apr. im Arch.

186. Herzog Otto von Braunschweig und Lüneburg verkauft dem
h. Geisthospitale einen Wispel Sülzrente. Zeugen sind die Ritter
Diedrich und Gebhard von dem Berge und Werner von Meding.
1291, 6. Dec.

Copialb. des h. Geisthofp.

187. Herzog Otto von Braunschweig und Lüneburg verkauft dem
Kloster Isenhagen einen halben Wispel Sülzrente für vierzig
Mark Silber und schenkt einen halben Wispel, beide aus dem
Hause Niedern Cluvinge, zum Ersatz für den durch die Belagerung
einer Burg dem Kloster zugefügten Schaden, und der Vogt Died-
rich von dem Berge[1]) und die Rathmänner Christian Ridder
(Miles), Albert Hollo, Volkmar von dem Sande, Diedrich Zabel,
Johann Bertoldi, Adhelold, Nikolaus Kind, Ludolf Hoppensack,
Diedrich von Hertesberghe, Johann von Blekede, Seghehard und
Johann Witte bezeugen dies. 1291, 20. Dec.

Isenhagener Urk. 53. 54.

188. Herzog Otto von Braunschweig und Lüneburg, welcher in
seiner Geldverlegenheit vom Kloster Scharnebeck 300 Mark
Hamburger Münze erhalten hat, überläßt dafür dem Kloster andert-
halb Wispel Sülzrente. Bürgen sind der Bischof Konrad von
Verden und neun Ritter und Räthe des Herzogs. Lüneburg, 1291.
Auch die Herzogin Mechthild giebt ihre Zustimmung.

Copialb des Klosters Scharnebeck.

189. Herzog Otto von Braunschweig und Lüneburg verleihet der
Stadt Celle das Lüneburger Stadtrecht. 1292, 25. Mai.

— volumus et damus, eosdem (cives Zellenses) eo jure uti
et gaudere, quo nostri cives ac universitas in Luneborg
hactenus sunt gavisi et utuntur. —

Zeitschrift des histor. Vereins für Niedersachsen. Jahrg. 1868, 403.

190. Vogt Diedrich von dem Berge und die Rathmänner Chri-
stian Ridder, Verdeward (Goldsmed), Diedrich Zabel, Herder,
Johann Rossack, Andreas, Nikolaus van der Molen, Diedrich
Volkmars, Johann Dicke, Otto Herwichs, Johann Helmold und
Hartwich Volmars erklären, daß Abt Ludolf von Scharnebeck dem
Domherrn Ludolf von Estorf in Lübeck einen und einen halben Wispel
Sülzrente im Hause Ekbertinghe verkauft hat. 1292, 14. Octbr.

Sverkus, l. c. 315.

[1]) Vor ihm ist in diesem Jahre Johann Prekel Vogt.

191. Herzog Otto von Braunschweig und Lüneburg verkauft dem Lübecker Domstifte drei Wispel Sülzrente aus den Häusern Dhetmeringe und Bruchusen für 600 Mark Lüb. Rath und Bürgerschaft der Stadt Lüneburg leisten Bürgschaft. Unter den Zeugen stehen Abt Ludolf des Michaelisklosters und der Pfarrer Eckard in Modestorpe. 1293, 1. Jan.

Sudendus, l. c. 319.

192. Herzog Otto von Braunschweig und Lüneburg verkauft den Prälaten, Rittern, Städten, Flecken ꝛc. des größten Theiles des Landes Lüneburg das Münzrecht. 1293, 6. Jan. [1])

In nomine domini amen. Otto dei gratia dux de Bruneswich et Luneburch, Mechtildis ducissa, uxor ejusdem, omnibus has litteras inspecturis salutem in eo, qui est omnium vera salus. Quod in tempore geritur, cum tempore simul labitur, nisi scriptis insertum fuerit aut voce testium confirmatum. Hinc est, quod tam presentis temporis quam futuri scire cupimus universis, quod nos unanimi consensu habito consilio cum fidelibus consiliariis nostris causa utilitatis nostre monetam nostram in Luneburch rationabiliter vendidimus cum omni jure, pensionibus et fructibus abbatibus, prepositis aliisque ecclesiarum prelatis, militibus, famulis universisque in terra Luneburch, Horborch, Tune, Bodendike, Bireden, in parrochiis Walsrode, Valingheborstelde, Nigenkerken, Berghen, Holdenstede commorantibus, et dilectis burgensibus civitatum et opidorum Luneburch, Ullessen, Witinghe, Luchowe, Dannenberghe, Hidzakere, Blekede, Dalenborch, Bevenhusen, Winsen, Hetvelde ceterisque hominibus opidorum et villarum, in quibus moneta Luneburgensis

---

[1]) Eine ähnliche Urkunde verleiht das Münzrecht der Altstadt Hannover in dem anderen Theile des Herzogthums Lüneburg und verbietet namentlich das Münzen in Münder, Springe, Elbagsen, Pattensen, Neustadt und Celle. 1322, 2. Febr. Hannov. Urkundenbuch, Urk. 143.

solvere consuevit et monetarii nostri cambitioni presederunt
ab antiquo, tam ipsis, qui nunc vivunt, quam heredibus
et successoribus eorum jure hereditario et proprietatis ex
nunc in perpetuum possidendam, nobis, heredibus, successoribus advocatisque nostris nichil juris in eadem penitus
reservantes.' Renunciavimus enim omni juri, quod in dicta
moneta nos et dilectus pater noster, dux Johannes, et progenitores nostri a prima fundatione civitatis Luneburch
habuimus, ita quod milites et consules civitatis Luneburch,
qui ad hoc electi singulis annis jurabunt, plenam jurisdictionem et auctoritatem habeant monetarium ponendi,
unam eandemque monetam servandi, aucmentandi, variandi,
si, quotiens et quando decreverint, suos falsarios et eos,
quos cum injusta libra deprehenderint in quibuscunque
locis, per se nec per nos nec per advocatos nostros judicandi, capitali aut quacunque alia juris sentencia fuerint
puniendi. Nulla etiam alia moneta habebitur preter quam
vendidimus in perpetuum in terminis supradictis. Summa
pecunie hec est, pro qua vendidimus monetam sepedictam:
de unaquaque domo, de qua exit aratrum, sex solidos
denariorum Hamburgensium, et tres solidos ejusdem monete
de unaquaque domo, de qua exit hako¹), accepimus per
terminos memoratos; burgenses de Luneburch pro se sep-
tingenta talenta denariorum Hamborgensium nobis persolverunt integraliter et complete; cives de Ullessen et de
Dannenberghe persolverunt, quod eis proportionaliter
competebat. Ut autem hec premissa inconcussa maneant
et perpetua, ad manus abbatum, prepositorum, militum,
famulorum, burgensium predictorum et hominum totius
terre Ekhardo Scackoni, Thiderico de Monte, Ghevehardo
de Monte et Heynrico de Zwerin, militibus, Alberto Hollen,
Johanni Bertoldi, Herdero et Johanni Rofsac, burgensibus
in Luneburch, fidem prestitimus manualem et presentem
litteram in hujus contractus testimonium sigillorum nostrorum
appensionibus duximus roborandam. Datum Luneburch

---

¹) Die Wendischen Höfe steuerten nach Haken, die Deutschen nach Pflügen.

anno domini millesimo ducentesimo nonagesimo tertio, in
epyphania domini.

(Zwei schöne wohlerhaltene Siegel des Herzogs mit dem schreitenden Löwen,
und der Herzogin mit deren ganzer Gestalt sitzend, in der rechten Hand
einen Helm über dem Schilde mit dem aufgerichteten Löwen, in der
Linken einen eben solchen Helm über dem Schilde mit den Baierischen
Wecken haltend.)

Orig. d. Arch. Subendorf, l. c. I, 122.

193. Die vorstehende Urkunde Deutsch.

In deme namen godeß amen. Wy Ottho van godes
gnaden, to Brunßwick unde Luneborch hertoge, unde Mech-
tildiß syn ghemal, hertoginne darsulveß, embeden allen, de
dessen breff sehn, heyl in deme, de unser alle iß eine ware
zalde. Allent, dath in der tidt schuet, dat vorgeyt myt der
tidt, id werde denne myt scrifften effte myt tuchenisse
bestediget und bevestiget. Hirumme begeren wy allen unde
ißliken, de nu syndt unde tokomende werden, to wetende,
dat wy myt eyndrechtiger vulbordt na rade unßer leven
getruwen redere umme unsen nuth unde fromen willen
recht unde redeliken vorkofft hebben unße munthe to
Luneborch myt alleme rechte, tynßen unde uppkomingen
den werdigen heren ebbeten, provesten unde anderen
geystliken prelaten, ridderen unde knapen unde allen in
deme Lande to Luneborch, to Harborch, Thune, Bodendyke,
Bireden unde in den pharren to Walßrode, Valingeborstele,
Nyenkerke, Bergen unde Holdenstede wonafflich unde unsen
leven getruwen borgeren unßerer stede unde wickbelde
Luneborg, Ullessen, Wittinge, Luchouwe, Dannenberge, Hitzacker, Blekede, Dalenborch, Bevenhusen, Wynsen, Hithvelde
und allen anderen unsen leven getruwen steden, wickbelden
unde dorpperen, dar de Luneborger münte genge unde
geve gewest iß, unde unse muntemestere eren wessel unde
ummeslach von oldere hehre gebath hebben, al den jennen,
de nu leven, unde eren nakomelingen unde erven erffliken
unde alse egendomeß recht iß, van nu an to ewigen tyden
to besittende, unß, unßen erven unde nakomelingen noch

unsen vogeden gantz nenerleye rechticheyt dare inne beholdende. Wy vorthien unde vorlaten ock alle gerech-
ticheyt, de wy unde unße leven heren vadere, zeliger Hertoge Johann, unde unße overelderen van ambeghin dere
ersten stiftinge der stadt Luneborch in sulkere munthe
yewerlde gehath hebben, so dat de riddere unde de rades-
personen to Luneborch, de dare to gekaren werden, alle
jare dar to sweren unde gantze vullenkommen gerichte,
macht unde gewalt hebben schullen einen muntemestere
to settende, einerleye munte to holdende, de to vormerende
unde to wandelende, so vaken unde wannere ene dat gudt
duncket, unde alle de jenne, de de munthe vorevelschen
edder myt unrechter wicht unde wage ummegahn unde
daravere begrepen werden, in allen steden dorch sick
alleine unde nicht dorch unß noch unße vogede an dat
hogeste edder suß anderß to richtende na creme vordenste.
Dare schal ok an den enden vorscreven anderß nene
munte, wan alse wy vorkofft hebben, genge unde geve
syn to ewigben tiden. Darvor hebben wy an gelde uppe-
gebordt unde entfangen van eneme isliken huße, dar eine
pluch uthgeyt, soß Hamborgere schillinge unde van eneme
ißliken huße, dare eyn hake uthgeit, dre schillinge dere
sulven munthe, unde dartho hebben unß de rad to Luneborch vor sick tor noge unde genßliken entrichtet soven-
hundert pundt pennynge Hamborger weringe unde de
borgere van Ullessen unde Dannenberge hebben uns ere
part, alse ene na anthale geborde, ok wol vornoget unde
betalet. Uppe dat nu desse vorscreven dinge unvorbroken to ewigen tiden so mogen bliven, so hebbe wy deß
den ebbeten, provesten, ridderen, knapen unde borgeren
unserer gantzen herschopp unde Eggerde Schacken, Dide-
dericke van deme Berge, Hindericke van Sweryn, ridderen,
Alberte Hollen, Johanne Bertelde, Herdere unde Johanne
Roffzacke, radtmannen to Lunenborch mit handgevende
lofften loven togesecht unde en sodanß gelavet, unde to
merere tuchenisse unße ingesegele ghehenget an dessen
breff. Gegeven to Luneborch nach Cristi gebordt dusent

twehundert und in deme dre unde negentigesten jare, ••
amme dage der hilligen Drier Konninghe.

Copiald. d. Arch.

194. Herzog Otto von Braunschweig und Lüneburg überläßt dem
Bischofe von Verden Sülzgut. 1293, 13. Jan.

Nos Hinricus Heghere advocatus in Luneburg, Johannes
de Melbeke —, ejusdem consules civitatis, — recognoscimus, quod illustris princeps dominus noster Otto, dux de
Bruneswich et Luneburch, contulit venerabili domino Conrado patruo suo predilecto, episcopo Verdensi, tres choros
in salina Luneburg salis — in tota domo Soderstinghe —,
quos tres choros — dominus episcopus contulit ecclesie
Verdensi. — Datum Luneburch anno domini MoCCoXCoIIIo,
in octava epyphanie domini.

v. Hobenb. Verd. Geschichtsq. II, 163.

195. Herzog Otto von Braunschweig und Lüneburg und seine
Gemahlin Mechthild erlauben dem Friedrich von Prome und Tet-
hard von Alten, dem Bürger Johann Nossack in Lüneburg ein
Fuder Sülzrente als freies Eigenthum zu verkaufen. 1293, 13. Jan.

Copialb. des Klosters Scharnebeck.

196. Herzog Otto von Braunschweig und Lüneburg überweiset
dem Ritter Heinrich Bekendorpe einen halben Wispel Sülzrente
im Hause Derrenschinge (Derntsinge). Lüneburg 1293, 1. Febr.

Walsrober Urk. 81.

197. Herzog Otto von Braunschweig und Lüneburg und die
Herzogin Mechtildis verkaufen dem Hospitale S. Nicolai Hof
Sülzrente. 1293, 31. Octob.

Otto dei gratia dux de Brunsw. et Luneb., Mechtildis ducissa, uxor ejusdem, omnibus hoc scriptum visuris

vel audituris salutem in omnium salutari. — Omnibus intuentibus hanc litteram duximus protestandum, quod consules nobis dilecti in Luneburch pia compassionis gestantes
viscera super infirmis domus leprosorum sancti Nicolai in
Bardewic et extra muros Luneburch, quia propter morbi
deformitatem ab humanis cohabitationibus sunt semoti,
eisque ex animo condolentes, quod bona ipsorum in salina
nostra per diversas domos, sartagines et loca sita fuerant
et dispersa, ut in colligendis proventibus et fructibus eorundem bonorum per singula flumina, secundum quod dictis
infirmis opus fuerat, paterentur intollerabile detrimentum.
Quapropter dicti consules de nostra ratihabitione, consilio
et assensu prefata bona predictorum infirmorum vendiderunt et cum pecunia deinde proveniente a nobis duos
choros in tota domo Breminghe emerunt liberos cum omni
jure et libertate, sicut nos eosdem duos choros a nostris
progenitoribus possedimus in hunc diem, et ipsos duos
choros dictis infirmis pro suis bonis venditis in unum locum
et unam domum situ congruo reponentes. Nos igitur volentes, sepedictis infirmis prehabitos duos choros non solum a nobis, verum etiam a nostris heredibus necnon a
dictis consulibus et eorundem successoribus inviolabiliter
observari, sepedictis infirmis presentem litteram sigillorum
nostrorum appensionibus dedimus insignitam. Datum
Luneburch anno domini M°CC° nonagesimo tercio, in vigilia
omnium sanctorum.

(Siegel des Herzogs und der Herzogin, wie an der Urf. 190.)

Orig d. Arch.

199. Herzog Otto von Braunschweig und Lüneburg und die
Herzogin Mechtild verkaufen der Stadt Sülzrente. 1293, 31. Oct.

Otto dei gratia dux de Bruneswich et Luneburch, Mechtildis ducissa, uxor ejusdem, omnibus hanc paginam visuris vel
audituris salutem in omnium salutari. — Nos unanimi consilio
et consensu causa utilitatis nostre vendidimus de bonis nostris

in salina duos choros salis quolibet flumine percipiendos
consulibus civitatis nostre Luneburch nobis dilectis totique
civitati Luneburch in tota domo Breminghe pro quadringentis marcis denariorum Hamburgensium numeratis jure
hereditario et successorio perpetualiter possidendos cum
omni jure et libertate, qua nos prefatos duos choros a
progenitoribus nostris possedimus in hunc diem, dantes
eisdem consulibus et civitati super ipsos duos choros vendendi seu exponendi, cuicunque vel quibuscunque decreverint, liberam optionem. Insuper, cuicunque vel quibuscunque vendiderint dictos duos choros aut exposuerint, hii
similiter eandem jurisdictionis, scilicet vendendi seu exponendi, liberam habeant facultatem. Nos igitur volentes
presentem contractum prenotatis consulibus et civitati
Luneburch a nobis et a nostris heredibus inviolabiliter ac
perpetualiter observari, testibus ydoneis, videlicet dilecto
patruo nostro venerabili domino Conrado episcopo Verdensi, Ekhardo de Boyceneburch, Thiderico de Monte, Ghevehardo de Monte, Manegoldo Struven, Wernero de Medinghe,
Hinrico de Monte, Wasmodo de Knesbeke, Ottoni Barvoth,
Thiderico de Alten et Hinrico de Wrestede, fidelibus nostris
militibus, conscriptis et sigillorum nostrorum appensionibus
presentem paginam eisdem dedimus insignitam. Datum
Luneburch anno domini M°CC°LXXXX° tertio, in vigilia
omnium sanctorum.

(Siegel des Herzogs und der Herzogin, wie an der Urk. 190.)

Orig. i. Arch.

199. Herzog Otto von Braunschweig und Lüneburg und dessen
Gemahlin Mechtildis verkaufen einigen Bürgern in Lübeck drei
Wispel Sülzrente aus dem Hause Honovere und sichern den Käufern für den Fall des Krieges sicheres Geleite zu. Lüneburg,
1293, 19. Nov.

Severhus, l. c. 321.

200. Herzog Otto von Braunschweig und Lüneburg und dessen
Gemahlin Mechtildis verkaufen ihren Gläubigern Konrad und

8*

Johann von Holdenstedt drittehalb Wispel Sülzrente aus den
Häusern Eghelinge und Kozinge und sichern den Käufern für den
Fall eines Krieges sicheres Geleit zu.   Lüneburg, 1293, 25. Nov.
Der Vogt Heinrich Heghere und der Rath bezeugen dies in einer
besonderen Urkunde.

Lübeck. Urk. II, a. 84. 85.

201. Herzog Otto von Braunschweig und Lüneburg und dessen
Gemahlin Mechtildis verkaufen ihrem Gläubiger Albert Wulf-
hagen (in Hamburg) anderthalb Wispel Sülzrente aus dem
Hause Eberinge und sichern ihm im Falle eines Krieges sicheres
Geleit zu.   Dieselben verkaufen dem Bürger Heinrich Lange in
Hamburg, ihrem Gläubiger, unter gleicher Zusicherung einen Wispel
Sülzrente aus dem Hause Oberdorninge; desgleichen ihrem Gläu-
biger Nikolaus Nikolai einen Wispel Sülzrente aus dem Hause
Kozinge.   Lüneburg, 1293, 25. Nov.
Den ersten Verkauf bezeugen der Vogt Heinrich Hegher (nicht
Heghen, wie Lappenberg hat) und der Rath. 1293, 25. Nov.

Lappenberg, l. c 874—877.

202. Herzog Otto von Braunschweig und Lüneburg und dessen
Gemahlin Mechtildis verkaufen ihren Gläubigern Werner van
Metzendorpe und Werner Lippold's Sohne einen Wispel Sülzrente
im Hause Oberdorzinge und sichern diesen im Falle eines Krieges
sicheres Geleit zu. Lüneburg, 1293, 25. Nov.

Sudendorf, l. c. I, 126.

203. Herzog Otto von Braunschweig und Lüneburg und die Herzogin Mechtildis genehmigen, daß der Bischof Konrad von Verden
die ihm von ihnen überlassenen drei Wispel Salz aus dem Sülzhause Soberstinche (Urk. 192) dem Verdener Domstifte schenkt.
Lüneburg, 1294, 10. Jan.

v. Hodenberg, Verd. Geschichtsq. II, Urk. 110.

204. Herzog Otto von Braunschweig und Lüneburg und dessen
Gemahlin Mechtildis verkaufen dem Lübecker Domstifte drei Wispel
Sülzrente aus dem Hause Honover für 600 Mark Lüb.   Der
Rath bezeugt dies durch das angehängte Stadtsiegel. 1294, 14. Febr.

Feverkus, l. c. 324.

205. Ritter Konrad von Boldensele hat dem Zöllner Johann ein Fuder Sülzrente aus dem Hause Starthen verkauft. Herzog Otto von Braunschweig und Lüneburg und seine Gemahlin genehmigen dies. 1291, 23. Febr.

Sudendorf, l. c. I, 128.

206. Herzog Otto von Braunschweig und Lüneburg genehmigt, daß der Ritter Gebhard von dem Berge dem Lübecker Domherrn Ludolf von Bardwike einen Wispel Sülzrente aus dem Hause Huttinghe für 200 Mark Lüb. und dem Lübecker Domdechanten Johannes zwei Wispel Sülzrente aus dem Hause Kempinghe für 400 Mark Lüb. verkauft hat. 1294, 24. Febr.
Der Rath bestätigt dies in besonderen Urkunden.

Leverkus, l. c. 327. 329.

207. Bischof Konrad von Verden verkauft die ihm von seines Bruders Sohne, dem Herzoge Otto, geschenkten zwei Wispel Sülzrente aus dem Hause Kempinche mit des Herzogs Genehmigung dem Ritter Gebhard von dem Berge. Lüneburg, 1294, 18. März.

Leverkus, l. c. 330.

208. Herzog Otto von Braunschweig und Lüneburg erklärt, daß einige Lübecker Bürger von ihm zwei Sülzpfannen in den Häusern Heynringhen und Woltereinghen für 1000 Mark Lüb. gekauft, deren eine sie dem Dechanten des Lübecker Domstifts wieder verkauft und für die gegebene Erlaubniß zu diesem Verkaufe dem Herzoge 70 Mark Lüb. gezahlt haben. Lüneburg, 1294, 21. März.

Leverkus, l. c. 331.

209. Die Rathmänner Albert Holle rc. bezeugen, daß des weil. Ritters Eghemann von Lüneburg Sohn, Ritter Albert, dem Lübecker Nikolaistifte ein Fuder Sülzrente aus dem Hause Elbertinghe rechtmäßig verkauft hat. 1294, 19. Mai.

Leverkus, l. c. 333.

210. Nikolaus Kind verkauft dem Propste Friedrich in Dambeck und dem Priester Bernhard in Salzwedel einen halben Wispel Sülzrente aus dem Hause Bovinge, welchen beide dem Kloster S. Johannis in Oldenstadt vermachen. Lüneburg, 1294, 19. Juni.

Copialb. d. Arch.

211. Die Rathmänner erklären, daß der Ritter Johann Bere und deffen Bruder Johann dem Hamburger Domstifte einen halben Wispel Sülzrente aus dem Hause Benninghe verkauft hat. 1294, 13. Aug.

Sappenberg, l. c. 882.

212. Vergleich des Rathes mit den Fleischern über neue Fleisch-bänke. 1294, 15. Aug.

Nos consules civitatis Luneburch —. Universos pre-sentis temporis et futuri volumus et cupimus non latere, quod nos una cum discretioribus nostre civitatis recogno-vimus, nos diversa et multa acturos circa servicia domi-norum et edificia civitatis nostre. Idcirco redditus aliquos decrevimus comparare, per quos ista possimus eo facilius et commodius ordinare. Eapropter macella super novam salinam proposuimus situare, eo quod ibidem habere gratis spacium competens poteramus. Quod cum carnificibus in-notuisset, convenerunt congerrentes querulose tam in nostra presentia, quam extra nostram presentiam, quod, si dicta macella construeremus in alium locum, preterquam illum locum, ubi fuerant usque modo, ipsi una cum pueris suis et heredibus adnichilarentur tam juvenes quam antiqui, addentes igitur unanimiter, quod mallent potius sua macella statuere in manus nostras, ut circa ea ageremus, quod nostre esset placitum voluntati. Nos vero audientes eos eis respondimus in hec verba, quod, cum possemus macella gratis habere in nova salina, ut super eo deliberarent, utrum potius vellent dimittere partes reddituum de suis macellis, ex quo tamen nichil de eis consequi possent, si

alias ponerentur. Qui dixerunt una voce, se velle unusquisque pocius nobis dimittere suam dimidietatem, quam
alias struerentur, sane nobis committentes, si vellemus eis
quicquam aut nichil dare in partis cujuslibet recompensam. ᷓᷓ
Quare nos eisdem verius obligavimus unicuique dimidiam
reddere suam partem, dummodo vellent sua justicia in
reliquis obtinere, pro quanta pecunia sua macella singuli
sunt adepti. Idem Heyne Werinberti promisit, se factu-
rum in suis macellis. Insuper Hinricus dictus Wichemete ᷓ₀
promisit, se nobis velle dimittere de sua hereditate,
quanto indigeremus ad macella pro nostre placito voluntatis. Ad hos igitur redditus comparandos dimidium chorum salis quolibet flumine vendidimus in salina. In observantiam premissorum presentem litteram sigillo nostre ᷓᷓ
civitatis fecimus insigniri. Datum Luneburch anno domini
MᵒCCᵒLXXXXᵒ quarto, in assumptione sancte Marie virginis.

Orig. b. Arch.

213. Herzog Otto von Braunschweig und Lüneburg erklärt, daß
der Braunschweiger Bürger Johann von Peyne einen Wispel
Sülzrente aus dem Haufe Codesinghe mit seiner Bewilligung dem
Kloster Isenhagen verkauft hat. Lüneburg, 1294, 19. Aug. Der
Rath transsumirt und bezeugt diese Urk. 1294, 23. Aug.

Isenhagener Urk. 56. 57.

214. Der Verdener Domdechant verpflichtet den Pleban in
Modestorpe zu einer jährlichen Zahlung. 1291, 2. Nov. (Urk. 181.)

H[enricus de Bywenden], dei gratia Verdensis ecclesie
major decanus ac prepositus in Bardewich, omnibus presens scriptum visuris ac audituris salutem et orationes in
Christo. Recognoscimus et serie presentium publice protestamur, quod quicunque pro tempore fuerit plebanus ᷓ
ecclesie sancti Johannis in Modestorpe, cui nos quondam
presedimus, quatuor solidos Luneborgensium denariorum
de bonis in Adenbroke, que nos ad predictam ecclesiam

in Modestorpe nostro tempore de cenobio Rivi sancte
10 Marie ordinis Cystersiensis comparavimus, ad custodiam
monachorum in Luneborg ordinis sancti Benedicti quolibet
anno tenetur censualiter erogare. In cujus rei evidens
testamentum presentem cartulam jussimus nostri sigilli
appendiculo communiri. Datum Verde anno domini
15 M°CC°XCIIII°, in crastino omnium sanctorum.

Urk. des Klosters Mich. 149.

215. Der Burgmann Johann Grote bestätigt den von seinem
Vater Otto geschlossenen Verkauf von drittehalb Wispel Sülzrente aus dem Hause Mittlern Berdinghe, welche Johann von
Bergen, ein Lübecker Bürger, erstanden hatte. Lüneburg,
1294, 5. Decbr.

Lübeck. Urk. II, a. 90.

216. Graf Gerhard von Hallermund verkauft Sülzreute.
Lüneburg, 1295, 22. Juli.

Dei gracia nos Otto dux de Brunßwick et Luneborg
recognoscimus tenore presentium publice protestando, quod
nobilis dominus Gherardus, comes de Alremund, dimidium
plaustrum salis quolibet flumine in salina Luneborg a
5 nobis habitum de nostra ratihabitione, consilio et consensu
necnon et omnium heredum nostrorum rationabiliter vendidit Johanni dicto Hudzenvlet et suis veris ac legittimis
heredibus situm in domo — Glåsinge cum omni jure, libertate
et proprietate, qua nos a nostris progenitoribus dimidium
10 plaustrum possedimus memoratum. — Hujus rei testes sunt
Ghevehardus de Bortfelde, Asquinus de Saldere, Hinricus
de Zwerin et Jordanus de Hitzacker, milites; Albertus Hollo,
Johannes Bartoldi, Volckmarus de Arena. Datum Luneborg
anno domini millesimo ducentesimo nonagesimo quinto,
15 in die sancte Marie Magdalene

Orig. v. Arch.

217. Der Propst Otto und das Domkapitel in Verden bestätigen die Anordnung des Propstes Giselbert der Kirche Andreae in Verden, welcher mit einem Wispel Salz aus den Sülzhäusern Ullinge und Sterte Memorien verschiedener Geistlichen, darunter auch des Archidiaconus Burchard in Modestorpe stiftet. 1295, 23. Aug.

v. Hodenberg, Verden Geschichtsq. II, 113.

218. Herzog Otto von Braunschweig und Lüneburg gestattet, daß der Ritter Wasmod Kint ein Burglehn verkauft. Lüneburg, 1235, 28. Sept.

Nos Ottho dei gracia dux de Brunswic et de Luneborg recognoscimus presentibus publice protestando: Wasmodus dictus Kint, miles et castellanus noster fidelis, de nostra permissione et ratihabitione necnon et heredum suorum consilio et consensu resignavit consulibus civitatis nostre Luneburch illam terre particulam, que protendit de rivo progredienti de via Dalenborg usque Viningheborg et deinde usque in aquam, que vocatur nomine proprio Elmenowe, cum lignis, pascuis et cunctis fructibus, qui de ipsa terra poterunt provenire, quam videlicet particulam terre dictus Wasmodus Kint miles attraxit sibi dicens, se a nobis in feodo, quod vulgo dicitur borchlen, possedisse, vendendo prefatis consulibus in Luneborg pro quatuordecim marcis denariorum Hamborgensium et pro tanto lateris concavi, qui dicitur holsten [1]), quantum sufficit ad tegendas duas domos dicti Wasmodi militis sitas apud Sanctum Cyriacum. Hujus rei testes sunt Thidericus de Monte, Heyne de Zwerin, Wernerus de Medinghe et Manegoldus Struve, milites nostri fideles, et plures alii fide digni. Nos igitur volentes dictis consulibus premissa rata et inviolabiliter observari tam a nobis et nostris heredibus, quam a prefato Wasmodo milite et suis heredibus, presentem litteram

[1]) Hohlsteine.

eisdem consulibus sigilli nostri appensione dedimus insignitam. Datum Luneborg anno domini M°CC°LXXXX°V°,
in vigilia sancti Mychahelis archangeli.

(Siegel des Herzogs Otto.)

Orig. d Arch. Jabenborf, l. c. I, 141.

219. Rath und Bürgerschaft erklären sich damit einverstanden,
daß von den im Gerichtshofe in Nowogrod gegebenen Entscheidungen
nur an die Stadt Lübeck appellirt werden könne. 1295, 25. Oct.

Universis presentium receptoribus consules ac universitas
burgensium in Lunenborch notum facimus et recognoscimus
tenore litterarum presentium lucide protestantes, quod
honorandis viris amicis nostris dilectis, burgensibus civitatis Lubicensis, in eo jure, quo ipsi et nos ac universi
mercatores in curia Nogardensi usi et gavisi sunt hactenus,
assistere volumus et adesse, videlicet, ut si aliquis mercator
in eadem curia se in suo jure gravatum cognosceret vel
sentiret, quod pro recuperacione sui juris ad nullum
alium locum nisi ad civitatem Lubicensem respectum habere
debeat et recursum. In cujus rei evidens testimonium sigillum nostrum commune duximus apponendum. Datum
Lunenborch anno domini millesimo CC° nonagesimo quinto,
in die sanctorum Crispini et Crispiniani.

Lübeck. Urk. I, 618. 641, 4.

220. Der Rath erklärt, daß das Kloster Wienhausen dem Hamburger Domstifte einen Wispel Sülzrente aus dem Hause Thit-
maringhe verkauft hat. 1295.

Lappenberg, l. c 693.

221. Der Ritter Ludolf von Everinghe erklärt, daß er den Weg
Grevinghe[1]) auf der Sülze, Lehn des Abtes des Michaelisklosters,

---

[1]) Wege (viae, nicht Straßen, wie v. Hohenberg übersetzt) hießen die
Röhrenleitungen, welche die Sole aus dem Sode den Siedehäusern
zuführten. Die Eigenthümer hatten davon Einkünfte und konnten
sie daher auch als nutzbringend verkaufen.

verkauft habe, dafür aber ein Fuder Salz wieder kaufen und zu
Lehn nehmen wolle. Zeugen sind: Diedrich von Wittorp, Drocht-
lebus von Benesholte, Huner und Gebhard von Odem. Lüneburg,
1296, 7. Jan.

Urk. des Klost. Mich. 133

222. Bischofs Konrad von Verden Verordnung über Testamente
in Lüneburg. 1297, 5. Mai.

Conradus dei gracia Verdensis ecclesie episcopus omnibus — salutem. — Quia fama denunciante ad nostram
pervenit audienciam, quod plerique executores testamentorum civitatis Luneborg in complendis ultimis voluntatibus
decedencium sunt desides et remissi et, quod dampnabilius
est, ea, que per testatores legata sunt ad pios usus, suis
applicare usibus non verentur, proinde matura deliberacione
prehabita duximus statuendum, ut nullus de cetero positus
in egritudine ultima civis Luneborgensis utriusque sexus
suum condat testamentum vel testamentarios eligat, nisi
hoc de scitu, consensu et consilio consulum faciat civitatis
memorate, nec aliquid de rebus in pios usus legatis ordinet
seu ordinari faciat preter consensum et consilium consulum
prefatorum. Nos enim, quicquid per sepefatos consules in
execucionibus testamentorum secundum canonicas sanxiones
rite et racionabiliter ordinatum fuerit, gratum habebimus
et acceptum et faciemus auctore domino inviolabiliter observari. Preterea prescriptis consulibus dotandi capellas et
altaria in civitate Luneborg et ipsis competentes redditus
assignandi et sibi jus patronatus et suis successoribus
capellarum dotatarum seu altarium dotatorum retinendi,
salvo nostro et subditorum nostrorum jure, liberam in hiis
scriptis concedimus potestatem, dummodo capellarum et
altarium dotatio talis nulli videatur prejudicium generare.
In quorum omnium testimonium presens scriptum nostri
sigilli munimine fecimus roborari. Datum Luneborg anno
domini M°CC°LXXXXVII°, dominica Jubilate.

(Großes rundes Siegel des Bischofs Konrad.)
Orig. v. Arch. Sudendorf, l. c. I, 150.

223. Die Rathmänner Johann Bertoldi x. bezeugen, daß Jakob vom Bomgarde (de Pomerio) Lübecker Bürgern eine halbe Pfanne in dem Sülzhaufe Obern Bernbinghe verkauft hat... 1297, 12. Mai.

Scrrdbao, l. c. 349.

224. Bischof Konrad von Verden entscheidet den Streit des Klosters der Franziskaner mit dem Pfarrer der Kirche S. Johannis in Modestorpe. Salzhaufen, 1297, 1. Dec.

Conradus dei gratia Verdensis ecclesie episcopus omnibus hoc scriptum visuris sive audituris salutem in omnium salvatore. Noverint universi, quod tocius dissensionis materia inter devotos in Christo gardianum et fratres
s minores domus Luneb. ex una et . . .[1]) rectorem ecclesie sancti Johannis in Modesthorpe civitatis memorate ex parte altera suscitata per nos de consilio quorundam prelatorum et clericorum nostrorum fuit ad concordie amicabilis unionem reformata sub hac forma. Gardianus et fratres predicti
10 omnibus juribus suis, videlicet in confessionibus audiendis canonicis . . . . faciendis, corporibus defunctorum tumulandis in cimiterio ipsorum, qui apud ipsos elegerint sepeliri, et aliis sue religioni congruentibus, quibus temporibus patris nostri ac germani nostri Otthonis et Johannis,
15 quondam ducum de Brunsw. et Luneb. clare memorie, et usque nunc usi fuerunt, ab hac hora in . . . . perfruentur libere et quiete, nec in hiis a nobis seu a quoquam alicujus impedimenti obstacula pacientur, hiis dumtaxat exceptis, quod in nullis festivitatibus ante summam missam parochi-
20 alium ecclesiarum civitat . . . . . predicationes . . . . . . intendent preterquam in festis sanctorum Francisci, Clare, Antonii et dedicationis ecclesie ipsorum. Nullis preterea gravi valetudine laborantibus sacre unctionis nec eciam quibuslibet eucharistie sacramenta ministrabunt, nisi hoc
25 facient de nostra seu rectorum ecclesiarum licentia speciali. Veruntamen famulis seu famulabus suis in servicio suo assidue perseverantibus et procuratori suo ac procuratoris

[1]) Die ausgelaffenen Worte find nicht zu lefen.

. . . . prescripta exhibere sacramenta et ipsorum corpora in suo cimiterio absque contradictione qualibet protractabunt. Si quis autem nostre subjacens jurisdictioni hanc nostre compositionis ordinationem ausu temerario mutare, calumpniari seu infringere presumpserit et hoc notorium fuerit seu de hoc . . . . . [1]) talem cum debite satisfactionis exhibitione districtissime compescemus ecclesiasticam per censuram. In quorum omnium evidens testimonium sigillum nostrum presentibus est appensum. Datum Solcenshusen anno domini M°CC°XCVII°, kal. Decembr. Orig. i. Arch.

225. Bischof Konrad von Verden willigt in die Verlegung eines Altars der Johanniskirche in die Kapelle S. Spiritus (am Markte) 1297.

In nomine domini amen. Conradus dei gratia Verdensis ecclesie episcopus universis Christi fidelibus presentis pagine inspectoribus sive auditoribus salutem in domino sempiternam. Cum propter cimiterii dilatationem chorus antique ecclesie beati Johannis bapt. in Modestorp, in quo providi et discreti viri consules civitatis Luneborg altare ad celebrationem misse cotidianam de nostro, capituli nostri, archidiaconi et rectoris ejusdem ecclesie Modestorp dotaverunt consensu, demoliri expediens videatur et consultum, nos, qui divine laudis frequentiam propagari potius cupimus quam diminui, ne dicti altaris seu capelle institutio misseque celebratio per hujusmodi chori evanesceret demolitionem, beneplacito et consensu decani et capituli nostre ecclesie, Frederici dicti Man archidiaconi, Ekkehardi rectoris ecclesie Modestorp et consulum civitatis Luneburg jam dictorum accedentibus altaris seu capelle chori antique ecclesie in Modestorp prefate institutionem ac dotationem factam seu faciendam ad capellam sancti Spiritus in Luneb. in nomine

---

[1]) Die ausgelassenen Worte sind nicht zu lesen.

domini duximus transferendam cum adjectione conditionum
20 insolubili subscriptarum. Prefati quidem consules ac ipsorum
successores erunt veri patroni capelle antedicte et ad ipsam,
cum vacaverit, personam dumtaxat sacerdotem et talem,
qui velit et possit in persona propria ipsam capellam
singulis diebus matutinas, missam et vesperas decantando
25 officiare et ipsi per se deservire, archidiacono presentabunt,
a quo persona per consules canonice presentata investituram
capelle recipiet et institutionem consequetur, obedienciam
ipsi archidiacono impensurus reverentiam et honorem.
oblationes capelle universas rectori ecclesie in Modestorp, qui
30 fuerit pro tempore, secundum suam conscienciam fideliter
redditis ac de omnibus oblationibus eidem rectori exhibendis
integraliter cautionem, si exactus fuerit, pro sue possibili-
tatis modulo prestiturus. Precavebit nichilominus rector
capelle sepefate cum diligentia, ne quid per ipsum vel
35 nomine suo in prejudicium rectoris ecclesie in Modestorp seu
per quod solempnitas divinorum impediatur in matrice
ecclesia officiorum vel populus ab ipsa in summis subtrahatur
missis, aliquatenus attemptetur. Preterea si consules sepius
dicti sacerdotem ad sepefatam capellam sancti Spiritus
40 vacantem non presentarent, eo ipso jure presentandi pri-
varentur illa vice, quod ad archidiaconum tunc tantummodo
transfertur, qui si etiam sacerdotem presentare infra tempus
canonice statutum et instituere negligenter differret, ad nos
vel successores nostros capelle collatio facienda sacerdoti
45 ea vice tantummodo devolvetur salvo quidem jure presentandi in futurum consulibus antedictis. Insuper si sacerdos
presentatus et canonice institutus in sepescripta capella
residentiam personaliter facere renueret et se ab ipsius
officiatione absque archidiaconi et consulum consensu con-
50 tumaciter absentaret, ipso facto jam dicta capella sit
privatus, ad quam ex tunc, cum sua contumax absentia fuerit
notoria seu probata, legitime consules presentandi ad ipsam
aliam personam cum supradictis conditionibus habebunt
liberam facultatem. Ut igitur hujus altaris translatio seu
55 capelle dotatio ac institutio rationabiliter facta et per nos

in dei nomine confirmata et immutabiliter stabilita in suo
perseveret robore, presens scriptum exinde confectum
nostro, capituli nostri, Frederici archidiaconi in Modestorp,
Ekkehardi rectoris ejusdem ecclesie et consulum civitatis
Luneburg sigillis in evidens testimonium omnium supra- co
narratorum fecimus muniri. Nos quoque Otto dei gratia
prepositus, Henricus decanus et capitulum ecclesie Verdensis,
Fredericus archidiaconus in Modestorpe, Ekkehardus rector
ejusdem ecclesie et consules civitatis Luneb. memorati, quia
prefate translationi et ordinationi consensimus et consen- 65
timus, sigilla nostra presenti littere ad nostri consensus
manifestationem duximus apponenda. Datum Verde anno
domini M°CC° nonagesimo septimo. Crig. b. Arch.

226. Ablaßbrief für die Kirche S. Johannis. 1297.

Universis sancte matris ecclesie filiis, ad quos presentes
littere pervenerint, nos dei gratia Egidius Bituricensis
(es folgen noch die Namen von fünfzehn Erzbischöfen und
Bischöfen, zum Theil in der durch Moder sehr entstellten
Urkunde ganz unlesbar) salutem in domino. Ad divine 5
laudis obsequium . . . . sanctorum in titulum eriguntur —.
Cupientes igitur, ut ecclesia sancti Johannis in Luneboregh
Verdensis diocesis dignarum laudum preconiis visitetur et
a christiano populo jugiter veneretur, omnibus vere penitentibus et confessis, qui ad dictam ecclesiam in festis nati- 10
vitatis domini, resurrectionis, ascensionis, pentecostes et in
singulis festivitatibus sancte Marie, in festo omnium sanctorum, in festis omnium apostolorum, sancti Michaelis archangeli (es wird noch eine Reihe von Festen angeführt),
causa reverentie et honoris devote accesserint peccatorum 15
veniam a domino petituri . . . . sermonem
reverenter audierint in festis prenotatis vel qui ad fabricam,
sustentationem, luminaria, vestimenta, ornamenta seu ad
aliqua alia necessaria ipsius ecclesie manus porrexerint adjutrices vel in . . . . facultatum suarum ad sustentationem 20

dicte ecclesie legaverint (der Text durch Lücken unter-
brochen), salvatoris misericordia dulcisque matris Marie sue
gratia nec non et beatorum Petri et Pauli apostolorum
. . . . quadraginta dies de injunctis sibi penitenciis . . . .
25 misericorditer in domino relaxamus. In cujus rei testimonium —. Datum Rome apud Sanctum Petrum anno domini
millesimo ducentesimo nonagesimo septimo, pontificatus
domini Bonifacii pape octavi anno tercio.

(Von den 16 Siegeln sind nur noch die Zwirnschnüre vorhanden.)

Orig. d. Arch.

**227. Herzog Otto von Braunschweig und Lüneburg genehmigt die
Verlegung eines Altars (Urk. 225) in die Kapelle zum h. Geiste
(am Markte). 1298, 18. April.**

Nos Otto dei gratia dux de Bruneswich et Luneborch
notum esse volumus omnibus in perpetuum hoc scriptum
visuris sive audituris, quod rationabilem ac utique lauda-
bilem divini cultus ampliationem in nostra civitate Lune-
5 borch in capella sancti Spiritus de maturo consilio et
beneplacito reverendi in Christo patris nostri et patrui
karissimi, Conradi Verdensis ecclesie episcopi, ejusdem
ecclesie capituli, Frederici dicti Man archidiaconi, Ekkehardi rectoris ecclesie Modestorpe, et consulum nostre ci-
10 vitatis jam dicte, quibus etiam jus patronatus in prescripta
capella concessum est, factam et ordinatam commendamus
et habemus modis omnibus gratiosam, decernentes, ut nec
nos nec quisquam nomine nostro nec aliqua posteritas
heredum sive successorum nostrorum memorate capellule
15 ordinationem infringamus aut aliquatenus impugnemus.
Super hiis nostris consulibus ad perpetuam firmitatem
presens scriptum nostro sigillo munitum jussimus et fecimus elargiri. Datum Luneborch anno domini M°CC°XCVIII°.
feria sexta proxima post dominicam Quasimodogeniti.

(Wohlerhaltenes Siegel des Herzogs.)

Orig. d. Arch. Sudendorf, l. c. I, 153.

228. Herzog Otto von Lüneburg und Braunschweig verkauft dem Hospitale des h. Geistes in Hamburg einen Wispel Sülzrente aus dem Hause Overderninghe und sichert für diese Rente im Falle eines Krieges sicheres Geleite zu. Lüneburg, 1298, 30. Sept.

Koppenberg, l. c. 907.

229. Die Rathmänner Albert Hollo, Diedrich Zabel, Johann Bertoldi, Verdeward, Alard vam Schilsten, Adheleld, Gerhard Garlop, Johann Witte, Friedrich Paron, Berthold Lange, Konrad Segehards und Gerbert Sodmester erklären, daß Albert, Ritter Eglemann's Sohn und dessen Gattin Mechtildis ihrer Tochter Margareta zwei Fuder Sülzrente aus dem Hause Elbertinghe geschenkt haben, von denen ein Fuder, falls sie in ein Kloster eintreten wird, zur Verbesserung ihrer Präbende bestimmt sein soll ꝛc. Außerdem schenken die Eltern der genannten Tochter einen halben Hof neben dem Kirchhofe der Franziskaner (jetzt Marienplatz) und einen Wispel jährlicher Rockenrente von dem Zehnten in Ediffen (Etzen, A. Lüneburg). 1298, 26. Nov.

Isenhagener Urk. 65.

230. Ablaß zu Gunsten der Johanniskirche. 1298.

Universis Christi fidelibus presentes literas inspecturis. Nos dei gratia frater Lambertus Aquinas, domini pape in Urbe vicarius, frater Romanus Crohensis, frater Matheus Vegelensis, Stephanus Oppidensis et Cipprianus Bovensis episcopi salutem in domino sempiternam. Virgo venustissima ₅ et omnium floribus insignita, virgo dei genitrix gloriosa, cujus pulcritudinem sol et luna mirantur — merito veneranda —. Cupientes igitur ut parrochialis (ecclesia) sancti Johannis baptiste in Luneburg Verdensis diocesis et altare gloriose virginis Marie et sancte Katherine, quod in eadem ecclesia Lune- ₁₀ burg de novo seu noviter construetur, congruis honoribus frequententur et a cunctis Christi fidelibus jugiter venerentur, omnibus vere penitentibus et confessis, qui ad ipsam ecclesiam seu altare ipsius virginis Marie et sancte Katherine in festis subscriptis, videlicet nativitatis, resurrectionis ₁₅

9

et ascensionis domini nostri Ihesu Christi — et per octo
dies dicta festa immediate sequentes, causa devotionis seu
peregrinationis et in spiritu humilitatis accesserint, aut qui
ad fabricam seu reparationem, ornamenta, luminaria et ad
alia necessaria predicte ecclesie manus porrexerint adjutrices, aut in extremis laborantes quicquam facultatum
suarum legaverint, aut etiam qui secundum evangelice doc-
trine exortationem: *qui sequitur me non ambulat in tenebris,
sed habebit lucem vite,* presbiterum sepedicte ecclesie cum
sacra communione infirmos visitantem cum reverentia
devote secuti fuerint, ac qui orationem dominicam cum
salutatione angelica dixerint mente pia pro animabus,
quorum corpora in cimiterio ejusdem ecclesie requiescunt,
et pro omnibus fidelibus defunctis, similiter omnibus
et singulis, qui super dictum altare missam audierint
et orationes suas ibidem devota mente dixerint, nos
de omnipotentis dei misericordia et beatorum Petri et
Pauli apostolorum ejus auctoritate confisi singuli nostrum
singulas quadraginta dierum indulgentias de injunctis sibi
penitentiis, dummodo loci diocesani voluntas ad id accesserit et consensus, misericorditer in domino relaxamus.
In cujus rei testimonium sigilla nostra presentibus duximus apponenda. Datum Rome anno domini millesimo
ducentesimo nonagesimo octavo, pontificatus domini Bonifacii pape octavi anno quarto.

(Fünf ziemlich gut erhaltene Bischofssiegel in rothem Wachse.)

Orig. b. Arch.

231. Der Rath erklärt, daß der Burgmann Diedrich von dem
Berge dem Hospitale des h. Geistes in Hamburg einen Wispel
Sülzrente aus dem Hause Hingste verkauft hat. 1299, 1. Febr.
Herzog Otto von Braunschweig und Lüneburg genehmigt dies.
1299, 9. Febr.

Lappenberg, l. c. 911. 912.

232. Der Burgmann Ritter Wasmod Kind ertauscht vom Herzoge Otto von Lüneburg und Braunschweig eine Leibeigene.
1299, 2. Febr.

Nos Wasmodus miles dictus Puer, castellanus in Lune-

borch, recognoscimus publice protestantes, quod illustris
princeps, dilectus dominus noster Otto, dux de Luneborch
et Bruneswich, fecit permutationem talem nobiscum, quod
dimisit nobis Ludgardim, filiam Helmoldi dicti de Dergarden, [3]
cum omni jure, sicuti sibi constricta fuerat, et nos e converso dimisimus ei Alheidim, filiam Dhideri villici nostri
de Ghokessen [1]), sicuti nobis pertinuerat, quod nostro sigillo
presentibus affixo duximus verius affirmandum. Datum
anno domini M°CC°LXXXX° nono, in festo purificationis [11]
Marie. $\qquad$ Sudendorf, l. c. I, 154.

**233. Herzog Otto von Braunschweig und Lüneburg schenkt dem
Ritter Gebhard von dem Berge Lehngut auf der Sülze.
1299, 26. April.**

Nos dei gratia Otto dux de Brunswich et Luneborch
— recognoscimus, quod dominus Ghevehardus de Monte,
miles noster fidelis, a nobis habuit in feodo duas verder [2])
mellis de puteo saline nostre in Luneborch, quorum proprietatem eidem dedimus et vendendi pro suo placito [5]
liberam concedimus facultatem. In cujus rei evidenciam —.
Datum Luneborch anno domini M°CC°XC°IX°, dominica
Quasimodogeniti. $\qquad$ Urk. des Kl. Michaelis. 161.

**234. Herzog Otto von Braunschweig und Lüneburg verkauft dem
Lübecker Domcantor Hermann von Morum einen halben Wispel
Sülzrente aus dem Hause Huttinghe für 150 Mark Lüb. Lüneburg,
1299, 23. April. Der Rath bezeugt dies. 1299, 6. Mai.**

Leverkus, l. c. 358.

**235. Das Kloster Lüne erklärt den Lösegraben für Eigenthum
der Stadt. 1299, 11. Juni.**

Christianus dei gratia prepositus, Ghisle priorissa

---

[1]) Göhre, A. Lüneburg.
[2]) Dieses Maß ist völlig unbekannt.

9 *

tolusque conventus sanctimonialium in Lune omnibus presencia visuris salutem et orationum suarum obsequium
salutare. Noverint universi presencium inspectores, quod
aque meatus protendens ac proveniens de civitate Luneborg per fossatum [1]) in nostram curiam non est nostra,
nec quicquam juridictionis nos habere dinoscimus in eadem
aqua, sed quamdiu consules civitatis Luneborg, quorum
dictam aquam fore dinoscitur, annuerint nobis de comodo
ejusdem aque, quod consequimur ex ea, ipsorum gratia
libenter perutimur et gratanter gratiarum actiones et orationum multimodas referentes; cum autem eisdem consulibus visum fuerit, faciant, quod decreverint, cum eadem.
In hujus evidenciam pleniorem presentem litteram sigillorum nostrorum appensionibus jussimus insigniri. Datum
Lune anno domini M°CC°XC°IX°, Barnabe apostoli.

236. Herzog Otto von Braunschweig und Lüneburg überläßt der
Stadt Grundstücke an der Ilmenau. 1299, 21. Juni.

Dei gracia nos Otto, dux de Bruneswic et de Lunenburch, recognoscimus per presentes, quod consulibus ceterisque comburgensibus in Lunenburch nobis dilectis super
ortis ordinatis vel ordinandis protendentibus ab allodio
nostro usque ad aquam, que Elmenowe vocatur, disponendi
seu ordinandi sibi pro suo commodo et utilitate, prout
magis expediat, liberam ipsis dedimus facultatem ita, ut
neque per nos neque per nostros heredes neque per aliquos ex parte nostri in premissis postmodum valeant
impediri. In hujus rei testimonium nostrum sigillum presentibus duximus apponendum. Datum Winsen, anno
domini M°CC° nonagesimo nono, in octava sancte trinitatis.

[1]) Lösegraben.

237. Ablaßbrief für das Hofpital zum h. Geifte. 1299.

Universis Christi fidelibus presentes litteras inspecturis
nos dei gratia Egidius patriarcha Gradensis (es folgen noch
elf Bifchöfe) salutem sempiternam et fructuosam in domino
caritatem. Licet secundum evangelium omnibus indigentibus apperire teneamur viscera caritatis, illis tamen spe-   5
cialis quodammodo debemus liberalitatis gratiam exhibere,
qui, cum sint paupertatis simul et miserabilitatis onere
suppressi, sibi ipsis nequeant subvenire. Cum igitur dilecti
in Christo filii provisores hospitalis sancti martiris et pontificis Lamberti, Verdensis diocesis, ad hoc totis viribus, 10
sicut accepimus, elaborent, ut undique confluentium ege-
norum pariter et egrotorum suffragari necessitatibus se
exponant et non solum ipsos ad hospitia recipiant, verum
etiam ad pristine sospitatis restaurationem vel ad universe
carnis migrationem trahentes omnia necessaria sibi lauda- 15
biliter administrent, peregrinis quoque et advenis clericis
et laicis ordinis cujuscunque vel dignitatis ibi noctis requiem
poscentibus secundum indigentiam et personarum dignitatem, prout etiam predictis procuratoribus expedire videtur,
honorifice provideant, cumque ad hoc sibi proprie non 20
suppetant facultates, universitatem vestram rogamus et
hortamur in domino in remissionem vobis peccaminum
injungentes, quatinus ut cooperatores operum pietatis acce-
dentes ad vos eorum nuncios benigne recipere et honeste
tractare curetis eis grata et ampla caritatis subsidia de 25
bonis a deo vobis collatis et pias elemosinas conferentes,
ut per hoc et alia bona, que domino inspirante feceritis,
possitis ad eterne felicitatis gaudia pervenire. Nos igitur ad
prosequenda hujusmodi gaudia viam dare Christi fidelibus
cupientes omnibus vere penitentibus et confessis, qui ad 30
capellam dicti hospitalis in festis subscriptis, videlicet nativitatis, resurrectionis et ascensionis domini nostri Ihesu
Christi (es folgt eine lange Reihe von Fefttagen), ad
eandem capellam missarum sollempnia audituri venientes

causa devotionis seu peregrinationis et in spiritu humilitatis accesserint, aut qui ad fabricam seu reparationem,
ornamenta, luminaria, ... alia necessaria predicti hospitalis seu capelle nec non pauperum ejusdem hospitalis seu
infirmorum sustentationem manus porrexerint adjutrices,
aut in extremis laborantes quicquam suarum legaverint
facultatum, de omnipotentis dei misericordia et beatorum
Petri et Pauli apostolorum ejus auctoritate confisi singuli
singulas quadraginta dierum indulgentias de injunctis sibi
penitentiis, dummodo loci diocesani ad id consensus
accesserit, in domino misericorditer relaxamus. In cujus
rei testimonium sigilla nostra presentibus duximus apponenda. Datum Rome anno domini millesimo ducentesimo
nonogesimo VIIII, pontificatus domini Bonifacii pape VIII.
anno quinto.

(Zwölf bischöfliche Siegel wohl erhalten an seidenen Fäden.)

Orig. i. Arch.

238. Das Lübecker Domstift besaß ums Jahr 1300 bereits folgende
Sülzgüter und Sülzrenten: 4 Pfannen, 11 Wispel, 3 Mark,
25 Pfund Sonnabendspfennige und von drittehalb Pfannen die
Böninge ¹).

Leverkus, l. c. 380.

239. Ablaßbrief für das Hospital des h. Geistes. 1300.

Omnibus Christi fidelibus presentes litteras inspecturis
nos dei gratia frater Basilius Ierosolimitanus archiepiscopus
(es folgen noch 9 Bischofsnamen) salutem in domino sempiternam. Quoniam, ut ait apostolus, omnes stabimus ante
tribunal Christi recepturi, prout in corpore gessimus, sive bonum fuerit, sive malum — . Cupientes igitur ut ecclesia hospitalis
s. Lamperti in Luneburg Verdensis dioecesis congruis honoribus frequentetur, a cunctis Christi fidelibus jugiter vener . . . .

¹) Zu Anfange und zu Ende jedes Jahres wurden von Pfannenpächtern
in einem bestimmten Zeitraume die sogenannten vor- und nabö-
ninge (nicht bövinge, wie Leverkus l. c. sagt) gezahlt.

omnibus vere penitentibus et confessis, qui ad dictam
ecclesiam in singulis festivitatibus in diebus subscriptis, vide- 10
licet nativitatis, resurrectionis et ascensionis domini (es
folgt eine Reihe von einzelnen Festtagen), causa devotionis
seu peregrinationis et in spiritu humilitatis accesserint, aut
qui ad fabricam — (wie in der Urf. 237), nos de omnipotentis dei misericordia et beatorum Petri et Pauli 15
apostolorum auctoritate confisi singuli singulas quadraginta
dierum indulgentias de injunctis sibi penitentiis, dummodo
loci dioecesani ad id consensus accesserit, — relaxamus.
In cujus rei testimonium sigilla nostra presentibus duximus
apponenda. Datum Rome anno domini millesimo CCCᵒ, 20
pontificatus domini Bonifatii pape VIII. anno sexto.

(Zehn ziemlich gut erhaltene rothe Wachssiegel durch eine seidene Schnur
verbunden.)

Orig. d. Arch.

210. Ablaßbrief für das Hospital S. Nicolai Hof. XIII. Jahrh.

Bonitate divina frater Johannes Lettoviensis episcopus
ordinis domus Teuthonice Christi fidelibus universis presencia visuris salutem et benedictionem a domino Ihesu
Christo. Ut hospitale infirmorum in Barduwik per nos
incrementum promotionis suscipiat, quod multorum solacio 5
et auxilio dinoscitur indigere, omnibus et singulis vere
penitentibus de facultatibus sibi a domino collatis in elemosinarum collatione eidem manum adjutricem porrigentibus
de omnipotentis dei misericordia et beatorum Petri et Pauli
apostolorum ejus meritis et auctoritate confisi XL dies et 10
unam carenam de injuncta eis penitencia in nomine
domini misericorditer relaxamus. Datum anno domini
MᵒCCᵒX?VIIIᵒ, Johannis ante portam Latinam.

(Die mittleren Zahlzeichen sind nicht zu entziffern. Vom Siegel ist nur ein
unkenntliches Bruchstück an seidenen Fäden übrig.)

Orig. d. Arch.

241. Hamburger Zollrolle für die Lüneburger; um 1300.

Viris discretis consulibus in Hamborg hanc litteram inspecturis frater Johannes gardianus totusque conventus fratrum Minorum in Luneborg pacem in domino et salutem. Noveritis nos in libello civitatis nostre, in quo acta continentur, hec plenius inspexisse de verbo ad verbum, quod cives Luneburgenses dabunt Hamborg ad theolonium pro promptuario, quod vulgo nominatur pram, I solidum, de navi, que dicitur ek, VIII ₰, de navi, que vocatur cane, IIII ₰, de equo IIII ₰, de bove aut vacca II ₰, de porco I ₰, de vase vini, quod emunt Hamborg, IIII ₰; de bonis ducendis de civitate Hamborg in Luneborg nullus burgensis de Luneborg theolonium dabit, de bonis vero in Flandriam vel alias deducendis pro last cupri vel eris metalli sive last cere IIII denarios, pro choro tritici vel siliginis II solidos, pro talento ponderis cujuscunque mercimonie IIF ₰, in reditu autem pro bonis deportandis a civitate Hamborg Luneborgenses ad theolonium nichil dabunt, item de tunna cum mercimoniis, qualescunque sunt, dabunt IIII ₰, de vase ungenti IIII ₰, insuper de bonis, que hic scripta non sunt, nichil dabunt.

(Siegel mit der Umschrift: S. fratrum Minorum de Luneburg.)

Orig. d. Arch.

242. Herzog Otto von Braunschweig und Lüneburg nimmt einen Juden in der Stadt in Rechtsschutz (nach 1300).

Sincera salutatione premissa. Gy hebbet usem Joden dat sine be. eten laten. Dat wert gy wol weten, dat neyn recht is. Hirumme bidde wy, dat gy dem Joden dat sin laten entsetten. Wil den Joden jemant sculdighen, wy willet one tho rechte setten. Datum nostro sub sigillo.

Otto dux de Brunswic et Luneborch.

Aufschrift: Viris validis consulibus in Luneborch detur.

(Siegel bis auf die Umschrift abgefallen.)

Orig. d. Arch.

243. Der Ritter Albert Eglemann vermacht dem Hospitale zu S. Nicolai Hof in Bardewik ein halbes Fuder Sülzrente aus dem Sülzhause Untern Berding, ut de redditibus et fructibus hujus dimidii plaustri infirmis horribili morbo percussis aliqua misericordie opera ministrentur und ut per unum annum quodlibet ebdomada una missa pro defunctis pro anima militis Alberti celebretur. Lüneburg, 1301, 29. Juni.

Orig. v. Arch.

244. Ritter Gebhard von dem Berge ertauscht von der Marienkirche für eine Honigrente aus dem Sode der Sülze einen Hof in Haberbeck. 1301, 22. Sept.

Nos Ghevehardus miles et Seghebandus filius meus famulus dicti de Monte tenore presencium literarum publice protestamur, quod ecclesie beate Marie virginis in Luneborg duas mensuras puri et examinati mellis, que vulgariter dicuntur verdel (verder?), de puteo saline in recompensationem curie in Haverbeke, que eidem ecclesie ab antiquo pro lumine lampadis fuerat assignata, ad idem lumen dedimus perpetuo percepturas. Et talis census annalis sine aliquo obstaculo de prefato puteo dabitur in festo nativitatis Virginis gloriose, cujus census proprietatem sepedicte ecclesie conferimus pleno jure, sicut patentes litere illustris principis domini nostri Ottonis ducis de Bruneswich et Luneborg, quos Nicolao de Molendino, procuratori ejusdem jam sepedicte ecclesie, presentavimus, protestantur. Ne igitur factum istud, quod sano consilio admittimus, ab aliquo revocari possit, presentem paginam appensione sigilli nostri ac fratris mei Henrici militis dicti de Monte duximus roborandum. Data anno domini MᵒCCCᵒ primo, in die sanctorum martirum Mauricii et sociorum ejus.

Gebhardi, histor.-geneal. Abhandl. IV, 230.

245. Herzog Otto von Braunschw. und Lüneb. genehmigt, daß der Ritter Huner von Odem Sülzrente verkauft. Winsen, 1301, 16. Oct.

Dei gratia nos Ottho dux de Bruneswich et de Lune-

burch omnibus, quibus presens scriptum fuerit exhibitum,
volumus esse notam, quod Huncrus miles de Odem pau—
pertate coactus unum chorum salis in domo tota Ghe—
minghe —, quem a nobis in feudo castrensi tenuit, vendidit,
videlicet Henrico Rothgeri civi in Hidsakere duo plaustra;
unum vero plaustrum vendidit Leonardo Longo, nostro
civi in Luneburch, quod quidem plaustrum prenotatus Henricus, ut ipsum chorum salis integrum in antedicta domo
haberet, a memorato Leonardo emptione justa et debita
comparavit. Nos vero ad instantiam dilectorum consulum
ac burgensium nostrorum de Luneburch ratam habemus
et habere volumus venditionem predictam, conferentes
omne jus proprietatis, quod nos in eo habere dinoscebamur,
Henrico predicto ac suis veris heredibus perpetuo possidendum, dantes sibi etiam liberam facultatem vendendi,
dandi seu obligandi dictum chorum salis, quemcunque vel
cuicunque sue collibuerit voluntati. Recognoscimus preterea, quod Henricus jam sepius dictus dimidietatem hujus
chori salis vendidit Henrico dicto Vulveke in Danneberghe
nostro civi. Ut autem —. Datum Winsen anno gratie
MᵒCCCᵒIᵒ, in die beati Galli confessoris.

(Die Urkunde ist durch Moder fast vernichtet, vom Siegelbande noch ein
Stück vorhanden.)

Orig. d. Arch.

246. Herzog Otto von Braunschweig und Lüneburg verkauft dem
Bürger Hartwich van der Sülte einen halben Wispel Sülzrente
aus dem Hause Glusinghe für 60 Mark Bremisch. Der Rath bezeugt dies. 1301. 31. Oct. Diesen halben Wispel erkauft ein
Lübecker Domherr für 120 Mark Hamburgisch. 1302, 29. März.

Froerkus, l. c. 391. 394.

247. Die Rathmänner Andreas, Verdeward, Otto Hertwichs,
Siegfried Hoßle (Vestis), Johann Dicke, Diedrich Volkmars, Her-
mann Witte, Volkmar vam Sacke, Hermann vam Sande, Gerbert
Sodmester, Hartwich van der Sülte, Johann Elers erklären, daß
Elisabeth von Alvensleben dem Kloster Isenhagen ein halbes Fuder
Salz aus dem Sülzhause Butsinghe geschenkt hat. 1302, 16. April.

Isenhagener Urk. 68.

248. Verbot des Papstes Bonifacius VIII. in Schuldsachen den
Bann über Städte, Burgen, Dörfer ꝛc. auszusprechen.
Anagni, 1302, 31. Mai.

Bonifacius episcopus servus servorum dei. Ad perpetuam rei memoriam. Provide attendentes, quod vel fre-
quencius quamvis non ex sive causa sive culpa tamen
multorum interdicti sentencie proferuntur, quodque sunt
nonnulli judices minus prompti ad proferendas easdem eciam [5]
in negociis sive causis, que interdum plus ex cupiditatis
quam ex caritatis radice perspicuis judiciis procedere
arguuntur, quodque tempore interdicti divina organa suspen-
duntur et laudes nec ecclesiastica sacramenta ministrantur,
ut solent, tolluntur mortuis seu minuuntur suffragia pre- [10]
sertim per oblacionem frequentem hostie salutaris, adole-
scentes et parvuli participantes rarius sacramenta minus in-
flammantur et solidantur in fide, fidelium tepescit devocio,
hereses pullulant et multiplicantur pericula animarum, presentis constitucionis prohibemus edicto, ut nulla civitas, [15]
castrum, villa, locus, territorium vel districtus auctoritate
ordinaria vel delegata supponantur ecclesiastico interdicto
pro pecuniario debito vel pro cujusvis monete vel pecunie
quantitate quacunque occasione vel causa seu quovis quesito colore pro eo maxime, quod ipsorum domini rectores [20]
seu officiales, quocunque nomine censeantur, aut incole
seu habitatores aut singulares persone ipsorum in statutis
vel in statuendis ordinatis vel ordinandis terminis hujusmodi debitum seu quantitatem non solverunt hactenus aut
in antea non persolvent. Nos enim irritum extunc decer- [25]
nimus et inane, si secus hactenus attemptatum extitit vel
contigerit attemptari, illudque revocamus omnino, non
obstantibus quibuscunque contractibus, pactis, convencionibus,
submissionibus, concessionibus, processibus et sentenciis
super hoc habitis et habendis, juramentorum, penarum [30]
spiritualium et temporalium seu multarum adjectionum vel
quacunque firmitate alia vallatis, nisi talis supposicio interdicti hactenus foret facta vel in antea fieret de apostolice

sedis licencia speciali et expressa per ipsius sedis patentes
35 litteras apparenter. Nulli ergo omnino hominum liceat, hanc
paginam nostre prohibitionis, declaracionis, revocationis infringere vel ei ausu temerario contraire. Si quis autem
hoc attemptare presumpserit, indignacionem omnipotentis
dei et beatorum Petri et Pauli apostolorum ejus se noverit
40 incursurum. Datum Anagnie II. kal. Junii pontificatus
nostri anno octavo.

Cransfumt in einer Pulle vom 13. Nov. 1392. Orig. b. Arch.

248 a. Rechte der Innungen. 1302 ff.

Gracie date ynninghen. **Institores.** Dit is ghegheven
den cremeren to ener gnade, dat, we is borgher to Luneborg unde der cremere inninghe nicht en heft, de en scal
van also denneken dinghen, de men bi hunderde vorkoft,
5 nicht min vorkopen wen sesteyn markpunt, unde van also
denneken, de men bi wight vorkoft, nicht min wen teyn
punt, unde van ballen sardoke nicht min wen vive. Ok
den cram, den scal neman vor sine dore setten uppe sin
leet unde vinster, dese de ynninghe der cremere nicht en
10 heft. — **Cerdones et sutores.** De gerwere, de scollet
drogen ledder to der scomeker behoof also, dat de scomeker droghe ledder bi en vinden to erer behoof. De
scomeker, de mogen ledder geren unde bereden en jewelk
to siner behoof sunderliken vor sik sulves unde en nicht
15 vor den anderen, unde en scomeker en scal dem anderen
nen ledder vorkopen unde ok nemanden buten dem ammete. Unde hir hebbet beyde ammete over wesen unde
dit ghevolbordet. — **Sartores et institores.** De scrodere
de moget kopen siden, kogeler, ceter, sindal, en jewelik to
20 siner behof, unde under sik en scollen se de nicht vorkopen en dem anderen, men den, de mit jum sniden, den
mogen se siden, kogeler, ceter, sindal laten unde vorkopen
to der kleder behoof, und scolled nicht utwegen siden unde
scolled nicht utmeten kogeler, ceter unde siden to kope

men ene halve elen to der kledinge unde kledere behouf,
men to voderen de kledere nicht, wante dat bored den
cremeren to. Spätcrer Zusatz: ok en moghen de schroder
voderdouk unde bartziig nicht vorkopen ut to snydende
by der ellen. — Pellifices et institores. Ok moged de
pilzere kopen wynsteyn ene tunnen edder meer unde delen
den winsteyn under sik, men wod en sulderliken kopet
van winstene, des scal he alene bruken unde scal den
nicht vorkopen unde utwegen enem andern in dem werke,
wante dat utweghent bi punden dat boret den cremeren
to. — Sartores. De schroder unde cremere sund vor
deme rade des verscheden, dat de schrodere moghed
hebben ziiden unde gharne varwed unde unevarwed en
giwelk to sinem behove unde der jener, de mid ym sniden; zardoch, bomwulle unde bendelen scollet se nicht
hebben. — De fabris. Borghere unde gheste, dhe neghele
veyle hebbet, moghed dhe vercopen, wanne se willed, bi
hunderden unde hogher eder mer, over nicht min wanne
bi hunderden. Dhe anderen, dhe slote, bile, sporen unde
andere dingh, dhe van yserne eder van stale maked sund,
in use stad veyle bringhed, dhe moghed darmede to dem
markede staan dre daghe in deme jare. Ok moghed se
dhe dingh alle midwekene up dem markede veyle hebben
unde vercopen. We then heft, dhe magh dat vercopen,
wanne he wel unde weme he wel; ok magh wol then
veyle hebben, welk user borghere wel. — De penesticis.
Dhe borghere, de mid kese unde mid botteren ummegaad,
heft de raad verscheden mid dhen hoken, also hiir na
schreven is. Dhe borghere, de kese unde botteren han-
deled, moghen van older wonheyt des dinghesdaghes,
wanne vespere lud is, verkopen in eren husen entele kese
unde achtendeel botteren eder mer; ok moghed se dhe
verkopen des midwekens, also dat en wonheyt unde recht
is van des markedes weghene, al dhe wile dhe marked
wared; wanne over dhe marked ghesleten is unde malk
in siin hus van dem markede komen is mid sineme guode,
so schal malk id holden mit kesen unde mid botteren,

also men dat plecht to holdende in anderen daghen unde
thiden.

Dith is de reghticheyt der oltboutere to Hamborgh.
65 Neen oldbouter en schal neye zoelen zetten under olt
overledder unde ok neen nyge ledder uppe olde zoelen.
sunder se moeten wol olde schoe lappen unde buoten mid
sternen unde mid weren van eyner rindes hued, unde dat en
scholen se nicht swerten, eer se dat an den schoe ghe-
70 neyget hebben; darna moeten se dat wool swerten.

Zusatz um 1397. Dit is, darmede verscheden sunt de
smede unde de schedemekere. Lemmelen to stekemesten
eder brotmesten, de ut dem brande slipet sin, de motet
dhe schedemekere wol to mesten rede maken, se scollen
75 over nene lemmelen sulven smeden. Nene ortyserne to
brotmesten scollet se maken van drade; andere ortyserne
to brotmesten scollet se sulven nicht maken, mer se motet
se wol copen unde maken se to den scheden. Slipstene
motet se wol hebben to ereme eghenen werke unde to
80 erem behoeve, mer se ne scollet dar nemande uppe slipen
umme lon. Maket se wat in enem olden meste, dar se
umme beden werdet, dat mest mottet se ok wol slipen, is
os eme nod. De schedemekere scollet nene knechte
holden, de smeden konnen. De smede scollet ok nene
85 knechte holden, de bereden konnen, se ne konden en
lemmelen sulven smeden ut dem vore unde konden id
sulven ganzliken bereden. To stekemesten motet se wol
ortyserne unde blade maken.   Donatus burgensium antiquus.

248 b. Einkünfte der Stadt. 1302.

Anno domini M°CCC°II° conscripti sunt per manum
Ludolfi sacerdotis, qui fuit primus rector capelle sancti
Spiritus, proventus et redditus civitatis Luneburg. Quilibet
locus et cista in superiori domo pannicidarum solvit in
5 octava pasche unam marcam den. civitati. Item totidem
de qualibet cista et loco dabitur in octava sancti Mychahelis

de domo inferiore. Item, qui primo intrat domum infe-
riorem ad pannum incidendum, dabit civitati unum talentum
pro inninghe. Item dantur quolibet anno de domo et
hereditate civitatis in Novo foro XXI marcae. Item solvit [10]
domus allecium extra Novum pontem quolibet anno XVI
marc. denar. Item locus holthude dictus VI marc. Item
de qualibet casa, in qua abluitur allec, IV sol. Item XIX
case macellorum solvunt XIX marc. Item domus pisto-
rum apud salinam IV marc. Item in domo Otthonis car- [15]
nificis habet civitas II marc. den. censuales, unam in pascha,
et aliam Mychahelis. Item in area domus apud valvam
de Grimmone I sol. Item solvit domus apud valvam Linden-
berghe XII sol. Item de ortis extra Rufam valvam
primi V orti solvunt ad VI sol. Item alii sex adjacentes ad VIII [20]
sol. Item alii XXXIII cum dimidio ad X sol. Item ultimi V et
remotissimi solvunt III marc. Item jacent extra Novum pontem,
cum itur Lune, ad manum sinistram XXIIII orti cum dimidio et solvunt ad IV sol. Item de areis ortorum Nicolaus Todeke VI denar. Luderus Tolnere VI denar. [25]
Johannes Wibeke VI denar. Redditus IV denar. Nicolaus Dulcis manus II denarios. Johannes Om III
denar. Item Klepelhorn III denar. Item extra Novum
pontem ad dextram manum jacent XXII orti et dimidius
solventes ad III sol. Quicumque emerit aliquem ortorum [30]
predictorum, dabit civitati IV sol. — Hii sunt denarii de
areis. Area Hogeri carnificis solvit VI denar., area Ochten-
husen I sol., area Osterwich II denar., area Ludolfi Her-
wici VI denar., area Hermanni rasoris II denar., area
Denckeri institoris IV denar., area relicte Granarii pedis [35]
aput aquam I sol.　　　　　　　Donatus burgensium antiquus.

249. Die Lübecker Bürger Hermann und Heinrich Hold stiften
mit einem Wispel Salz ihr Jahresgedächniß im Kloster Walsrode
und der Rath stellt darüber ein besonderes Zeugniß aus.
1303, 24. April.

Walsrober Urk. 85 und 86.

250. Bischof Friedrich von Verden bestätigt den dem Beginen-
hause verliehenen Ablaß. Rotenburg, 1303, 10. Oct.

Fredericus dei gracia Verdensis ecclesie episcopus
universis Christi fidelibus presencia visuris seu audituris
salutem in Virginis filio glorioso. Quoniam quidem nos,
qui curam gregis dominici gerimus, de salute fidelium
semper sollicitos esse oportet, hinc est, quod indulgenciam
venerabilium in Christo patrum ac dominorum, domini
Petri Arborensis archiepiscopi, domini Petri Tirasonensis,
domini Romani Crohensis, domini Theobaldi Canensis,
domini Marcellini Turtibulensis et Valdebruni Avellonensis
episcoporum dilectis in Christo filiabus beginis Luneburgensis opidi sive civitatis ad domos novas mansionesque
edificandas, in quibus creatori nostro ejusque pie matri
Marie valeant famulari devocius, traditam ratam, gratam
et acceptam habemus et in hiis scriptis in nomine domini
confirmamus, volentes nichilominus, ut fructus noster etiam
aliquatenus apareat omnibus vere penitentibus et confessis,
qui ad fabricam domorum et mansionum predictarum
manus adjutrices porrexerint seu in extremis laborantes
quicquam facultatum suarum legaverint, quadraginta dies
de injunctis sibi penitentiis misericorditer relaxamus. In
cujus rei testimonium presens scriptum sigilli nostri munimine duximus roborandum. Datum Rodenborg anno domini M°CCC°III, VI° ydus Octobris.

(Siegel des Bischofs Friedrich.)

Orig. d. Arch.

251. Ritter Jordan von Hitzacker verkauft dem h. Geisthospitale
den Königszins im Dorfe Wlelbeck. Graf Nicolaus von Dannenberg schenkt das Lehnrecht. 1303, 18. October.

Nicolaus dei gratia comes de Danneberghe omnibus
hoc scriptum visuris vel audituris in perpetuum salutem
in domino. Notum esse cupimus et presentibus duximus

protestandum, quod Jordanus miles de Hydsakere de consensu plenario et voluntate legitimorum heredum suorum
omnium vendidit domui infirmorum sancti Lamberti in
Luneburch censum duorum wichemtorum[1]) sive quadran-
tium cum dimidio siliginis in villa Melbeke in sex domibus sub advocatia Ludolfi militis de Estorp jacentibus, qui
quolibet anno in festo sancti Martini datur, et appellatur
census regalis, videlicet koninctyns, et quatuor solidos
denariorum Luneburgensium pro VIII denariis de prefatis sex domibus in ascensione domini persolvendos, et
crucepenninghe communiter sunt vocati, qui quidem census
ipsum respicere poterat et eidem vacabat per mortem
Alexandri Curvipedis[2]).   Nos igitur pio moti affectu circa
domum predictam ob conditoris nostri amorem pariterque
instantiam Jordani militis antedicti damus proprietatem
prenotati census, videlicet siliginis et denariorum, eidem
domui sancti Lamberti, volentes, ipsam esse hereditario
perpetuum possessorem.   In cujus donationis nostre firmum et perpetuum testimonium presens scriptum appensione nostri sigilli fecimus roborari.   Nos etiam Jordanus
miles sepius dictus in signum venditionis et resignationis
dicti census meum sigillum apponi jussimus in testimonium
hujus scripti.   Datum Luneburch anno domini M°CCC°III°,
Luce ewangeliste.

(Zerbrochenes Siegel des Grafen.   Die Urkunde selbst durch Moder sehr
beschädigt.)

Orig. i. Arch.

252. Die Bürger Andreas und Nicolaus van der Molen schenken
der Kapelle des h. Geistes (auf dem Markte) 15 Mark.
1304, 21. Jan.

Nos consules civitatis Luneburgh — scire volumus presentes et latere nolumus posteros, quod honesti et discreti
viri Andreas et Nycolaus de Molendino inter nos positus

[1]) Ein Wichimten = 12 Himpten.
[2]) Krumfot.

nostris inclinati precibus necnon inspicientes necessitatem
nostre capelle sancti Spiritus meram, quod ipsius redditus
essent adhuc valde tenues, quindecim marcas Luneburgensium denariorum ipsis per mortem domini Johannis sacerdotis dicti de Riga, cujus erant testamentarii, superstites
pro salute anime prenotati Johannis sacerdotis ad predictam
nostram capellulam donaverunt, quibus XV marcis ab
eodem Nycolao retentis dedit idem Nycolaus et vendidit
pro eisdem quindecim marcis denariorum censum viginti
quatuor solidorum Luneburgensium denariorum per quatuor
terminos anni in domo, curia et area Johannis Longi apud
Aquam accipiendos et ad capellam nostram predictam ad
usus sacerdotis jure hereditario perpetuo pertinendos. Super
quo presens scriptum nostre civitatis sigillo in testimonium
duximus roborandum. Datum Luneburgh anno domini
M°CCC°IIII°, Agnetis virginis.   Orig. b. Arch.

253. Herzog Otto von Braunschweig und Lüneburg gestattet, daß
die Brüder Otto Rone und Friedrich Barboth Sülzrente verkaufen. 1304, 21. Juni.

Nos dei gracia Otto de Brunßwick et de Luneborg
dux presentis testimonio recognoscimus et constare volumus
universis Cristi fidelibus tam presentibus quam futuris, quod
fideles nostri Otto dictus Rone et germanus ipsius Fredericus dictus Barvoth de omnium heredum suorum communi
consilio et assensu de uno choro salis jacente in salina
Luneborg in domo tota Bennynghe —, quem ipsis quondam et fratri ipsorum Ottoni dicto Barvoth sane memorie rite et rationabiliter pro octoginta marcis — jure
vendideramus hereditario, vendiderunt Gherbardo Willeri,
nostro burgensi Luneburgensi, unum plaustrum salis quolibet proveniente flumine ad usum infirmorum domus sancti
Lamberti apud salinam jure hereditario libere perpetuo
pertinendum. Nos itaque predictorum militum inclinati
precibus concedimus infirmis dicte domus sancti Lamberti

et ipsorum procuratoribus, qui fuerint pro tempore, dictum plaustrum salis dandi, vendendi, obligandi aut in quoscunque usus convertendi plenariam facultatem. Ut autem —. Datum Luneborg anno domini millesimo tricentesimo quarto Ciriaci martiris et sociorum ejus. 20

Copialb. d. Arch.

254. Die Wittwe Mygeke von Melbeck vermacht dem h. Geist-hospitale und anderen Stiftungen Sülzrenten. 1304, 27. Aug.

Nos consules civitatis Luneborg — notum esse volumus tam presentibus quam futuris, quod domina Mygeke Johannis de Melbeke relicta emit a Nicolao de Gherdowe et suis heredibus dimidium plaustrum salis cum suis propriis denariis post mortem mariti sui congregatis in salina 5 Luneborg ad quodlibet flumen in domo Epptzynghe. — Post mortem predicte domine Mygheke procuratores domus infirmorum sancti Lamberti — intromittent se de isto dimidio plaustro salis, de quo singulis annis perpetuo in die sancte Juliane virginis et martiris peragi facient anniversarium 10 obitus diem Johannis de Melbeke et domine Mygheken predictorum, et tunc domino plebano in Modestorpe unum solidum, capellanis suis duos solidos inter se dividendos, scholaribus communiter decem et octo denarios, campaniste duos nummos ministrare tenebuntur. Ad Sanctum Cyriacum 15 domino plebano et suis sacerdotibus et duobus vicariis communiter dabunt quatuor solidos, item fratribus Minoribus octo solidos ad coquinam ipsorum, quos vendere non licebit, item ad capellam sancti Spiritus quatuor solidos, de quibus habebit capellarius unum solidum et vicarius 20 Sancti Petri unum solidum. Si fuerint ibi alii presbiteri usque ad quatuor, cuilibet dabuntur sex denarii, dummodo sint diatim chorum ibi frequentantes; si autem ultra quatuor extiterint, tunc duos solidos dividant inter se, sed si minor numerus fuerit, residuum cappellarius et vicarius 25

10 *

equaliter parciantur. Item tunc dabunt infirmis in domo
sancti Lamberti cerevisie duodecim solidatas [1]), sed quid
residuum fuerit de proventibus hujus dimidii plaustri salis,
hoc aliis predicte domus sancti Lamberti usibus applicetur.
30 Super quo nostre civitatis sigillum in testimonium apposuimus huic scripto. Datum Luneborgh anno domini millesimo trecentesimo quarto Ruffi martyris.

Im Copialbuche des h. Geisthospitals steht neben dieser
Urkunde folgende Bemerkung: So men van Myeken Melbeke
35 weghen jarlikes achte schillinge den brodern to unser leven
Vrowen to erer coken gheven unde tokeren schall, schall
man weten, dat men derweghen teyn mark pennige to dem
buwe des ergenannten klosters gheven heſſt, darmede desse
achte schillinge gheldes ewighen schollen uthelosed wesen,
40 na dem de brödere ok neyne renthe unde eghendom myt
alle hebben moten edder schollen. Unde dyt schach pasce
anno domini MCCCCXCII.

Das Copialbuch des sogenannten Kleinen h. Geistes am
Markte meldet neben derselben Urkunde folgendes: Hos qua-
5 tuor solidos volebant tollere vicarii sancti novi Spiritus
(des großen h. Geisthospitals), sed illa capella tempore hujus
ordinationis non fuit instituta; ideo apud sanctum Spiritum
in novo foro (Ochsenmarkt) remanebunt. Et hoc eciam
probari potest per possessionem, quam semper habuimus
10 pacificam; potest etiam probari per vicariam S. Petri, quae
non est in novo Sancto spiritu, nec ibi tunc fuit.

Es geht aus dieser letzten Bemerkung hervor, daß die
älteste h. Geistkapelle die auf dem Markte war und daß das
Hospital zum Großen h. Geiste (ursprünglich stets das Haus
15 S. Lamberti genannt) erst späterhin (also im 14. Jahrhun=
derte) eine besondere h. Geistkapelle (die 1867 abgebrochene
h. Geistkirche) erhielt. Wahrscheinlich wurde damals auch die
Lambertikirche (aber nur als Kapelle) für die Zunft der Sülf=
meister erbaut.

---

1) Solidata ein gewisses Maß von Land, Getreide ⅈc., hier in der un=
gewöhnlichen Bedeutung eines Biermaßes.

255. Der Bürger Johann Roffack in Stralsund giebt sein Recht auf den Zehnten in Westergellerfen auf. 1304, 3. Oct.

Viris prudentibus et honestis dominis consulibus in Luneburch consules de Stralessund honoris et servicii quantum possunt. Johannes Rofsac noster comburgensis dilectus et uxor sua necnon pueri eorum ad nostram vene-runt presentiam recognoscentes publice coram nobis, quod [5] dimiserunt et dimittunt honestum militem dominum Wer-nerum de Medinghe a decima in Westerghelderdessen [1]), quam ab ipso et a manu sua habuerunt, liberum perpetuo et solutum, dantes eidem militi et suis veris heredibus et legitimis liberam facultatem et plenam potestatem faciendi [10] et dimittendi cum eadem decima, quicquid ipsis videbitur utile atque bonum. Hanc recognitionem coram nobis factam rationabiliter presentibus protestamur. Datum sabbato post Remigii anno domini M°CCC° quarto.

(Auf der Rückseite das große Siegel der Stadt Stralsund, aber abgebröckelt.)

Orig. v. Arch.

256. Der Bürger Johann Bertoldi schenkt dem Nicolai Hofe Sülzrente. 1306, 24. Febr.

Nos consules civitatis Luneburgensis — scire volumus presentes et posteros nolumus dubitare, quod Johannes Bertoldi et uxor ejus Bertha divino accensi ardore piaque super afflictionem leprosorum hospitalis sancti Nicolai in Bardewich gestantes viscera, omnium heredum suorum [5] accedente consilio et consensu plenario, donaverunt ad ipsum hospitale dimidium plaustrum salis jure hereditario ad quodlibet flumen in salina Luneburch in domo Seve-ninghe — ad usus sacerdotis, ut ibidem, qui per nos aut nostros successores consules institutus fuerit, residentiam [10] personalem faciat et possit ipsis leprosis divinorum et sacra-mentorum solatia ministrare, ita tamen, quod XIIII modii siliginis et sex marce denariorum Luneburgensium, que

[1]) Westergellerfen, A. Lüneburg.

a retroactis temporibus sacerdoti leprosis celebranti daban-
tur, eidem nullatenus subtrahantur. Quod si contrarium,
quod absit, a quoquam attemptatum fuerit, Johannes Bertoldi et uxor ipsius prenotati aut succedente tempore ipsorum
heredes ad se recipient dictum dimidium plaustrum salis.
Preterea predicti Johannes et Bertha dederunt ex nunc ad
usus sacerdotis ibidem duas vaccas fructiferas, quarum
fetus, postquam ablactati fuerint aut ablactari possint, pre-
sentabuntur magistro curie leprosorum, cum autem unam
quocunque casu intercidente perdiderit, dampnum illud
sustinebit, si secunda mortua fuerit aut ipsam sacerdos
qualitercunque amiserit vel si sterilis facta fuerit, quandocunque vel quotienscunque hoc acciderit, alia bona vacca
lactea de ipsa sacerdoti dabitur curia, ut frequenter habeat
vaccam lac habentem, cujus fetus suis sacerdos non usurpet
usibus, sed post ablactationem magistro curie protinus
representet. Ut autem, que premissa sunt, tam a nobis,
quam a nostris successoribus pro tempore consulibus inviolabiliter observentur, presentem paginam super eo confectam
nostre civitatis sigillo fecimus insigniri. Datum Luneburch
anno domini M°CCC°VI° Mathie apostoli.   Orig. d. Arch.

257. Der Wundarzt und Barbirer (minutor et rasor) Hermann
vermacht seinen Brüdern im Kalande zum Heile seiner Seele und
zur Errichtung eines neuen Altares zehn Mark, welche aus seinem
Hofe und Hause am Meere genommen werden sollen. Lüneburg,
1306, 7. März.

Copialb. d. Kalands.

258. Vergleich der Stadt mit der Familie Kind über Weiderecht.
1306, 17. Mai.

Omnibus hoc scriptum visuris sive audituris in perpetuum Wasmodus, Gherardus et Hinricus fratres dicti
Kint salutem in domino. Recognoscimus presentium testimonio litterarum, quod omnis contentio et litis materia, que

habebatur inter consules et commune civitatis Luneborg ex
parte una, et nos et nostros heredes ex parte altera de
paschuis pecudum, composita est in amicicia totaliter in
hunc modum et sedata: Nos et nostri heredes obtinebimus
agros et campos ab antiquo cultos et seminatos, sicut ipsos
a patre nostro jure hereditario percepimus, quos nos et
nostri homines pro nostro seminabimus commodo et cole-
mus; agri autem nostris temporibus culti et seminati de
novo et campi omnino delebuntur et ad paschua manebunt
communia, sicut prius, preter quod hoc tantum anno fruges
in eis existentes ad nostra et nostrorum hominum horrea
sine aliquo impedimento inferentur. Palus etiam sive lacus,
qui mor dicitur, nunquam seminabitur vel arabitur, sed ad
paschua communia relinquetur. In molendino autem nostro
et nemore sive lignis consules et civitas in nullo nos impe-
dient, sed paschua ipsorum erunt in eodem nemore et
lignis, excepto eo, cum fuerit ubertas et fertilitas glandium
et maturitas, fugient ab ipso nemore cum suis pecudibus
et tunc temporis illa paschua arborum reservabimus nostris
porcis. Ceterum, si in futurum, quod absit, nos vel nostri
heredes novos campos vel agros in locis, ubi paschua predicte civitatis sunt et erunt, arari et seminari faceremus
et super illis contentio fieret, sicut nunc de noviter cultis
facta fuit, quicquid consules iam dicte civitatis tunc temporis suo tam de illis quam de istis juramento obtinere
voluerint, sustinebimus et in hoc erimus nos contenti.
Testes hujus sunt Ghevehardus Scucke senior, Willekinus
de Stadhe, Seghebandus filius Thiderici militis de Monte,
milites; Ottho Magnus et suus frater Ghevehardus, famuli;
Volcmarus de Sacco, Hermannus de Arena, Gerbertus Magistri putei, Albertus Wolberti, burgenses de consilio, qui
istam compositionem statuerunt. Nos igitur quia predictam
compositionis formam gratanter inivimus et eam tam a nobis
quam a nostris heredibus inviolabiliter observari volumus,
nostrum sigillum in evidens testimonium apponi fecimus huic
scripto. Datum Luneburch, anno domini M°CCC°VI°, feria tertia
proxima post festum Corporis Christi.   Orig. d. Arch

259. Verfügung des Bischofs Friedrich von Verden, Parochial-
rechte über Reisende und Juden betreffend. 1306, 8. Juni.

Nos Fredericus dei gratia Verdensis ecclesie episcopus
protestamur presentibus, coram nobis in nostro generali
capitulo sententialiter diffinitum, quod, si qui mansiones
faciant in horreis, granariis sive domibus bracii et per se
in eisdem expensas habeant et dormiant, tales tenentur
plebanis et campanariis de possessionibus debitis, sicut
ceteri commorantes in aliis domibus, respondere. Preterea Judei commorantes in villis, civitatibus seu oppidis
tenentur secundum aliquam taxationem competentem jura,
que possent plebani consequi a Christianis in talibus locis
commorantibus, solvere singulis annis, ad que possint
compelli saltem indirecte ecclesiasticam per censuram.
Datum Verde anno domini M°CCC°VI°, VI° ydus Junii.

(Beschädigtes Siegel des Bischofs.)

Orig. d. Arch.

260. Herzog Otto von Braunschweig und Lüneburg erläßt der
Stadt auf drei Jahr jegliche Steuer und Auflage. 1308, 12. März.

Dei gratia nos Otto dux de Bruneswic et de Lunenburch omnibus, quibus presens scriptum fuerit exhibitum,
volumus esse notum, quod receptis a dilectis nostris burgensibus in Luneburch trecentis marcis puri argenti cum
centum marcis denariorum Hamburgensium ad relaxandum
nostrorum honera debitorum, eisdem talem gratiam duximus
liberaliter concedendam, quod a festo sancti Jacobi nunc
futuro, usque trium annorum revolvatur circulus, ab omni
exactione et petitione ipsos habebimus supportatos. Ad
cautelam pleniorem nostrum sigillum presentibus est appensum. Datum Lunenburch, anno domini M°CCC°VIII° in
die sancti Gregorii confessoris.

(Siegel des Herzogs.)

Orig. d Arch. Sudendorf, l. c. I, 201.

261. Bischof Friedrich von Verden genehmigt, daß der Pfarrer in Modestorf der Stadt den Adenbruch verkauft. 1308, 30. März.

In nomine sancte et individue trinitatis. Fredericus dei gratia Verdensis ecclesie episcopus omnibus hoc scriptum visuris sive audituris salutem in domino sempiternam. Mancipata litterarum custodie negocia solidantur et de sue stabilitatis constancia non recedunt. Noscant igitur presentes et posteri, quod vir honestus Ottho, rector ecclesie in Modesthorpe, utilitatem sue ecclesie et proventuum ejusdem meliorationem . . . . de connivencia et beneplacito viri venerabilis decani et capituli ecclesie nostre nec non Henrici dicti de Boyceneborg, germani et archidiaconi sui, scilicet Otthonis jam dicti, Johanni dicto de Fersen et Hakoni dicto de Sethorpe, oppidanis in Luneborch, et heredibus eorum legitimis quedam virgulta juxta Luneborch volgariter Adenbroc nuncupata ad redditus sue ecclesie jam dicte pertinencia cum omnibus juribus et proprietatibus suis pro sexaginta duabus marcis Hamburgensium denariorum vendidit, possessionem tradidit adhibitis aliis solempnitatibus, que consueverint tam de jure quam de ratione in hujusmodi venditionibus observari, et, ne emptio et venditio prescripte hinc inde contracte impugnationis seu retractationis obstaculo lanientur, presentem litteram nostro, capituli nostri, archidiaconi et rectoris ecclesie memoratorum sigillis munitam duximus antedictis venditoribus in evidens testimonium concedendam. Datum et actum Verde anno domini MᵒCCCᵒVIIIᵒ, tertio kal. April.

(Wohlerhaltenes Siegel des Bischofs, des Domkapitels und des Archibiaconus; das des Pfarrers ist abgerissen.)

Orig. d. Arch.

261 a. Bischof Friedrich von Verden bestätigt die Stiftung des vormaligen Pfarrers Johannes in Hachede (Marschacht, A. Lüneburg), welcher der Pfarre daselbst und der Kapelle in Drenhusen (Drennhausen, A. Winsen a. L.) zwei Fuder Salz mit Bewilligung des Propstes in Bardewik Johannes von Alethen und des

Pfarrers Friedrich an genannter Kirche zur Feier von Messen an bestimmten Tagen geschenkt und dabei verordnet hat, daß, im Falle jene Feier nicht beobachtet werde, der Rath der Stadt die bemerkten Sülzrenten zu frommen Zwecken verwenden soll. 1308, 20. Mai.

(Siegel des Bischofs, des Kapitels und des Propstes in Barbewik.)

Orig. v. Arch.

262. Der Bürger Bertold vam Rype verkauft dem h. Geisthospitale in Lübeck einen halben Wispel Sülzrente aus dem Hause Reddern Dernzinge. 1309, 4. Jan.

Lübeck. Urk. II, n. 239.

263. Berta, die Wittwe Lüdingers vom Sande schenkt der Ka- landsbrüderschaft für das Seelenheil des weil. Mönchs Heinrich Cran im Kloster Reinefeld und ihrer Vorfahren eine Mark Sülzrente aus dem Hause Hineste. 1309, 24. Jan.

Orig. v. Arch.

264. Der Küster des h. Geisthospitals verschreibt dem Hospitale Sülzrente und bedingt sich eine Präbende in dem Hospitale aus. 1309, 18. October.

Nos consules civitatis Luneburch Nicolaus de Molen- dino, Gerbertus Magistri putei, Albertus Wolberti, Herman- nus Albus, Sifridus Hoyke, Albertus Hollo junior, Her- mannus de Arena, Hinricus de Lubeke, Johannes Weddissen, Henricus de Parchem, Georgius Swicker, Johannes Abben- borch scire volumus posteros et presentes, quod Johannes dictus Scrangeman, procurator domus infirmorum sancti Lamberti nostre civitatis, de nostro consilio et jussu ven- didit et assignavit Conrado custodi nostre parrochie dimi- dium plaustrum salis in salina Luneborch in bonis dictorum infirmorum ad tempora vite sue possidendum et tollendum, pro quo idem Conradus dicte domui dedit et resignavit unum rump salis in eadem salina quolibet flumine in

domo Ulinge – jure hereditario libere possidendum. Preterea dictus Johannes de nostra ratihabitione vendidit ₁₅
eidem Conrado de bonis dictorum infirmorum duas marcas
denariorum Luneburgensium annuatim jure censuali, quarum una dabitur in pascha et alia Mychahelis, pro XXII
marcis Luneburgensium denariorum tollendas vite sue
temporibus, hoc adjecto et firmiter observato, quod, si ne- ₂₀
cessitate cogente ipse Conradus prebendam dicte domus
desideraverit et postulaverit, illa sibi dabitur, sicut aliis
personis solet dari in ipsa domo manentibus, et granarium
in curia adhuc habebit pro suo commodo et habitaculo;
sed tunc dicte due marce sibi subtrahentur penitus et ₂₅
tantum dimidium plaustrum salis cum prebenda et granario,
quoad vixerit, obtinebit. In omnium horum condignam
memoriam et evidens testimonium presentem litteram super
hiis confectam nostre civitatis sigillo placuit roborari.
Datum Luneborch anno domini MᵒCCCᵒ nono, Luce ewan- ₃₀
geliste.   Orig. d. Arch.

264 a. Das Kapitel der Ratzeburger Kirche berichtet dem Bischofe
und Kapitel in Verden über die Befugnisse der Minoriten (1309)¹).

Reverendo in Christo domino Fr. episcopo, G. decano
totique capitulo ecclesie Verdensis, viris honorabilibus, Joh.
dei gracia prepositus ac Johannes prior totumque capitulum ecclesie Raceburgensis oraciones in Christo. Evi-
dencia vestra scripta in hec verba recepimus, ut ob vestri ₅
rogatus nostris patentibus litteris illatas consuetudines fratrum Minorum in nostra juridicione, puta in confessionibus
audiendis sepulturisque adhibendis ac habitaculis decum-
bencium frequentandis et in aliis, prout usurparent, quod
ipsis fuerit alienum, vobis scriberemus attente. Unde sane ₁₀
vobis duximus declarare, quatenus nulla auctoritas sive

¹) Diese Urf. ist nach der gewiß nicht fehltreffenden Vermuthung des
Herrn Archivars Wigger in Schwerin nach dem Tode des Bischofs
Hermann von Blücher († 1309, 8. Febr.) und ver dem Regierungs-
antritte seines Nachfolgers ausgestellt.

consuetudo aliena ipsorum fratrum predictorum nobis
cognita fuerit, nisi quam a venerabili domino nostro episcopo suis mediantibus rogatibus poterint adipisci.

**265. Graf Nicolaus von Dannenberg schenkt dem h. Geisthospitale
bei der Sülze das Eigenthum über Rockenzins in Melbeck.
1310, 12. April.**

Nicolaus dei gratia comes de Danneberge universis
Christi fidelibus presens scriptum visuris sive audituris
salutem in domino. Tenore presencium recognoscimus
litterarum publice protestando, quod nos domui infirmorum sancti Spiritus et sancti Lamberti in Luneburch contulimus et in hiis scriptis conferimus proprietatem dimidii
quadrantis siliginis in villa Melbeke, quem quidem quadrantem dimidium siliginis dicta domus infirmorum a Ludolfo dicto de Estorpe milite justo sibi emptionis titulo
comparavit. Testes hujus nostre donationis sunt Johannes
de Bodendike, predictus Ludolfus de Estorpe et Conradus
frater suus, milites, Albertus Wolberti, burgensis in Luneborch, et alii quam plures fide digni, et ad majorem cautelam presentem paginam super eo confectam nostro
sigillo in evidens testimonium fecimus roborari. Datum
Luneborch anno domini M°CCC° decimo, in die palmarum.

**266. Der Bürger Albert Holle der Jüngere schenkt seiner im
Kloster Walsrode befindlichen Tochter Gherburgis zur Verbesserung
ihrer Präbende und nach seinem und ihrem Tode dem genannten
Kloster zwei Mark Sülzrente. 1310, 10. Mai.**

267. Der Bischof Friedrich von Verden ertheilt zu Gunsten der Kalandsbrüderschaft Ablaß. 1310, 6. Juli.

Fredericus dei gratia Verdensis ecclesie episcopus universis Christi fidelibus presentia visuris sive audituris salutem et sinceram in domino karitatem. Cupientes, ut divinum officium, quod sollempniter celebratur per kalendas congregationis sacerdotum seu fratrum sancti Spiritus in Luneborch, frequentatione populi devote veneretur, omnibus vere penitentibus, contritis et confessis, qui eorum sollempnitatibus seu congregationi, quotienscumque eas celebrari contigerit, interfuerint, quadraginta dies indulgentie de injunctis sibi penitentiis in domino misericorditer relaxamus. Datum Luneborch anno domini M°CCC° decimo, in octava sanctorum Petri et Pauli apostolorum.

(Siegel des Bischofs.)

Orig. i. Arch.

268. Bulle des Papstes Clemens V. gegen die Uebertreter kirchlicher Zucht. 1310, 21. März.

Clemens episcopus servus servorum dei ad perpetuam rei memoriam. Ex frequentibus prelatorum querelis accepimus et nos ipsi experientia certa probavimus in minoribus constitutis, quod plerique religiosi nunc patenter excusationibus fucatis et frivolis innitentes nunc latenter ecclesiarum suarum januis perforatis ac in eis factis fenestris seu modis aliis exquisitis non absque dampno cathedralium et parrochialium ecclesiarum et scandalo plurimorum disrumpendo nervum ecclesiastice discipline civitatum, terrarum et aliorum locorum generalia interdicta presumptione damnabili violare presumunt. Nos igitur in sancta dei ecclesia, cui disponente domino presidemus, que quidem unica est et unum deum predicat atque colit, unam fidem credit firmiter et simpliciter confitetur uniformitatem, quantum commode possumus, conservare volentes circa interdictorum observantiam predic-

torum auctoritate sedis apostolice vel a locorum ordinariis
positorum de fratrum nostrorum consilio districte preci-
piendo mandamus, quatenus religiosi quicunque tam exempti
quam non exempti, cujuscunque ordinis et conditionis existant,
cum cathedralem vel matricem loci ecclesiam illa viderint aut
sciverint observare, non obstantibus quibusvis appellationibus
antea eciam ad eandem sedem vel alium seu alios interjectis
et aliis objectionibus quibuscunque, absque dolo et fraude
cum moderamine tamen decretalis alma inviolabiliter ea
servent, alioquin non servantes excommunicationis sentencie
hoc ipso volumus subjacere, quod et in interdictis et in
cessationibus a divinis in dictis per provincialium conci-
liorum statuta vel ipsorum auctoritate, cum majus sit pro-
vinciale concilium, quam singulares prelati provincie ac
judicium integrum, quod plurimorum sentenciis comproba-
batur, volumus observari; in cessacionibus vero generalibus
a divinis civitatum, terrarum et aliorum locorum, quas
aliquando ex consuetudine vel alias capitula, collegia vel
conventus secularium aut regularium ecclesiarum sibi ven-
dicant, quia hoc unico lumine ad repellendas injurias eis
factas ipsos privare nolumus nec debemus, idem intelligi-
mus observandum. Ipsi vero sint diligenter attenti, ut
statuta Romanorum pontificum predecessorum nostrorum
super hiis edita inviolabiliter servent. Porro sanctionem
hanc eciam ad pendencia . . . . himus non obstantibus privilegiis eis concessis, conventionibus et statutis ac consuetudinibus quibuscunque . . . . contra premissa seu aliquod
premissorum religiosis ipsis in nullo volumus suffragari.
Nulli autem hominum (es folgt die gewöhnliche Schlußformel).
Datum Avinione XII. kal. Aprilis pontificatus nostri anno
quinto. Transsumt in der Originalurkunde des Archivs von 1310, 1. August.

269. Der Rathmann Jakob Niebur verkauft dem h. Geisthospitale
in Lübeck einen halben Wispel Sülzrente aus dem Haufe Geminge.
1310, 14. Sept.

Lübecker Urk. II. n. 271.

270. Vergleich des Minoritenklosters mit dem Pfarrer in
Modestorp. 1310, 30. Oct.

Anno domini M°CCC°X°, feria sexta ante festum omnium sanctorum, termino continuato usque in secundam
feriam subsequentem comparentibus et ad judicium redeuntibus coram nobis magistro Heydenrico scolastico ecclesie
Magdeburgensis, judice a sede apostolica subdelegato, fratribus Minoribus civitatis Luneburgensis ex una, et Hinrico
procuratore plebani ecclesie sancti Johannis in Modestorp
parte ex altera, partes fuimus ad concordiam exhortati,
unde de consensu partium ob spem concordie, quam speramus intervenire posse super nunc concordatis, impresenti
terminum prorogamus usque in feriam secundam dominice,
qua cantatur Quasimodogeniti, proxime subsequentem,
quem terminum ad judicium partibus redeuntibus concordia
non interveniente dictis partibus assignamus partium in
omnibus jure salvo. Datum et actum anno domini
M°CCC°X°, anno et die predictis in Magdeburg.

(Sehr verletztes Siegel des Minoritenklosters.)

Orig. d. Arch.

271. Bischof Friedrich von Verden verlegt das Kirchweihfest
der Johanniskirche. 24. Aug. ¹).

Nos Fredericus dei gratia Verdensis ecclesie episcopus
recognoscimus . . . . . . presencium publice protestantes,
quod dedicationis officium peractum in ecclesia beati Johannis in Modestorpe in die decollationis transtulimus in
diem dominicam proximum peragendum in hiis scriptis,
dedicationis vero altarium sequenti die dominica post festum patronorum suorum similiter peragantur. In cujus
nostre translacionis testimonium presens scriptum sigilli

---

¹) Die Regierungszeit des Bischofs fällt in die Zeit von 1300 bis
9. Jan. 1312; obige Urkunde muß also spätestens 1311 ausgestellt fein.

nostri munimine duximus muniendum. Datum Luneborg
¹⁰ in die beati Bartolomei.

(Siegel des Bischofs sehr beschädigt.)

Orig. i. Arch.

272. Johann Berewinkel verkauft Sülzrente (Lehngut). 1312, in der Osterwoche (26. März — 2. April).

Nos Drothlevus miles, Drothlevus et Lippoldus filii
ejus, famuli, Gherardus et Lippoldus milites, filii Lippoldi
militis felicis recordationis, Gherardus miles et Dethardus
famulus, filii Dethardi militis pie memorie, Dethardus,
⁵ Echardus, Johannes et Drothlevus famuli, pueri Johannis
militis, dicti de Dore, tenore presentium recognoscimus
litterarum et publice protestamur, quod Johannes dictus
Berewinkele vendidit nostro de consilio et ex omnium legitimorum heredum suorum consensu Frederico de Lubber-
¹⁰ stede et suis heredibus duas marcas denariorum Luneb.
annuatim censuales, quas a nobis in feudo tenuit in salina
Luneborch in domo Mettinge in sartagine, que dicitur
wechpanne, jacente ad manum dextram, cum itur in ipsam
domum, jure hereditario possidendas et ad faciendum et
¹⁵ dimittendum, quicquid sibi et suis heredibus placet et ex-
pedit cum eisdem. Predictarum igitur marcarum proprietatem donavimus et in hiis scriptis confirmamus ipsi Frederico et suis heredibus abrenunciantes omni juri, quod
habuimus in eisdem, in premissorum noticiam et evidens
²⁰ testimonium nostra sigilla presentibus apponentes. Datum
Luneborch anno domini M°CCC°XII°, in ebdomada paschali.

(Sechs wohlerhaltene Siegel der von Doren mit dem Mühlrade.)

Orig. i. Arch.

273. Der Bürger Gottfried in Verden stiftet eine Vicarie in der S. Nicolaikapelle. 1312, 8. Oct.

Honorabilibus viris et discretis advocato et consulibus
civitatis Luneburgensis consules civitatis Verdensis ad

quevis beneplacita se paratos vestre discretioni patefacimus
protestando, quod Ghotfridus conburgensis noster cum consensu suorum legitimorum heredum omnium dedit dimidium chorum salis, quem a vobis comparavit, in domo
Kempinghe in sartagine, que dicitur wechpanne, jacente ad
manum dextram, cum itur in prenotatam domum, ad perpetuam vicariam fundandam in honorem sancte Anne in
capella sancti Nicholai perpetue possidendum, quem dimidium chorum salis coram multis honestis viris tam clericis
quam laicis domino Heynrico presbytero de Bucken contulit et libere resignavit. In cujus fundationis et collationis
testimonium sigillum nostre civitatis presentibus est appensum. Datum Verde anno domini M°CCC°XII°, dominica
post octavam beati Michahelis.

(Siegel der Stadt Werben; im Thore der Stadtmauer eine Bischofsgestalt,
an jeder Seite des mittleren Thurmes ein Vogel.)

Orig. d. Arch.

274. Der Propst Christian in Medingen stiftet mit einem halben
Wispel Sülzrente aus dem Hause Wolderhinge, den er von den
Knappen Odem und Segeband von Odem erkauft hat, in der
Kirche in Modestorpe am Katharinenaltare seine und des weil.
Decans der Verdener Kirche Gerhards, seines Vaters Heinrichs
und seiner Mutter Eylburgis Gedächtnißfeier. Lüneburg,
1312, 9. Octbr.

Copialb. d. Arch.

275. Herzog Ottos von Braunschweig und Lüneburg Verordnung
über das Himtenmaß. 1312, 15. Dec.

Nos Otto dei gracia dux de Luneborg et de Bruneswic omnibus, quibus presens scriptum exhibitum fuerit,
recognoscimus, quod consules civitatis nostre Luneborg de
favore nostro obtinebunt universaliter mensuras modiorum
eodem modo, quo in presenti existunt, excepta sola illa,
que brasio deservit. Hujus mutacionem volumus in hunc
modum, quod modius ille scilicet brasii postposita linea

mensurali, quamdiu aliquid capere potest, impleatur, quod
in vulgo dicitur hupen, sicut antiquitus parentum nostrorum temporibus fuisse recolimus. In cuius rei testimonium
evidens nostrum sigillum presentibus est appensum. Datum
anno domini MᵒCCCᵒXIIᵒ, feria sexta post Lucie virginis
gloriose. **Copialb. d. Arch. Sabendorf, l. c. I, 226.**

276. Der ältere Knappe Eberhard von Odeme verkauft dem Vicar
der Kirche Cyriaci Christian von Bolterfen ein Grundstück (gart-
hus) vor dem Lindenberger Thore für neun Mark Lüneb. Münze.
Lüneburg, 1313, 14. Aug.

Urk. des Kl. S. Mich. 226.

277. Herzog Otto von Braunschweig und Lüneburg schenkt das
Eigenthum eines Hofes dem Kloster Michaelis. 1313, 5. Nov. ¹)

Otto dei gratia dux de Brunswich et Luneborg —.
Serie presentium cupimus esse notum, quod nos ob in-
stantias precum fidelis militis nostri Eberhardi dicti de
Odem proprietatem curie ejusdem, quam sitam habuit apud
quendam locum, qui sültwiske ²) vulgariter nuncupatur,
monasterio sancti Michaelis sito in castro nostro Luneborg
libere donavimus perpetue possidendum et hoc omni jure,
quo presens prefatus miles prenominatam curiam possi-
debat, integraliter observato. Volumus etiam et mandamus,
ne quis de cetero in prefatam curiam seu super inhabitatores
manus audeat ingerere violentas —. Datum Luneborg
anno domini MᵒCCCᵒXIIIᵒ, nonas Novembris.

Alte Abschrift.

278. Der Ritter Werner von Meding verkauft Sülzrente.
1314, 23. März.

Nos Wernerus junior miles dictus de Medinge tenore

---
¹) Diese Urk. findet sich im Hodenberg. Urkundenbuche nicht.
²) Die Wiese hinter der Sülze.

presencium recognoscimus publice protestantes, quod unanimi consilio et consensu omnium legitimorum heredum
nostrorum vendidimus honesto viro Nicolao dicto Kint et
suis justis heredibus censum duorum solidorum et octo
denariorum Luneb. monetae annuatim in salina Luneb.
in dominiis suis duarum sartaginum in domo Bovinge — jure
hereditario perpetualiter possidendum. Super quo fratris
nostri Werneri de Medinge militis sigillum una nostro cum
sigillo presentibus in evidens duximus apponendum. Datum
Luneb. anno domini MoCCCoXIIIIo, sabbato Sitientes.

(Das Siegel des älteren Werner ist das noch gebräuchliche der von Meding'schen Familie, das des jüngeren führt im Schildeshaupte einen schreitenden Löwen, in der unteren Hälfte drei horizontale Balken, zwischen denen
in zwei Reihen die Eisenhüte der Familie Kind.)

Orig. d. Arch.

279. Bischof Nicolaus von Verden bestätigt den von fünf fremd-
ländischen Bischöfen dem Convente der Beginen zur Förderung
ihres Hausbaues gegebenen Ablaß und fügt den seinigen hinzu.
Lüneburg, 1314, 17. Sept.

Orig. d. Arch.

280. Die Rathmänner Gerbert Sodmester, Albert van der Molen,
Albert Hollo, Volkmar vom Sacke, Heinrich von Lübeck, Nikolaus
Schilsten, Johann Weddessen, Heinrich van Parchem, Johann
Abbenborg, Hermann mit der Wege (cum cuna), Heinrich Biskule,
Hermann Hoth erklären, daß das Kloster Isenhagen dem weil.
Johann Bertoldi und dessen Gattin Berta einen Wispel Sülz-
rente aus dem Hause Everinge verkauft hat und daß die Käufer
diese Rente ihrem Sohne, dem Domherrn Nicolaus in Bardewik,
überlassen haben. 1315, 10. April.

Isenhagener Urk. 55.

281. Der Knappe Albert Dyse schenkt dem Pfarrer in Modestorpe
Hofzins aus dem Dorfe Glüsing. 1315, 13. April.

Noverint hec videntes, quod ego Albertus famulus

11*

dictus Dyse omnibus heredibus meis bona permittentibus
et consentientibus voluntate pro salute anime mee et omnium progenitorum nec non et pro saluto anime dulcis
uxoris mee Odilie felicis recordationis contuli redditus
decem solidorum annuatim in una curia mea in villa
Glusinge[1]), qui dantur in ebdomada sancti Michahelis ad
perpetuam memoriam per dominum plebanum sancti Johannis
in Modestorpe, qui fuerit pro tempore, administrandam,
de quibus quidem decem solidis idem plebanus habebit
duos solidos in anniversario uxoris mee predicte occur-
rente feria tercia post diem palmarum, et meo, qui eodem
die post mortem meam pariter peragetur, capellani sui
communiter duos solidos, scolares decem denarios, cam-
panista duos nummos, vicarius altaris sancti Jacobi duos
solidos pro missis defunctorum successive decantandis,
rector ecclesie sancti Ciriaci in antiqua civitate unum solidum,
capellani sui sive capellanus unum solidum, quilibet trium
vicariorum ibidem tres nummos et custos tantum. In preno-
minata siquidem curia plebanus sancti Johannis predictus, qui
fuerit pro tempore, nihil aliud juris omnino debet habere,
sed si isti decem solidi suis non darentur justis temporibus, prout predicitur, quod potest licite ab inhabitatore
ipsius curie tollere pignora pro eisdem. In cujus donationis
noticiam et evidens testimonium meum sigillum una cum
sigillis domini Gotfridi de Odem, domini Seghebandi de
Wittorpe, militum, Henrici dicti Grevingh, famuli, duxi
presentibus apponendum. Datum Luneb. anno domini
M•CCC•XV°, dominica Jubilate.

(Drei ziemlich gut erhaltene Siegel; vom vierten sind nur die Pergament-
streifen übrig.)

Orig. d. Arch.

282. Das Kloster Distorf verkauft dem Kloster Neukloster bei
Wismar Sülzrente. 1315, 25. Juli.

Honestis viris et discretis consulibus civitatis Luneborg

[1]) im Amt Lüneburg.

Johannes dei gratia prepositus, Conegundis priorissa totusque conventus sanctimonialium monasterii Distorpe cum
sincero affectu orationes in Christo salutares. Tenore
presentium recognoscimus et testamur, quod nos unanimi ·
consilio et consensu vendidimus honorabili viro domino
Alberto preposito et conventui sanctimonialium Novi Claustri
siti juxta civitatem Wismariensem unum chorum salis
quolibet flumine in salina Luneborg in domo Enninge —.
Rogamus igitur honestatem vestram, quatenus super hoc ··
contractu vestram testimonialem litteram sub sigillo vestre
civitatis eidem domino preposito et suo conventui conferatis.
Datum Distorp anno domini M°CCC°XV°, Jacobi apostoli.

(Siegel des Convents und des Propstes des Klosters Distorf wohl erhalten.)

Orig. b. Arch.

283. Herzog Otto von Braunschweig und Lüneburg erlaubt
Lübedischen Bürgern, dem Kloster Scharnebed Sülzrente abzutreten.
Winsen, 1315, 10. Aug.

Dei gratia Otto dux de Brunsvic et de Luneburg omnibus Christi fidelibus, ad quos presens scriptum pervenerit,
salutem in domino sempiternam. Recognoscimus tenore
presentium protestantes, nos olim, videlicet anno domini
M°CC°XC°, in die Agathe virginis, vendidisse Henrico Holt, ·
civi Lubecensi, ejusque fratribus Hermanno, Johanni et
Holtoni ac veris heredibus eorundem unum chorum salis
in salina Luneborg quolibet flumine tollendum in tota domo,
que dicitur Superior Cluvinghen, jure hereditario perpetuo
possidendum. Dicti vero cives Lubecenses de consensu ··
nostro ac dilecte uxoris nostre domine Mechtildis illustris,
Ottonis filii nostri omniumque legitimorum heredum nostrorum vendiderunt dictum chorum abbati et conventui monasterii in Schermbeke jure proprietario possidendum. Nos
igitur predictis abbati et conventui, quorum se nobis devotio ··
reddit gratos, concedimus liberam facultatem vendendi,
permutandi chorum predictum, seu faciendi de eo, quicquid eis visum fuerit expedire. Quapropter —. Datum

Winsen anno domini M⁰CCC⁰XV⁰, in die sancti Laurentii
martyris.

Copiaib. b. AL Scharnbedi.

284. Der Bürger Gerbert vom Neuen Lande verkauft Haus, Hof und Word. Lüneburg, 1315, 9. Oct,

Nos consules civitatis Luneborch —. Gerbertus dictus de
Nova terra¹), noster comburgensis, de omnium legitimorum heredum suorum consilio et consensu vendidit domine Alheydi,
relicte quondam Henrici Rufi, domum suam, curiam et aream
sitam apud ecclesiam sancti Johannis baptiste nostri patroni in
hunc modum. Dicta domina Alheydis istam emit hereditatem
cum quadam elemosina sibi commissa, qua perfrui poterat ea
vivente, quam elemosinam videlicet XXVII marcarum Luneborgensium denariorum legavit fratribus Predicatoribus in
Hamburg post mortem suam, ita quod consules nostre civitatis,
qui fuerint pro tempore, ipsa mortua se intromittere debent
de ista hereditate et vendere et dictis fratribus dare XXVII
marcas, si tantum potest solvere illa hereditas; si minus
solvit, ipsi fratres illud dampnum sustinebunt, si plus, cum
superfluo dicta domina faciet, quicquid sue placuerit voluntati, et dicti fratres in illa hereditate amplius habebunt
penitus nichil juris. Super quo nostre civitatis sigillum
presentibus in evidens testimonium duximus apponendum.
Datum Luneborg anno domini M⁰CCC⁰XV⁰, Dyonisii et
sociorum ejus martyrum.

Orig. b. Arch.

285. Bischof Nicolaus von Verden bestätigt einen neu gestifteten Altar in der Johanniskirche. 1316, 15. Juli.

In nomine domini amen. Universis Christi fidelibus

---

¹) Die Gegend hinter der Johanniskirche und an der Wandfärberstraße
hieß dat nie land. Das bezeichnete Haus ist wahrscheinlich das Neben-
gebäude der Realschule an der Papenstraße, nachmals den Pauliner
(Peweler) Mönchen gehörend.

presentem litteram visuris sive audituris Nycholaus dei gratia · Verdensis ecclesie episcopus salutem in domino sempiternam. — Noscat igitur presens etas et futura posteritas, quod dilectorum in Christo fratrum Kalendarum sancti Spiritus oppidi Luneborgh devotioni et dotationi altaris per nos in ecclesia beati Johannis in Modestorp dicti oppidi in honore beatorum apostolorum et beate Aldegundis· virginis consecrati nostrum adbibere de venerabilium virorum prepositi et capituli ecclesie nostre predicte· decanatu vacante beneplacito curavimus, adhibere consensum, ipsam auctoritate presulari confirmantes in nomine domini sub hac forma —. Datum anno domini MCCCXVI, in festo divisionis apostolorum.

(Siegel des Bischofs, Domkapitels und Archidiaconus.)

Orig. d. Arch.

286. Die Brüder Otto, Werner und Gebhard Grote verkaufen Sülzrente. Lüneburg, 1317, 21. Jan.

Nos Ottho et Wernerus, milites, Ghevehardus famulus, fratres dicti Magni, recognoscimus presentibus et testamur, quod nos — vendidimus Conrado dicto Brotvos — unum plaustrum salis — in salina Luneb. in domo Berdinge — pro septuaginta marcis Hamburg. denariorum —. Quod si ipsum plaustrum salis pro hujusmodi denariorum summa non reemerimus a festo nativitatis domini nunc preterito hinc inde in spacio trium annorum, ex tunc et ex nunc dictus Conradus — dictum plaustrum jure hereditario possidebit. Super quo nostrum sigillum una cum sigillis domini Seghebandi de Wittorpe et domini Godefridi de Odem, militum, presentibus duximus — apponendum. Datum Luneb. anno domini MᵒCCCᵒXVIIᵒ, Agnetis virg. et mart.

(Die Siegel Otto Grote's, Segebands von Wittorpe und Gottfrieds von Odem wohl erhalten.)

Orig. d. Arch.

287. Gertrud Pravest (dicta Prepositi) vermacht dem Hospitale S. Lamberti eine Mark Zins aus dem Hause, Hofe und Wurde

des Bürgers Heinrich Ballup, von der jährlich am Frohnleichnams-
feste jedem Prövener eine Semmel und ein Krug Bier gereicht
werden soll. Lüneburg 1317, 14. Febr.

Copialb. d. Arch.

288. Das Kloster Medingen verkauft dem Kloster Lüne ein Haus
in der Stadt. 1318, 3. Febr.

In nomine domini amen. Fidelibus Christi universis
presentia visuris seu audituris nos Cristianus divina favente
gratia prepositus, domina Imma priorissa totusque conventus ancillarum Christi in Medynghe salutem fructuosam
et sempiternam in deo caritatem. — Nos benevola voluntate et unanimi tocius nostri conventus consensu curiam
nostram, quam habuimus de domino Ludolfo de Bernowe
in civitate Luneborch sitam juxta curiam nostre ecclesie
antiquitus habitam et quiete possessam, vendidimus domino
Gerlaco preposito, domine Elyzabeth priorisse totique
conventui ancillarum Christi in Lune liberam cum omni
jure, quo nos ipsam absque qualibet contradictione possedimus, pro ducentis et quinquaginta marcis denariorum
Hamburgensium perpetuis temporibus possidendam, attamen
spacium, quod de predicta curia sepivimus, ad curiam obtinebimus nostram. Ut igitur hec rationabilis et volun-
taria venditio a nostris nequeat calumpniari successoribus,
presens scriptum fecimus sigillorum nostrorum appensionibus roborari. Testes sunt venerab. viri dominus Thomas
et dominus Ludolphus abbates monasteriorum Luneburch
et Ullessen, dominus Nycolaus prepositus in Ebbekestorpe,
Godfridus de Odem, Seghebandus de Wythorpe, milites, et
quam plures alii fide digni. Datum anno dominice incarnationis MoCCCoXVIIIo, in die sancti Blasii martiris atque
pontificis.

(Siegel des Propstes und Convents.)

Orig. d. Arch.

289. Rentebrief des Nicolai Hofes in Bardewik. 1318, 2. Apr.

Universis Christi fidelibus presentem paginam inspecturis et audituris nos consules opidi Winsen, videlicet
Godeke Longus, Hinricus dictus Bitenossen, Johannes dictus
Kroger, salutem in eo, qui est omnium salus. Constitutus
coram nobis Ludolfus Wigershop, noster civis dilectus, ₅
publice recognovit, se recepisse VIII denarios de domo
hospitalis sancti Nicolai in Bardewic super hereditatem
suam sitam in Winsen, de quibus dabit dictae domui VIII
solidos quolibet anno in festo nativitatis domini, quamdiu
summam predictam solvere tenetur, ipsam pecuniam s. ₁₀
VIII prosolutas (sic) erit hereditas libera quolibet impedimento. — Data anno domini MᵒCCCᵒXVIIIᵒ, in dominica
Letare.

(Siegel der Stadt Winsen: ein aufgerichteter Löwe in einem mit Dreiecken
besäeten Felde, mit der Umschrift: S. consulum in Winhusen.)

Orig. i. Arch.

290. Der Bürger Marquard Slepegrelle schenkt zu seinem und
seines Enkels (oder Neffen) Werners Seelenheile ein halbes Fuder
Sülzrente aus dem Hause Honovere und bestimmt, daß nach seinem
Tode der genannte Werner auf Lebenszeit den Betrag des Fuders
Salzes genießen solle, wenn er nicht erwiesenermaßen ein Spieler,
Säufer oder Verschwender (aut similibus criminibus irretitus) sei.
Lüneburg, 1—7. Juni 1318.

Orig. i. Arch.

291. Die Brüder Gebhard und Heinrich von dem Berge erklären
sich bereit, die ihnen vom Herzoge Otto von Braunschweig und
Lüneburg als Lehn verliehenen Sülzrenten, drittehalb Wispel in
den Häusern Volcquardinge, Mettinge und Ekbertinge, die von
ihnen veräußert worden, bis zu Weihnachten dieses Jahres zurückzukaufen, und verpflichten sich, wenn der Rückkauf nicht vollzogen
wird, mit ihren sieben Bürgen zum Einlager in der Stadt.
Lüneburg, 1319, 18. Febr. Dieselbe Verpflichtung übernimmt
Segeband von dem Berge, der vom Herzoge Otto zwei Fuder

Sülzrente als Burglehn besitzt und solche für 200 Mark verkauft hat (1321, 14. Mai), trägt aber für diese Rente den Herzogen Otto und Wilhelm drei Höfe in Jastorf als Lehn auf. 1324, 25. Febr.

Sudendorf, l. c. I, 308. 351. 388.

292. Johann Rosencamp und seine Frau Sophia schenken dem Hospitale S. Lamberti Haus, Hof und Word neben der Badstube am Graben[1]), wofür ihnen vom Hospitale jährlich ein Pfund[2]) Lüneburger Münze zugesichert wird. Lüneburg, 1319, 1. April.

Copialb. d. Arch.

293. Das Domkapitel in Bardewik verzichtet auf einen Wispel Rocken, den es von dem herzoglichen Zehnten in Winsen bezieht, und erhält dafür einen Wispel Rocken aus der herzoglichen Mühle (späterhin Rathsmühle) in Lüneburg. Bardewik, 1319, 9. Aug.

Sudendorf, l. c. I, 316.

294. Der Rathmann Eylemann von Selden schenkt dem Kloster Ebstorf bei der Einkleidung seiner beiden Töchter einen halben Wispel Sülzrente aus dem Wege Cluving auf der Sülze und verspricht, dafür späterhin einen halben Wispel aus einem Sülzhause für das Kloster zu kaufen. Lüneburg, 1319, 18. Nov.

Copialb. d. Arch.

295. Die Stadt Lüneburg zahlt auf die Summe von 1000 Mark, für welche sich Lüneburg und Hannover gegen den Grafen von Kevernberg für Herzog Otto von Braunschweig und Lüneburg verbürgt hatten, der von dem Grafen die Grafschaft Lüchow erkauft hat, 200 Mark. Bischof Otto von Hildesheim bescheinigt dies. 1320, 2. Febr.

Otto dei et apostolice sedis gracia electus ecclesie

---

[1]) Es floß sonst ein Bach vor der Sülze; daher die Sülzbrücke und die Sülzbrückerstraße, sowie die dortige Badstube der Straße den Namen Badstaven gegeben hat.

[2]) Ein Pfund = 20 Schilling.

Hildesemensis viris providis consulibus totique communitati civium in Honovere plenitudinem omnis boni. Ad noticiam vestram deferimus, quod consules et cives in Luneborgh de mille marcis, pro quibus vos alio die nobili genero ɔ nostro, domino Gunthero de Kevernberge comiti, et nobis ad manus suas fidejussistis, ducentas in debitis pondere et valore persolverunt super festo presenti juxta suarum ac vestrarum continenciam litterarum, et de hiis marcis scilicet ducentis solutos et quitos presentibus vos habemus 10 literis sigillo nostro in testimonium sigillatis. Datum anno domini M°CCC°XX°, in die purificationis beate Virginis.

Sudendorf. Urk. 137.

296. Schutzbrief der Herzogin Elisabeth von Sachsen (Lauenburg) für die Lüneburger Kaufleute. 1320, 20. März.

Nos Ely[zabet] dei gratia ducissa Saxonie tenore presencium recognoscimus, quod de consilio vasallorum nostrorum, videlicet Thet. Wulf, David Wackerbart et Val. de Duvense, militum nostrorum, damus securitatem et conductum mercatoribus universis de Luneborch seu de aliis ɔ civitatibus vel terris ducis Luneburgensis districtum dominii nostri transeuntibus cum sale aut aliis mercimoniis quibuscunque tam in personis ipsis quam in familia et rebus ipsorum pre omnibus facere et dimittere volentibus causa nostri. Quod si inter fratrem nostrum Erycum ducem 10 Saxonie et suos ex una et ducem Luneborgensem et suos parte ex altera discordie aut gwerre, quod absit, orirentur, nichilominus prefati mercatores in personis suis, rebus et familia per quatuor septimanas, postquam pax et treuge exspiraverint, dicta securitate et conductu pacifice perfru- 15 antur. In cujus rei testimonium sigillum nostrum presentibus est appensum. Datum anno domini M°CCC°XX°, feria quinta ante palmas.

(Das wohlerhaltene Siegel zeigt die sitzende Herzogin, welche in der Rechten den Sächsischen, in der Linken den Schauenburgischen Schild hält, mit der Umschrift: Sigillum Elyzabeth ducisse Saxonie.)

Orig. d. Arch.

297. Die Testamentsvollstrecker des weil. Priesters Diedrich Roffac kaufen ein Fuder Sülzrente aus dem Hause Hutting zu einer Vicarie in dem neuen Hospitale S. Lamberti (h. Geisthospital). Lüneburg, 1320, 15. Juni.

Copialb. d. Arch.

298. Der Bürger Nicolaus Hohle schenkt dem Kloster Buxtehude ein halbes Fuder Sülzrente aus dem Hause Buhinge zur Verbesserung der Präbende der Tochter seines Bruders Johannes. Lüneburg, 1320, 19. Juni.

Copialb. d. Arch.

299. Die von dem Berge verkaufen Grundstücke, Fischerei und Zins in Bardewik. 1320, 22. Juli.

Nos Gevehardus miles, Hinricus famulus, fratres, Thidericus et fratres ejus, filii quondam Thiderici famuli, et Wernerus, quondam domini Werneri militis filius, dicti de Monte, tenore presentium recognoscimus et testamur, quod nos unanimi consilio et consensu omnium legitimorum heredum nostrorum vendidimus Eylemanno Beven, Hartwico et Ludolfo fratribus de Salina dictis et ipsorum justis heredibus curiam nostram in Bardewich et duas casas, que coth dicuntur, cum piscaria et censu arearum ibidem et dimidiam partem decime ejusdem ville cum omnibus suis attinentiis et cum omni jure, sicut ista bona cum nostris progenitoribus possedimus antiquitus, pro ducentis et triginta quinque marcis Hamburg. denariorum et pro ducentis et septem marcis Luneb. denariorum possidenda in hunc modum, quod predicta bona pro predictis denariis reemere poterimus a vigilia sancti Jacobi apostoli nunc ventura hinc inde in tempore sex annorum. Quod si non fecerimus, ex tunc prout ex nunc prenotati Eylemannus, Hartwicus et Ludolfus et ipsorum heredes dicta bona cum omni jure, quo nostra erant, perpetuo libere possidebunt. Item promisimus ipsis fide data, quod, si aliquid impedi-

mentum contigerit ipsos habere in hiis bonis, ex tunc
civitatem Luneb. intrabimus ad jacendum inde non exituri,
nisi prius ipsi de omni impedimento fuerint satisfacti.
Super quo nostra sigilla presentibus litteris in testimonium **
duximus apponenda.   Datum Luneborch anno domini
M⁰CCC⁰XX⁰, in die beate Marie Magdalene.

(Drei Siegel ber von bem Berge zum Theil zerbrochen; eins fehlt ganz.)

Orig. d. Arch.

300. Die Priesterbrüderschaft in Braunschweig nimmt die Kalandsbrüderschaft in Lüneburg in die Theilnahme an ihren guten
Werken auf. 1320, 17. Dec.

Deghenhardus prepositus ceterique confratres sacer-
dotalis confraternitatis in Bruneswich omnibus, ad quos
presens scriptum pervenerit, salutem et sempiternam in
deo karitatem. Quoniam oratio et singula pietatis opera
in sui participatione non minuuntur, sed fructus eorum et *
effectus integer in singulis invenitur ideoque merito redar-
guitur pietatis defectus, si in illis rebus communicandis
aliqua servetur parcitas, in quarum distributione non vio-
latur integritas, hinc est, quod volumus esse notum, quod
quedam unio inter nos et confratres et consortes Kalen- 10
darum in Luneborch est taliter ordinata, quod ipsi et
eorum successores ex nunc et in perpetuum nostri confratres et consorores spirituales sunt. Propter quod in
nomine dei presencium tenore concedimus et donamus eis
plenam et specialem participationem omnium et singulorum 15
bonorum operum tam in vita quam in morte, que per
congregationem nostram nunc et in perpetuum operari dig-
nabitur clementia salvatoris et e converso nos et nostri
successores confratres et consorores spirituales sumus ipsorum et participes debemus esse omnium et singulorum 20
bonorum operum in vita pariter et in morte, que in con-
fraternitate eorum fiunt et fient in perpetuum ad laudem
et gloriam domini nostri Jesu Christi. In quorum omnium

evidens testimonium sigillum nostrum presentibus est ap-
23 pensum. Datum anno domini M⁰CCC⁰XX⁰, sexto decimo
kalendas Januarii.

(Beschädigtes Siegel der Priesterbrüderschaft.)

Orig. d. Arch.

301. Der Knappe Albert Dise verkauft ein Grundstück in Glüsing. 1321, 15. Juli.

Universis, ad quos delatum fuerit presens scriptum,
Albertus Dise famulus salutem in eo, in quo est omnium
vera salus. Presentes et posteri, quorum interest presencia
legere vel audire, publice recognoscant, quod — Margarete
5 sororis mee consensu precipuo vendidi domino Johanni de
Wittorpe, plebano sancti Johannis in Modestorpe, unam
domum et aream in villa Glusinge ¹) cum advocatia et
proprietate et ceteris attinentiis, sicut a meis progenitoribus cessit mihi, pro quatuor marcis Luneborg. perpetuo
10 possidendam, renuntians predictis bonis cum uxore mea
Hilsa coram fidelibus et honestis domino Godevardo de
Odeme, domino Ottone de Thune, domino Seghebando de
Wittorpe, militibus, Johanne de Wittorpe et Seghebando
de Wittorpe, famulis, qui exhibebunt testimonium —. Datum
15 anno domini M⁰CCC⁰XXI⁰, in divisione apostolorum.

(Siegel des Albert Dise.)

Orig. d. Arch.

302. Herzog Otto und seine Söhne erlauben, Sülzrente zu verkaufen. 1321, 3. Dec.

Nos dei gracia Otto et nos Otto et Wilhelmus filii
ejus domicelli, duces de Brunswich et de Luneborch, notum
esse cupimus universis Christi fidelibus presens scriptum
visuris sive audituris, quod de communi consilio et con-
5 sensu omnium heredum nostrorum dimisimus fideli nostro

¹) A. Lüneburg.

Dethardo de Wuostrowe duo plaustra salis quolibet flumine in salina Luneborg, videlicet dimidium chorum in tota domo Starthusen [1] — et dimidium plaustrum in tota domo Benninghe [1] —, que quidem duo plaustra salis dictus Dethardus de nostra singulari licencia dimisit Johanni dicto 10 Dovel, nostro civi in Luneborg, et ipsius justis et veris heredibus pro ducentis marcis denariorum Luneborgensium, quibus favorabiliter concedimus plenam potestatem dicta duo plaustra salis alteri, si voluerint, vendendi et obligandi pro ducentis marcis dictorum denariorum; ita siquidem, 15 ut, quicunque hec duo plaustra salis ex nunc et in futurum in sua tenuerit possessione, ab illo nos et nostri heredes pro ducentis marcis denariorum ipsa poterimus liberare. In premissorum noticiam et evidens testimonium presens scriptum exinde confectum nostrorum appensione sigillorum 20 fecimus insigniri. Datum Luneborg anno domini M°CCC°XXI°, feria quinta proxima post dominicam Ad te levavi.

Urk. b. Al. 9. Mich. 284.

303. Schuldbrief des Herzogs Erich von Sachsen (Lauenburg) für Wasmod Kind. 1322, 21. Jan.

Nos Ericus dei gracia dux Saxonie presentibus protestamur, quod Wasmodus Kint miles in festo nativitatis Christi nuper preterito nobiscum computavit, quod pro dampno sibi pro debitis suis dando in centum et triginta et novem marcis denariorum mansimus sibi obligati. Item 5 sibi dedimus centum et sexaginta et unam marcam denariorum ad dextrarium comparandum, ut se ad servicium nostrum valeat expedire. Item sic hiis simul computatis nos sibi in trecentis marcis denariorum recognoscimus obligari. In cujus rei testimonium sigillum nostrum pre- 10 sentibus est appensum. Datum anno domini M°CCC°XXII°, in die Agnetis virginis.

(Siegel abgefallen.)

Orig. b. Arch.

[1] nicht Scarthusen und Bominghe, wie das Urkundenbuch l. c. hat.

**304. Otto, Werner und Gebhard Grote verkaufen Sülzrente.
Lüneburg. 1322, 14. März.**

Nos Ottho dictus Magnus, Wernerus et Ghevehardus,
fratres ejus, milites, recognoscimus, quod — vendidimus
Henrico de Molendino, burgensi in Luneb., ad manus hospitalis sancti Nicolai in Bardewich unum plaustrum salis — in
domo Berndinge apud domum Bruchusen — pro LXX marcis
denar. Luneb. — Datum Luneb. anno domini M⁰CCC⁰XXII⁰,
dominica Oculi mei semper.

(Drei Grote'sche Siegel mit dem gezäumten schreitenden Pferde.)

Orig. v. Arch.

**305. Ulrich van Mul verkauft einen Hof in Reppenstedt und den
Zehnten daselbst an Segeband von Wittorf. 1322, 21. März.**

.... Olrik van Mul Ahlheit .... he min modher .... rthe
undhe min .... Johann undhe mines brodhers khyndere ....
aria unde Johan betughet unde bekennet in desseme yegen-
wardighen breve ..... mit volbort undhe mit willen al
unser rechten erven hebbet verkoft unde opghelaten — vor
unseme lenheren, deme bischope van Verdhen, — unde
lenet laten dhen thegeden in deme dorpe to Reppenstede¹)
dhen grotheren undhe dhen minneren to rechtem erve mit
alleme rechte, also we unde unse elderen hebbet beseten
wente to dessem gegenwerdighen dach, heren Seghebande
van Wittorpe undhe synen vrunden, dhe hirna benomet
stat, Gerberthe des Sothmesteres unde sinen khinderen
Louweken unde Grethe, Alberte van der Molne unde
synen ..... Alberte und Johanne. Dhartho hebbe we
eme undhe dessen sinen vorbenomedhen vrundhen in deme
vorescrevenen dorpe to Repenstedhe vorkoft enen hof, dhe
unse recht eghen was, tho rechtem eghendom mit alleme
rechte undhe mit aller nut im holte, in velde, in wischen (?)
myt ...., den we unde unse elderen hebben mennich
yar vor besethen. Dhit vorscrevene goud hebbet we her

¹) A. Lüneburg.

Seghebant van Wittorpe verkoft vor hundert mark Ham-
borghere penninghe. He hevet uns dhe ganzelich betalet.
Dhat desse vorbescrevene dyngh werdhen genzelichen ghe-
holdhen unde unverbroken undhe we dhes en recht warendhe
sin, dhes hebbe we Olrik undhe her Johan de brodhere
van Mul undhe her Hinrik Sprengel, Werner van Marsouwe,
her Otto van Thune, her Gevebard van dhen Berghe, her
Johann van Thune, de riddere, Hynrik van dem Berghe,
Johan Ludzouwe, Seghebant van Odeme, Heyneke Grevingh,
dhe knechte, in truwen [ghelov] et heren Seghebande van Wittorpe undhe synen vrundhen, dhe hyr vorbenomet sint, unde
to erer groterer betuginghe hebbe we unde unse tholovere
mit samender hant unse yngheseghele ghehenghet to
desseme yeghenwardighen breve, unde is gheschen na
goddes bort dusent yar drehundert yar in deme twe und
twintigisten yare des sonendages to mydvastene [1]).

Orig. d. Arch.

306. Der thesaurarius des Stiftes in Bardewik Heinrich Greving
stiftet zur Vergebung seiner Sünden die Vicarie Simonis und
Judae in der neuen Kapelle des h.. Geistes bei der Lambertikapelle
mit zwei Fudern Sülzrente aus dem Haufe Butfinge und verleihet
das Patronat dem Propfte in Lüne. Lüneburg 1322, 25. Mai.

Orig. d. Arch.

307. Herzog Otto von Braunschweig und Lüneburg erlaubt feinen
Vafallen dem Ritter Werner von Meding und deffen Bruder
Hermann, dem Lüneburger Bürger Nehner von Koppenfiede [2])
einen halben Wifpel Rente auf der Sülze in Lüneburg für 180
Mark Lüneburger Münze zu verkaufen. 1322, 22. Juni.

Orig. d. Arch. Sudendorf, l. c. I, 367.

[1]) Die Urkunde ist fehr beschädigt und daher nur lückenhaft wiedergegeben.
[2]) wohl Toppenfiede; Sudendorf a. a. O. lief Repenstede.

12

308. Die Rathmänner Gerbert Sodmester, Albert van der Molen, Berthold Lange, Hermann vam Sande, Marquard Weddessen, Johann Om, Burchhard von Lüchow, Albert Hollo, Ehlemann Bebe, Johann Biskule, Johann von Melbeck und Diedrich Abbenborg erklären, daß Margareta, Tochter des weil. Ritters Albert Dyse, von einem Fuder Sülzrente aus dem Hause Elbertinge die Hälfte dem Krankenhause des Klosters Isenhagen, die andere Hälfte dem Kloster Neukloster geschenkt hat. 1322, 21. Sept.

Isenhagener Urk. 93. 94. 95.

309. Eberhard von Odeme schenkt der Johanniskirche Kornzins. 1322, 9. Oct.

Universis, qui presencia velint scire, Everhardus de Odeme junior salutem in omnium salvatore. Noscant posteri et presentes, quod heredum meorum consensu habito pro anime mee remedio salutari donavi plebano sancti Johannis in Modestorpe XVIII modios siliginis annuatim in villa Holzele in curia, quam Albertus inhabitat, ita, quod plebano cedent XII modii et VI modii capellanis suis, pro quibus suas sollempnes memorias perpetuo celebrabunt vigiliis et quatuor missis, unam in crastino Johannis ewangeliste post pascha pro salute parentum meorum Philippi et Elyzabeth. alteram in crastino Dyonisii pro salute mea et uxoris mee Alheidis, et si plebanus dictas memorias cum negligentia pertransiret, ex tunc. heredes superstites sibi dictos redditus vendicabunt, quousque idem plebanus supplere decreverit, quod omisit. Si vero dicti heredes XX marcas denariorum Luneb. plebano non dederint antedicto, ad perpetuos redditus comparandum, ex tunc priores redditus heredibus adherebunt, plebanus vero de redditibus secundario comparatis duas partes tollet, partem vero terciam capellani, scholaribus vero dabitur ordine prius dicto addens, quod plebanus priores redditus potest per violentiam extorquere. Ad cujus roboris perpetui dominus Otho de Thune et dominus Anthonius de Rodenborch, milites, mecum suis sigillis presentem litteram muniverunt. Datum anno domini M°CCC°XXII°, in die Dyonisii martiris. **2 5**

(Siegel Eberhards von Obeme, Ottos von Tune und Antons von Car-
husen, letztere beide mit den Fischen der Familie von Wittorf.)

310. Güterverzeichniß des h. Geisthospitals.

Anno domini M°CCC°XXII°. Bona hospitalis.

Dom. Ludovicus de sancto Spiritu 1½ chor.

Albertus de Masendorpe ½ plaustr. ex parte Friderici
serdonis de Ullessen.

Holt ½ plaustr. ex parte Beneken Ostermann de Ulsen. **5**

Joh. Sarhorn ½ plaustr. ex parte fratris sui.

Nicol. campsor 3½ chor.

Junge 3 chor. ex parte Symonis de Alevelde.

Hinricus Abbenborg ½ chor. ex parte Gotfridi de Hardes-
torpe. **10**

Magnus Nicol. 1½ chor. ex parte Bolen.

Thidericus Bromes 1 plaustr.

Hinricus de Heyde ½ chor. ex parte Nicolai de Eschen.

Longus Hart serdo 2½ plaustr. ex parte relicte Tribbeses.

Odeber 1 plaustr. ex parte domine de Dannenberg. **1 5**

Conradus de Selden 1 plaustr. ex parte Joh. Prekel.

Thider. Thodo 1 plaustr. et 1 rump.

Thider. Veletzinc ½ plaustr. ex parte Aldewech de Esche.

Luder. de Putensen ½ plaustr. ex parte Verwardi de
Didersbutle. **2 0**

Marquardus Wedder 2 plaustr. ex parte Joh. de Swenol-
debeke.

Joh. Hogeherte 1 plaustr. ex parte Netyn de Boyceneborg.

Hildemarus quondam famulus monachorum de Stenbek
¼ chor. ex parte Mechtildis Uden. **2 5**

Nicol. Raper 7 plaustr. et quartale chori.

Gode de Ulsen ½ chor.

Joh. de Wetendorpe de Ulsen 2 plaustr. Segehardus dabit.

Domina cum Cuna 2½ chor.

10 Hinr. de Prethem 1/2 chor.

Nicol. Hoyke 2 plaustr. ex parte Luchowe.

Nicol. Schilsten 1 chor.

Hinr. Hoth 1/2 chor. ex parte Swaf.

Poythe de Boyceneborg 1/2 plaustr.

311. Herzog Otto von Braunschweig und Lüneburg bittet den Rath um Ziegelsteine. (1322—1329) 1).

Dei gracia Otto dux senior de Brunswich et Luneborch discretis viris et honor. cons. in Luneb. sibi dilectis salutem et bone voluntatis affectum. Petimus perinstanter. quatenus Ludolfo 1) advocato in Luneb. velitis presentare 5 et nobis dare tot lateres spissos, quot postulaverit ad murum et ad structuram fornacis in camenata nostra in Winsen, et lateres tenues ad faciendum meatum, qui dicitur asterk, in eadem camenata, et quando Lud. postulaverit, tunc sibi, cum primum poteritis, amore nostri ordinetis, 10 quod volumus utique promereri loco et tempore oportunis. Datum nostro sub secreto.

Auffchrift: Discretis viris et honorab. consulibus in Luneb. sibi dilectis.

(Von einem Siegel ist keine Spur vorhanden.)

312. Otto und Hartwich Zabel klagen dem Rathe ihre durch Otto Botze erlittene Beraubung. Um 1322 2).

Discretis et honestis viris advocato et consulibus civitatis Luneborch Otto et Hartwicus dicti Zabel quidquid

---

1) Vogt Ludolf (von Selzingen oder Honstedt) wird in den Urk. der Jahre 1322 bis 1329 genannt; 1332 heißt er quondam advocatus.

2) Die von Botzhem (Botzem) waren Mannen des Herzogs Otto von Braunschweig und Lüneburg. Otto wird in der Klageschrift des Herzogs Rudolf von Sachsen (Wittenberg), in welcher Plünderungen aller Art aufgezählt werden und die von Sudendorf (I, 370) mit gutem Grunde in das angegebene Jahr gesetzt wird, genannt.

possunt amicitie et favoris. Vestre discretioni querulose
cogimur aperire, quod Otto Botze cum suis complicibus nos
in Raseborch spoliavit, et spolium in terminos ducis de
Luneborch est adductum. Quare petimus affective, quatenus nobis ab eo fieri procuretis justicie complementum.
Quare nos speramus, quod dominus de Luneborch nostros
inimicos multis nostris exigentibus de meritis velit detinere.
Responsum petimus nuncium per presentem.   10

313. Die Rathmänner bezeugen, daß die Brüder Bernhard und
Heinrich von Erpensen im Testamente bestimmt haben, daß der
letztlebende von ihnen jedem Priester in der Stadt, sowie jeder
Nonne im Kloster Distorf und Isenhagen, zwei Schillinge und
jedem Armen einen Pfennig schenken, jedem ihrer Brüder Ditmar
und Lambert aber eine Rente von zehn Mark kaufen sollen ꝛc.
1323, 1. März.

Isenhagener Urk. 96.

314. Herzog Otto von Braunschweig und Lüneburg verkauft
Sülzrente. 1323, 18. Mai.

Nos dei gratia Otto domicellus dux de Brunswic et
de Luneborg innotescimus presentibus et posteris presentium per tenorem, quod nos de consilio et consensu dilec-
tissimi patris nostri domini Ottonis ducis ac germani nostri
Wilhelmi domicelli nec non et de ratihabitione ceterorum
heredum nostrorum vendimus reverendis in Christo viris
abbati et conventui in Schermbeke ordinis Cisterciensis
dimidium chorum salis quolibet flumine in salina Luneborg
in tota domo Butzinghe — pro CXL marcis Luneborgensium
denariorum —. In premissorum notitiam et evidens testimo-   10
nium sigillum patris domini nostri Ottonis ducis atque
sigillum nostrum et sigillum nostri fratris Wilhelmi predicti
presentibus duximus litteris apponendum. Datum anno
domini MᵒCCCᵒXXIIIᵒ, quarta feria pentecostes.

Copialb. d. Kl. Scharnebek.

315. Das Kloster Behingerode verkauft Sülzgut. 1323, 23. Juni.

Nos consules civitatis Luneborg —. Venerabilis dominus Johannes abbas totusque conventus monasterii in
Betsingerode [1]) ord. Cisterc. Hildensem. dyoc. — vendiderunt Johanni de Hudhe suoque germano Gotfrido,
civibus in Hamborg, unum chorum salis in salina Luneborg
in tota domo Deynge — pro ducentis marcis Luneborg.
denar. ad tempora vite sue possidendum, ita siquidem,
ut, cum eorum moritur unus, dimidius chorus de predicto
choro salis statim vacabit monasterio prenotato, et post
alterius obitum alter dimidius chorus salis libere transibit
ad monasterium prenotatum. Ceterum si dominus noster
dux se intromitteret quocunque modo de hiis bonis eo,
quod essent bona ducis, aut ex parte domini abbatis et
conventus dicti monasterii, in hoc dicti germani Johannes et Gotfridus nullum in suis fluminibus sustinebunt
defectum, sed dominus abbas et conventus sepius dicti
monasterii ipsis sua dabunt flumina expedite; si autem
intromittit se de hiis bonis nomine dictorum fratrum aut
civitatis ipsorum, illud dampnum in ipsos et non in ipsum
monasterium redundabit. In cujus rei evidens testimonium —. Datum Luneborg anno domini M°CCC°XXIII°,
in vigilia nativitatis sancti Johannis baptiste.

315 a. Dasselbe Kloster verkauft an demselben Tage dem Hamburger Bürger Johann von Nempstede einen halben Wispel
Sülzrente aus dem Hause Deynge.

(Von den halb vermoderten Urkunden sind die Siegel abgefallen.)

Orig. i. Arch.

316. Herzog Erich von Sachsen (Lauenburg) sichert den Lüneburger Kaufleuten Schutz zu. 1323, 29. Juni.

Nos Ericus dei gracia dux Saxonie presentibus protestamur, nos securasse et conductum firmum prestitisse

[1]) Marienrode.

civibus de Luneborch et eorum servis tam in rebus, quam
in personis undecumque venientibus in nostro districtu
existentibus pre omnibus facere et dimittere volentibus
nostri causa, specialiter pre domino Bertrammo Zabelli,
milite castellano in Lovenborg et nostro vasallo. Sique
idem Bertrammus a nobis recedere vellet propter inimicari
burgensium cum eisdem, ex tunc predictis civibus ante
intimabimus de ejusdem recessu, ut dampna, que per
eundem Bertrammum oriri possent, studiose precaveantur.
Insuper prenotatis civibus licentamus sal transducendum
per nostram terram, ubicunque eis libet in Ertheneborch
aut Bochorst sive alias, quocunque et quemcunque predictis
libet, nec astricti cuiquam locari ad vehendum nisi de
eorum beneplacito voluntatis. Qui vero predictos in hiis
presumpserit impedire, contra nos se noverit processurum.
Hanc vero licenciam presentibus confirmamus, quousque
eam duxerimus revocandam. In cujus rei testimonium
sigillum nostrum presentibus est appensum. Datum anno
domini M^oCCC^oXXIII^o, in die apostolorum Petri et Pauli.

(Sonderbares Siegel des Herzogs Erich. Der Herzog sitzt links gewandt,
mit beiden Händen einen undeutlichen Gegenstand tragend, unter dem neben
dem Herzoge ein Hund sitzt. Zur Rechten des Herzogs zeigt sich der be-
helmte Sächsische Schild. Umschrift: Sigillum Erici .... filii Johannis
ducis Saxonie.)

Orig. d. Arch.

317. Vier Ritter und Knappen Groten und Ritter Segeband
von Wittorf versprechen einen halben Wispel Sülzrente aus dem
Hause Berbing, Burglehn, welches sie für 150 Mark Lüneb. verkauft haben, zurückzukaufen oder durch andere Rente zu ersetzen.
1324, 17. März. Aehnliches Versprechen im gleichen Falle giebt
der Ritter Otto von Schwerin.

Sudendorf, l. c. I, 389. 391.

318. Der Ritter Otto von Schwerin verkauft einen Theil seines
Sülzlehns. 1324, 15—21. April.

Ego Otto de Zwerin, miles, recognosco publice per

presentes, quod sub bone voluntatis licencia et speciali
gracia ab illustribus principibus dominis meis Ottone et
Wilhelmo, domicellis de Brunswik et Luneborch, michi data
et concessa vendidi Hinrico de Mirica [1]), burgensi in Lueneborch, unum plaustrum salis de pheodo meo castrensi
situm in domo Mettinghe in salina in Luneborch in hunc
modum, quod a festo beati Michahelis nunc proxime ven-
turo ad annum continue sequentem debeo reemere seu
redimere dictum plaustrum et reponere ad feodum meum
castrense, a quo sumpsi ipsum. Pro cujus reempcionis
effectu et pignore obligo et assigno dictis dominis meis
bona mea hereditaria, scilicet molendinum et duos viros
in villa Rebboldestorpe [2]), sub hac forma, quod, si dictum
plaustrum in termino pretacto reemere et reponere neglexero, tunc dictis bonis debeo renunciare et ipsa a dictis
dominis meis titulo pheodali recipere, que bona dicti domini mei et heredes sui jure hereditario optinebunt et
reponent ipsa ad pheodum meum castrense in locum
plaustri salis superius nominati. Ad majorem et efficacio-
rem premissorum observacionem, dictis dominis meis pono
compromissores meos amicos duos, scilicet dominum Thidericum de Zwerin et dominum Ghevehardum de Monte
militem, quorum sigilla una cum sigillo meo presentibus
sunt appensa. Anno domini M°CCC°XXIIII, in septimana
pasche.

Copialb. d. Arch. Sudendorf, l. c. I, 391.

|318 a. Der Rath bezeugt diesen Verkauf an demselben Tage.

Orig. d. Arch.

[1]) von der Heide, auch von Myrich genannt.

[2]) Sudendorf erklärt dies fälschlich für Kullstorf; letzteres heißt jedoch in den Urkunden Rolevestorpe. Das hier genannte Dorf
ist unbekannt.

319. Die Junker Otto und Wilhelm von Braunschweig und
Lüneburg verkaufen dem Bürger Heinrich von Benthelen ein Fuder
Sülzrente aus dem Hause Benninghe für 100 Mark Lüneb.
1324, 6. Mai.

(Siegel: 1. ein Löwenkopf mit der Umschrift: S. Ott. domicelli de
Lunb. et Brunsw; 2. ein mit Sicheln und Federn (?) geschmückter Helm
mit der Umschrift: S. Wilhelmi domicelli duc. de Lun.)

Orig d. Arch.

320. Herzog Otto von Braunschweig und Lüneburg genehmigt die
Verpfändung des Salzzolls. 1324, 6. Mai.

Dei gratia nos Otto dux de Brunswich et Luneborg
ad noticiam universorum Christi fidelium pervenire volumus per hec scripta lucide protestantes, quod obligationem
thelonei nostri in salina dicti solttollen in Luneborgh per
dilectos nostros Ottonem et Wilhelmum filios reverendo
domino abbati et conventui sancti Michaelis in Luneborg
factam pro sexcentis et XXV marcis denariorum Luneborgensium ratam servare volumus atque firmam. In
cujus certitudinem presentem paginam nostri sigilli appensione jussimus roborari. Datum anno domini M°CCC°XXIIII°,
in dominica Jubilate post pascam.

Urk. des Kl. S. Michael. 310.

321. Der Burgmann Knappe Johann Schake verkauft dem
Bürger Heinrich van der Molen einen halben Wispel Sülzrente
aus dem Hause Dethmeringe, der zu seinem Burglehn gehört.
Herzog Otto und die Junker Otto und Wilhelm von Braunschweig und Lüneburg genehmigen dies. 1324, 6. Dec.

Der Rath stellt darüber eine Urkunde aus. 1325, 18. Jan.

Derselbe Burgmann verkauft demselben Bürger noch einen halben
Wispel Sülzrente unter Genehmigung des Herzogs und seiner
beiden Söhne. 1325, 24. Febr.

Urkunde des Rathes darüber. 1325, 17. März.

Isenhagener Urk. 99—103. 105.

322. Herzog Otto von Braunschweig und Lüneburg erlaubt den Verkauf eines Burglehns (Sülzrente). 1325, 9. Febr.

Dei gratia nos Otto dux de Brunswich et Luneborg Otto et Willehelmus, filii ejus domicelli ibidem, recognoscimus —, quod, cum Segebandus de Monte, noster vasallus, filius quondam Johannis de Monte militis nostri, unum plaustrum salis — in domo Benninge, quod a nobis in castrensi feodo, quod vulgariter borchlen dicitur, tenuerat, vendidisset Nicolao Hoyken juniori et idem Nicolaus ipsum plaustrum fere per triennium quiete — possedisset, tandem — talis ordinatio intervenit, quod dictus Nicolaus ipsum plaustrum — nobis libere resignavit, qua resignatione nobis, ut premittitur, facta eandem plaustratam vendidimus domui infirmorum sancti Spiritus —, et ne super hiis dubium oriri contingat, presentem litteram sigillorum nostrorum munimine fecimus roborari. Datum Luneborch anno domini M⁰CCC⁰XXV⁰, octavo die post purificationem sancte Marie virginis gloriose.

(Großes Siegel des Herzogs Otto mit dem schreitenden Löwen, kleines Siegel des Junkers Otto mit dem Löwenkopfe, wie an der Urk. 319, beide abgelöset von der halb vermoderten Urk.; das Siegel Wilhelms fehlt ganz.)

Orig. i. Arch.

323. Die Rathmänner Gerbert Sodmester, Albert van der Molen, Berthold Lange, Hermann vam Sande, Hermann Hout, Hermann mit der Wege, Marquard Weddessen, Burchard Luchou, Nikolaus Garlop, Albert Hollo, Hartwich van der Sulten und Diedrich Abbenborg erklären, daß Albert Dhse der Frau Elisabet, Huners Wittwe, 11 Süs Sülzrente und eine Viertelpfanne im Hause Berndinge, ferner eine Viertelpfanne im Hause Ehnge mit Sonnabendspfennigen und die mene asne (Aslohn) verkauft hat. 1325, 10. März.

323a. Dieselben Rathmänner erklären, daß Diedrich, Otto ꝛc. von Schwerin dem Bürger Heinrich van der Molen eine Sülzpfanne im Hause Udinge für 200 Lüneb. Mark verkauft haben. 1325, 31. März. Die Kaufurkunde ist erst am 9. April ausgestellt.

Isenhagener Urk. 104. 106. 107.

324. Segeband und Gebhard von dem Berge verzichten auf Grundstücke vor dem Rothen Thore. 1325, 15. Mai.

Nos Segebandus et Ghevehardus, filii domini Hinrici quondam dicti de Monte, militis, recognoscimus publice per presentes, quod nos et omnes nostri heredes renunciamus per presentes omni inpetioni, que nobis conpetit seu in futurum conpetere poterit in bonis subscriptis, scilicet — in allodio extra valvam, que dicitur Rodendor, et in bonis ad ipsum allodium pertinentibus universis, dimittentes et relinquentes ipsa illustribus principibus dominis nostris ducibus de Brunswik et Luneborch et eorum heredibus absque ulla prorsus inpelicionis materia super dictis bonis facienda a nobis et heredibus nostris in posterum seu movenda. In quorum testimonium sigilla nostra presentibus sunt appensa. Datum anno domini M°CCC°XXV°, in vigilia ascensionis domini. Subendorf, l. c. I, 405.

325. Der Ritter Otto von Schwerin und Genossen verkaufen dem Bürger Heinrich van der Molen ein halbes Fuder Sülzrente aus dem Hause Ubinge für 60 Mark Lüneb. 1325, 31. Juli.

Isenhagener Urk. 108.

326. Albert van der Molen und Hermann Hout wenden dem h. Geisthospitale Sülzrente zu. 1325, 1. Aug.

Nos consules civitatis — recognoscimus, quod, cum Albertus de Molendino et Hermannus Hout — emissent unum plaustrum salis in domo Benninge — ad necessitates domus sancti Spiritus — et super emptione licencias incliti principis — Ottonis ducis Luneburg. et domicellorum Ottonis et Willehelmi — inpetrassent, predicti Albertus et Hermannus — dictum plaustrum vendiderunt domino Thiderico Lowen presbytero et Johanni de Sunde ad vite tempus utrorumque ita, quod — post mortem eorum dictum plau—

¹⁰ strum ad ipsam domum sancti Spiritus plenarie revertetur. — Datum Luneborch anno domini M⁰CCC⁰XXV⁰, in octava beati Jacobi apostoli. Orig. i. Arch.

327. Der Rath erklärt, daß der weil. Bürger Johann von Eylbeke seiner Schwester Elisabet, Nonne in Isenhagen, ein halbes Fuder Sülzrente aus dem Hause Ludelvinge, welches nach ihrem Tode dem Kloster zufallen soll, geschenkt hat. 1325, 18. Nov.

Isenhagener Urk. 109.

328. Der Rath erklärt, daß Margaretha Dhsen dem Kloster Isenhagen Sülzrente aus dem Hause Neddern Berndinge geschenkt hat. 1325, 13. Dec.

Isenhagener Urk. 111.

329. Der Rath erklärt, daß Alheydis, die Gattin des Johann Empfen, einen halben Wispel Sülzrente aus dem Hause Berndinge, welchen ihr Bruder Johann von Eylbeke ihr vermacht hat, dem Schüler Johann, des Florencius Sohne, geschenkt hat, welches Geschenk nach seinem Tode oder, wenn er nicht Priester wird, dem Nonnenkloster [1]) in der Pfarre Ghelderßen (Kirchgellersen, A. Lüneburg) und nach dessen etwaiger Auflösung dem Kloster Isenhagen zur Abhaltung von Seelmessen für bestimmte Personen ihrer Verwandtschaft zufallen soll. 1326, 25. März.

Isenhagener Urk. 114.

330. Die Brüder Nicolaus und Johannes Bar verkaufen dem Juden Meyer in Lüneburg einen Hof in Bolterßen. Lüneburg, 1326, 1. April.

Nos Nicolaus et Johannes dicti Baren, fratres, recognoscimus per presentes, quod cum consensu matris nostre dilecte Yde et omnium heredum nostrorum vendidimus

---

[1]) Dies Prämonstratenser Kloster, von dem sonst nichts bekannt ist, muß nach kurzer Dauer aufgehoben sein.

Meyger Judeo in Luneburg curiam nostram sitam in Bol-
tersen, in qua nunc residet Albertus Bere, cum omni iure
et pertinentiis ad vendendum, committendum, dandum, cuicunque voluerit, pacifice et quiete, siculi progenitores nostri
eam hereditarunt, sub hac conditione, si in quindena post
proximum pascha sibi XII marcas cum IIII^{or} solidis denariorum non dederimus, tunc idem Judeus Meyger presatam
curiam in perpetuum optinebit. In cujus evidens testimonium sigilla nostra presentibus duximus apponenda. Datum
anno domini M°CCC°XXVI°, kal. Aprilis.

Subendorf, l. c. I, 413.

331. Der Rath thut kund, daß Drochlews von Wittorf dem
Priester Nikolaus von dem Berge eine halbe Pfanne in dem
Sülzhaufe Cynghe und anderthalb Rump Sülzrente aus dem
Haufe Neddern Bernding verkauft hat. 1326, 1. Aug.

Isenhagener Urk. 116.

332. Der Rath thut kund, daß Margareta Dysen dem Kloster
Isenhagen, welches deren Verwandte, Mechtildis Dyse, umsonst
aufgenommen hatte, eine Pfanne in den drei Sülzhäusern Ekbertinge, Neddern Berndinge und Cynge geschenkt hat. 1326, 18. Nov.

Isenhagener Urk. 117.

333. Elisabeth, Huners von Odeme Wittwe, verkauft dem Kloster
Isenhagen ein Fuder Sülzrente im Haufe Neddern Berdinge, so
wie eine halbe Pfanne Sülzgut und ein halbes Fuder Sülzrente
aus den Häufern Cynge und Neddern Berdinge. 1327, 7. Jan.
und 2. Febr.

Isenhagener Urk. 121. 122.

334. Herzog Otto von Braunschweig und Lüneburg und deffen
Söhne Otto und Wilhelm ertheilen dem Bürger Heinrich van
der Molen freies Verfügungsrecht über einen Wispel Sülzrente
aus dem Haufe Mettinge, welchen Ritter Otto von Schwerin von
feinem Burglehn verkauft hat. Celle, 1327, 16. April.

334 a. Ritter Otto von Schwerin verkauft obigen halben Wispel dem Bürger Heinrich van der Molen. Lüneburg, 1327, 3. Mai.

334 b. Der Rath beurkundet diesen Verkauf. 1327, 29. Mai.

Jsenhagener Urk. 123. 124. 125.

335. Vergleich des Pfarrers der Johanniskirche mit dem Kapellan der Lambertikapelle. 1327, 17. April.

Dei gratia Otto dux de Brunswich et Luneborch omnibus presens scriptum visuris vel audituris salutem in domino. Cum rectori ecclesie sancti Johannis in Luneborch rector capelle sancti Lamberti in Luneborch duas marcas singulis annis dare teneretur sub pena interdicti pro oblationibus ipsius capelle et ipsi rectores tam ecclesie quam capelle de discretorum consilio ordinaverint, quod, quicunque deinceps capellam sancti Lamberti predictam habuerit, oblaciones qualescunque in ipsa capella oblatas presentare debeat rectori ecclesie sancti Johannis predicto et esse solutus a censu duarum marcarum, huic ordinationi tamquam rationabili consentimus et, ne divina deinceps in dicta capella sancti Lamberti intermittantur nec oriatur in futurum contentio super oblationibus, volumus et diffinimus, ut hec ordinatio in perpetuum inter ipsos rectores tam ecclesie sancti Johannis quam capelle beati Lamberti predictarum inviolabiliter observetur. Acta sunt hec presentibus discretis viris dominis Heynrico de Boyceneborch, archidiacono in Luneborch, Hinrico de Bucken, perpetuo capellano capelle sancti Spiritus prope novum forum, Johanne de Remstede, presbiteris, et pluribus aliis fide dignis ad premissa vocatis pro testibus et rogatis. In cujus rei testimonium sigillum nostrum secretum una cum sigillo predicti domini Heynrici archidiaconi apposuimus huic scripto. Et nos Heynricus de Boyceneborch, archidiaconus in Luneborch, in approbationem premissorum et in testi-

monium sigillo nostro, ut premittitur, hanc litteram fecimus
communiri. Datum Luneborch anno domini MᵒCCCᵒXXVIIᵒ,
sexta feria ante octavam pasche.

(Das Siegel des Herzogs abgefallen, das des Archidiaconus ziemlich erhalten.)

Orig. i Arch.

336. Das Kloster Amelungsborn verkauft dem Lübecker Rathmann
Hermann von Warendorp eine Pfanne Sülzgut im Hause Clu-
binge¹). Amelungsborn, 1327, 9. Oct.

Lübeck. Urk. II, 486.

337. Der Ritter Otto von Schwerin verkauft dem Hospitale
Nicolai Hof seinen Hof in Ochtmissen. 1327, 16. November.

In nomine domini amen. Nos Otto miles dictus de
Zwerin una cum · filio meo Hinrico presentibus publice protestamur, quod unanimi voluntate et consensu omnium legitimorum heredum nostrorum vendidimus juste vendicionis
tytulo et ex certa scientia Hinrico de Molendino, civi in ⁵
Luneborch, provisori infirmorum sancti Nycolai in Bardewich, curiam in Ochtmissen, quam Andreas inhabitat, ad
usum dictorum infirmorum jure perpetuario tam curiam,
domum, aream, advocatiam, decimam majorem et minutam,
censum cum singulis proventibus, precarias, servicia, pascua, ¹⁰
prata, nemora, saltus, agros cultos et incultos, aquas et
aqueductus et omnia jura, quibus nostri genitores antea
possederunt et nos possedimus in hunc diem, quam omnia
etiam appenditia jure perpetuo possidendam, ita, quod nos
vel nostri successores nichil juris instituendi vel destituendi ¹⁵
in dicta curia reservabimus, sed dictorum infirmorum erit
propria, et habebunt libertatem perpetuam faciendi vel
dimittendi cum sepedicta curia, quidquam eisdem infirmis
seu eorum provisori Hinrico de Molendino visum fuerit

¹) Der Abt vom Kloster Campen bestätigt den Verkauf 1329, 10. Mai.
Lübecker Urk. II, 504.

„ expedire. Stabimus etiam pro solida warandia, que fit et
fieri debet in bonis proprietariis secundum consuetudinem
approbatam. Addimus eciam, quod, si predicti infirmi vel
eorum provisor Hinricus de Molendino sepedictus aliquod
impedimentum sustinuerit in curia vel in bonis curie pre-
„ notate et nos seu nostri compromissores infra scripti per
consules civitatis Luneborch requisiti fuerimus super eo,
infra mensem subsequentem omnia disbrigabimus dubio
quolibet procul moto, et ut omnia et singula predicta in
suo vigore maneant et illesa, super hoc fidem dedimus
„ corporalem cum omnibus compromissoribus, qui sequuntur.
videlicet domino Thiderico, Thetlevo, patruis nostris dictis
de Zwerin, Hermanno de Medinge; promisimus autem fide
corporali discretis de consilio Luneborch domino Gherberto
Magistri putei, domino Alberto de Molendino, domino
„ Hermanno Hot, domino Johanni Om, domino Hinrico de
Molendino predicto omnia et singula firmiter observanda.
In quorum evidens testimonium sigilla nostra appendi fecimus huic scripto. Datum anno domini M°CCC°XXVII°.
kal. Decembris XVI.

(Fünf Siegel der von Schwerin.)

Orig. d. Arch.

337 a. Der Rath bezeugt diesen Verkauf. 1327, 15. Decbr.

Orig. d. Arch.

338. Die Herzöge Otto und Wilhelm von Braunschweig und
Lüneburg verstatten dem Lüneburger Bürger Degenhard über ein
halbes Fuder Sülzrente aus dem Hause Mettinghe, welches ihm der
Ritter Otto von Schwerin von seinem Burglehn verkauft hat,
frei zu verfügen. 1328, 30. Mai.

Isenhagener Urk. 129.

339. Die Gebrüder von dem Knesebeck genehmigen die Verfügung
ihrer Mutter, welche dem Kloster Isenhagen ein halbes Fuder
Sülzrente aus dem Hause Butsinghe geschenkt hat. 1329, 3. Aug.

Isenhagener Urk. 131.

310. Der Bürger Johann Hoher (Hogerl) schenkt dem Kloster Ebstorf bei der Einkleidung seiner Tochter eine Summe, für welche der Zehnte des Dorfes Wesenstedt gekauft wird. Unter den Zeugen ist der Lüneburger Vogt Ludolf von Honstedt. Lüneburg, 1328, 6. Aug.

Büttner's Genealogiae ; familia Hoyer.

311. Der Bürger Johann von Wenden schenkt dem Kloster Isenhagen zur Bekleidung der Nonnen einen halben Wispel Sülzrente aus dem Hause Denqueninge. 1328, 22. Dec.

Das Kloster erklärt sich verpflichtet, das Jahresgedächtniß des Gebers, seiner Gattin Adelheid und seiner Tochter Ermengard zu begehen. 1329, 25. Febr.

Isenhagener Urk. 132. 136.

342. Das Kloster Scharnebeck verkauft Sülzrente. 1328, 25. Dec.

Nos frater Gherbertus abbas totusque conventus monasterii in Schermbeke recognoscimus et tenore presencium publice protestamur, quod de maturo consensu et plena ratihabitione omnium nostrorum vendidimus juste vendicionis tytulo Johanni de Bischopinge, burgensi in Luneborg, unum plaustrum salis situm in domo Ulinge — ad usum et utilitatem capelle nove[1]), quam Nycolaus Kint felicis memorie instauravit, libere jure perpetuo possidendum. — Datum anno domini M°CCC°XXVIII°, in nativitate domini nostri Ihesu Christi.

(Siegel des Abtes de Rivo sancte Marie.)

Orig. i. Arch.

343. Segeband und Gebhard von dem Berge verkaufen Sülzrente. 1329, 15. Mai.

Nos Seghebandus et Ghevehardus fratres, famuli, filii quondam Hinrici militis dicti de Monte, in hiis scriptis lucide

1) Die 1867 abgebrochene Kapelle des h. Geist-Hospitals (h. Geistkirche).

13

recognoscimus et testamur, quod — vendidimus infirmis et
procuratori domus infirmorum sancti Nicolai in Bardewich
pensam decem marcarum in sabbatis, que dicuntur sona-
vendespenninge, in salina Luneborg situatam, quam tenemus
in feudo castrensi ab illustribus principibus domicellis Ottone
et Wilhelmo de Brunswic et Luneborch, cum favore eorundem
pro centum marcis Luneborgensium denariorum nobis in
prompto numeratis et perceptis. — Ad repeticionem pense
prenotate, ad quorum omnium et singulorum observanciam
nos una cum promissoribus nostris infra scriptis, Ghevehardo
de Monte, Wernero de Monte, militibus, et Hermanno de
Medinge, famulo, manu unita data fide promisimus et promittimus ad usum et utilitatem infirmorum prescriptorum
Alberto de Molendino, Henrico de Molendino, Nicolao de
Odeme, burgensibus in Luneborch, in solidum et in totum
—. Datum et actum Luneborgh anno domini M⁰CCC⁰XXIX⁰,
kal. Junii XVI.

(Unter den fünf wohl erhaltenen Siegeln der v. d. Berge und v. Meding ist
das des Segeband von dem Berge völlig neu, unter einem Baume, auf
welchem zwei Vögel sitzen, rechts das gewöhnliche Wappen der Familie,
links zwei Lilienscepter im Schilde.)

Orig. d. Arch.

344. Die Junker Otto und Wilhelm von Braunschweig und Lüneburg genehmigen den vorstehenden Verkauf. 1329, 15. Mai.

Orig. d. Arch.

315. Werner und Hermann von Meding versprechen, die vier
Sonnabende Sülzrente, welches Burglehn Segeband von dem Berge
ihnen überlassen hat, dem Verkäufer wieder zurückzugeben oder
durch andere Sonnabende zu ersetzen. 1329, 28. Mai.

Sudendorf, l. c. I, 457.

346. Die Junker Otto und Wilhelm von Braunschweig und
Lüneburg genehmigen ein Statut der Stadt Lüneburg über
Frauenrade. 1329, 31. Mai.

Dei gracia nos Otto et Willehelmus fratres, domicelli

de Brunswich et Luneborch, omnibus presens scriptum visuris
vel audituris salutem in omnium salvatore. Cum id a nobis
poscitur, quod in rationabilem profectum nostrorum subditorum provenit, merito exaudimus. Dilectorum igitur
nobis consulum et universitatis civitatis nostre Luneborch
insinuatio patefecit, quod jus sive consuetudo in tollendis
et percipiendis rebus, que vulgariter vrowenradhe dicuntur,
esset adeo dilatatum, quod plures viri eorum conburgenses
post suarum uxorum obitum in bonis suis gravem jacturam
perciperent et in retroactis temporibus percepissent. Ad
inponendum ergo rigori sive consuetudini hujus juris mode-
ramen congruum dicti consules et universitas de nostro
consensu et beneplacito statuendo ordinaverunt, quod nemo
inter eos deinceps de ipsis rebus, que vrowenradhe dicuntur,
valeat postulare oves vel exigere aliqua nisi solummodo
illa, que persona defuncta tempore sui obitus inconsumpta
ex donatione parentum aut suorum habuit amicorum.
Quicquid vero maritus tam in vestibus quam in aliis supel-
lectilibus et rebus sue uxori conparaverat ante vel post
copulam, illud dare nemini teneatur. Et ut hec ordinatio
sive statutum inter ipsos predicto modo perpetuis observetur temporibus, huic littere in signum nostri beneplaciti
et confirmationis nostra sigilla duximus apponenda. Datum
Luneborch anno domini millesimo trecentesimo vicesimo
nono, in vigilia ascensionis Christi.

(Vorzüglich schöne Siegel der Herzöge.)

Orig. d. Arch. Schreibt vom Abel, Urk. 200 b.

347. Der Rath bezeugt, daß der verstorbene Abt Gerbert von
Scharnebeck einer Vicarie der h. Geistkapelle Sülzrente geschenkt
hat. 1329, 28. Juni.

Nos consules civitatis Luneborch — protestamur,
quod honorabilis vir dominus Gerbertus abbas in Schermbeke pie memorie cum consensu conventus sui dimisit
Johanni de Bischopinge inter nos numerato unum plaustrum
salis quolibet flumine tollendum in salina Luneborch in
domo Ulinge — ad utilitatem et ad usum nove capelle, quam

13*

quondam Nicolaus Kint, noster burgensis felicis ·memorie, instauravit —¹). Datum Luneborch anno domini M°CCC°XXIX, in vigilia beatorum apostolorum Petri et Pauli.

Orig. i. Arch.

348. Das Kloster Lüne verkauft sein Haus in Lüneburg. 1330, 22. Febr.

Gerlacus dei gratia prepositus, Lutchardis priorissa totusque conventus sanctimonialium in Luno omnibus presentes visuris vel audituris salutem in domino sempiternam. Tenore presentium recognoscimus puplice protestantes, quod cum omnium nostrorum consensu unanimi vendidimus dilecto nobis in Christo domino Heynrico de Bucken, presbytero in Luneborch, et Margarete sorori sue curiam nostram, domum, aream et edificia omnia in civitate Luneborch, in quibus ipsi presbyter et ejus soror habitant, jure perpetuo possidenda et ad faciendum cum ipsis, quicquid ipsorum testamentariis post mortem eorum vel eis aut eorum alteri in vita videbitur expedire, ut ea libertate gaudeant et eo jure dictam curiam cum suis edificiis possideant, quibus nos possedimus et potuissemus in futuris temporibus possedisse. In cujus rei testimonium nostra sigilla presentibus sunt appensa. Testes hujus rei sunt dominus Jacobus de Lune, presbyter et nostri monasterii frater, dominus Hermannus Huot, proconsul in Luneburch, et plures alii fide digni. Datum Lune anno domini M°CCC°XXX°, in cathedra sancti Petri.

(Siegel des Propstes und Conventes.)

Orig. i. Arch.

349. Die Herzöge Otto und Wilhelm von Braunschweig und Lüneburg belehnen Ottos Gemahlin, die Herzogin Mechtild, mit dem Sülzzolle als Theil ihres Leibgedinges (dotalicium matrimoniale). 1330, 1. Mai.

Sudendorf, l. c. 1, 493.

¹) Vgl. Urk. 340.

350. Das Kloster Beßingerode verkauft Sülzrente. 1330, 31. Octbr.

Nos Hinricus abbas totusque conventus monasterii in Bexingerode tenore presencium recognoscimus protestantes, quod — vendidimus Johanni Om, burgensi in Luneborch, duos choros salis in salina Luneborch in domo Ebetczinge —. Datum anno domini M°CCC°XXX°, in vigilia omnium sanctorum.

(Siegel des Abtes mit der Umschrift: S. abbatis Novalis sancte Marie.)

Orig. d. Arch.

351. Der Rath bezeugt diesen Verkauf. 1330, 31. Octbr.

Orig. d. Arch.

352. Der Bürger Eylemann Bebe erlaubt den Herzögen Otto und Wilhelm die Einlösung eines verpfändeten Hofes in Ochtmissen. 1330, 11. Nov.

Ik Eyleman Beve, borghere to Luneborch, bekenne unde betughe in dhesseme breve openbare, dhat dhe edhelen vorsten hertoghe Otto und hertoghe Wilhelm van Brunsw. und Luneborch und ere erven edher her Segheband [1]) de schenke unde sine erven moghen van me unde minen erven losen dhen hof to Ochtmissen [2]), dhe dhes schenken wesen hadde, vor vif mark unde hunderd Hamborger penninghe, wan se willet. Hir up hebbe ik min ingheseghel henght in dhessen bref, unde is gheschen na godes bort dhusent jar, drehunderd jar, in dheme dritteghesten jare to sunte Martinesdaghe to Luneborch.

Sudendorf, l. c. I, 496.

353. Wobbeke Abbenborgh, welche drei Jungfrauen im Kloster Isenhagen (Margaretha Garlop und Ghebeke und Gertrud Selde) gekleidet hat, schenkt dem Kloster außer barem Gelde ein Fuder Sülzrente aus dem Hause Berninge und das Kloster übernimmt die Verpflichtung, die Jahresfeier des Bürgers Johann Abbenborg und der Geberin zu begehen. 1331, 9. April.

Isenhagener Urk. 115.

---

[1]) von dem Berge.
[2]) A. Lüneburg.

354. Der Stadtvogt Ludolf von Selzingen verzichtet auf einen Weg und eine Pforte. 1331, 24. Juli.

Ego Ludolfus de Selcynghe advocatus in Luneborch ad noticiam universorum cupio satis lucide pervenire, quod illa porta cum illa via, que est et que vadit inter muros civitatis et domum meam, videlicet domum curie molendini, quam nunc inhabito, eadem via cum porta pretacta est et pertinet civitati seu ad civitatem nunc, prout prius, et nichil juris in dicta via nec in porta habeo nec actionem habeo super hujusmodi aliqualem. Sed si quam haberem, quod absit, presentibus omni renuncio meo sub sigillo. Datum anno domini M°CCC°XXX°, in die sancti Jacobi apostoli majoris.

(Siegel des Ludolf von Selzingen, eine Raute im Schilbe.)

Orig. i Arch.

355. Bulle des Papstes Johann XXII. über den Vertrag des Pfarrers der Johanniskirche mit dem Rector der Lambertikapelle. 1332, 8. März.

Johannes episcopus servus servorum dei dilecto filio Johanni de Wyttorpe, rectori ecclesie sancti Johannis in Luneborch Verdensis diocesis, salutem et apostolicam benedictionem. Cum a nobis petitur, quod justum est et honestum, tam vigor equitatis quam ordo exigit rationis, ut id propter solicitudinem officii nostri ad debitum perducatur effectum. Sane peticio tua nobis exhibita continebat, quod orta dudum inter te et Wernerum de Monte, rectorem cappelle sancti Lamberti in Luneborch Verdensis diocesis, infra limites parrochie ecclesie sancti Johannis dicti loci in Luneburch dicte diocesis conte . . . . . et a dicta ecclesia (große Lücke in der durch Moder angegriffenen Urkunde). Tandem mediantibus probis viris super hiis inter te et rectorem ejusdem cappelle ea amicabilis compositio intervenit, quod tu et rectores ecclesie sancti Johannis in Luneburch predicte, qui erunt pro tempore, omnes obla-

tiones quandocunque et undecunque provenientes ad cappellam predictam debeatis percipere et habere perpetuo,
reliquis redditibus dicte cappelle ipsi rectori integre reser-
vatis, idemque rector ejusdem cappelle et successores sui 10
rectores cappelle predicte, qui pro tempore fuerint, a
solutione dictarum duarum marcarum remaneant perpetuo
absoluti. — Nos itaque tuis supplicationibus inclinati compositionem ipsam, sicut rite et sine pravitate ac provide facta
est et ab utraque parte sponte recepta et hactenus pacifice 15
observata, et in alterius prejudicium non redundat, ratam
et gratam habentes eam auctoritate apostolica confirmamus et presentis scripti patrocinio munimus. Nulli ergo
omnino homini liceat —. Datum Avinione VIII. idus
Marcii pontificatus nostri anno sextodecimo . . . . . ¹). 20

Orig. b. Arch. Transfumt in einer Urk. vom 11. Sept. 1332.

356. Der Ritter Otto von Schwerin verpflichtet sich, die Mühle
in Wichmannsburg wegzuräumen. 1332, 17. Mai.

In nomine domini amen. Nos Otto de Zwerin miles
et Hinricus famulus, filius ejus, tenore presentium protestamur, quod unanimi consensu omnium heredum nostrorum
inter honorabiles viros dominum Wernerum, abbatem
monasterii sancti Michahelis in Luneborch, et inter domi- 5
num Ludolfum, prepositum in Medinghe, et eorum conventus
et nos est taliter ordinatum, quod molendinum nostrum,
quod habemus in Wychmannesborch, penitus destruemus,
nec nos aut nostra hereditaria successio umquam in perpetuum reedificabimus molendinum aut aliquod aliud edi- 10
ficium in illo loco aut in aliquo consimili inter Luneborg
et Cellenhusen ²) ita, quod meatus aque dicte Elmenov a
Czellenhusen usque Luneborch fluxum liberum habeat, quod
naves ascendendo vel descendendo omni careant obstaculo

¹) Die Urkunde ist durch Mäusefraß größtentheils unlesbar geworden.
²) Cellenhusen oder Cellensen, ein eingegangenes Dorf, wo
einst das Medinger Kloster war.

temporibus in futuris, nam omne jus, quod nobis in dicta aqua Elmenov competebat, totum dimittimus et transferimus in dominos abbatem et prepositum et eorum conventus antedictos. Et quia claustrum in Kemenaden unum quadrantem siliginis perpetuis temporibus in ipso molendino Wychmannesborch habere consuevit, ne sibi ex destracto molendino in Wychmannesborch detrimentum eveniat, in alio molendino, Honekemole dicto, quod dicti abbas, prepositus et conventus jure perpetuo dimiserunt, loco ipsius molendini destructi ipsum quadrantem annis singulis in plenam jure perpetuo dimittimus recompensam. Ad observantiam autem hujus ordinationis nos et nostros heredes sive successores obligari volumus in perpetuum, quod honorabilibus viris, dominis abbati, preposito et eorum conventibus predictis nec non dominis Gherlaco preposito in Lune, Wernero dicto Groten, Ghevebardo de Monte, militibus, Alberto de Molendino, Hermanno Houth et Nicolao Hoyken, consulibus in Luneborch, promittimus fide data. In cujus rei testimonium sigilla nostra presentibus sunt appensa. Datum anno domini M°CCC°XXXII°, in dominica Cantate.

(Siegel des Heinrich von Schwerin und des Otto und Gebhard von Schwerin, in letzterem ein springendes Pferd über drei Pfählen.)

Orig. d. Arch.

357. Otto von Schwerin verpflichtet sich, die Mühle in Wichmannsburg wegzuräumen. 1332, 17. Mai.

Dei gratia nos Otto et Willehelmus fratres, domicelli de Bruneswich et Luneborgh, recognoscimus per presentes et publice protestamur, quod Otto de Zwerin, miles, et Heynricus filius ejus, famulus, cum consensu heredum suorum coram nobis se et eorum heredes perpetuis temporibus obligaverunt, quod meatus fluvii dicti Elmenov esse liber debeat, et ipse miles et ejus filius funditus destruent molendinum in Wichmannesborch nunquam deinceps in illo aut aliquo loco inter Luneborch et Cellenhusen reedi-

ficandum, ita quod inter dicta loca Cellenhusen et Lune— ⁱⁱ
borgh ascensus liber pateat navibus et descensus, nam
omne jus, quod dicto militi et ejus filio seu eorum heredibus competere poterit in dicta aqua sive ejus meatu, in
honorabiles viros abbatem in Luneborgh et prepositum in
Medinghe et eorum monasteria plenarie transtulerunt. In ⁱⁱ
premissorum omnium testimonium et hujus ordinationis
approbationem sigilla nostra apposuimus huic scripto.
Datum anno domini M°CCC°XXXII°, in dominica Cantate.

Orig. d. Arch.

359. Werner und Gebhard Grote und Segeband von Wittorf,
welche von Otto und Heinrich von Schwerin einen halben Wispel
Sülzrente aus dem Haufe Mettighe gekauft haben, versprechen
den Herzögen die Rückgabe deßelben oder Erfatz dafür.
1332, 23. Juni.

Sudendorf, l. c. I, 539.

359. Die Herzöge Otto und Wilhelm von Braunschweig und
Lüneburg verkaufen ihre Mühle (Rathsmühle) in der Stadt.
1332, 31. Juli.

We Otto unde Willehelm, hertighen unde jungherren
van der gnade Godes to Brunswich unde to Luneborch,
dot witlik alle dhen, dhe dhessen bref set unde horet,
dhat we hebbet vorkoft to rechtem kope mit willen unde
mit volbort al user rechten erven unde al user nakome- ₁
ling unde mit rade user truwen man Alberte van dher
Molen unde Dithmere unde Johanne, sinen sonen, vortmer
al eren rechten erven, it sin dochtere eder sone, use
molen to Luneborch, dhe boven dhes abbetes molen liget,
mit buwe, mit watere, mit wischen, mit kempen, mit garden, ₁₀
mit allerleye anschote, also we se hadden, vor vifhundert
mark lodighes sulveres also, dhat we noch use erven noch use
nakomeling eder nemant van usenthalven dhar nicht rechtes
inne hebbet, sunder dessen tins. Alle sunavende schal man

us gheven achtein schepel rogken, sunder ver sunavende
binnen dhen achte daghen to paschen, to pinkesten, to
sunte Mycheles daghe, to wynachten. To dhen ver tiden
is man nenes tinses plichtich. Och de herren van Bardewik hebbet dhar inne ver wichempten rogken gheldes;
dhe gad us af in useme tinse. Usen tins schal man us
malen ane matten unde schal ene (me) us voren in dher
stat, wor use ammechtlude willet, ut der stat over nerghen.
Nicht mer rechtes beholde we in den molen noch nen
user erve noch user nakomeling noch nemant van usenthalven, noch bede, noch denest, noch voghedie, noch nen
stuecke, mer en erve len, dhat scholle we mit leve lenen,
wanne man dat van us eschet eder van usen erven eder
van usen nakomeling. Lenede man im dhat nicht, wanne
se dhat escheden, dat ne schal im nen hinder wesen.
Umme dat len schal man nene gave gheven, noch denest
beden. Wolde man se nicht lenen sunder denest eder
gave, se schollen sitten an erer vryheit also lange, went
man se lende. Vorkopet dhe vorbenomden erven dhesse
molen eder dharaf jenich stucke buten dher stat eder
dharinne, dhem schal me dat lenen mit al dher vryheit,
dhe hir steit an dhessem breve. We noch user erven
nen noch nakomeling noch use ammechtlude schollet
dessen molen negher buwen im to schadhen. Dhat water
tvischen dhessen molen unde des abbetes late we im mit
allem rechte. Queme en water op use wisch sunder arghelist, dhar ne schollet se nene not umme lidhen. Holt to
dher molen buwe, se kopent eder biddent, schollet se
voren unghehindert. Dhat alle desse redhe vast unde
stede bliven openbar to tughende, so henghe we user
beider ingheseghel to dessem breve to ewighem bekantnisse alle desser stuecke. Unde is gheschen na godes bort
dusent jar, drehundert jar, an dhem tve unde dhrittighesten
jare, an dhem hileghen avende sunte Peteres to dhem
benden und is an dem herveste.

(Gewöhnliche Siegel der Herzöge.)

Orig. i. Arch.

360. Ritter Otto von Schwerin verkauft von seinem Burglehn dem Bürger Heinrich van der Molen einen halben Wispel Sülzrente aus dem Hause Mettinghe und die Herzöge Otto und Wilhelm von Braunschweig und Lüneburg genehmigen dies.

1332, 16. Aug. Isenhagener Urk. 149. 150.

361. Alheidis, Witwe des Bürgers Johann van Emmessen kauft vom Kloster Distorf ein Fuder Sülzrente aus dem Hause Gerardinge und schenkt sie dem Kloster Isenhagen zur Anschaffung von Hemden. 1332, 29. Sept.

Isenhagener Urk. 152.

362. Ritter Otto von Schwerin verkauft unter Genehmigung der Herzöge Otto und Wilhelm von Braunschweig und Lüneburg dem Bürger Johann Hoyers (Hogeri) von seinem Burglehn ein halbes Wispel Sülzrente aus dem Hause Mettinghe. 1332, 11. Novbr.

Isenhagener Urk. 153.

363. Zeugniß des Rathes in Braunschweig über Dedeko Widenfeld's Testament. (1332, 10. Dec.)

Providis viris et honestis et amicis eorum dilectis et sinceris dominis consulibus civitatis Luneborch consules in Brunswik obsequiosam in omnibus voluntatem. Vestram presentibus scire cupimus honestatem, quod Dedeko Widenvelt, noster conconsul bone memorie, coram nobis cum uxore sua et filiis et filiabus suis secundum modum et tenorem, qui sequitur, suum statuit testamentum, quod nostre civitatis libro memoriali intitulari fecimus et firmari. Nos consules nove civitatis Brunswik recognoscimus in hiis scriptis, quod in presentia nostrorum consulum, scilicet Thiderici dicti Abbas et Thiderici dicti de Brokelde et Henninghi Gherwini et Johannis de Munstede, Dedeco Widenvelt in lecto sue egritudinis, uxore sua presente, filiis suis vocatis, et quod dominus Bruno rector ecclesie sancti Andree rogatus bona voluntate et expresso consensu Johannis filii Dedekonis nomine ex parte ejusdem Johannis pronunciavit, quod idem Johannes consensit, quod domus

sua in Luneborch, quam Hinricus dictus Widenvelt bone
memorie sibi dederat, deberet transire ad omnia bona,
que Dedeko bone memorie relinqueret post mortem suam
ita, quod ipse et Hinricus frater suus et sorores sue
Albeydis et Oda una cum ipso deberent precium et valorem predicte domus cum aliis bonis per Dedekonem relin-
quendis vel relictis equaliter dividere omni contradictione
cessante, et mater eorum Albeydis deberet eos in tutela
sua tenere, quamdiu non duceret alium maritum, et quum
alium maritum ducere vellet, tunc de omnibus bonis predictis deberet centum marcas examinati argenti recipere
et eisdem stare contenta; in quo predicta uxor Dedekonis
et filii memorati voluntate unanimi consenserunt. Acta
sunt hec anno domini M°CCC°XXX° secundo, feria quinta
ante festum Lucie virginis. Insuper vos scire conamur,
quod littera sive exscriptum, que vobis una cum presenti
per ostensorem presentium presentatur, infallibiliter per
nostram audientiam et examinationem est cum vestra
littera sigillo vestre civitatis signata, quod Johanni filio
Dedekonis de possessione domus in Luneborch dedistis,
exstitit concordata. Datum in sabbato ante Margarete
virginis. Transſumt in der Urk. 1333, 10. Juli. Gleichzeitige Abſchrift.

361. Gerbert Sodmeſter ſchenkt Konrad Segers ein Haus. 1333, 2. Mai.

Nos consules civitatis Luneborch Hermannus Hoth, Thidericus Thode, Borchardus de Luchou, Hartvicus de Salina,
Albertus Holle, Eylemannus Beve, Nycolaus Hoyke, Johannes
Dicke, Hinricus de Molendino, Johannes Biscopinge, Thidericus Schiltsten, Johannes de Molendino tenore presentium
publice protestamur, quod Gherbertus Magistriputei sane
memorie ex certa sciencia dedit Conrado Seghehardi
et uxori sue Hebelen et justis heredibus eorundem
camenatum junctum domui sue cum curia ante et
retro funiculo recte tracto. Dedit etiam sibi posse edifi-
candi supra murum domus versus aquilonem, quod sibi

vel suis heredibus in edificiis videbitur expedire, prout
nostro sigillo publice protestamur. Datum anno domini
M⁰CCC⁰ tricesimo tertio, in vigilia inventionis sancte crucis.

Orig. d. Arch.

**365. Zwölf Bischöfe ertheilen Ablaß für die Johanniskirche.
1333, 13. Mai. Bischof Johann von Verden genehmigt dies.
1333, 13. Oct.**

Universis Cristi · fidelibus nos consecratione divina
Guilelmus Antibarensis archiepiscopus (hier folgen noch elf
sonst völlig unbekannte Bischöfe) salutem in domino sempiternam. Splendor paterni luminis — sanctorum suorum
meritis et precibus adjuvatur. Cupientes itaque, ut ecclesia ₅
parochialis sancti Johannis Baptiste in Luneborch et perpetua capella beate Elizabeth vidue sita in ecclesia predicta
Verdensis dyocesis congruis honoribus frequententur et ob
eorum piam intercessionem apud dominum nostrum
Ihesum Cristum studiosius venerentur, omnibus vere peni- ₁₀
tentibus et confessis, qui dictam ecclesiam sancti Johannis
in suis festivitatibus et singulis diebus dominicis et festivis
et capellam beate Elizabeth predictam causa devotionis
et orationis accesserint, et qui plebanum seu presbiterum
dicte ecclesie in deportatione sacre eucharistie sanctissimi ₁₅
corporis et sanguinis domini nostri Ihesu Cristi ad infir-
mum et ejusdem plebani seu presbiteri reditum ad eandem
ecclesiam secuti fuerint, et qui post inunctionem olei sancti
infirmorum plebanum vel presbiterum ad cimiterium ejusdem ecclesie secuti fuerint, et qui cimiterium ejusdem ecclesie ₂₀
circuierint, orationem dominicam et psalmum de profundis
vel alias orationes pro omnium fidelium defunctorum
salute devote orantes dixerint, et qui in crepusculo in pul-
satione campane flexis genibus et complosis manibus ter
salutationem angelicam cum devotione legerint, et qui ad ₂₅
structuram dictarum ecclesie et capelle ac plebani et capel-
lanorum earum subventionem manus extenderint adjutrices,
et qui ad libros, calices, ornamenta, preparamenta et lumi-

naria sepedicte capelle beate Elizabeth dona divitiarum et
elemosinarum suarum dederint, quotienscumque premissa
fecerint, nos omnipotentis dei misericordia et beatorum
Petri et Pauli apostolorum ejus meritis et auctoritate con—
fisi singuli nostrum quadraginta dies indulgentiarum de
injunctis eis penitentiis misericorditer in domino relaxamus,
dummodo loci dyocesanus, ubi predicte ecclesia et capella
consistunt, ad id consensum prebuerit et assensum.   In
cujus rei testimonium sigilla nostra decrevimus fore presen—
tibus appendenda.   Datum Avinione XIII. die mensis Mayi
pontificatus sanctissimi in Cristo patris ac domini, domini
Johannis divina providentia pape vicesimi secundi, anno
decimo septimo.

Nos Johannes dei gratia Verdensis episcopus prescriptas
indulgentias confirmamus, approbamus et in nomine domini
ratificamus et de omnipotentis dei misericordia confisi quadra—
ginta dies indulgentiarum de injunctis penitentiis in domino
relaxamus.   Datum et actum anno domini M°CCC°XXXIII°,
feria quarta post Dyonisii proxima.   In cujus facti eviden—
tiam nostrum sigillum duximus presentibus apponendum.

(Siegel sind vorhanden gewesen, fehlen jetzt aber gänzlich.)

Orig. i. Arch.

366. Die Herzöge Otto und Wilhelm von Braunschweig und
Lüneburg willigen in den Verkauf eines Burglehns auf der Sülze.
1333, 13. Mai.

Nos Otto et Wilhelmus dei gratia duces de Brunswich
et Luneborg, fratres, recognoscimus in hiis scriptis, nos et
nostros heredes consentire venditioni facte per Wernerum
de Berghe, famulum, Henrico de Molendino, burgensi in
Luneborg, et suis complicibus Alberto de Molendino,
Hermanno Hout, Tyderico Toden, proconsulibus ibidem, pro—
curatoribus domus infirmorum sancti Nycholai in Barde—
wich ad utilitatem ipsorum infirmorum ementibus — dimidium
chorum salis in salina Luneborg in tota domo Volquar—
dinghe —, quem a nobis in castrensi feudo habuit Wernerus

memoratus. In cujus nostri consensus testimonium sigilla nostra presentibus sunt appensa. Datum anno domini MᵒCCCᵒXXXᵒIIIᵒ, in die corporis Christi.

(Die bekannten Siegel der Herzöge.)

366ᵃ. Der Rath bezeugt den Verkauf. 1333, 15. Mai.

367. Johann und Konrad von Saldern versprechen, einen halben Wispel Sülzrente im Hause Volquardinghe, den ihnen Werner von dem Berge von seinem Burglehne verkauft hat, den Herzögen Otto und Wilhelm wieder einzuräumen. Dasselbe gelobt Werner von dem Berge in Hinsicht eines halben Wispels Sülzrente aus dem Hause Mettinghe. 1333, 5. Juni.

Sudendorf, l. c. 1, 553, 554

368. Der Bischof Johann von Verden bestätigt den von anderen Bischöfen den Beginen gegebenen Ablaß. 1333, 8. Oct.

Johannes dei gracia Verdensis episcopus universis Christi fidelibus presencia visuris seu audituris salutem in filio virginis crucifixo indulgenciam venerabilium in Christo patrum et dominorum episcoporum prescriptorum dilectis in Christo filiabus beghinis Luneburgensis civitatis ad domos novas mansionesque edificandas, in quibus creatori nostro ejusque pie matri Marie valeant famulari devotius, concessam et traditam in nomine domini confirmamus in hiis scriptis; volentes tamen, ut fructus noster eciam aliqualiter appareat, omnibus vere penitentibus et confessis, qui ad fabricam domorum et mansionum predictarum manus adjutrices porrexerint seu in extremis laborantes quicquam facultatum suarum legaverint, quadraginta dies de injunctis sibi penitenciis misericorditer relaxamus. In cujus rei evidenciam sigillum nostrum presentibus est appensum anno domini MᵒCCCᵒXXXIIIᵒ, feria sexta ante Dyonisii.

369. Die Knappen Otto, Johann und Werner Brüder von Mel-
bed schenken gewissen Nonnen des Klosters Walsrode und nach
deren Tode dem Kloster ein halbes Fuder Salz. 1333, 2. Nov.

Walsroder Urk. 137.

370. Bischof Johann von Verden erneuert eine Verfügung des
Bischofs Konrad über Testamente in Lüneburg. 1333, 2. Nov.

Johannes dei gratia Verdensis episcopus universis Christi
fidelibus salutem in omnium salvatore. Recognoscimus
publice protestantes infra scriptam vidisse et legisse litteram non cancellatam, non abolitam nec in aliqua sui parte
5 vitiatam in hec verba: (hier folgt Urf. 222 vem 5. Mai 1297.)
Nos vero prescriptam litteram per nos examinatam
secundum omnem suum modum et formam innovamus,
approbamus et confirmamus in nomine domini in hiis scriptis.
In premissorum evidentiam nostrum sigillum presentibus
10 est appensum. Anno domini M°CCC°XXXIII°, in crastino
omnium sanctorum. Orig. d. Arch.

371. Bischof Johann von Verden bestätigt einen Vergleich des
Pfarrers der Johanniskirche mit dem Rector der Lambertikapelle.
Rotenburg, 1334, 11. Jan.

Johannes dei gratia Verdensis episcopus omnibus, quorum interest vel in futurum poterit interesse, sinceram in
domino caritatem. Cum rectori ecclesie sancti Johannis
in Luneborch rector capelle sancti Lamberti ibidem dare
5 duas marcas sub pena interdicti pro ipsius capelle oblationibus annis singulis teneretur et ipsi rectores tam ecclesie
quam capelle de voluntate incliti principis, domini Ottonis
ducis de Brunswich et Luneborch sane memorie, et consilio
plurium discretorum ordinaverint, quod, quicunque deinceps
10 ipsam cappellam sancti Lamberti habuerint, oblationes
qualescunque in ipsa capella oblatas rectori ecclesie sancti

Johannis debeat presentare et a censu duarum marcarum
per consequens sit solutus, igitur, cum premissa ordinatio
sit rationabilis et per omnia juri consona et conformis,
ipsam approbamus in nomine domini, sicut per nostrum 15
predecessorem dominum Nicolaum sane memorie, per ca-
pellanum et per archidiaconum est communiter approbata,
statuentes hac constitutione perpetuo valitura in tempore,
ut, quecunque persona ipsam cappellam beati Lamberti
tenuerit, quando et quotiens requisitus fuerit, ipsi rectori 20
ecclesie sancti Johannis omnes oblationes dicte cappelle integraliter representet. Quicunque vero contra predictam
ordinationem quicquam fecerit publice vel occulte, nisi
revocet infra quindenam a tempore requisitionis faciende
per certum nuntium illius, cui fit injuria, numerandam, 25
excommunicationis sententiam, quam nos in eum in hiis
scriptis ferimus, ipso facto se noverit incurrisse. In evidentiam sigillum nostrum presentibus est appensum. Datum
Rodenburch anno dominice incarnationis millesimo trecentesimo tricesimo quarto, feria tertia proxima post epipha- 30
niam domini.   Orig. b. Arch.

372. Bischof Johann von Verden gewährt dem Hospitale im
     S. Nicolai Hofe Ablaß. Lüneburg, 1334, 5. Febr.

Nos Johannes bonitate divina Verdensis ecclesie episcopus universis Christi fidelibus presentia visuris salutem
et benedictionem a domino sempiternam. Ut hospitale infirmorum in Bardewich per nos incrementum promocionis suscipiat, quod multorum solacio et auxilio dinoscitur indigere, om- 5
nibus et singulis vere penitentibus de facultatibus sibi a domino
collatis in elemosinarum collacione eidem manum adjutricem
porrigentibus de omnipotentis dei misericordia et beatorum
apostolorum Petri et Pauli ejus meritis et auctoritate confisi
quadraginta dies et karenam de injuncta eis penitentia in nomine 10
domini misericorditer relaxamus. Datum Luneborch anno
domini MoCCCoXXXIIIIo, in die Aghate virginis et martyris.
   (Die beiden seibenen Schnüre tragen keine Spur eines Siegels.)
                                          Orig. b. Arch.
14

373. Ritter Werner von Boldensen verkauft dem Bürger Johann von Melbeck den Zehnten des Dorfes Dachtmissen. 1334, 19. Febr.

Nos Wernerus de Boldensele, miles, presentibus protestamur, quod heredum nostrorum consilio et consensu ex certa sciencia vendidimus juste vendicionis titulo Johanni de Melbeke, burgensi in Luneborch, et suis heredibus deci-
5 mam tam majorem quam minutam ville Dachmissen[1]) cum omni jure, quod habuimus in eadem, et nos eidem Johanni et suis (heredibus) cum nostris compromissoribus infra scriptis stabimus pro debita warandia secundum consuetudinem approbatam ita, quod, si quidquam impedimenti
10 passi fuerint dicte decime possessores, infra duos menses continuos a nobis facta notificacione tenebimur disbrigare. Super hiis omnibus et singulis cum domino Ghevehardo milite, Ghevehardo famulo dictis Groten, Wernero patruo nostro dicto de Monte, Hildemaro de Odem, famulis, unita
15 manu compromittimus fide data corporaliter observandis. Promittimus autem eidem Johanni et suis heredibus Alberto de Molendino, Thiderico Schiltsten servare singula requisiti. Datum sub nostris sigillis anno domini M⁰CCC⁰XXXIII⁰, in sabbato ante dominicam Reminiscere.

(Zwei Siegel der von dem Berge, eins der Groten, eins der von Ebeme, eins mit einer liegenden Lilie, aber undeutlicher Umschrift, alle ziemlich gut erhalten aber abgefallen von der durch Moder sehr beschädigten Urkunde.)

Orig. v. Arch.

374. Die Herzöge Otto und Wilhelm von Braunschweig und Lüneburg schenken dem Bürger Johann von Melbeck das Lehnrecht über den Zehnten von Dachtmissen. 1334, 19. Febr.

Nos Otto et Willchelmus dei gratia duces de Brunswich et Luneborch presentibus protestamur, quod de consilio et consensu tam heredum quam fidelium nostrorum condicimus presentibus et donamus Johanni de Melbeke,
5 nostro burgensi in Luneborch, et suis heredibus vel ad

____
[1]) A. Lüneburg.

quos duxerit — ferendum jus inpheudandi et specialiter
ipsum feudum decime tam majoris quam minute in villa
Dachmissen ¹) cum omni jure, quo dicta utraque decima a
nostris progenitoribus cessit nobis, ita, quod nec idem Johannes nec quisquam de posteris, ad quos dicta decima ¹⁰
quocumque titulo devenerit, a nobis vel nostris posteris
inpheudacionem requirere teneatur, sed gaudeat vel gaudeant presenti donacione pro sufficienti juste possessionis
valido tutamento; nobis vero aut nostris posteris in dicta
decima nichil juris duximus reservandum. Datum sub ¹⁵
nostris sigillis anno domini MºCCCºXXXIIIº, in sabbato
ante Reminiscere.

(Die Urkunde ift durch Moder fehr befchädigt; von den beiden Siegeln der
Herzöge ift das eine abgefallen, aber vorhanden.)

Orig. d. Arch.

375. Die Herzöge Otto und Wilhelm von Braunfchweig und
Lüneburg urkunden über das gerichtliche Verfahren in der Stadt.
1334, 28. Febr.

Van godes gnadhe we Otto unde Willehelm, hertighen
to Brunsvich unde to Luneborch, bekennet unde tughet
openbare an dessem breve, dhat we mit willen unde mit
volbort alle user rechten erven unde mit rade user truwen
man hebbet anesen not unde bede user borghere to Lune- ⁵
borch, dar use voghede ordele vragheden gichteswelke
borghere, de der nicht ne konden vinden. Dhes gheve we
im to ewighen gaven unde to rechte, dhat de borghere
der stat to Luneborch schal man nicht in dhat richte
ladhen, in en si vore boden, wante man schal se nener ¹⁰
ordele vraghen, mer dhe vorspraken allene; dhe schal dhe
rat setten; dhe schollet allene ordele vinden van anwisinge
des rades. Ok wille we, quem en brokehaftich man in
dhe stat eder jemant in der stat broke dede, dhe nenen
borghen mochte hebben, dhen schal man nicht setten an ¹⁵
use hechte, wen in der stat hechte; dhen schal men

¹) U. Lüneburg.

14*

dhar nicht ut laten, wen mit usen willen unde des
rades unde des sakewolden. Dede aver en man broke,
dhe to dem schilde boren were, dhen schal man setten in
20 dhen torn boven der nedersten molen to user hant unde
des rades unde des sakewolden, unde dhar nicht ut, wen
mit usem willen unde des rades unde des sakewolden.
Worde ok unschikliken en man, dhe to dem schilde boren
were, sat to dhes boden huse, wanne dhe rat dhes be-
25 richtet wert, dhen schal man setten in den torn sunder
vare. Wer ok, dhat we edher use ammechtlude, jemande
anvengen in der stat, dhe weder us witlike broke hedde
unde nenen wedder dhe stat, dhen wil we setten an use
hechte, wor we willet; dharmede schal sich de rat noch
30 de stat nich bewerren. Ok wille we, dhat dhe borghere
unde ere sinde schal man an nene hechte setten, dhewil
se borghen hebbet; man schal se in der stat to borghe
beden. Ok wille we, wes sich de rat belyen wel bi erme
edhe, dhat ere recht si unde giwesen hebbe, dhar schal
35 man se bi laten. Dhat desse ding vast unde stede bliven,
so hebbe we to eneme orkunde use ingheseghele hengt to
dessem breve, unde is gheschen na godes bort dusent jar,
drehundert jar, an dhem verundedrittighesten jare, des
manendaghes vor mitvasten. Orig. v. Arch. Sabendorf, l. c. I, 566.

376. Der Rath bestätigt den Inhalt der vorstehenden Urkunde.
1334, 28. Febr.

We ratman unde we borghere der stat to Luneborch
bekennet in dessem breve openbare vor alle den, de en
horet eder seet, dat we unde use nacomlinghe den
erbaren vorsten hertogen Otten unde hertogen Wilhelme
5 van Brunswik unde van Luneborch, usen herren, unde alle
eren rechten erven also vaste holden schullet unde willet,
also se us ganz unde ane wandel alle desse dhingh unde
alle dhit recht, dat hir na bescreven steyt, dat se us
gheven unde beseghelet hebbet, dat love we en vor us
10 unde vor use nacomelinghe in desseme sulven breve. To

dem ersten male ghevet se us to enem rechte, dat man
de borghere der stat to Luneborch in dat richte nicht
laden schal, it en si voreboden, unde en schal de nener
ordele vraghen, mer de vorspraken allene; de scal de rad
setten, de schollet de ordele vinden van anwisinghe des
rades. Vordmer, queme en brokhaftich man in de stat,
eder dede jen man broke in der stat, de nenen borghen
hebben mochte, dene schal man setten in der stad hechte
unde nicht in user herren hechte, unde en schal dar nicht
ut laten, wen mit user herren willen unde des rades
unde des sakewolden. Dede over en man broke, de to
dem schilde boren were, den scal man setten in den torn
boven der nedersten molen to user herren hand unde
des rades unde des sakewolden, unde dar nicht ut, mer
mit user herren willen unde des rades unde des sakewolden. Worde ok unschikliken en man, de to dem
schilde boren were, sat to des boden hus, wanne de rad
des berichtet wert, den schal man setten in den torn
sunder vare. Were over dat user herren voghet eder ere
boden jen manne venghen in der stat, de weder se witlike
broke hedde unde nenen weder de stat, den scholet se
setten in ere hechte, wor se willet; dar en schal sik de
rat unde de stat nicht mede bewerren. Ok en schal man
de borghere der stat to Luneborch unde ere inghesinde
in nene hechte setten, de wile se borghen hebbet. Man
schal se in der stat to borghe beden. Vortmer wes sik
de rad bi erem edbe beligen wel, dat ere recht si unde
giwesen hebbe, dar schullet us use herren bi laten.
Hirup hebbe we user stat inghesseghel henght in dessen
bref. Dhit is geschen na godes bort dhusent jar, drehundert jar, in dem ver unde dritteghesten jare, des manendaghes vor midvasten. **Orig. d. Arch. Sudendorf, l. c. l, 567.**

**377. Die Gebrüder von Gartow verkaufen den Zehnten der
Dörfer Holtorf und Crißowe. 1334, 28. März.**

Noverint universi presencia visuri seu audituri, quod

nos Fredericus senior, Hennigus junior, Baldewinus, famuli.
fratres dicti Ghartowe, inpignoravimus juste obligationis
titulo Ottoni, Antonio, Hinrico, Seghebando, fratribus dictis
de Thunis, ac eorum heredibus legitimis et veris decimam,
que de viginti mansibus derivari poterit annuatim, cum
omni jure, quo nos usque in hec tempora possedimus in
villa Holtdorpe ¹) et in villa Criszowe ²) pro quadraginta
marcis Stendaligensis argenti. Si vero Otto de Thune vel
sui fratres aut eorum heredes in prenarrata decima aliquam reciperent occupationem vel infestacionem, quam nos
fratres prescripti de Ghartowe, si necesse fuerit, totaliter
disbrigabimus condictione penitus aliquali, quod antedictis
Ottoni, Antonio, Hinrico, Seghebando, fratribus de Thunis,
manu conjuncta ac fide data firmiter promittimus in hiis
scriptis. Cum autem Fredericus vel Henigus seu Boldewinus fratres sepius habiti nominati de Ghartowe predictam
decimam pro antedicta pecunia redimere decreverint, tunc
ipsas quadraginta marcas Stendaligensis argenti non in
aliquo loco alio quam in civitate Luchowe persolvebunt.
In cujus testimonium sigilla presentibus sunt appensa.
Datum Ghartowe anno domini M°CCC°XXX°IV°, feria secunda pasce.

(Zwei Siegel der von Gartow; Vogelklaue.)

Orig. i. Arch.

378. Die Rathmänner Albert van der Molen, Hermann Hoth
(nicht Hoch, wie die Lübecker Urk. hat), Borchard von der Heide,
Hartwich (nicht Hartmann) van der Sulte, Ehlemann Beve (nicht
Bene), Nicolaus Hohke, Johann Dicke, Ditmar Sabel, Heinrich
(nicht Hermann) van der Molen, Diedrich Schilsten, Johann van
der Molen, Gerbert Lübberstedt erklären, daß für das h. Geisthospital in Lübeck Sülzrente erkauft ist. 1335, 24. März.

Lübeck. Urk. II, a. 608.

¹) A. Gartow.
²) jetzt unbekannt.

379. Der Knappe Heinrich Kint verkauft dem Bürger (burgensi et civi) Johann Stoteroghen seinen Erbhof in Golstede[1]) für 50 Mark Lüneb. 1335, 25. Mai.

Büttner's Genealog., fam. Stöteregge.

380. Die Familie Schack verkauft den halben Zehnten von Kirchgellersen[2]). 1335, 11. Juni.

In omnipotentis dei nomine amen. Ad perpetuam rei memoriam. Nos Ekkebardus famulus, Ludolfus et Johannes milites et fratres, Gevehardus, Hinricus et Otto, filii Hinrici militis pie memorie, Hermannus et . . . . holdus fratres, filii Hermanni militis bone memorie, communiter dicti Schakken, presentibus recognoscimus publice et potestamur, quod discreto viro domino Conrado Segherdes et suis heredibus . . . . . . in Luneborg cum consensu et ratihabitione omnium nostrorum heredum et omnium interesse . . . . . . dimisimus justo vendicionis titulo dimidietatem decime Kercgheldessen majoris et minute cum omnibus juribus, redditibus et pertinenciis intra et extra, agriculturis cultis et colendis, quibus ipsam nos et nostri progenitores possedimus, habuimus et tenuimus in hunc diem, jure hereditario pro centum et viginti quinque marcis Hamburg. denar. nobis ab ipso totaliter persolutis . . . . . ., quod non contra veniemus in futurum, nullum nobis et nostris heredibus jus penitus reservantes in eadem, plenam warandiam per nos et nostros heredes dictarum decimarum ac aliorum premissorum eisdem perpetuis reservando temporibus . . .
. . . . . . quemcunque laboribus (zwei unlesbare Zeilen) cuilibet ipsorum juramento nobis declarato, prout consuetudo terre postulat, plenissime refundendo. Obligamus eciam nos ad . . . . feudi in solidum procurandum. Quod si facere non potuerimus nostro jure, affirmamus (zwei unlesbare Zeilen) et in litteris nostris patentibus pro . . . . . . resignamus renunciantes in hiis scriptis omni

---

¹) Golste, A. Medingen.
²) A. Lüneburg.

auxilio juris . . . . ac omni dolo malo, per
quod . . . . fugere possemus, ad . . . . nos
10 obligamur et nostros heredes omnia et singula prescripta
. . . . stipulanti dominis Alberto
de Molendino, Hermanno Hout, Tyderiko Toden, proconsulibus, et Tiderico Schilsten . . . . unita
manu data fide in solidum . . . . In cujus nostre
15 compromissionis et fidei observantie testimonium pro . . .
. . . . sigilla nostra communiter . . . . Datum
anno domini M⁰CCC⁰XXXV⁰, in die sancte Trinitatis ¹).

Orig. i. Arch.

281. Herzog Erichs und Alberts von Sachsen (Lauenb.) Urkunde
über den Lüneburger Salzhandel und die Zollabgabe in ihrem
Lande. Lauenburg, 1335, 1. Aug.

Van godes gnadhen we hertich Erik unde hertich
Albert van Sassen, van Westfalen unde van Angeren bekennet an dhessem breve, dhat we deghedinget hebbet mit
dhem rade van Luneborch unde se mit us, dhat we her-
5 tich Erik schollet jeghen Erteneborch ²) buwen ene nederlaghe unde setten dar tve hus, dar man solt unde ander
gut velich nederleghen moghe. Dhe nederlaghe scholle
we besetten mit tunnemekeren unde mit anderen guden
luden, de dhem kopman sin bequeme. Lubisch recht schal
10 dar wesen. Dhe borghere van Luneborch eder we betunnet solt dhar voret, de schollet na older wonheit vor
de last ver schillinge to tollen gheven, also man plach to
Louenborch to ghevende. vor teyn leste viftehalven schilling to aringpenninge, de man ghaf to der Bokhorst, uns
15 hertighen Erike tve penninge vor dhe last unde tve dhen
dregheren vor dhe last op to windende unde to bringende
over dhat hus. Dhat sulve schal man don vor dhen
haring. Van teyn lesten soltes, dhe dar betunnet komet,
mach de toller ene tunnen nemen vor achte schillinge af

¹) Die Urkunde ist sehr beschädigt, daher so lückenhaft.
²) Artlenburg, A. Lüneburg.

to slande in dhem tollen. Vor dhen wispel loses soltes, [10]
dat man to schepe voret, schal man gheven verteynde
halven penning na older wonheit. Solt, dat man dhar
bestot, vor dhe last tve penninge to buedelaghe, it si licht
eder svar. Gut, (dat man) dhar op schepet, dhat dar gi
tollenplichtich heft ewesen, schal sin olden plicht dar [21]
gheven. Mochte man der Elve ane schep van vroste
bruken, man schal dar nemande to verschatte dvingen.
Al tunnenholt des ganzen woldes [1]), dhat legke we to
Erteneborch to der nederlaghe to vorende ane tollen, dat
schal man us afkopen eder usen ammechtluden. Al ander [30]
holt, dat man us afkoft eder usen ammechtluden, dhat
schal man to Hachede [2]) voren unde schal it dar schepen.
Dhar schal man us hertighen Alberte gheven vor den
pram holtes ver schillinge to tollen, tvene schillinge vor
den kanen holtes, tvene vor dhe ek mit holte unde tve [31]
vor dhen kunkel. So schal man it al to Luneborch velich
voren. Haring unde allerhande gut, dat to Molne kumt,
schal dar tollen na older wonheit unde nicht to Erteneborch. Nen kif noch slachtinge der boden schal der
herren gude schaden. Allerleye gruntroringe schal man [40]
an allen steden upwinnen ane vare. Wer, dhat we mit
usen omen van Luneborch scheleden, na den utganden
daghen schal de kopman mit allem gude ver weken velich
wesen, to komende, dar he wille. Wer ok, dhat we
vedderen scheleden undertvischen, so schal kopmangut [45]
unde pouzman an user beider leide wesen unde velich
vor alle dhen, de dor us doet unde latet. Worden ok de
borghere mit us des to rade, dat man solt los konde
overbringen, so scolle we hertich Albert mit usen borgheren
to Molne dat vormoghen, dhat se schep dhar to buwen, [50]
de darto sin bequeme, dat man it droghe to Lubeke
bringe. Mochte man us herren merklike not bewisen, dat
man dessen wech nicht ne mochte varen, so schal man
den olden weder varen ane vare. We hertich Erike

[1]) Sachsenwald im Herzogth. Lauenburg.
[2]) Geesthacht.

willet de nederlaghe to Erteneborch mit dhem buwe ewichliken holden. Hir over heft ewesen her Wolf van dem
Svartenbeke, her Ludeke Scharpenberch, her Ludeke
Schacke, her Johan Scharpenberch, her Bertram van Louenborch, alle riddere unde use truwe man, und is gheschein
mit erem rade. Dhat we herren unde use erven unde de
na us komet alle desse stuecke sin plichtlich to holdende
ewichliken, des so hebbe we user beider inghesegbel hengt
to dessem breve, unde is eschen to Louenborch op dem
huse na godes bort dusent jar, drehundert jar, an dem
vif unde drittighesten jare, an sunte Peteresdaghe to dem
benden. (Zwei große schöne Siegel beiber Herzöge.)

Orig. des Arch. Subendorf, l c. I, 586.

381 a. Eine zweite Originalurkunde des Archivs ist der obigen
gleichlautend, nennt aber keine Zeugen und schließt einfach mit den
Worten: dhit is geschen to Louenborch etc.

(Die Siegel, wie an der obigen Urkunde.)

382. Herzog Erichs von Sachsen (Lauenb.) Urkunde über die
Ausfuhr des Tonnenholzes[1]) nach Lüneburg. 1335, 2. Aug.

Van godes gnaden we hertich Erik tho Sassen, Westfalen unde van Angern bekennet an dhessem breve, dhat
we ganz orlof des ghegheven hebbet mit volbort user
rechten erven, al dhat tunnenholt, dhat man utem wolde
vort to Ertheneborch to dher nederlaghe, dhat schal man
voren tho Luneborch ane tollen, is dhat man dhes dhar
mach enberen. Dhat tughet use inghesegbel ghehangen
to dessem breve, unde is gheschen na godes bort dusent
jar, drehundert jar, an dhem vifundedrittighesten jare, an
dhem anderen daghe na sunte Peteres to dem benden.

Orig. d. Arch. Subendorf, l. c. I, 587.

[1]) Subendorf l. c. hat irrthümlich Tannenholz.

383. Der Stadtvogt Knappe Borchard Snewe vertauscht mit dem Michaeliskloster eine leibeigene Frau in Rieste [1]) gegen den Sohn des Meiers in Wienebüttel [2]). Lüneburg, 1335, 10. Aug.

Urk. des Kl. Michael. I, 384.

384. Ritter Huner von der Odeme verspricht, sein Burglehn in Lüneburg, welches er auf drei Jahre verkaufen dürfe, nach der Zeit wieder zu kaufen. 1336, 8. Sept.

384 a. Ein ähnliches Versprechen giebt Heyneke von Dannenberg. 1336, 18. Novbr.

Sudendorf, l. c. I, 597. 603.

385. Die Herzöge Otto und Wilhelm von Braunschweig und Lüneburg genehmigen Huners von Odeme Verkauf von Sülzrenten. 1336, 8. Octbr.

Dei gratia nos Otto et Willehelmus fratres et duces de Brunswich et Luneborch presentibus publice protestamur, quod Hunerus dictus de Qdem, miles, de nostro ac successorum nostrorum beneplacito et consensu vendidit juste venditionis tytulo Johanni dicto Hoyman juniori, nostro burgensi in Luneborch, et suis heredibus denarios centum sabbatorum circa festum penthecostes occurrentium, de quinquaginta domibus saline Luneborch procedentium ita, quod de quolibet sabbato cedunt quinque talenta Luneborgensis pagamenti, jure hereditario perpetuo possiden- dos —. Datum sub nostris sigillis anno domini M⁰CCC⁰XXX⁰ sexto, in vigilia sancti Dyonisii et sociorum ejus.

Orig. d. Arch.

385 a. Verkaufsurkunde des Ritters Huner von Odem vom 9. Octbr. 1336.

Orig. d. Arch.

[1]) A. Medingen.
[2]) A. Lüneburg.

386. Herzog Erichs von Sachsen (Lauenb.) Urtheilsspruch über Leibgedinge. Lauenburg, 1337, 9. März.

Wy Erik van der gnade godes hertoghe tho Sassen sint ghevraghet umme en recht, dat hirna screven steit van worde tho worde, umme twedracht, dede is twischen Gherde van Odeme umme siner moder lifghedingh up ene sid unde de borgher van Luneborgh af ander sit, dat der vorbenomden vrowen tovunden is vor deme hertoghen van Luneborch, dar he en richte sad ane·jenegherhande wedersprake in der sulven stad tho Luneborch, dar dat liffghedinch ghelegen is, also de vrowe des vulkomen mach vor deme hertoghen van Luneborch unde sinen mannen, ritteren unde knapen, de er dat liffgedinch todeleden vor dem hertoghen in deme richte, dar de borghere van Luneborch over weren unde vele ander gude lude. Hir spreke wy her Bertold van Ritzerowe unde her Detleff van deme Duvenze, riddere, en recht tho. Na dem male dat der vrowen dat lifghedinch thovunden is vor deme hertoghen van Luneborch sunder jenigherleye wederrede und se jo overbodich was unde is, dat se dat recht don wolde unde wel, wor er de hertoghe enen dach legghe, dat se tho rechte by ereme lifghedinche bliven scal, so er tovunden is, alsus was dat recht bescreven van Gherdes weghen. Van der stad weghene was dat recht aldus: Wy her Werner de Grote, her Albert van der Molen spreket dit vor eyn recht: we up gud wil spreken, de schal comen in dat richte, dar dat gut ynne leghet. Sint de vrowe spricht uppe sultegud, dat in statrechte leget, so schal se comen to den stenen vor de sulte unde vorderen dat mit der stad rechte, alse alle lude gi dan hebbet, de goud vordereden up der sulten unde is ne broken. Vortmer Gherd van Odeme schuldeghet den rad, dat he siner moder gud hebbe nomen. Des spreke wy, de rad si sich neghero des to werende, den men eme overtoghande, unde scal sine unscult bewisen, wo he scal van rechte, sint de vrowe ne goud warf mit rechte. Up alle desse stucke spreke wy vorbenomde

hertoge Eric van Sassen en recht alsus: Mach de vrowe **
des vullecomen, dat se uppe liffghedinch ghesproken hefft
in gut, dat uppe der sulten leghet und dat de hertoghe
en recht geseten hefft uppe der sulten, dar he id tho rechte
sitten scholde umme sulteguot, unde de ordele sind gegheven
unde vunden van den, de se to rechte gheven und vinden *°
scolden ane jenigherleye wedersprake, so spreke wy dat
vor eyn recht, dat men id to rechte beghinnen scal, dar
id bleff in dem lesten richte. Mach se des nicht vullen-
komen, wil se denne spreken uppe liffghedinge, dat uppe
der sulten licht, so schal se tho rechte komen, dar id licht. **
Vortmer umme dat Gherd van Odeme sculdeget den rad
umme siner moder lifgedinge, dat he ere nomen hebbe,
bekennen se des, se scolent billeke wedder don, bekennen se
des nicht, se moghen darvan comen mit rechte, se en hebben
den sunderlik recht, dat men se overtughen moghe. To *°
ener betughinge desses rechtes hebbe wy use ingesegel
henghet to dessem breve, unde is gescreven unde gheven
tho Louenborgh na godes bord dritteynhundert jar, in dem
seven unde drittighesten jare, des sondaghes tho allemannen
vasten.   **

(Siegel des Herzogs.)

Orig. d. Arch. Sudendorf, l. c. I, 607.

387. Ablaß für die Johanniskirche. Avignon, 1337, 13. Juni.

Universis sancte matris ecclesie filiis, ad quos presentes
littere pervenerint. Nos miseratione divina Paulus Fulgi-
nensis (hier folgen die Namen von noch zwölf Italienischen
Bischöfen) episcopi salutem in domino sempiternam. Splendor
paterne glorie, qui sua mundum ineffabili claritate illu- *
minat, pia vota fidelium de clementissima ejus majestate
sperantium tunc benigno precipue favore prosequitur, cum
devota ipsorum humilitas sanctorum meritis et precibus
adjuvatur. Cupientes igitur, ut ecclesia sancti Johannis
baptiste in Lunborgh Verdensis dyoc. congruis honoribus *°

frequentetur et a Christi fidelibus jugiter veneretur, omnibus vere penitentibus et confessis, qui ad dictam ecclesiam
in omnibus et singulis sancti Johannis baptiste festivitatibus
et in dedicatione ejusdem ecclesie ac in aliis festis infra
scriptis, videlicet natalis domini (hier folgt eine große Anzahl
von Festtagen), singulisque diebus dominicis et sabbatis
causa devocionis, orationis aut peregrinationis accesserint,
seu qui missis, predicationibus aut aliis quibuscunque
divinis officiis ibidem interfuerint — quotiescunque, quandocunque et ubicunque premissa vel aliquid premissorum devote
fecerint, de omnipotentis dei misericordia — confisi, singuli
nostrum XL dies indulgentiarum de injunctis eis penitentiis
misericorditer in domino relaxamus, dummodo dyocesani
voluntas ad id accesserit et consensus. In hujus rei
testimonium sigilla nostra duximus presentibus apponenda. Datum Avinione XIII. die Junii anno domini
M°CCC°XXX°VII° et pontificatus domini Benedicti pape XII,
anno tercio.

Et nos Johannes Verdensis episcopus ratificamus
et confirmamus omnes indulgentias supra a reverendis
patribus in Romana curia concessas et auctoritate ordinaria, qua fungimur, — quadraginta dies indulgentiarum in
domino concedimus et donamus. Datum die et anno ut supra.

(Die Zwirnschnüre bezeichnen dreizehn Siegel, von denen jedoch nur eins
ganz, einige andere in Bruchstücken erhalten sind.)

Orig. d. Arch.

388. Die Herzöge Otto und Wilhelm von Braunschweig und
Lüneburg erlauben dem Ritter Hermann von Meding, Sülzrente
zu verkaufen. Lüneburg, 1338, 20. Jan.

Dei gratia nos Otto et Willehelmus duces de Brunswich
et Luneborch presentibus protestamur, quod Hermannus
de Medinge, miles, habito nostro consensu vendidit juste
vendicionis titulo Petro et Marquardo avunculo suo dictis
Rucenbeke, burgensibus in Lubeke, redditus decem talen-
torum in salina Luneborch provenientes de ultimis duobus

subbatis festum sancti Jacobi precedentibus, qui dicuntur
denarii sabbatorum, quam venditionem cum nostris heredibus et successoribus gratam et ratam habemus et dura-
turam perpetuis temporibus approbamus volentes, ut qui- 10
libet possessor horum proventuum presenti privilegio
gaudeat pro perpetuo fulcimento, nec sit necesse, variatis
possessoribus denuo super hoc privilegia postulare. Datum
Luneborch anno domini MᵒCCCᵒXXXVIIIᵒ, in die beatorum
martirum Fabiani et Sebastiani. 15

(Die gewöhnlichen Siegel der Herzöge.)

Orig. d. Arch.

388 a. Verkaufsurkunde des Ritters Hermann von Meding und
dessen Gesuch an den Rath um Ausstellung einer Urkunde.
1338, 20. Jan. Orig. d. Arch.

389. Johann von Lobeck verkauft den Hof Brockwinkel an Joh.
Stoteroggheu. 1338, 14. Febr.

In omnipotentis dei nomine. Nos Johannes de Lobeke,
principalis, Boldewinus et Gherlacus filius Boldewini et
Henricus filius Gherlaci militum, compromissores, presentibus recognoscimus et testamur, quod discreto viro Johanni
Stoteroggheu et suis justis heredibus nomine suo Henrico 5
de Molendino, Gherberto Lübbersteden, Borchardo de
Luchowe, Johanni Hogero, Grotenclaus et fraternitati kalendarum in Luneborg vendidimus curiam in Brechwinkele cum
una casa ibidem cum omnibus earum attinentiis, redditibus
et juribus intus et extra pro triginta marcis et tribus 10
Luneburg. denariorum nobis in promtu persolutis perpetuis
temporibus, sicut eas possedimus, de consensu heredum
nostrorum et specialiter uxoris nostre Johannis, Elizabed
nomine, principalis praedicti warandantes, prout proprie-
taria bona solitum est warandari, quod unita manu data 15
fide in solidum et divisim, et divisim et uniter compromittimus pro nunc — —. Et si aliquod impedimentum

evenerit predictis in bonis, quod cum nostris hoc disbrigabimus infra mensem a prima monitione nobis facta sub
10 nostris laboribus et sumptibus et expensis. Datum sub
nostris sigillis anno domini M°CCC°XXXVIII°, in die Valentini martyris. .

Püttner's Geneal., Fam. Stöltterogge.

390. Der Bürger Hermann Bertoldi schenkt dem Kloster Isenhagen einen halben Wispel Sülzrente aus dem Hause Cobzinge.
1338, 21. Febr.

Isenhagener Arch. 172.

391. Die Herzöge Otto und Wilhelm von Braunschweig und
Lüneburg erlauben dem Ritter Huner von Odem, drei Sonnabendspfennige, deren jeder zu Pfingsten mit fünf Pfund bezahlt wird,
für 370 Mark zu verkaufen. 1338, 16. Juli.

Orig. d. Arch.

392. Ritter Huner von Odem verpflichtet sich, 15 Pfund Sülzrente (Burglehn) den Herzögen Otto und Wilhelm wieder zuzu-
stellen. 1338, 8. Sept.

Sudendorf, l. c. I, 631.

393. Herzog Albert von Sachsen (Lauenb.) verspricht allen Kaufleuten sicheres Geleit in seinem Gebiete. 1339, 29. Sept.

Nos Albertus dei gratia dux Saxonie recognoscimus
lucide protestantes, quod securamus et conducimus omnes
mercatores rebus et corpore iter nostre strate arripientes
quam diu in nostris finibus moram traxerint. Eciam si
5 quid ablatum eis fuerit violentia aut vi, id tenebimur procurare reddi et persolvi furtivis solummodo circumscriptis.
In cujus rei testimonium sigillum nostrum presentibus est
appensum. Datum anno domini M°CCC°XXX° octavo, in
die Mychaelis archangeli.

(Prächtiges, sehr großes grünes Siegel.)

Orig. des Arch.

394. Schuldbrief der von Odeme. 1338, 25. Dec.

Ego Ghewehardus de Odem, principalis, famulus, filius quondam Gherardi militis dicti de Odem bone memorie, Hunerus, miles, dictus de Odem, et Johannes Zarensen, famulus, recognoscimus puplice in hiis scriptis protestantes, quod tenemur honesto viro Siffrido Aurifabro, principali, suisque veris heredibus, videlicet Siffrido et Johanni et ad manus eorum Johanni Schacken et Everhardo de Odem, famulis, viginti quinque marcas Luneborg. denar. in proximo festo Jacobi finaliter persolvendas, et unum rump salis super schaden *(sic)* predictarum XXV marcarum in quolibet flumine usque ad predictum festum Jacobi ipsis disbrigemus. Hec omnia infra scripta promittimus honestis viris fide nostra data ac manu unita inviolabiliter observari. Quod si non faceremus, quod absit, ex tunc, cum moniti fuerimus, immediate eosdem persolvemus aut parata pecunia vel pignore et ad hoc facientes, uti jus pignoris exigit et requirit. In cujus rei testimonium presentem litteram —. Datum anno domini M°CCC°XXXVIII°, in die nativitatis domini.

(Zwei Siegel der v. Odem, eins des Johann Zarensen, die drei Fische der von Wittorf.)

Orig. i. Arch.

395. Johann Schacke verkauft dem Bürger Heinrich von Molsen seinen Hof in Toppenstedt. 1339, 7. März.

Nos Johannes Schacke et ejus filius Eckhardus, famuli, presentibus recognoscimus et testamur, quod cum consensu heredum nostrorum et voluntate vendidimus Hinrico de Moldessen, civi in Luneborch, et duobus pueris Thiderico et Hinrico et eorum veris heredibus curiam meam in Top— penstede[1]), in qua habitat Heyne, prope pratum cum casa appertinente cum omni jure, utilitate et fructu pro XXX

1) A. Winsen.

15

marcis Luneburg. denar. nobis persolutis, donata nobis
gratia reemendi pro pecunia memorata in proximo futuro
10 festo circumcisionis domini. Quod si neglexero, contractus
perpetuus permanebit. Potest etiam prenominatus Hinricus
facere cum dictis bonis, quidquid decreverit, et dimittere,
vendere, obligare, committere et donare persone qualicun-
que, quod promittimus data fide unita manu in solidum.
15 Et nos Everardus de Odem, Eckehardus de Odem et senior
Ghevehardus de Odem, famuli, in presentibus promittimus
data fide unita manu in solidum dictis Hinrico, Thiderico
et Hinrico, ad manus dictorum domino Johanni de Thunis,
militi, et Eylemanno Beven, burgensi in Luneborch, omnia
20 prescripta fideliter servanda et omne dampnum, quod oc-
currerit, ut de jure tenemur, disbrigare. Datum sub nostris
sigillis anno domini M°CCC°XXXIX°, dominica die Letare.

(Zwei Siegel der Schacke [eine liegende Lilie], zwei der von Odem [ein
Thierkopf], das fünfte fehlt.)

Orig. d. Arch.

396. Ritter Otto von Schwerin, der vor langer Zeit dem Bürger
Johann Beve und dessen Sohne Eylemann ein Fuder Sülzrente
aus dem Hause Mettinge verkauft hat, gesteht letzterem freie Verfügung darüber zu. 1339, 14. März.

Isenhagener Urk. 184.

397. Der Knappe Segeband von dem Berge verkauft Sülzlehn-
gut. 1340, 12. April.

Nos Seghebandus, filius domini Seghebandi de Monte
militis, famulus, presentibus publice protestamur, quod de
consensu heredum nostrorum vendidimus Nycolao de Thop-
penstede, burgensi in Luneborch, dimidium chorum salis
in salina Luneborch in tota domo inferiori Volquardinge
de pheodo nostro castrensi — pro centum et nonaginta
marcis denariorum Luneburgensium —. Et nos Manegoldus
de Monte, miles, et Wernerus de Monte, famulus, unita manu
fide prestita promittimus ad hoc ipsum. Insuper nos Se-

ghebandus dictus cum Ludero de Monte, famulo, una manu 10
specialiter promittimus fide data domino Johanni de Remstede, clerico, et dicto Nycolao litteram consensus dominorum nostrorum ducum de Brunswich et Luneborch, Ottonis
et Willehelmi [1]), infra hinc et festum sancti Michaelis sequens
proxime finaliter ordinare vel tunc in parato dare pecu— 15
niam memoratam. Datum sub nostro sigillo anno domini
MᵒCCCᵒXLᵒ, in quarta feria post Palmas.

(Drei Siegel der von dem Berge.)

Orig. d. Arch.

398. Die Rathmänner Burchard von Lüchow und Heinrich van
der Molen sind Schiedsrichter neben den erwählten Abgeordneten
der Städte Lübeck und Bremen in einer Streitsache der Städte
Hamburg und Stade. 1340, 9. Juni.

Lübeck. Urk. II, 706.

398a. Das Kloster Arendsee macht den Convent der Beginen in
Lüneburg seiner Messen, Vigilien, Fasten, Bußen und aller guten
Werke theilhaftig. 1340, 21. Juli.

Orig. d. Arch.

399. Der Rath bezeugt verschiedene Gedächtnißfeiern in den Kirchen,
Kapellen und Klöstern der Stadt. 1340, 30. Aug.

Nos consules civitatis Luneborch, Albertus de Molendino, Thidericus Thode, Nycolaus Garlop, Albertus Holle,
Johannes Melbeke, Borchardus Hogeri, Thitmarus Zabel,
Conradus Seghehardi, Ludolfus Hartwici, Jacobus de Ponte,
Lenardus Longus, Johannes de Netesse, tenore presentium
protestamur, quod in octava decollationis sancti Johannis
anniversarius Hinrici de Biscopinge et Rychardi de Eldinge
pariter peragetur et per vicarium Johannis Yserndumen ad
altare beatorum apostolorum in ecclesia Modestorpe plebano

[1]) Die Einwilligung der Herzöge erfolgte 1340, 23. Juli. Orig. b. Arch.

15*

ibidem decem et octo denarii, omnibus capellanis XXX denarii, quinque scholaribus et campanario unus solidus tribuentur. In nova capella sancti Spiritus XVIII denarii vicariis ibidem similiter dividentur. Item supremo vicario sancti Lamberti et suo capellano denarii sex dabuntur, plebano sancti Cyriaci et suo capellano et ceteris vicariis duo solidi pariter largientur. Rectori capelle sancti Spiritus novi fori denarii sex, duodecim vicariis ibidem solidi tres dabuntur, fratribus Minoribus tres solidi cum dimidio porrigentur. In crastino octave decollationis Hinrici de Rameslo et Hilleken uxoris sue memoria peragetur et dictus vicarius plebano sancti Johannis et tribus suis capellanis pariter unum solidum —. In feria sexta ante Letare dicti Yserndumen memoria peragetur et tunc dictus vicarius unam marcam denariorum distribuet in hunc modum: plebano sancti Johannis sex denarii, cuilibet de tribus capellanis quatuor denarii —. Dicta vero pecunia tolletur de dimidio plaustro salis in salina Luneborch — in domo Grevinge, si vero flumina in tunc se non extendunt, nichilominus idem vicarius de ceteris suis fructibus dictam distributionem tenebitur adimplere. Si etiam in plus fuerint, in hoc altaris sui necessaria providebit. Datum sub nostro sigillo anno domini M°CCC°XL°, in die Felicis et Adaucti.   **Orig. d. Arch.**

---

400. Der Rath in Lübeck bezeugt, daß in Hamburg und andern benachbarten Städten vom Rathe Vertreter der Bürgerschaft in wichtigen Angelegenheiten zugezogen werden müssen. 1340, 1. Sept.

. . . . oportet necessario proconsules et consules . . . ., si expeditio hujuscemodi negotiorum (arduorum et magnorum) robur firmitatis habere debebat, super hoc requirere et optinere specialiter consilium et consensum magistrorum officiorum mechanicorum ac universitatis oppidi et de eorum consilio et consensu ea expedire.

Lappenberg über die Verfassung Hamburgs. Programm 1828, S. 43.

401. Vertrag der Stadt mit dem Knappen Heyne Kind über Weiberecht. 1341, 13. März.

We Vreseke, en knape, voget to Luneburch, her Otte van Zuerin, her Werner de Grote, her Bertolt Schulte, her Huner van der Odeme, her Herman van Medinge, riddere, Werner van dem Berghe, Bertolt van dem Heymbruke, Johan Scacke, knapen, bekennen unde bethugen in dessem openen breve, dat al de seclinghe, de se was twisgen Heynen Kinde, enem knapen, unde den ratmannen to Luneborch unde der menheyt umme de weyde, is gheliket aldusdenwis. De cempe to den wedelen, de dar lighen over der Odeme bi der Elmenoe, also men rit van Luneborch to Mellebeke, wan men den enen camp seyget, so scal men den anderen leddech laten to der stat weyde. Vortmer umme de cempe, de dar lighen over den wedelenbeken, de se heyten uppe den Horsten, de scollen lighen to der menen weyde; dar en scal men nichit ane weren ane de wisghe. De witten cempe de scollen lighen to der menen weyde ane de twe stucke, dar de berge umme scoten sin; de scal men binnen seygen, buten nichit. Vortmer den Lacamp, den scal men seygen binnen den bergen, buten nichit. Vortmer de cempe uppe den Roden, de dar lighen achter Retmere, de scollen lighen to der menen weyde. Vortmer dat Redher, dat dar geit van des hertegen vorde bi dem wege, de se geit to Mellebeke, van der sulven vorde bit in de heyde scal dat Redher mene wesen; der stat drift unde al der malkes binnen deme Redher scal men nichit seygen. Vortmer wammen rit utes hertegen vorde to Mellebeke, de cempe, de se lighet to der luchteren hant des Redheres, de scal men seygen binnen den bergen, buten den bergen nichit, unde de velt, de se lighet to der vorderen hant des Redders, also men uten dem sulven vorde rit to Mellebeke, de scal men binnen den bergen seygen, buten den bergen nichit. Vortmer dat holt Heynen Kindes, des vorsprokenen knapen, wan dat maste dreget unde de ripe is, so scal men dat holt hegen to sinem behove also langhe, also de maste waret.

Svan dar nen maste en wescet edder en is, so scal dat
sulve holt mene weyde wesen der stat. Dit rechit hebben
de vorsprokene ratman van Luneborch mit erem ede beholden. Vortmer worde dar geyn nige scelinghe umme
desse vorsprokene weyde, so mogen desulven ratman van
Luneborch mit erem ede de weyde weren unde beholden,
dat dar neman wedder spreken mach. To eyner betuginge
desser vorscrevennen dingh hebbe we use inghesegele to
dessem openen breve gehenget. Dit is ghesceyn na godes
bort dusent jar, drehundert jar, in dem enenverthegesten jare,
in dem anderen dage na sunte Gregories daghe.

(Von ben neun Siegeln sind fünf wohl erhalten, vier abgefallen.)

Orig. d. Arch.

402. Zollrolle des Herzogs Erich von Sachsen (Lauenburg) für die Lüneburger Bürger. 1341, 17. Mai.

In nomine sancte et individue trinitatis. Ericus dei
gratia dux Saxonie, Angarie et Westvalie omnibus presens
scriptum cernentibus in perpetuum. Libertates, quas progenitores nostri de ipsorum gracie liberalitate sperantibus
indulserunt, nos sincopare sive diminuere nolentes, sed pocius addere et augmentare volentes graciam gracie cumu-
lando illas, similiter sic volumus muniri nostrarum testimonio
literarum, ut contra quoslibet pravorum incursus robur
optineant et validum firmamentum, maxime tamen et pre-
rogative civibus civitatis Luneborch singularibus libertatibus
applaudemus, ad quos specialis favor et gratia nos inclinat.
Hinc est, quod notum esse volumus tam presentis temporis
quam futuri Christi fidelibus universis, nos civibus universis
in Luneborch hanc dedisse libertatem, quam a progenitoribus nostris felicis memorie noscuntur habuisse, videlicet
quod, quicunque predictorum civium per Albiam navigio
descenderit cum lignis et mercimoniis quibuscumque vel
cujuscunque generis annonam deduxerit ad usus civitatis
Luneborch et civium predictorum, ab omnis ungeldi et thelonei et cujuslibet exactionis solucione sit liber penitus et

solutus; si vero ulterius processerit Hamborch cum bonis
jam prenominatis, Louenborch, sicut ceteri transeuntes, ad
theloneum tenebitur persolvendum et ungeldum. Si vero
dubium aliquod nostro fuerit thelonario, quod ligna, mercimonia vel annona ad usus predicte civitatis non deberent,
hoc consules sepe dicte civitatis literis et sigillo civitatis
confirmabunt. Sal vero, quod de Louenborch per Albiam
descenderit, pro quolibet choro Louenborch dabuntur septem
denarii cum dimidio, in reditu vero naves libere transibunt
absque theloneo et ungeldo. De promptuario vero, quod
habebit in se triginta duos choros, ut nunc mensura se habet
in presenti, triginta sex solidi dabuntur. Quod si promptuarium plus quam triginta duos choros habuerit, pro hoc
nostro respondebitur thelonario, quem pro tempore duximus ordinandum, et tunc libere et absque impedimento
transibit Molne et per totam juridictionem nostram et districtum. Preterea de quolibet promptuario dabuntur triginta denarii, qui vulgariter dicuntur arinchpennige, addentes
ut, ubicumque in nostro districtu sal ligatum repositum
fuerit, ad solucionem denariorum, qui arinchpenninghe dicuntur, tenebitur predictorum, si vero aliqua ligatura salis
sive mesa subtracta fuerit sive perdita, pro hoc respondere
tenebitur, qui predictos receperit arinchpenninghe, ita tamen,
quod debito tempore exspectavit per se vel per nuncios
prius juramenti faciat cautionem. Item cives memorate
civitatis in civitate Molne pro qualibet lasta allecis dabunt
quatuor denarios et septem solidos, quicumque vero ipsorum habuerit theloneum in reditu, quod vulgariter dicitur
wedertolen, dabit quatuor denarios et quatuor solidos, et
libere et absque impedimento transibit per totam nostram
juridictionem et districtum. Item civibus supradictis descendentibus navigio per Elmenowe et ascendentibus in
Eyslinghe pro qualibet last cupri, stanni, metalli sive
eris dabitur solidus unus pro theloneo et exactione, de last
plumbi sex denarii dabuntur, de vase vini Renensis quindecim denarii, de vase vini rutsel sive Herbipolensis octo
denarii, de dimidio vase quatuor denarii persolventur.

Preterea de vase unguenti solidus unus dabitur, de dimidio vase sex denarii; si vero minus fuerit, de quolibet Normannorum pondere duo denarii cum dimidio persolventur. Item de pannis et de lineo panno, de vario opere, de cera, de pipere, de cimino, de thure, de sulphure, de vinipetra, de cuprifumo, de amigdalis, de aniso, de ficubus, de valdea, de sagimine allecis, de sacco flocken, de carnibus quibuscunque, de lana, de quolibet genere pellium, de pondere mellis, de quolibet Normannorum pondere duo dabuntur denarii cum dimidio, item de pondere calamini et crete denarius unus dabitur, de choro frumenti, humuli, pise et cujuslibet rei taliter mensurate septem denarii cum dimidio persolventur, de last allecis, que venit de Ruya vel de Scone, viginti denarii dabuntur, de last vero, que venit de Norwegia, unus solidus persolvetur, preterea de majori ferro duo dabuntur denarii, de minori ferro tantum unus denarius detur. Preterea apponimus, ut noster thelonarius de melioribus bonis descendentibus et ascendentibus theloneum recipiat ad placitum suum aliis dimissis liberis et solutis. Item statuimus, sicut ab antiquo statutum et consuetum est, ut cives de Luneborch in descensu theloneum persolvant cum denariis monete Luneburgensis, in ascensu vero cum denariis monete Hamburgensis nostro thelonario respondebunt. Preterea talem apponimus condicionem, si aqua per sui inundacionem et magnitudinem litus sive terminum vel modum consuetum excederet ita, quod naves extra Elmenowe et viam non consuetam transirent, nostro thelonario in Eyslinge nichilominus in theloneo respondebunt. Addimus eciam, quod si naves dictorum civium de Luneborch quibuscumque emergentibus casibus Eyslinghe venientes Albiam descendere nequiverint, extunc civitatis memorate cives cum navibus et bonis per Albiam Nove Gamme¹), theloneo tamen in Eyslinghe prius dato, transire poterunt libere et secure. Insuper cum dicti cives cum navibus et bonis per eandem Albiam Nove Gamme

---

¹) jeŋ̨t bie Dove, Elbe.

ascenderint, manebunt circa angulum Nove Gamme nec rece-
dent, nisi prius Eyslinghe theloneum dederint et ungeldum;
si vero naves a dicto angulo impetu ventorum sive fluctuum ₉₅
modo quomodolibet moveantur, extunc versus Eyslinge
ducent naves et facient, quod tenentur. Item quicquit cives
dicte civitatis vel alibi emerint et suis denariis comparave-
rint sive equos sive jumenta sive oves vel porcos ad usus
predicte civitatis sive cibaria, quecunque sint illa, sive sit ₁₀₀
butirum sive casei, vel carnes et quecumque gracia cibariorum ad usus suos emerint, et per Albiam et Elmenowe
ascendendo libere transibunt et absque aliqua exactione
thelonei et ungeldi. Supradictum vero jus sive graciam et
omnia jura, que ab antiquo a nostris habuerunt progeni- ₁₀₅
toribus, sepedictis civibus de Luneborch dedimus, volentes,
ut per nos et a nostris successoribus firmiter observentur.
Testes hujus sunt Wasmodus, Ludolfus et Ghevechardus
dicti Scacken, Ludolfus et Johannes Scorleken, milites, Luderus de Ripe, noster prothonotarius, Albertus de Molendino, ₁₁₀
Hermannus Hout, Thidericus Tode, Nicolaus Hoyke, Nicolaus
Garlop, Hartwicus apud Salinam, Borchardus Luchowe,
Hinricus de Molendino, consules sepedicte civitatis Luneborch,
et alii quam plures fide digni. In evidens testimonium
omnium premissorum presentem conscribi jussimus literam ₁₁₅
et nostri sigilli munimine fecimus roborari. Datum anno
domini millesimo trecentesimo quadragesimo primo, in ascen-
scione domini.

(Siegel des Herzogs.)

Orig. i. Arch.

403. Herzog Albrecht von Sachsen (Lauenb.) verspricht den Lüneburgern Sicherheit in seinem Gebiete. Mölln, 1341, 1. Sept.

Nos Albertus dei gratia dux Saxonie, Angarie et West-
phalie sacrique Romani imperii archimarscalcus protestamur
presentibus, quod securamus et securos faciemus pro omnibus,
qui nostri causa facere aliquid seu decreverint dimittere, universos et singulos mercatores de Luneborch allec seu alia bona ₅
quecunque per stratam et dominium nostrum vehentes, ita,

quod, si quid ipsis violentia seu spolio ablatum fuerit, exceptis furtis nocturnis, ad illius restitutionem tenebimur integralem. Datum Molne anno domini MᵒCCCᵒXLᵒ primo, in die beati Aegydii, nostro sub sigillo presentibus appenso in testimonium premissorum.

(Großes Siegel des Herzogs.)

Orig. d. Arch.

404. Johann Ebeber stattet seine Tochter, Alheidis, welche mit Gherbert Om verlobt ist, mit einer Pfanne im Sülzhause Bovinge, einem Wispel Sülzrente im Hause Honobere und einem Fuder Sülzrente im Hause Ulinge aus. Lüneburg, 1342, 3. Febr.

Orig. d. Arch.

405. Ritter Diedrich von Münchhausen und Harberd von Mandelslo und deren Verwandte geben das Versprechen, daß so wenig die Herzöge Otto und Wilhelm von Braunschweig und Lüneburg als der Rath wegen eines in der Stadt erlaubten Zweikampfes irgend eine Beschwer erfahren sollen. 1342, 19. April.

Wi her Diderik van Monichusen, riddere, — unde her Harberd van Mandeslo, riddere, — bekennet openbare, dat wi unde andere use vruend mit us becoreden unde beden use heren, de ersamen vorsten hertogen Otten unde hertogen Wilhelme van Brunswik unde Luneborch, brodere, unde den rad der stad Luneborch, dat ik vorbenomde her Diderik van Monichusen moste vechten in der stad to Luneborch. Des gonden se unde gheven dar orlof to. Des danke we en mit usen vruenden. Unde vordmer hirup hebbe wi en in truwen lovet unde lovet in truwen in dessem breve densuelven vorsten unde eren erven unde eren nacomlinghen unde dem rade to Luneborch unde to erer hand den edelen juoncheren Otten, des greven sone van Woldegghe —, dat se unde al de ore schullen des ane wite bliven unde ane schaden unde in nene nod komen umme dat vechte vor me vorbenomden hern Diderke van Monichusen unde mine erven unde vor alle mine vruend

unde vor us selven unde vor al, do dor os don unde laten
willet. To em orkunde desse bescrevenen dingh to holdende stede unde vast unde vullencomen hebbe wi use
inghesaghele henget in dessen bref, de ghegeven is na
goddes bord dryteynhundert jar, in dem twe unde vertighesten jare, des vridraghes na der hilgen mertelere daghe
Tyburcii et Valeriani. Creuer, Historie der v. Münchhausen; Anh. 26.

406. Herzog Albert von Sachsen (Lauenb.) ordnet die Zollverhältnisse der Lüneburger in seinem Gebiete. 1342, 7. Sept.

Wi Albert van der gnade ghodes herthoghe tho Sassen
bekennen und bethueghet in desseme breve, dat wi mit
willen und mit volbort al user reycthen erven und mit rade
user truewen man van deghedinghe weghene und dor
guentste willen hebbet ghegheven und ghevet al den borgheren in der stat tho Lueneborch alle desse stuecke, de
hir na stat bescreven tho ewigher vriheyt. Wan also vele
soltes is tho Molne, dat men scepen mach ver unde twintich
prame eder drittych und dar untvischen unde de gheno
komen, de dat solt bewaret unde dat water eschet van
deme, de de sluse bewaret, des neghesten dages darna
scal men dat water gheven also, dat se tho Lubeke moeghe
komen tho allen thiden van paschen went to user Vrouwen
daghe der ersten. Darna van user Vrouwen daghe bet tho
paschen scal men dat water gheven im tho make na older
wonheyt, und nen unreycht scal men op de pram noych
up dat solt noych up dat ghout setten, mer also eyn ol
wonheyt is ghewesen. Och so neme wi und unse reychte
erven de boergere tho Lueneborch und ere ghout und al
er ghesinde in usen vrede. De scoul wi vordegbedinghen
als use man unde use borgere. Wer och, dat se scaden
nemen an lueden gicht an ghoude van usen mannen, dat
scoul wi und use reychten erven wedder don. Were och,
dat se scaden nemen van den, de use man nicht en sint,
der vient scoul wi unde use erven werden also langhe,

went im dat weder dan werde mit rade der ratman van
Lueneborch. Och leghe wi af ungherat an watere und an
lande; dat en scal creme ghode nicht scaden. Were och,
dat de kneychte bi deme ghode scaden nemen eder deden,
30 dat en scal der borgher ghoude nen scade wesen. Were
och, dat de borgere van Lueneborch vorden ere ghot van
Molne tho Hachede eder van Hachede tho Molne, dar scoul
wi unde use erven und use ammetlude se tho vorderen,
unde se scoulen eren tollen darvor gheven tho Molne
35 unde anders nerghen, dest dat ghout tho Louenborch tollen-
vri si. Wer och, dat de herthoghe van Lueneborch unde
wi eder use erven viande worden, doch so scoulen de
borgere van Lueneborch und ere ghesinde lives unde
ghoudes velich wesen in usen sloten unde in useme lande
40 vor al den, de dorch usen willen don unde laten willen.
Al de gene, dar de ratman van Luneborch vor spreken
willen, dat se ere borgere edder ere ghesinde sint, de
scoullen in usen vrede wesen. Hir heft over ghewesen to
thueghe her Marquart Wulf, en ridder, Hinric Smilou, use
45 ammetman. Desse deghedinghe sint beghunt tho Eyslinghe
unde sint tho Luneborch vollenthoghen, unde dat alle desse
stuecke vaste holden werden, so hebbe wi use ingheseghel
hengt tho desme breve, unde is gheschen na ghodes bort
dritteynhundert jar, in deme tve unde verthighesten jare, in
50 deme hilghen avende der bort user leven Vrouwen.

(Prächtiges rothes Wachssiegel des Herzogs.)

Orig. d. Arch.

407. Eckard von Estorf verkauft den Zehnten des Dorfes Gödenstorf. 1343, 6. Jan.

In omnipotentis dei nomine amen. Ad perpetuam rei
geste memoriam. Nos Echardus de Estorpe senior, filius
Manegoldi de Estorpe militis pie memorie, et filius ejus
Echardus junior, famuli, tenore presencium publice recogno-
5 scimus protestando, quod cum bona voluntate et consensu

omnium heredum nostrorum et universorum, qui de jure
addere debent consensus, tam presencium quam posterorum,
discreto viro Hassekino, civi in Luneborch, et suis heredibus
juste et perpetuo venditionis tytulo vendidimus decimam
nostram majorem cum minuta sitam in villa Gedestorpe [1]) 10
cum omnibus suis juribus, proventibus et fructibus, agris
cultis et incultis et prorsus omni eo jure, quod ad nos et
nostros heredes et antecessores spectabat, nobis nihil
amplioris juris tenentes in eadem, pro CC marcis denariorum Luneborgensium minus V marcis nobis prompte 15
numeratis et solutis, predictisque, scilicet Hassekino et suis
heredibus, damus plenam facultatem ad dimittendum, in-
mittendum, donandum, vendendum decimam predictam, cuicunque persone sive ecclesiastice sive seculari voluerint, in
futuro, warandantes eam eis, sicut juris est et consuetudinis 20
approbate, et prenotatam decimam ad bonum et utilitatem
prefatorum, videlicet Hassekini et suorum heredum, con-
servamus, quousque feudum a domino feudi poterit vel
poterint procurare. Tunc feudum coram domino feudi
resignamus. Si vero predictum Hassekinum aut suos heredes 25
in decima predicta quispiam molestare, impedire, imbrigare
presumpserit aut quodcunque prejudicium seu gravamen
eis niteretur irrogare, extunc subscripti, quos simul nobiscum in fidejussores et compromissores obligavimus et obligamus, quotiescunque moniti fuerimus, infra mensem pro- 30
ximum post ammonitionem nobis factam civitatem Luneborch nobiscum intrabunt inde non evecturi, quam nos
una cum eis prefato Hassekino aut suis (heredibus) decimam
sepedictam disbrigaverimus et simul ·satis fecerimus de
·omnibus prejudiciis et defectibus, si quos passi fuerint, 35
integros sub nostris laboribus et expensis. Quod nos
universi et singuli memorato Hassekino et suis (heredibus)
et ad manus eorum Echardo Wrighen, suo patruo, Hart-
vico Rammekendorp, Ludolfo Ronen, famulis, et Jacobo
ejusdem Hassekini genero, civi in Luneborch, manu unita 40
fideliter compromittimus in solidum firmiter observandum.

[1]) Göbbenstorf U. Winsen.

Preterea nos Echardus et Echardus ejus filius, predicti
principales hujus rei, si unum nostrorum compromissorum
discedere contigerit, alium eque fidum in locum defuncti
statuemus. Et nos Manegoldus de Monte, Thydericus de
Hidzakere, milites, Manegoldus de Estorpe, famulus, Echardus
de Estorpe, famulus, filius Echardi de Estorpe militis pie
memorie, et Echardus de Estorpe, famulus, filius Ludolfi de
Estorpe famuli pie memorie, supradictis, scilicet Hassekino
et suis, compromisimus et compromittimus in hiis scriptis
omnia premissa secundum modum et formam prescriptam
sine suggestione mali doli cuiuslibet pro ipsis et cum
ipsis, scilicet Echardo et Echardo ejus filio, dictis de Estorpe,
in solidum firmiter observandum, sigilla nostra cum sigillis
ipsorum in signum evidentis testimonii presentibus appen-
dentes. Datum et actum anno domini MᵒCCCᵒXLIIIᵒ, in
epyphania domini presentibus illustribus principibus Ottone
et Wilhelmo, dominis ducibus de Luneborch et Brunswich,
et domino Vredeberno Ketelhuth, perpetuo vicario in Bardewich, magistro Thyderico de Dalenborch, Johanne Lenteman, publico notario civitatis, Wernero Groten, Bertoldo
Sculten, Hunero de Odeme, dominis militibus, et Seghebando de Monte, Wernero Groten, Christiano de Langhele,
Wernero de Monte, famulis, et domino Hermanno Huth,
proconsuli, Heynone, Johanne dictis de Molendino, Johanne
Dicke, Heynone Milite, dominis consulibus civitatis Luneborch, et aliis pluribus fido dignis.

(Fünf Siegel der von Eflorf [eins mit bloßem Helme im Schilde] mit der
gerabe [nicht schräg] liegenden Lilie, zwei der von Berge und von Hitacfer
[ein aufgerichteter Panther.]

Orig. d. Arch.

408. Die von Meding verkaufen Grundstücke auf der Altstadt in
Lüneburg. 1343, 13. Jan.

Nos Hermannus miles, Wasmodus, Jordanus, Boldewinus, fratres et filii domini Werneri militis bone
memorie, Wernerus, filius Hinrici famuli bone memorie,

famuli, omnes dicti de Medinge, publice protestamur, quod
habito consensu et consilio omnium heredum nostrorum et
omnium aliorum, quorum consensus est et fuit merito
requirendus, vendidimus, dimisimus et justo tytulo dimittimus in hiis scriptis discretis viris dominis consulibus civitatis Luneborch totum et quidquid pro nunc habemus vel
in futurum cedere potest nobis in civitate Luneborch in [10]
termino Veteris civitatis per plateam, que dicitur supra
Mare, versus fratres Minores in domibus, areis, ortis, censibus et quocunque alio nomine nominetur, jure hereditario
perpetuo possidendum, per nos aut nostros heredes vel
successores nullo tempore repetendum, renunciantes ex [15]
certa scientia omni juri, quod in premissis in posterum
cedere potest nobis, cum nichil sit nobis aut nostris in
prehabitis reservatum preter domum quandam domini
Ottonis de Medinge, militis, et duas casas in utroque latere
dicte domus cum suis curiis et areis, que solummodo [20]
manent nobis. Datum sub nostris sigillis anno domini
M⁰CCC⁰XL⁰ tertio, infra octavam epiphanie domini.

(Fünf Siegel der von Meding, darunter eins mit sieben Fahnen auf dem
Helme.)

Orig. d. Arch.

408. Die Knappen Johann und Heinrich von Handorf verkaufen
ein Haus in der Stadt. 1343, 16. März.

Nos Johannes et Hinricus fratres et famuli dicti de
Handhorpe tenore presencium publice recognoscimus protestantes, quod de maturo consilio et consensu omnium heredum
nostrorum et omnium, quorum consensus fuerit . . . . . .
requirendus, vendidimus discretis et honestis viris, dominis [5]
consulibus civitatis Luneborch, in platea, que dicitur supra
Mare, domum, curiam et aream, quam inhabitat pro nunc
Sasse, et censum duodecim solidorum et omnia et singula,
que ab illis de Medinge in pheodo tenuimus, jure perpetuo
possidenda et nunquam de . . . . . repetenda, contractus [10]
precio nobis . . . . persoluto, et stamus eisdem pro
debita warandia, quam jure postulat consuetudo. Datum

sub nostris sigillis anno domini M°CCC°XLIII°, in dominica Oculi mei.

(Zwei Siegel der von Handorf, ein Arm mit vorgestreckter Hand.)

Orig. d. Arch.

410. Das Kloster Medingen verkauft dem Rathe die Mühlen in Wichmannsburg, Bruchdorf und Rottorf. 1343, 9. Aug.

We Ludolf en provest, ver Metteke en priorinne und all de samninge des klosteres to Nyen Medinge bekennet und tughet openbar an dessem breve, dat we witliken mit endracht vorkofft unde laten hebbet unde sin betalet dem rade und der menheit der stat to Luneborch unse dre molenstat to Wichmannsborgh, to Brokdorp unde to Nortdorpe mit allem rechte, alse we se hadden unde beseten hebbet mit allem anschote also, dat men varen mach it water up und nedder sunder hinder over all unsen anschot velich troylen. Des scholle we mit al den usen en vorder und nen hinder wesen. Ock scholle we en ewigh verghat[1]) holden mit luden, mit winden unde repen hir to Nyen Medingen also, dat de schep mogen up und nedder mit last unde leddich varen. Hiir weder schal men us gheven van dem vatmen holtes dre penninge, van der last svares VI penninge, wat gut dat si, dat leddich scep upwert VI penninge, nederwart nicht, van dem balcken enen penning, van tven sparren enen penning, van breden na dem vatmen holtes, we lecget den den breden vort to ener hude und en kamp, dat man overvare. Dat dit allit ewich blive, so henge we user beider inghesegel to dessem breve, und is eschen na godes bort dusent drehundert jar, in deme XLIII jare, an sunte Laurencii avende.

(Siegel des Propstes und des Convents.)

Orig. d. Arch.

411. Der Rath bezeugt, daß Johann de Cellario dem Kloster Michaelis zwei Häuser auf dem Meere geschenkt hat, fügt aber

[1]) Oeffnung für die Schiffe.

hinzu, „quod dicte due domus sub jure civitatensi sunt constitute", und der Abt des Klosters erklärt in einer besondern Urkunde, „quod sunt constitute sub tallea, censu et jure civitatis". Lüneburg 1343, 7. Octbr.

Urkunde des Kl. Mich. 451 und 452.

412. Die von den Räthen in Hamburg und Stade zur Beilegung ihres Streites erwählten Schiedsrichter, die Räthe in Lübeck und Lüneburg, haben zu diesem Zwecke zwei Rathmänner aus Lübeck und zwei, Burchard von Lüchow und Johann van der Molen, aus Lüneburg beauftragt. Diese geben ein Urtheil in dieser Sache. 1343, 1. Decbr.

Lübeck. Urk. II, b, 781 und 782.

413. Der Rector der h. Geistkapelle am Markte, Johann Remstedt, hat in seinem Testamente dem Kloster Isenhagen ein Fuder Sülzrente aus dem Hause Benninge vermacht und das Kloster verpflichtet, dem Pfarrer der Johanniskirche zu einer Memorienfeier jährlich acht Schillinge zu entrichten. 1343, 12. Decbr.

Isenhagen. Urk. 208.

414. Herzog Erich von Sachsen (Lauenb.) nimmt die Entscheidung des Herzogs Otto von Braunschweig und Lüneburg über den Zoll in Eislingen an. Haue, 1344, 18. Febr.

Wi Eric, van der gnade ghodes de eldere hertoghe to Sassen, to Engeren und to Westvalen, bekennen und betughen, dat de rat van Luneborch hevet sic vele beklaghet vor us, dat men van eren borgheren unrechten tollen neme to Eyslinghe [1]), sunderliken vor sagen, vor yresch und vor sardouc und vor spise, de se van Hamborch upgheyt to Luneborch to der borghere nut. Des hebbe wi daghe holden, dar use om van Luneborch, hertoghe Otte, hevet jeghen wesen. De hevet use breve hort; des ghinghe wi to eme; wes he us darumme beseghede, dat wolde wi

[1]) Tollenspieker.

16

stede holden. Oc boet sic de rat to rechte, dat se sagen, yresch, sardouc und allerleye want ni anders vertollet en hebben, men vor punt swar, und dat allerhande spise wo devic se si, dede upgheyt to der stat nut, scal wesen sunder allerleye tollen, also oc de olden breve spreket, und do use om hadde hort de breve, do duchte em, dat men hir unrechte hedde an dan. Darumme na uses omes seghende late wi van allem unrechte. Vortmer we usen tollen bewaret edder hevet van user weghene, de scal den voresprokenen tollen holden, alse de olde bref und desse bref spreket. Dit is ghedeghedinghet to dem Houwe [1]) dat uppe der Lu und uppe der Elmenowe leghet, und hir hevet over wesen hertoghe Eric use sone, unde her Ludeke Scacke, her Bertram Zabel, her Johan Scorleke, ridere, unde andere vele user truwen man, van der anderen halve use om, hertoghe Otte van Luneborch, de hir vorsproken is, und use om, greve Alef van Scowenborch de junghere, her Bertold van Reden, her Luder van dem Hanse [2]), riddere, und to cyner groteren betughinghe, uppe dat desse deghedinghe stede und vast bliven und unghebroken van us edder van usen nakomelinghen, hebbe wi to dessem breve use ingheseghel benghet heten. Dit is ghescen na godes hort dritteynhundert jar, in dem vere und vertighesten jare, des ersten donredaghes in der vasten.

(Schönes großes rothes Wachssiegel des Herzogs.)

Orig. d. Arch.

415. Der Bürger Hermann Hout verkauft dem Propste Heinrich des Klosters Ebstorf zwei halbe Wispel Salz aus den Sülzhäusern Clubinghen und Mettinghe für 480 Lüneb. Mark. Diese Sülzrente schenkt der Propst zu seinem Seelenheile dem Convente des Klosters. Den Nonnen soll davon an jedem Mittwoch und Freitage ein Strumulus [3]) und, wenn noch Geld übrig bleibt, wäh-

[1]) Das Dorf Haue bei Winsen.
[2]) Hanensee.
[3]) wahrscheinlich ein Gebäck.

renb ber Faftenzeit jeber Nonne täglich ein Häring und ferner in der Abbentszeit überhaupt Häring geliefert werden. Lüneburg, 1344, 25. Febr.

Gleichzeitige Abschrift.

416. Der Priester Johann Elvers schenkt seiner Vicarie in der Johanniskirche sein Haus unter der Bedingung, daß daraus Nenten zu kirchlichen Zwecken, zur Vertheilung von Weißbrod an bettelnde Arme, an die armen Jungfrauen des neuen Convents am Wasser (Beginenhaus) 2c. gegeben werden. Ferner schenkt er zur Begehung seines Jahresgedächtnisses in derselben Kirche ein halbes Fuder Sülzrente aus dem Hause Grevinge. Lüneburg, 1344, 24. Juli.

Orig. v. Arch.

417. Die Herzöge Erich der Aeltere und Jüngere von Sachsen (Lauenb.) sichern den Lüneburgern Rechte und Freiheiten zu. Lauenburg, 1344, 25. Juli.

In godes namen amen. Wi hertoghe Eric de eldere und Eric sin sone, hertoghe to Sassen, to Engeren und to Westvalen van godes gnaden, bekennet und betughet in dessem breve, dat wi mit vulbort user rechten erven und alle user nakomelinghe und mit rade alle user truwen man ghevet to ener ewighen ghave und vriheyt den borgeren van Luneborch alle de stucke, de hir nascreven stan, eweliken en to holdende. To dem ersten male neme wi se und ere gout und ere ghesinde in usem vrede und an use houde. Were dat desulven borgere oder ere ge- sinde scaden nemen van usen mannen, den scole wi en weder doen, och dat, dat si scaden nemen van den, der wi nicht woldich weren, vor se scole wi manen, dat en de scade wedder dan werde. Were och dat also, dat wi en mit manende nicht helpen konden, so scole wi vient werden der, de en den scaden dan hebben, also langhe, want se en den scaden wedder dan hebben. Vortmer were dat also, dat de heren van Luneborch use viende

16*

worden, dat en scal den borgheren van Luneborch und
10 ereme goude und ereme ghesinde nen scade wesen in useme
lande. Wy scolen se vordeghedinghen in alle usen sloten und
an usem lande also use man und use borghere. Se scolen
voren mil ereme gude dorch use lant, wor en dat evene
kumpt, swo se den tolne gheven, den si van rechte geven
15 scolen, dar scole wi und use ammitlude und use mun se
ane vorderen. Allerleye unrat und unrecht, it si an watere
oder an lande, dat legghe wi af mit en. Were dat also,
dat desse, de dat gout voeret eder bewaret, scaden deden
eder nemen, dat en scal deme goude nen hinder wesen.
20 Vortmere were dat also, dat de borghere van Luneborch
user to eren daghen behoeveden to holdende und to
ridende, de us legelich weren, dar scole wi komen und
helpen en to alle ereme rechte. Desse bref sal nen scade
wesen den breven, de wi densuelven borgheren van
25 Luneborch gheven hebbet eder· use elderen, wante wi
willet en al de breve, de wi en gheven hebbet oder use
elderen, stede und vast holden. Hir heft over wesen her
Ludeke Scacke, her Ludeke Scorleke, her Johan Scorleke,
her Gheverd Scacke, riddere, her Luder van dem Ripe,
30 use scrivere, en kerchere to Louenborch, Ficko van Hitz-
ackere und Heyncke Dukere, knapen, use man. Dit is ge-
deghedinghet to Luneborch und voltoghen to Louenborch
na godes bort dritteynhundert jar, in dem verundvertigisten
jare, in sunte Jacobes daghe des hilghen aposteles.

(Prächtiges großes rothes Wachsfiegel des älteren, kleines grünes Wachsfiegel
des jüngeren Herzogs.)

Orig. i. Arch.

418. Herzog Erich von Sachsen (Lauenburg) urkundet über einen
Zwist seines Sohnes mit der Stadt. Ribenburg, 1344, 10. Aug

We Erich de eldere, van der gnade ghodes hertighe
tho Sassen, bekennet in desemo breve, dat de schelynghe.
de dar was twyschen hertighen Erike, unseme sone, unde
den ratmannen van Luneborg unde eren borgheren, ghe-

vleghen is, also de breve spreken, de darup gheghebeven
sin.   Vortmer besculdeghede unse sone gemende sunder-
ken, he si in dem rade ofte borghere, den scal men eme
ofte sinen ammichtluden in der stat thou Luneborg thou
alme reyth setten.   Vortmer, were it so, dat genech
borghere van Luneborg unseme sone scaden dede ofte 10
unghelich unde darmede begrepen worde, de scal dat be-
theren, also it eyn reyth is.   Hir scal alle scade unde
unvronschop mede vleghen wesen.   Dese breff is ghegheven thou der Ribenborg na godhes bort dusent drehundert
jar, in dem verundevertheghesten jare, in sunte Laurencius 15
daghe des heylighen mertheleres.

(Schönes kleines Siegel des Herzogs: ein Baum, an dessen Zweigen rechts
der Sächsische Schild, links ein aufrechter Löwe unter linksrechtem Schräg-
balken (?) hängt.)

Orig. i. Arch.

419. Der Rath in Lübeck verlangt vom Rathe zu Lüneburg eine
Urkunde über verkauftes Sülzgut. 1344, 18. Octbr.

Honorabilibus viris et discretis amicis nostris singularibus dominis consulibus in Lunenborgh consules civitatis
Lubicensis servicia semper parata. Constituta coram nobis
domina honesta Wiba de Clinghenberghe, concivis nostra
dilecta, una cum suis tutoribus recognovit, se rite et ratio- 5
nabiliter vendidisse discreto viro Amelungo dicto de Tra-
vena, civi nostro, unum chorum salis in quolibet flumine
tollendum in salina vestre civitatis in domo Soderstinghe
—, quem ipsa ibi prius dinoscitur habuisse, et ipsum cum
consensu suorum tutorum coram nobis resignavit, unde 10
vestram prudenciam deprecamur, quatenus dictum Ame-
lungum, civem nostrum, in dicti chori salis empcione ut sibi
cautum sit, vestris litteris patentibus stilo et more vestro
solito muniatis nostri servicii ad respectum.   Datum anno
domini MoCCCoXLo quarto, in die beati Luce ewangeliste 15
sub nostro sigillo adimpresso presentibus a tergo in testimonium premissorum.   Orig i Arch.

420. Der Ritter Hermann von Meding verkauft dem Rathe Haus und Hof vor der Stadt. 1344, 24. Novbr.

Ich her Herman van Medinghe, en riddere, bekenne unde bethughe, dat ich mit volbort al miner rechten erven hebbe vorkoft den ratmannen to Luneborch to erer stat nutte min hus, hof unde wort unde alle dat darto hort vor dem Grimmeren dore mit alle deme rechte, dar ich unde min vader se mede hat hebbet, erveliken unde ewiliken to besittende, to do_unde unde to latende mede, wat im ewene kumpt, unde willes en eyn rechte warende wesen erve goudes. Unde desse dingh stede unde gans to holdende love ich unde mine vedderen vor mi Wasmont, Jordan unde Boldewin van Medinghe, bruddere, densulven ratmannen mit samender hand in truwen. Wer over, dat in dessen dinghen gein hindernische anvelle, dar scal ich unde mine vedderen, de hir vorescreven stat, binnen dem ersten manen, wan wi van den ratmannen gheesghet werden, se daraf untleddegen sunder genegerhande togeringhe. To ener groteren bethuginghe hebbe ich mit minen medeloveren, minen vedderen, to dessem breve min inghesegel ghehenhet, und ich Wasmuont, Jordan unde Boldewin van Medinghe, bruddere, de hir vorescreven stat, mit usem vedderen her Hermanne, de hir vorescreven steit, hebbe wi lovet in truwen den vorbenomeden ratmanne to Luneborch, alle desse stucke stede unde gans to holdende mit samender hant, also hir vorescreven steit, unde hebbet darto user driger inghesegele mit her Hermans inghesegelle to dessem breve ghehenhet. Dit is gheschen na godes bort drutteynhundert jar, in dem verundeverthegesten jare, in sunte Katerinen avende der hilgen juchfrowen.

(Vier von Meding'sche Siegel.)

Orig. d. Arch.

421. Der Ritter Hermann von Meding verzichtet auf Grundstücke in der Stadt. 1344, 24. Novbr.

Ich her Herman van Medinghe bekenne unde bethughe

in dessem openen breve, dat ich vor mich sulven unde
vor mine rechten erven van vormuondscop wegene hebbe
tghegen de ratmanne to Luneborch mich verwillekoret, dat
noch ich noch mine erven mit den dren worden, de se
vor dem Grimmeren dore licbende sin binnen der stat to
Luneborch, scollen unsich mede beweren to kopende
edder in to wonende (do eyne hort den van dem Lobeke
to, de andere den Groten, de drudde hadde hort herren
Heynen van dem Berghe) wedder der vorsprokenen rat- 10
manne willen. Och en solle wi unsich nicht beweren mit
dem hove, dar Gir inne wonet hadde, vor dem Lindenberger
dore wedder eren willen, unde verwillekore mich und
mine erven in dessem openen breve desse vorscrevenen
stucke. To eyner grotteren bethuginghe hebbe ich min 15
inghesegel to dessem breve henhet. Dit is gheschen na
godes bort drutteinhundert jar, in dem verundeverthegisten
jare, in sunte Katherinen avende der hilgen junchvrowen.

(Siegel Hermanus vou Mebing mit fieben Fahnen auf dem Helme.)

Orig. b. Arch.

422. Gesetze für das Hospital S. Nicolai Hof. Lüneburg, 1344, 8. Decbr.

Johannes de Soltzenshusen, canonicus Hamburgensis
ecclesie Bremensis dyocesis, visitator a reverendo patre et
domino fratre Daniele episcopo Verdensi per totam Ver-
densem dyocesem constitutus, discreto viro procuratori capelle
sancti Nicolai in Bardewic salutem in domino et obser- 5
vanciam subscriptorum inconvulsam. Ad nostrum in sancte
visitationis officio pervenit auditum, quod nonnulli leprosarii memorati utriusque sexus homines infirmi ciborum
et potuum superflua ac eorundem vasa, laneas lineasque
vestes, lectisternia ac alias res pro usu suo habitas extra 10
sanis venales exponunt et quod iidem sanos in hospitio
colligunt, interdum eciam curie sue cepta (septa) exeunt,
ex qua re, cum lepre morbus contagiosus sit, omnino sanis
evenire infectionis periculum formidandum; nos autem

hujusmodi contagionis periculum reprimere volentes, vobis
et virtute sancte obediencie et sub pena excommunicationis
late sententie (?) precipimus et mandamus, quatenus vice
nostra prefatos infirmos infra missarum solempnia moneatis
ac . . . . . . requiratis, quos eciam tam mares quam feminas canonice presentibus requirimus et monemus, ne
res supradictas venales vel alio quovis modo sanis exponant, sed easdem sibi retineant, ne eciam sanos hospitio
colligant aut extra curie cepta de cetero exire presumant.
Alioquin omnes et singulos infirmos tam mares quam
feminas supradictos in premissis et premissorum quodam
delinquentes, quos vel quas premissa canonica monicione
excommunicamus in nomine domini in hiis scriptis exci-
tatos vel excitatas singulis diebus dominicis in genere, et
quorum nomina sciveritis, in specie publice nuncietis cum
intimatione, quod quoslibet rixosos, impudicos, incontinentes
et se ab ecclesie frequentatione retrahentes nec non man-
datis nostris in hac parte rebelles detecto scelere de domo
et prebenda sine reversionis spe fore discernimus amo-
vendos, rectori vero capelle, qui pro tempore fuerit, ob
honesti viri domini Heynonis de Molendino favorem, dicti
leprosarii provisoris, in prefatis casibus potestatem concedimus absolvendi. Actum et datum Luneborch anno domini MᵒCCCᵒXLᵒIVᵒ, in die conceptionis beate Marie.

(Siegel, nur zum Theil erhalten und unkenntlich.)

Orig. v. Arch.

423. Gesetze für das Hospital S. Nicolai Hof. Lüneburg, 1344, 8. Decbr.

Her Johan van Soltzenshusen, eyn domhere to Hamborch, de ghebordighet is ute deme stichte to Bremen, den
de erlike here biscop Daniel van Verden heft gheset to
eneme visitator over dat ghansse stichte to Verden, de
enbut deme kercheren, de de kapellen vorsteyt to deme
spetale sunte Nicolawese to Bardewich, heyl an godde unde
dat he deghere holde, dat hir na steyt ghescreven. We ghevet

ju to er (ener) ewighen reghilen, to holdende alle desse dinch,
de hir na bescreven stat. Swe so starich sin, dat se
moghen ghan in den stoven, de scolen oc gan in de
kercken unde vorbeden de almise, de se upboret. Oren
overlop, dat si an spise eder an klederen eder an welken
stucken dat si, dat se under handen hebbet, dat en scolen
se ute deme hus nich komen laten, men se scolen des
bruken binnen deme hus. Nene weeghverdighe lude scolen
se herberghen, de seych sin, dat si vrowen eder man.
Ut oreme hove, do to ghetekent is, scolen se nich gan.
Weret, dat eyn dede overspel, de scal vortmer manch
der sammeninghe nich wesen unde de deyt sich in des
biscopes ban. Weret, dat sich en unschemeliken wiside
eyn vor deme anderen, de deyt sich oc in den ban.
Weret, dat sich eyn sculde mit bosen worden eder
scallechaftighe mere seghede, de deyt sich oc in densulven
ban. Weret ok, dat orer welick loghenhaftighe wort han-
delde, dar scade af komen mocghte, de deyt sich oc in den
ban; unde desse bode scolen oc holden ore boden, de on
denet up deme hove. Nen man scal gan to den vrowen
in ore hus, nen vrowe weder to den mannen in ore hus,
et enne were, dat es bedreplic grot not were, also bi
brande eder des ghelick, unde welick vrowe heft to spre-
kende mit eyneme manne eder eyn man mit ener vrowen,
dat scal he openbare don vor al deme vollike. Nene
sunde lude scolen to on in oren hof gan, et en sihe bi
rade unde orlive des presteres, de dat overste altar bewaret. Mit orme ghesinne en buten dar en scolen sich do
seken nich mede beweren. Alle desse stucke, de hir vorescreven stat, de scal men holden bi banne. Weret, dat
eyn hele mit deme anderen unde dat nich to lechte
brochte, de deyt sich oc in den ban. Swe darto gheset
wert, de on de provende delet, de scal eyn licdelere
wesen bi banne, oc en scal one dare nement an vorvol-
gen. Wen dit ghesat is van deme biscope unde dat nement losen en mach sunder de biscop eder, deme se de
macht ghegheven heft dor sunderliker bede willen unde

dor gnade willen, so gheve wi de macght deme prestere,
de dat overste altar bewaret, desse stucke to holdende.
Dit is ghescreven unde gheven to Luneborch na goddes
bort dusent jar unde drehundert jar, in deme verundever-
tighesten jare, in deme daghe, do use Vrowe entfangben
wart.

(Siegel abgefallen.)

Orig. b. Arch.

424. Jordan von Mebing verkauft dem Rathe einen Theil seines Hofes. 1345, 9. Jan.

Ik her Jorden van Medinghe, eyn gheystlik man des
orden sunte Benedictus uppe deme hus tho Luneborch,
bekenne unde bethughe openbare in desseme breve, dat
ik mit willen unde mit vulbort miner rechten erven hebbe
vorkoft unde laten den beschedenen luden den rathmannen
tho Luneborch eyn deyl mines hoves, de bi der sulte-
bruegghen licht, dat dar van demesulven hove afghetuenet
is. Den thuen scholen de rathman thuenen laten unde
waren. In dessemo thuene hebbe ik nu ene porten beholden, de dor den thuen gheyt. Der scal ik brueken, de
wile de ik leve; were dat over, dat ik den voresprokenen
hof vorkofte gichte vorgheve, so scholen de voresprokenen
rathman de porten mit deme thuene sic maken, so se
nuttest moghen, unde duen darmede, wat se willen. Des
scal ik eyn recht warent wesen, also eyn statrecht is. Dit
heft ghedeghedinghet van miner weghene her Ulrik van
Ilten, use prior, unde her Heyne van der Molen unde her
Hasseke van der rathmanne weghen. To ener bethueginghe alle desser dingh hebbe ik min ingheseghel henghet
to dessemo breve. Dit is gheschen na godes borth dusent
jar, drehundert jar, in deme vifundeveerteghesten jare, des
ersten sundaghes na der hochtith tho twelften.

(Geistliches Siegel des Mönchs Jordan von Mebing, der Engel Michael,
wie im Klosterfiegel.)

Orig b. Arch.

425. Der Bürger Nicolaus Bolte verkauft einen halben Wispel Salz aus dem Sülzhause Denqueringe, den er von Johann Prekel eingetauscht hat, dem Knappen Segheband von Wittorf. Der Käufer bestimmt, daß nach seinem etwa unbeerbten Tode zu seinem Seelenheile diese Rente dem Pfarrer Anton in Modestorpe zur Verfügung stehen soll. Lüneburg, 1345, 12. März.

Orig. d. Arch.

426. Das Kloster Corvei verkauft Sülzrente. Corvei, 1345, 3. April.

Universis presentes literas visuris vel audituris pateat evidenter, quod nos Thidericus dei gracia abbas, Gotfridus prior, totumque capitulum ecclesie Corbeyensis, Padeburnensis diocesis, pensata nostra et ecclesie nostre utilitate et commoditate vendidimus justo vendicionis titulo pro quinque marcis Luneborgensium denariorum nobis integre traditis et solutis sex sosas [1] salis, quas ab antiquo habuimus in salina Luneborgensi in sartagine Vredeberni sacerdotis, discretis viris Dytmaro et Nicolao fratribus dictis Tzabel, concivibus in Luneborg, et eorum universis veris heredibus perpetue et hereditarie cum omni suo jure et utilitate, veluti ad nos pertinebant, quiete et pacifice possidendas, resignantes ipsis dictas sosas in hiis scriptis. Datum Corbeye nostris sub sigillis. Anno domini M°CCC°XLV°, ipsa dominica, qua cantatur Quasimodogeniti.

Copialb. d. Arch.

427. Dasselbe Kloster verkauft denselben Käufern sechs Süs Sülzrente aus dem Hause Muntsinge. 1346, 14. Febr.

Copialb. d. Arch.

428. Der Verdener Canonicus Bernhard de Requesen, Kapellan des Papstes Clemens VI. ꝛc. und von diesem durch den Cursor desselben Arnold Sicredi beauftragt, citirt auf Klage des Priesters Gerhard Friso, Procurators des h. Geisthospitals, der mit

[1] Süs.

der Kapelle vom Bischofe in den Bann gethan war, den Bischof Daniel von Verden vor seinen Richterstuhl. Avignon, 1345, 1. Juli.

(Großes Siegel des Canonicus.)

Orig. i. Arch. mit Beglaubigung eines Notars.

429. Nicolaus Bertoldi schenkt dem Hospitale des Nicolai Hofes Sülzgut und Rente. Lüneburg, 1345, 25. Juli.

Nos consules civitatis Luneborch —. Honorabilis vir dominus Nicolaus Bertoldi dedit et donavit leprosarie sancti Nicolai in Bardewich dominium sartaginis — in domo Kotzinghe in salina Luneborch et in eadem sartagine dicte domus dimidium chorum salis —, de quorum bonorum redditibus ordinavit subscripta ordinanda. Inprimis infirmis dicte leprosarie dabuntur duo quadrantes [1] brasii de tritico in adventu domini et unus quadrans de ordeo; in quadragesima unus chorus brasii de tritico et dimidius chorus de ordeo; ante festum pentecostes unus quadrans dabitur brasii de tritico et sex modii de ordeo; item ante festum assumptionis beate Marie virginis unus quadrans de tritico et sex modii de ordeo; item in nativitate beate virginis Marie unus quadrans de tritico et sex modii de ordeo et tantum ante festum omnium sanctorum; item tres quadrantes humuli, insuper una marca ad lignorum comparationem; item in qualibet communione una dimidia stupa [2] vini; item una sporta ficuum et decem solidi ad oleum et acetum, de quibus dabitur eis ferculum in quadragesima diebus dominicis et quintis feriis; in festo sancti Michahelis dabuntur unicuique infirmo sex ulnae linei panni; in anniversario prioris dicti domini Nicolai dabuntur sacerdoti summi altaris sex denarii, unicuique sacerdoti quatuor denarii, scolari duo denarii, infirmis unum fercu-

[1] Wichimten.
[2] Stübchen.

lum de recentibus carnibus, quod pro VIII solidis possit
comparari, et unicuique infirmo unum cunium [1]), item in
anniversario matris sue eadem distributio observetur, que
in anniversario patris sui premittitur, sed hoc adjecto,
quod unicuique infirmo cum cunio dabitur denarius unus.
Item sacerdoti summi altaris dabuntur duo solidi in
festo nativitatis domini et tantum in festo pasche et
tantum in festo beati Johannis baptiste, similiter et in
festo sancti Michahelis tantum pro laboribus suis. Item
in anniversario dicti domini Nicolai, dum occurret, dabuntur
sacerdoti summi altaris octo denarii, unicuique sacerdoti
VI denarii, scolari IIII denarii, unum vero ferculum de
recentibus carnibus et unus cuneus cuilibet infirmo cum
una cratera cerevisie. Item in carnisprivio unum ferculum
de recentibus carnibus, quod possit comparari pro novem
solidis, similiter et in festo ascensionis domini unum ferculum pro novem solidis et in festo pentecostes unum
ferculum pro novem solidis comparetur. In quadragesima
unicuique infirmo unum talentum olei erogetur. In premissorum evidens testimonium —. Datum Luneborch anno
domini M°CCC°XL°V°, in die beati Jacobi apostoli
gloriosi.

Orig. b. Arch.

430. Der Provisor des Nicolai Hofes, Heinrich van der Molen,
wählt ein Ehepaar als Auffeher des Hospitals. 1345, 25. Juli.

Nos consules civitatis Luneborch — protestamur, quod
Hinricus de Molendino —, provisor domus hospitalis sancti
Nicolai in Bardewich, nostro de consensu dedit Johanni et
uxori sue Walburgi prebendam ibidem tali condicione et
specificatione adjecta, quod idem Johannes et uxor sua
Walburgis ipsis infirmis ibidem degentibus preesse debent
fideliter cum omni diligencia, qua possunt, necessaria ordi-

[1]) Weißbrod.

nando eisdem. Prefatus vero Johannes et uxor sua Walburgis vitam castam et pudicam servare tenentur, quia in
matrimonio simul esse non possunt. Quod si sese neglexe-
rint per carnalem copulam sive contubernium impudicum
celebraverunt, ex tunc ipsi prebenda privantur ipso facto;
eciam de bonis eorum, que sunt infra cepta hospitalis, nichil cedere debet eisdem, sed tantum vestimenta,
quibus induuntur. Insuper si aliquis eorum infirmatus fuerit,
prebenda eidem, quamdiu vixerit, denegari non debet.
Vestimenta preterea, qualia decet religiosis personis, de
bonis dicti hospitalis debent eisdem comparari. Ceterum
mundana singula vitare debent specialem vitam cum predictis pauperibus infirmis deducendo. Post mortem Johannis et Walburgis sepedictorum omnia bona eorum,
ubicunque inventa fuerint vel locata sive in curia sive extra
curiam dicti hospitalis, illa ad dictum hospitale dinoscuntur
pertinere. In premissis omnibus iidem J. et W. erunt
pacifici et fideles. In quorum evidens testimonium —.
Datum Luneborch anno domini M°CCC°XL°V°, in die beati
Jacobi apostoli gloriosi.   Orig. d. Arch.

431. Der Canonicus und Kapellan des Papstes Bernhard de
Requesen spricht den Procurator des h. Geisthospitals, Gerhard
Friso, und das Hospital von dem durch den Bischof Daniel von
Verden ausgesprochenen Banne los. Avignon, 1345, 24. Octbr.
(Die umfangreiche Urkunde ist durch Mober zum Theil völlig unlesbar
geworden.)
                                                Orig. d. Arch.

432. Die von dem Berge verkaufen dem Nicolai Hofe Sülzrente.
Lüneburg, 1346, 15. Juli.

Nos consules civitatis Luneborch, Albertus de Molendino, Nicolaus Hoyke, Nicolaus Garlop, Borchardus de
Luchowe, Johannes de Mellebeke, Hinricus de Molendino,

Ludolfus Hartwici, Jacobus de Ponte, Leonardus Longus, Johannes de Netze, Johannes Beve, Gerbertus Om tenore presentium lucide protestamur, quod honorabilis vir dominus Thidericus de Monte, rector parrochialis ecclesie in Amelichusen, tutor Gevehardi filii fratris sui Borchardi de Monte pie memorie, et frater ejusdem domini Thiderici Seghebandus, nec non strenuus miles dominus Manegoldus dictus de Monte vendiderunt de consensu omnium, quorum interest seu interesse poterit, Hinrico de Molendino inter nos superius expresso procuratori hospitalis infirmorum sancti Nicolai in Bardewich ad utilitatem dicti hospitalis et nomine ejusdem redditus quindecim marcarum annuos sitos in salina Luneborch in denariis, qui vulgariter sabbatales dicuntur, perpetuo et jure hereditario possidendos, qui quidem redditus sunt de feudo castrensi in castro Luneborch, quos strennuus miles dominus Gevehardus de Monte et filii ejus et heredes tenuerunt et possiderunt, venditione hac literis et beneplacito illustrium principum dominorum nostrorum Ottonis et Wilhelmi, ducum de Brunswich et Luneborch, vallata et roborata. In quorum omnium evidens testimonium sigillum nostrum presentibus est appensum. Datum Luneborch anno domini millesimo tricentesimo quadragesimo sexto, in die divisionis apostolorum beatorum.

Orig. d. Arch.

433. Der Knappe Heinrich Ghr verkauft dem Knappen Segeband von dem Berge, Sohne des weil. Ritters Segeband, seinen Hof in der Altstadt. Lüneburg, 1346, 14. Aug.

Copialb. d. Arch.

434. Die Wittwe Alheydis Emmessen bestimmt, daß nach ihrem Tode ein Fuder Sülzrente aus dem Hause Berdinghe bei dem Hause Brochusen dem Kloster Isenhagen zufallen soll. 1347, 5. Febr.

Isenhag. Urk. 220.

435. Segeband von dem Berge verkauft dem Rathe einen Hof
vor der Stadt. 1347, 22. April.

Ik Seghebant, hern Seghebant sone van dem Berge,
bekenne in dessem breve, dat ik mit vulbort miner erven
hebbe vorkoft sünte Cyriacus unde deme radt to Luneborch
minen hof vor deme Lindenbargher dore, dar de olde
₅ Ghyresche inne wonede, mit alleme rechte, unde wille des
ere rechte warende sin jar unde dach, alse recht is. Weret,
dat se binnen desser tyt jemant in deme hove bewore mit
rechte, dat welde ik entweren mit rechte, wan ik des
gemanet werde. Datum meo sub sigillo anno domini
₁₀ M°CCC°XLVII°, dominico die tertio post festum pasce.

Orig. d. Arch.

436. Diedrich und Gebhard von dem Berge verzichten auf einen
Weg hinter ihrem Hause. 1347, 24. Juli.

Nos Thidericus de Monte, canonicus ecclesie Bardewicensis, nec non Ghevehardus de Monte, patruus noster, presentibus cupimus contestare universis, quod -- quoquomodo
renunciavimus et presentibus renunciamus omni impetitioni
₅ et actioni, quam moverimus seu movere possemus in futurum contra civitatem et consules Luneborgenses super via
et transitu, que est inter murum civitatis et curiam meam
in antiqua civitate, quam Nicolaus Bere quondam inhabi-
vit, que nunc ad Ghevehardum patruum meum pre-
₁₀ dictum ex nostra donatione pertinet et spectat, sed dictum
transitum retro dictam curiam libere pro usibus civitatis
dicti consules optinebunt et possidebunt. In quorum evidens
testimonium —. Datum anno domini M°CCC°XLVII°, in vigilia beati Jacobi apostoli gloriosi.

(Zwei Siegel der von dem Berge. Das des Domherrn zeigt einen Geistlichen, der mit der Linken den Wappenschild berührt.)

Orig. d Arch.

437. Der Knappe Johann Behem verzichtet auf einen Weg und Durchgang hinter seinem Hause. 1347, 20. Sept.

Ego Johannes dictus Beme[1], famulus, presentibus cupio contestare universis, quod de consensu et voluntate omnium heredum meorum ac aliorum, quorum interest aut interesse poterit quoquomodo in futurum, renunciavi et presentibus renuncio omni impeticioni et actioni, quam movi seu movere possem in futurum contra civitatem et consules Luneborgenses super viam et transitum, que est inter murum civitatis et curiam meam sitam prope dotem ecclesie sancti Cyriaci in Antiqua civitate ad partem valve Lyndeberge, in qua in presenti inhabito, quem transitum supradictum retro dictam meam curiam libere pro usibus civitatis dicti consules obtinebunt et possidebunt. In quorum evidens testimonium sigillum meum presentibus litteris est appensum. Datum anno domini MºCCCºXLVIIº, in vigilia beati Mathei apostoli gloriosi.

(Siegel des Johann Behem.)

Orig. d. Arch.

438. Schuldbrief des Rathes über 300 Mark Silbers. 1318, 10. Febr.

We ratmanne der stad to Luneborch bekennet unde don witlich alle den, de dessen bref seen eder horen, dat we sculdich sint van user stat weghene den vromen mannen hern Ludolve unde Hanse broderen ghebeten van Honleghe unde eren erven unde to erer hant hern Asschme van Salderen, dem proveste in der borch to Brunswich, hern Alberte Bokmasten, Hinrike van Veltem unde Ludinghere[2] dem drosten drehundert mark lodighes sulveres Luneborghere wichte unde also dennekes sulveres, dat ginghe unde gheve is to Luneborch unde dar me to Luneborch mede waren mach. Dit sulve gelt der vorbenomeden wichte

¹) Im Siegel steht Behem.
²) von Garssenbüttel.

17

unde witte love we in truwen mit samender band, en unde
eren erven to beredende in der stad to Luneborch in user
Vrowen daghe to lichtmissen, de nu nilkest tokomende is,
ane allerleye hinder eder vortoch. Dat we dit stede unde
vast holden willen unde scollen, des vorbinde we us unde
use nacomelinghe van user stad weghene in deseme breve,
de to ener openbaren bewisinge is ghevestenet mid user
stat ingheseghele unde ghegheven is na der bord goddis
drutteynhundert jar, in dem achteden unde verteghesten
jare, in sunte Scolastiken daghe der hilgen juncvrowen.

Gleichzeitige Abschrift b. Arch.

439. Die Herzöge Otto und Wilhelm von Braunschweig und
Lüneburg ordnen die Schifffahrt und das Zollwesen für die Lüneburger auf der Ilmenau. Lüneburg, 1348, 11. März.

Van goddes gnaden wi her Otte unde her Willebelm,
hertoghe to Brunswik unde to Luneborch, bekennen unde
betughen in desseme breve, dat wi mid vulbord user erven
unde mid rade user truwen man hebben ghegheven unde
gheven usen ratmannen unde usen menen borgheren to
Luneborch, de nu sin unde de noch tokomen moghen,
unde allesweme de gnade, dat se moghen twischen Luneborch unde Ulsen de Elmenowe varen up un nedder, unde
were, dat de Galghenmole, de vor Ulsen licht uppe der
Elmenowe, hinderde deghenne, de twischen Luneborch
unde Ulsen de Elmenowe up unde nedder voeren, so moghen
use ratmanne van Luneborch de molen breken laten binnen
eneme jare van nu en sondaghe, de neghest tokuemt,
sunder underlat an to rekeneden. Unde is, dat se de
moelen breken laten binnen desseme vorebenomeden jare,
so schollen se der vrowen, de in der molen heft vif wichemten rokghengeldes, ere levedaghe vuldon vor de vif
wichemten rokghengheldes, de wile dat de vrouwe leved.
Ok so schollen se vuldon deme manne, de in der molen
sid, unde sinen rechten erven vor dat, dat he in der molen
heft, unde vor dat, dat ene van der molen weghene anroered.

Unde were, dat de Galghenmole nicht en hinderde deghenne,
de twischen Luneborch unde Ulsen de Elmenowe up unde
nedder varen, edder dat de ratmanne to Luneborch de
Galghenmolen binnen deme voresprokenen jare nicht breken
leten, so schal de mole stande bliven unde de ratmanne
to Luneborch en schollen se nicht breken unde de mole
schal use bliven unde wesen mit alleme rechte, alse wi se
hebben unde ghehad hebben. Allerleye oever unde anschot
an beyden siden der Elmenowe twischen Luneborch unde
Ulsen, dat use is, dat laten wi usen vorebenomeden ratmannen unde usen menen borgheren to Luneborch also,
dat deghenne, de twischen Luneborch unde Ulsen de Elmenowe up unde nedder vared, moghen uppe den oeveren
gan unde scheppe daruppe troylen na ereme behove. De
molenstad to Bevensenne unde to Emmendorpe de schollen
se sulven irwerven van den, den se tohored, mid useme
rade unde mid user vordernisse. Se moghen ok de Elmenowe twischen Luneborch unde Ulsen suveren unde ruemen
laten van allen dinghen, de hinderlik sind den, de de
Elmenowe up unde nedder vared, unde moghen de oevere
an beyden siden der Elmenowe twischen Luneborch unde
Ulsen, de us tohored, beteren laten na ereme behove unde
moghen maken laten ver stede, dar men holt lekghen mach,
dat hude heten, twischen Luneborch unde Ulsen bi de
Elmenowe twe af desse sid der Elmenowe, ene bi de vorebenomede Galghenmoelen unde ene bi den beke, de van
Weyneden [1]) in de Elmenowe vluet, unde twe af jenne sid
der Elmenowe, ene bi Emmendorpe unde ene bi Jarsdorpe,
unde desse ver hude moghen se maken laten, also hir voresproken is, dar id use is unde dar id us tohord. Were
ok, dat men gout edder anderswat, dat were welkerleye
dat id were, voerede uppe der Elmenowe van Luneborch
to Ulsen edder van Ulsen to Luneborch, dat tollenplichtich
were beyderweghene, dat scholde us unde usen tolneren
sinen tollen gheven beyde to Luneborch unde ok to Ulsen,

[1]) Weihe.

17*

unde were id tollenplichtich to Luneborch unde nicht to
Ulsen, so scholde id sinen tollen gheven to Luneborch, were
id aver tollenplichtich to Ulsen unde nicht to Luneborch,
60 so scholde id sinen tollen to Ulsen gheven. Vortmer de
holtpramen unde alle scheppe, de holt edder gout edder
kopenschop edder anderswat, dat si welkerleye dat id si,
dreghet edder dreghen moghen uppe der Elmenowe twischen
Luneborch unde Ulsen, de schollen us scheptollen gheven;
65 giwelk schep vor de reyse twischen Luneborch unde Ulsen
de Elmenowe up unde nedder to varende, schal us unde
usen tolneren enen schillink Luneborgher penninghe gheven;
unde sin de schep van Luneborch unde vared se de Elmenowe up to Ulsen, wanne se wedder to Luneborch komen,
70 so schollen se dessen tollen to Luneborch gheven, unde
sind se van Ulsen unde vared se to Luneborch, so schollen
se den tollen to Ulsen gheven, wanne se wedder to Ulsen
komet. Enbomene schep, de luttek sind unde ungheboer-
det, dat kane hetet, de en schollet us nenen scheptollen
75 gheven uppe der Elmenowe twischen Luneborch unde Ulsen,
men alle dat holt unde alle dat gout unde alle kopenschop
unde alle dat, dat men mid dessen lutteken scheppen unde
mid den vorebenomeden scheppen unde mid allen scheppen,
se sin welkerleye se sind, edder mit vloten, men voere id
80 wo men id voere de Elmenowe up unde nedder twischen
Luneborch unde Ulsen, dat tollenplichtich is, dat schal us
unde usen tolneren sinen sundertollen gheven, also hir
vore unde na beschreven steyt. Unde were, dat jenich
schelinghe worde twischen den, de dar gout voreden uppe
85 der Elmenowe twischen Luneborch unde Ulsen, also dat
en den anderen sloeghe edder wundede edder dod sloeghe,
dat en scholde deme goude nicht schaden, men dejenne,
de dat ghedan hedden, de scholden darumme liden, dat
recht were. Ginghe ok en schep mid goude edder leddich
90 in de grund uppe der Elmenowe twischen Luneborch unde
Ulsen, dat moghen de, den dat gout unde dat schep tohord,
upwinnen mid deme goude edder leddich ane broke unde
schollet des gudes unde des scheppes bruken na, also se

vore dedden. Ok so en schollet de use uppe de Elmenowe
twischen Luneborch unde Ulsen nene vesten buwen, were
aver, dat wi uppe der Elmenowe twischen Luneborch unde
Ulsen ene vesten wolden buwen edder buwen laten, de
scholde wi also buwen edder buwen laten, dat se den, de
twischen Luneborch unde Ulsen uppe der Elmenowe voeren,
nenen schaden dede. Vortmer gheve wi usen vorebenomeden ratmannen unde borgheren to Luneborch unde al
den usen de gnade, dat se moghen kopen berneholt unde
tymmerholt unde allerleye holt van jennen, den dat holt
tohord unde de se des holtes waren moghen, unde moghen
dat holt voeren laten twischen Luneborch unde Ulsen uppe
de Elmenowe an beyden siden des wateres, wo id ym
evene kumt, unde wanne dat holt uppe de Elmenowe kumt
twischen Luneborch unde Ulsen, so en schollen wi unde
use erven unde use nacomelinghe unde use ammechtlude
se in deme holte nicht hinderen. Vortmer wat men van
berneholte unde van allerleye holte unde van ware, de
van holte maked is, voret uppe der Elmenowe to Luneborch, men vore dat wo men id vore, dat schal us unde
usen tolneren tollen gheven, alse hir na schreven steyt.
Vor den vatmen holtes schal men us unde usen tolneren
gheven dre penninghe, vor dat hundert brede twe penninghe,
vor dat hundert bentholtes enen pennink, vor dat stafholt,
dar men hundert tunnen af maken mach, twe penninghe,
vor bodeme to hundert tunnen twe penninghe, vor en schok
bunde strukholtes enen pennink, vor dat hundert slede
enen pennink, vor dat hundert hoppenrik enen pennink, vor
dat hundert latten twe penninghe, vor ene delen unde vor
ene sparen unde vor enen remen so vor giwelk stukke twe
penninghe, vor enen hanenbom enen pennink, vor enen
balken edder vor en sulfwassen holt, dar men enen balken
af maken mach van teyn voeten lank, enen pennink, van
twintich voeten lank twe penninghe, unde also vord so vor
teyn voete lank enen pennink, vor en enbomen luttek holten
schep, dat men vorkoepen schal, ses penninghe, vor de
scharde, dar men kane edder eken af maket, jo vor dat

schard ses penninghe. Allerleye holt, dat hir nicht vorebenomet en is, dat schal men us unde usen tolneren vortollen deme tollen ghelik, de hir voreschreven steyt.
Umme bodene unde standen unde molden, kernen, ambere,
135 schuffele unde umme allerleye, dat holware het, dat schal
men to Luneborch holden, alse en old wonheyt is. Desse
vorbenomeden tollen schal men us unde usen tolneren
gheven van deme voresprokenen holte unde van der ware,
de van holte maked is, men voere id in scheppen edder
140 in vloten, men vore id, wo men id vore. Vortmer so
laten wi van allerleye unmode, den wi mid usen vorbenomeden ratmannen to Luneborch ghehad hebben bitte in
desse tid, dat desse bref geschreven unde gheven is, unde
en willet se van des unmoedes weghene nicht mer schul-
145 deghen. Desse gnade unde desse vorebenomeden stukke
willen wi usen ratmannen unde usen menen borgheren to
Luneborch, de nu sind unde de noch tokomen moghen,
vaste holden unde mid nichte breken. Unde to ener betughinghe so hebben wi ym ghegheven dessen bref, de
150 beseghelt is mid usen inghesegheleten, unde is gheschen in
user stad to Luneborch na goddes bord dritteynhundert
jar. in deme achteundevertlighesten jare, des ersten dinssedaghes in der vasten.

(Zwei schöne Siegel der Herzöge.)

Orig. d. Arch. Sudendorf, l. c. II, 249.

440. Der Knappe Heinrich von Schwerin verzichtet auf einen Hof in Ochtmissen. Lüneburg, 1349, 5. Juni.

Ich Hinrik van Swerin, en knape, bern Otten sone
van Swerin, enes riddderes wandaghes, des deghtnisse selich
si, do witlik alle den, dese dessen bref seyn edder hored.
dat ich sprach up den hof to Ochtmissen [1]), den min vader
5 her Otte, de hir voresereven steit, heft vorkoft den seken
luden to sunte Nicolawesse to Bardewich unde Hinrike

1) A. Lüneburg.

van der Molen, de ere vorsyghtere is, unde deme gansen
rade to Luneborch. Des hebbe ich mi beleret mit minen
vronden unde volborde den kop van deme hove, den min
vader heft ghedan, unde late af van aller ansprake also,
dat noch ich noch mine erven noch mine nakomelinghe
noch gheman van usenhalven in deme hove gicht mer
rechtes hebben scolle. De hof is ok wol betalet minem
vadere mit reden penninghen. Ok dat min vader im den
bref heft besegelet uppe densulven hof, dat is ghesceyn
mit miner wisscop unde volbort unde bekenne mines in-
ghesegheles. Dessulven hoves scal ich en recht warant
wesen. Unde were, dat desulven seken lude worden
ghehindered unde scaden nemen an deme hove van minen
erven, so scolde ich binnen den negesten veer wekenen
se unttweren mit rechte, also dat se bleven sunder schaden
in dem hove. Vortmer den brefh, den min vader heft
ghegheven Hinrike van der Molen, de vore nomet is, unde
densulven seken luden, den volborde ich, unde is ghegheven mit minem willen; den wil ich im vast holden.
Desse stucke love ich in truwen Hinrike van der Molen
unde densulven seken unde to erer hant Seghebande
van dem Berghe, hern Seghebandes sone wandaghes enes
ridderes gheheten van dem Berghe, unde hern Borchgherde
van Luchowe unde hern Hasseken, ratmannen to Luneborch,
gans unde vast to holdende. Desser deghedinghe sint
thughe her Johan van Reden, en geistlik man van sunte
Benedictes orden, Seghebant van dem Berghe, her Borcher
unde her Hasseke, de hir vore screven stat, dese alle desse
stucke ghedeghedinghet hebbet. To ener openbaren ore-
kunde hebbe ich Hinrik mit dessen thughen unde se mit
mi dessen bref besegheled laten mit unsen inghesegelen,
unde is ghesceyn vor deme gansen rade to Luneborch
unde uppe deme rathuse gheendeged vor im na goddes
bort drutteynhundert jar, in deme achteundeverthegesten
jare, in deme achteden daghe der hemmelvare unses heren
goddes.

(Bruchſtücke von fünf unkenntlichen Siegeln.)

Orig i Arch.

441. Herzog Erich von Sachsen (Lauenburg) giebt dem Herzoge Otto von Braunschweig und Lüneburg Zusicherung über den freien Verkehr der Lüneburger. 1348, 29. Juni.

Salutatione premissa. Du scalt weten, leve om Otto, hertoge to Brunswich und to Luneborch, dat wi sin averenkomen mit dinen ratmannen diner stat to Luneborch, dat si und ere borgere mogen varen ore gout und ore salt, welke wege ene even komen, in der wis, also use breve spreken, also, dat it us in usem tolne und in user rechticheyt nenen scaden do. Des hebbe wi dessen bref toruche besegelt. Datum anno domini M°CCC°XLVIII°, in die beatorum Petri et Pauli apostolorum.

Ex parte Erici ducis Saxonie junioris.

Orig. d. Arch.

442. Zeugniß über den Verkauf des Lauenburger Salzzolles an den Rath zu Lüneburg. 1348, 29. Juni.

Wy Ficke Marscalc und Heyno Dukere bekennen und tughet openbare in dissem breve, dat wi dor ganzen willen und volbort van user wegene und user rechten erven und nakomelinge wegene togeven hebbet und ghevet in dissen jeghenwardigen breve, dat de solttolne to Louenborch vorcoft is den ratmannen to Luneborch to ses jaren in der achte, in der wise und in der mate, also user heren und der borchmanne bref to Louenborch darup screven is, und wi en willet use heren van Sassen und de borchman mit nichte binnen der vorbenomden tit in erem lovede beweren. Dat love wi in truwen dem menen rade to Louenborch und to erer hant Segbebande van dem Berge und hebben to grotterer tughinge use ingesegele hengbt to dissem breve na godes bort dritteynhundert jar, in dem achtundvertigisten jare, in dem dage sunte Petrus und sunte Paulus der hilgen apostole.

Orig. d. Arch.

443. Herzog Erich von Sachsen (Lauenburg) der Jüngere bescheinigt dem Rathe den Empfang von 1100 Mark für den Lauenburger Salzzoll. 1348, 2. Juli.

Nos Ericus dei gratia dux Saxonie, Angarie et Westvalie junior presentibus lucide protestamur, quod tota
summa pecunie, scilicet mille et centum marce denariorum,
pro qua theloneum nostrum salis in Louenborch dignis
viris consulibus civitatis Luneborch vendidimus, nobis [5]
est amicabiliter et integre persoluta et in nostros usus
necessarios permutata. In cujus testimonium sigillum
nostrum presentibus duximus apponendum. Datum anno
domini M°CCC°XLVIII°, in die beatorum Processi et
Martiniani martirum. [10]

(Siegel des Herzogs.)

Orig. d. Arch.

444. Herzog Erich von Sachsen (Lauenburg) sichert den Lüneburgern freien Salzverkehr zu. 1348, 30. Juli.

Wy Erik van godes gnaden herteghe to Sassen de
eldere groten iu ratmanne to Luneborch Seghebande den
Ryken unde hern Hasseken mit heyle unde mit bekantnisse
desser nagheschrevenen stucke. Alse iu Seghebant unde
her Hasseke vorghenomet wol witlich is, dat we van vol- [5]
bort uses lieven sones herteghen Erikes mit iu ghedegbe-
dinghet hebben, dat alle solt, dat to Louenborch plecht to
tollende, scole vry gan uppe der Elve up eder neder, wor
men id voret, de wile dat dit orloghe waret, dest us unde
usen borchmannen to Louenborch vulsche vor usen tollen, [10]
des bekenne we in desser schrift, de we torucghe beseghelt
hebben mit useme inghesehgele. Ghegheven unde gheschreven is desse brief na godes bort dritteynhundert jar,
in deme achtundeviertegbhestem jare, in der hilghen merteler
daghe Abdon et Sennes. [15]

(Wachssiegel auf der Rückseite der Urk., ein Baum, an dessen Zweigen zwei
Wappenschilde hangen.)

Orig. d. Arch. Sudendorf, l. c. II, 281.

445. Mechtildis Stovemann schenkt den Nonnen Elisabet und Gertrud Stovemann in Isenhagen ein halbes Fuder Sülzrente aus dem Hause Wolderzinge, welches nach deren Tode ihrem Kloster zu Theil werden soll. 1348, 19. Aug.

Isenhagener Urk. 224.

446. Der Rath in Winsen an der Luhe sichert den Franziskanern daselbst gewisse Freiheiten zu. Winsen, 1348, 17. Sept.

Nos consules oppidi Winsen Tidericus Handorp, Ludeke Kutere, Sanderus Gherseke, Hermannus Ulrici, Johannes Punghel, Nicolaus Tempel, Werneke de Blekede, Rederus, Thomas Pepeke et Thidericus Kutere tenore presentium recognoscimus et lucide protestamur areas, domum et granarium, in quo fratres Minores de Luneborch mansionem suam habent, libera et exempta esse ab omni onere civilitatis et serviciis oppidanorum et nos nichil juris in prenominatis imposterum reservantes. Quicunque autem in domo predicta sub tuitione fratrum habitaverit et pecora alenda habuerit, pro pecoribus suis faciet, sicut oppidani nostri facere consueverunt. Acta sunt hec de consensu nobilium principum nostrorum, ducis Ottonis et ducis Wilhelmi de Brunswich et Luneborch. Ut autem hec firma et inconvulsa permaneant et a successoribus nostris observentur, sigillum oppidi presentibus duximus appendendum. Datum Winsen anno domini M°CCC° quadragesimo octavo, in die beati Lamberti episcopi et confessoris.

(Siegel der Stadt Winsen, Winhusen.)

Orig. d. Arch.

447. Die von dem Berge verkaufen der Stadt Grundbesitz bei der Viningburg. 1348, 18. Octbr.

Wy her Diderich van deme Berghe, kerchere to Amelichusen, unde Seghebant van deme Berghe, brodere, hern Gheverdes sone enes ridderes van deme Berghe, des sin dechtnisse salich si, bekennen unde bethugen in dessem breve, dat wi mit willen unde mit volbort aller user rechten erven unde sunderliken Gheverdes, Borcherdes sone uses broderes, dese rowet in gode, des wi her Diderik kerchere vorbenomed vormunt sin, hebben vorkoft rede- liken den ratmannen to Luneborch to der meynheyt nut der stat to Luneborch use holt, dat boven der Vininghe- borch licht, dat hern Diderikes van deme Berghe holt menliken heit. Dat begint van deme Goltbeke, de bi der Viningheborch in de Elmenow vluet, bitte in den graven, dese in de Dachmuende geit, van deme Deergarden bi der siden der Elmenow, dese to dem osten is, unde vort van dem grave up to dem osten bitte vor dat holt, dat to dem Deergarden hort, dar de herstrate bi heit (gheit) to Ulsen, vort vor dem holte over dat velt, also de sneede towiset unde ghemerket is mit stenen, bitte to dem Kolden- moure unde vort over den Koldenmour den' seeghe ent- langh bitte in den beke, dese kumpt van deme velde to Bilne unde to Haghene, in de grunt boven deme sulven holtte den Goltbeke dale, de vorbenomed is, bitte in de Elmenow vor der Viningheborch wedder umme mit al der nuet mit velde, buschen, ackere, lande, wische, weyde, watere, mit alle deme rechte, dar wi desulven stucke beseten hebbed unde use elderen, to donde unde to latende mede wat jum evene kumpt, vor verdehalffhundert marck Lune- borgher penninghe ewiliken unde erfliken also recht erve gout to besittende, unde willed is im rechte warende wesen, also men van rechte ervegout scal warende wesen. Dat love wi unde use erven densulven ratmannen to Luneborch to des ghemeyne nuet in dessem breve in truwen mit usen medeloveren. Unde wi her Manegolt, riddere van deme Berghe, Werner unde Seghebant, hern Seghebandes sone van deme Berghe ens ridderes, dese salich si, unde Diderik, Hinrikes sone enes knapen, des sin sele selich si, alle gheheten van dem Berghe, knapen unde vedderen, lovet den vorsprokenen ratmannen to Lune- borch to der meynheit nuet to Luneborch vor hern Dide- rike den kercheren, Seghebande unde Gheverde, sakewolden,

de hir vorbenomet sint, unde mit im mit samender hant
unde eyn giwelch sunderliken vor al, alle desse stucke,
de hir screven stat, stede unde gans to holdende. Vortmer
worden se ghehinderet in dessem holtte in geneghen
stucke, so wanne wi darumme van im gheesched werded
edder user welch sunderliken binnen sees wekenen van
deme daghe, also wi esched werded, so scolle wi in de
stat to Luneborch komen unde dar nicht ut komen, wi
en hebben datsulve holt unde gout untleddeghed mit
rechte. Dat love wi densulven ratmannen to der meynheyt nuet mit samender hant in dessem breve in truwen.
To ener bethuginghe hebbe wi mit wiscop use ingbesegele
ghehenghed to dessem breve na goddes bort drutteynhundert jar, in dem achten unde vertbegesten jare, in sunte
Lucas daghe des hilgen ewangelisten.

(Sechs Siegel der von dem Berge, das des Kirchherrn nur in einem
Bruchstück.)

Orig. d. Arch.

448. Herzog Erich von Sachsen (Lauenburg) beglaubigt seinen Schreiber bei dem Rathe. (Um 1348, 23. Decbr.)

Erik van godes gnaden hertoge to Sassen etc. de
eldere. Unsen ghunst und ffruntliken grud tovoren.
Leven besundergen ffrundes. Wy senden to juw dessen
jeghenwardigen Hinrick, unssen scriver, und bidden ffruntliken, wes he to desser tiid an juw wervende is van user
wegen, dat gy em des beloven lick der wis, ift wy sulven
muntliken mid juw spreken. Siid gode bevalen. Screven
in der kyndere dage under unsen secret.

Auffchrift: Prudentibus viris ac multum honestis proconsulibus ac consulibus civitatis Luneborch, amicis nostris
sincere dilectis, detur.

Orig. d. Arch.

449. Der Knappe Heinrich von Schwerin verzichtet auf Grund-stücke der Stadt. 1349, 12. Jan.

Ich Hinrik van Zwerin, en knappe, bekenne unde be-

thuge openbare in dessem breve, dat ik mid volbort unde
mit willen alle miner erven hebbe wedder laten unde late
wedder deme rade to Luneborch unde deme ghemeyne
der stat to Luneborch den wal, dese licht bi dersulven
stat graven buten deme Grimeren dore to der vorderen
hant, also men utgeit to demsulven dore bi deme huse
unde hove, dar wansdaghe Frederich van deme Horne inne
seten hadde. Desulve wal hort der stat to Luneborch to
unde heft gi ere hort, also id us witlich ghemaked is. Ok
hebbe ich vorkoft unde vorkope mid volbort miner erven
deme rade unde den ratmannen to Luneborch unde der
menheit to Luneborch en blech landes bi demsulven graven. Dat gheit an bi deme sulven huse unde hove, dar
Frederik van dem Horne inne woned hadde, de bir vor
benomet sin, bidte in den lutteken graven, desé half to-
hort Seghebande van Wittorpe deme elderen unde half
der stat to Luneborch, also id ghescheden unde deled is,
dar desulve wal in besloten is, ewiliken unde erveliken to
besittende, unde willed im des en rech warant wesen.
Unde wi her Herman van Medinge, riddere, unde ich Werner
sin sone, knape, Hinrikes van Zwerin sakewolden medelovere, loved mid Hinrike unde vor Hinrike unde sine
erven unde use erven den ratmannen to Luneborch unde
deme ghemeyne der stat to Luneborch mid samender
hant in truwen alle desse dingh, de hir vorescreven stat,
gans to holdende, unde tho ener bethuginge so hebbe ik
Hinrik sakewolde mid minen medeloveren unde se mid mi
mid wisscop dessen bref besegheled mid usen ingheseghelen na godes bort drutteynhundert jar, in dem negen-
undevertegesten jare, in sunte Benedictes daghe des hilgen
abbetes.

(Siegel Heinrichs von Schwerin und zwei Siegel der von Meding.)

Orig. d. Arch.

450. Der Priester Nicolaus Bertoldi, Bevollmächtigter des Klosters Dobberan, schenkt diesem Kloster zu seinem und seiner Eltern
Seelenheile ein Drittheil einer Sülzpfanne im Hause Kobzinghe,

nach dem Tode seines Bruders Johann, des Mönchs im Michaeliskloster, zu benutzen. Ferner schenkt er dem Kloster 100 Mark,
welche in der Mühle zu Parkentin auf Rente angelegt werden
sollen. Er stiftet damit drei Jahresgedächtnisse und verordnet, daß
den Mönchen Sommerstiefeln aus Tuch (berwere genannt) dafür
geliefert werden sollen. Lüneburg, 1349, 12. Jan.

Copialb. d. Arch.

451. Der Rathmann Heinrich van der Molen und dessen Gattin
Alheydis stiften mit zwei Fuder Sülzrente aus dem Hause Mettinge ein beständiges Almosen (elemosinam) bei dem Stefansaltare
der Johanniskirche zur Feier ihres Andenkens und bestimmen, wie
die Aufkünfte unter die Geistlichen der Kirchen und Kapellen der
Stadt vertheilt werden sollen. Außerdem überweisen sie dem
Kloster Isenhagen und namentlich zu Gunsten ihrer sieben Ver-
wandtinnen im Kloster drei Wispel Sülzrente und Geldrente aus
einem Zehnten und übertragen dem Propste des Klosters die Aus-
führung ihrer Anordnungen ꝛc. 1349, 18. Jan.

Isenhagener Urk. 226.

452. Heinrich van der Molen stiftet seine und seiner Frau Gedächtnißfeier im S. Nicolai Hofe und im Kloster Medingen.
1349, 18. Jan.

Nos consules civitatis Luneborch —. Hinricus de Molendino — fundavit — perpetuam elemosinam in ecclesia sancti
Nycholai in Bardewich ad altare in honorem sancti Georgii
consecratum — pro salute anime sue sueque uxoris —
per duo plaustra salis cum dimidio plaustro salis in salina
Luneborch — in domo Honovere — in domo Volquer-
dinge minore (es folgt die vorgeschriebene Vertheilung
eines Theils der gehobenen Aufkünfte) — alterius vero
dimidii chori flumina idem commissarius [1]) colligere
debet et ea anno quolibet vicario meo in Medinge perpetuo presentabit, qui cum pecunia exinde collecta de et
cum consilio domini prepositi in Medinge brasium tem-

---

[1]) der in dem Vorhergehenden bestellte Priester.

pore magis congruo comparabit et annis singulis in
curia dicti prepositi ante quadragesimam procurabit monialibus dicti conventus in Medinge id braxari ita, quod
cum diligentia fiat ex eo bona cerevisia, quae cellerarie
conventus tota presentetur, et ipsa in quolibet sero
quadragesime cuilibet domine — unam quartam servisie
dabit, duobus vero primis scolasticis similiter unam mi-
nistrabit, et semper dicte moniales devote supplicent pro
animabus fidelium defunctorum. — Item dedit idem Henricus post mortem suam — censum duarum marcarum
annuatim in salina Luneborch in domo Ludelvinge — in
quolibet festo sancti Mychaelis tollendum — ad preparanda
luminaria, vinum et preparamenta et alia necessaria. —
Post mortem amborum (Hinrici et uxoris) prepositus in
Lune viro discreto elemosinam committet —, qui omnia
premissa fideliter adimplebit. Quodsi non faceret seu
negligenter ageret, ex tunc plebanus sancti Johannis in
Luneborch nec non notarius consulum Luneburgensium et
duo proconsules — dictum commissarium amovebunt et
ydoneum et discretum — substituant, qui si in processu
temporis singula premissa non servaret, ex tunc prepositus
in Lune corriget negligenciam dicti commissarii ipsum
amovendo et aptum et ydoneum instituendo. — Debet
etiam idem commissarius domino preposito in Lune, plebano
sancti Johannis in Luneborch nec non notario consulum in
Luneborch reddere rationem singulis annis de omnibus
premissis et infirmos inducere ibidem apud sanctum Nicolaum,
ut fideliter orent pro Hinrico —. In quorum omnium —.
Datum anno domini MoCCCoXLoIXo, in die beate Prisce
virginis ac martiris.   Orig. i. Arch.

453. Das Kloster Lüne urkundet über die Stiftung Heinrichs
van der Molen im S. Nicolai Hofe. 1349, 25. Jan.

Nos Hinricus prepositus, Ghiseltrudis priorissa totusque
conventus sanctimonialium in Lune per presentes cupimus
fore notum, quod Henricus de Molendino, consul in Lune—

borch, quandam perpetuam elemosinam — fundavit in ecclesia
sancti Nycholai in Bardewich — per litteras consulum
Luneburg. —, quas in omnibus suis articulis et clausulis
inviolabiliter observare volumus, ad quas nos et nostros
successores obligamus. Littera vero (hier folgt die Urf. 452.)

Hanc igitur commissionem nobis — factam — incon—
cusse in toto et in parte observare volumus —, super quo
in evidens testimonium —. Datum anno domini M·CCC·XL·IX·,
in die beate conversionis sancti Pauli apostoli.

(Siegel des Propstes; das Conventssiegel fehlt.)

Orig. d. Arch.

454. Herzog Erich von Sachsen (Lauenb.) urkundet über den
Salzzoll in Lauenburg. 1349, 1. Aug.

Wy Erich de junghere, van der gnade goddes hertheghe
to Sassen, to Westvalen und to Engheren, bekennen open—
bare in dessem breve, dat wy sin endrachtich worden mid
dem rade to Luneborch und eren borgheren um de
schelinghe, dese twischen uns und im was von tunnen we—
ghene, dar men dat solt in stotte, dar uns und unsen ammet—
luden an misduchte. Des hebbe wy en gans dingh mid
demsulven rade to Luneborch vor uns nomen, dar alle
schelinge unde unmod, dese bit in disse tit ghewesen heft,
mede vlegen is twischen uns unde dem rade unde eren
borgheren to Luneborch vorbenomed also, dat men drude—
halven und vertich wispele soltes scal stoten in teyn leste
tunnen. De scal men vortollen vor twe punt penninghe
unde scal darvore gheven viftehalven scillingh to arinpen—
ninge to der Bochorst. Des mach unse tolner to Louen—
borch nemen van den teyn lesten soltes ene tunnen vor
achte scillinge. De scal he afslan in deme tolnen deme, dest dat
solt hort. Na disser wis so bored sik neghedehalf schepel
soltes in de tunnen. Van der tunnen scal unse tolner to
Louenborch hebben enen buchbant unde enen bovedbant
unde enen bolten to der steve lenghe van iserne maket,

unde ok desulve rat to Luneborch dersulven mate lik.
Ok scal desulve tolner hebben to Louenborch enen solt-
schepel, dese like cempet wesen scal in allen stucken mit
dem soltschepele to Luneborch. Misduchte unsem tolner in
jener tunnen, de tunnen, dar eme ane misdunght, de scal
he vorslan mid der mate der bande unde des bolten. Heft
se ere mate, so en scal he se nich mer varen, is se grotere
wen de mate, so scal he dat solt ute der tunnen slan unde
meten dat solt mid dem vorscrevenen schepele. Dar scal
bi wesen de man, des dat solt is, edder sin bode. Heft
se mer wen neghendehalve schepel soltes, dat scal men
uns unde unsem tolner van unser weghene beteren na
rechte edder na gnaden. Heft se ok nicht boven neghe-
dehalven scepel soltes, so en scal he dat solt nicht hinderen
edder varen. Hir en boven gheve wy van gnaden: sint
in der last soltes twe tunnen edder dre, dese boven negde-
halven schepel soltes in sich hebbet, de schollen ane broke
wesen, sint dar aver mer in der last wenne twe edder dre,
darvore scal men uns beteren den broke edder unsem
tolner na rechte edder na gnaden. Disse vorscrevenen
stucke wille wi unde unse erven unde unse nacomelinge
gans stede unde unttobroken ewiliken holden. Disse breff
scal nen hinder edder scade wesen den breven, de wy
unde unse elderen deme rade unde der stat to Luneborgh
ghegheven hebben, wente wy willet se im alle holden. To
ener openbare bethuginghe desser dingh hebben wy unse
ingheseghel mid witscop to dessem breve ghehenhet na
godes bort druttheynhundert jar, in dem neghenundever-
thegesten jare, in sunte Petrus daghe, also eme de bande
afsprunhen, des hilgen apostoles.

(Siegel des Herzogs.)

Orig. d. Arch.

455. Ritter Diedrich von Hitzacker verkauft seinen Hof in Raben-beck. 1349, 21. Dec.

Ich her Dideric van Hidzacker, en ridder, bekenne
openbare in dessem breve unde betughe, dat ich mit vol-

bort .miner rechten erve hebbe vorkoft hern Alberte
Dysen, eneme ghistliken manne opme hus to Luneborch,
enen hof to Rodenbeke[1], dar inne wonet Johan van
Rodenbeke, vor vifteyn marc Luneborger penninge unde
to siner hant hern Anthoniese van Melbeke, eneme ghistliken manne upme hus to Luneborch, und hern Anthoniese
van Thune, deme kercheren to sunte Johann, unde Sege-
bande van Wittorpe dem elderen unde Otten van Thune
mit alleme rechte, also ich ene beseten hebbe, und wil ene
waren, als ic van rechte schal, und darna binnen eneme
halven jare eder wanner her Albert Dyse van mi eschet,
so schall ic eme oplaten de lenware unde den eghendum
van dem vorsprokenen hove. Were over dat, dat de vorebenomede her Albert geneghen schaden van min weghene
neme in deme hove, dar wold ic ene schadelos af nemen.
Dat love ic untrowen mit minen medeloveren, mit Jurgese
mineme sone unde hern Boldewine van den Lobeke, miter
samenden hant, desse dinc stede unde vast to holdende.
To ener wisseren betuginge henge wi use ingheseghele hir
to. Desse bref is ghegheven na godes bort dusent jar,
drehundert jar, in deme neghenundevertighesten jare, in
deme hilghen daghe sunte Thomasses des aposteles.

(Von den drei Siegeln fehlt eins gänzlich, eins, der von Hitacker, ist kaum
zu erkennen, eins ist zerbrochen.)

Orig. d. Arch.

456. Nikolaus und Albrecht Hoyke haben von dem Herzoge Otto
einen Wispel Sülzrente aus dem Hause Denquinninge für 350 Mark
und von des Herzogs Söhnen Otto und Wilhelm zwei Sülzpfannen in demselben Hause gekauft. Diese Güter, welche der
Knappe Johann von Gamme auf Lebenszeit besitzt, theilen die
Käufer. Lüneburg, 1350, 4. April.

Orig. d. Arch.

[1]) Rodenbeck, A. Lüneburg.

457. Die Brüder von Remstede verkaufen dem Rathe ihre Mühle zu Emmendorf. 1350, 6. Mai.

Allen den, de dissen bref horen eder seen, si witlic, dat wi Olric, Johan unde Clawes, brodere, sone Berndes van Remstede, deme godh ghenedich si, hebben vorkoft mit willen und mit vulbort user rechten erven den beschedenen wissen mannen, dem rade to Luneborch, use molen to Em— mendorpe to eneme rechten kope mit water und mit weyde, mit wischen, mit lande, mit holte, mit allerleye anscoth unde mit allerhande nuet, also wi und use elderen de beseten hebben went in dissen dach, unde wi noch nement von usenthalven dar nicht rechtes ane beholden, vor hundert mark Luneborgher penninghe, de us rede betalet sint. Unde de vrouwe, de use eldervader had hadde, de ere liftucht an dersolven molen hadde, de scole wi also irlegheren, dat de vorscreven rath von er unghemanet blive. Vortmer desolve rath mach mit disser molen don unde laten, to— breken unde maken, wat se willen. De lenware, de de greve von Swerin heft an dersolven molen, de scole wi vorscrevene brodere und use erven deme rade to Lune- borch to goude holden also langhe, went se de moghen bringhen von deme greven. Alle disse vorscreven dingh vast to holdende unde untobroken love wi Olric, Johan unde Clawes vorscreven, brodere, mit usen medeloveren Hinrike von Remstede, useme vedderen, unde Diderike von Eldinghe, useme ome, knechten, mit ener samden hant intruwen unde scoulen disses kopes en eyn recht warende wesen. To ener groteren betuginghe hebbe wi use inghesegele an dissen bref ghehenghet, de is ghescreven na godes bort dritteynhundert jar, in deme viftigsten jare, in deme hilghen daghe der hemelvart unses heren goedes.

(Vier Siegel der v. Remstede, ein Kesselhaken, und eines des v. Elbingen, ein Baum mit der Wurzel, wohl erhalten.)

Orig. b. Arch.

458. Der Rath bezeugt, daß der Gerber Johann Diedrichs seinen drei Töchtern, Nonnen im Kloster Isenhagen, einen halben Wispel Sülzrente aus dem Hause Ubinge vermacht hat, von der nach dem Tode ein Theil dem Kloster zufallen soll. 1350, 19. Aug.

Isenhag. Urk. 231.

459. Der Bürger Meyneke Ekmeyger verkauft zwei Meierhöfe der v. d. Berge in Vogelsen. 1350, 18. Nov.

Allen denyennen, de dessen breff seen und horet, schal dat witlik sin, dat ik Meyneke Ekmeyger van Vogelsen, eyn borger tho Luneborg, myt vulbord al myner rechten erven — hebbe verkoft — Titeken van Gillerminge und sinen rechten erven mine twe hove, de in dem dorpe to Vogelsen liggel, de se hetet Ekmeygers hove, mit alsolkeme rechte, alse ik se beseten hebbe, in holte, in velde, in watere, in weyde, — vor sovede halve mark und sostich mark.Luneborger penninge —. Desser hove wil ik den vorsprokenen Tideken und sinen rechten erven waren yar und dach, alse lantgudes recht is —. Over dessem kope hebbet gewesen her Hinrik Huners, her Hinrik Yserndume, prestere, her Borchard van Luchow, eyn radman tho Luneborg, Johan Yserndume und Henneke van dem Ovenborstele, borger tho Luneborg. To ener openbaren betughinge —. Datum anno domini millesimo CCC L⁰, in profesto beato Elyzabeth vidue gloriose.

Gleichzeitige Abschrift.

459a. Der Burgmann Werner von dem Berge in Lüneburg bestätigt den Verkauf zweier Meierhöfe des Meynard Ekmeyger, welche ihm jährlich im Michaelismarkte vier und eine halbe Mark Zins geben. 1350, 21. Nov.

Gleichzeitige Abschrift.

459b. Quinquagesimus annus (1350) mortalitatis pestilencie et magne inhumanitatis[1]).

Gleichzeitige Bemerkung in einem Copialb. d. Arch.

[1]) Die Pest veranlaßte im Michaelskloster eine besondere kirchliche Feier. Urk. in Wedekind's Noten III, 147.

460. Die Herzöge Otto und Wilhelm von Braunschweig und Lüneburg verpfänden der Stadt den Sülzzoll für eine Schuld-summe. 1351, 22. Mai.

Van goddes gnaden we her Otte unde her Wilhelm, hertoghen to Brunswich unde to Luneborch, bekennen in desseme breve, dat use leven ratman user stad to Lune-borch, de nu sin, nye unde old, unde ere nacomelinghe vor us gheloved hebben dusend mark lodeghes sulveres Luneborgher witte unde wichte, seshunderd mark Hempen, Boden, Hannese unde junkghern Hempen, broderen ghehelen van deme Knesebek, unde verhunderd mark lankghen Wer-nere unde Henninghe, broderen, unde korten Wernere unde Hinrike, broderen gheheten van der Schulenborg, unde eren erven to betalende binnen dren jaren van uses heren goddes hemmelvar, de nu neghest tokumt, an to reke-nende, unde des lovedes wille we unse vorbenomeden rat-manne unde ere nacomelinkghe schadelos af nemen. Dat love we ym mid samender hand in truwen to donde unde vast to holdende, unde were, dat user binnen den dren jaren to kort worde, dat we storven, des god nicht en wille, unde se van deme lovede nicht ghenomen hedden unde betaleden se dat vorsprokene geld sulven unde deden se umme dat gheld to wervende schaden, so scholden se van user unde van user erven unde van user nacomelinkghe weghene usen sultetollen in der stad to Luneborch hebben unde holden, alse lankghe, wan se de dusend mark lode-ghes sulveres unde den schaden, ist se schaden dan hedden, dat gheld to wervende, altomale upghebored hedden. Unde to ener betughinkghe desser vorbenomeden stukke hebbe we use ingbesegbele to desseme breve henkghen laten na goddes bord dritteynhunderd jar, in deme enundeviftegbe-sten jare, des neghestes sondaghes vor uses heren goddes hemmelvart.

(Siegel der beiden Herzöge.)

Orig. 》 Arch.

461. Magister Diedrich von Dalenburg verkauft dem Rathe sein Haus. 1351, 25. Mai.

Nos consules civitatis Luneborch —. Honorabilis vir magister Thidericus de Dalenborch[1]) — vendidit et resignavit nobis et nostris successoribus nomine civitatis Luneborch domum suam, curiam et aream cum universis attinentiis et edificiis, quas quondam Ludeke Rovere, vitricus ejus, inhabitavit, in loco, qui dicitur uppe deme Nyen lande[2]), sitas juxta domum et curiam abbatis et conventus in Antiquo Ullessen in civitate Luneborch predicta jure hereditario possidendas, pro quibus de camera nostre civitatis Luneborgensis nos et nostri successores dabimus eidem domino Thiderico singulis anni temporibus vite sue tantum sedecim marcas Luneborgensium denariorum —. 1351, Urbani.

Copialb. d. Arch.

462. Der Verdener Bürger Hartwich von Bugen vermacht dem Kloster Walsrode Sülzgut. 1351, 15. Juni.

Walsroder Urk. 161.

463. Der Rath bezeugt, daß der Schmied Heinrich Bertram sein Haus und seinen Hof am Neuen Markte[3]) dem Kloster Arendsee geschenkt, dessen Wittwe aber dieses Grundstück verkauft, das Kloster dagegen 90 Mark erhalten, ferner, daß Heinrich Bertram demselben Kloster einen halben Wispel Sülzrente aus dem Hause Soderstinge unter der Bedingung geschenkt habe, daß das Kloster seinen beiden Töchtern, Nonnen des Klosters, jährlich zwei Mark zahle und sein und seiner Frau Gedächtniß feiere. Lüneburg, 1351, 15. Juni.

Copialb. d. Arch.

[1]) Ueber die Persönlichkeit dieses Diedrich von Dalenburg f. Zeitschrift des hist. Vereins f. N. S. 1870. S. 10 f.
[2]) jetzt die Wandfärberstraße, deren südöstliches Eckhaus dem Kloster Oldenstadt gehörte.
[3]) dem jetzigen Marktplatze.

464. Die Herzöge Otto und Wilhelm von Braunschweig und Lüneburg verpfänden der Stadt Lüneburg das Schloß Blekede. 1351, 26. Juli.

Van goddes gnaden we her Otte unde her Willehelm, hertoghen to Brunswich unde to Luneborch, bekennet openbare in desseme breve, dat we endrechtliken hebbet vorsat unde vorsettet usen ratmannen user stad to Luneborch, de nu sin, unde eren nacomelinkghen to der stad [5] hand use slot Blekede uppe der Elve mid aller nuet in watere, in holte, in velde, in akghere, in wischen, in weyde unde mid allerhande richte unde rechte unde mid alledeme, dat to deme slote unde to der voghedie to Blekede hord. unde also, alse we dat slot unde de voghedie ghehat unde [10] beseten hebbet, ane usen tollen, he si welkerleye he si, uppe der Elve to Blekede, unde ane gestlike len, ane Joden, ane lengout unde lenware unde anghevelle, borchlene unde lengoudes; desser stucke en vorsette we nicht. Dit vorbenomede slot unde de voghedie hebbe we [15] ym vorsat to vif jaren van sunte Mertens daghe, de nu neghest to kuemt, vor over en jar sunder underlat an to rekenede vor dreundedrittich hunderd mark Luneborgher penninghe. Unde binnen den vif jaren so en scholle we edder use erven edder use nacomelinkghe usen vore- [20] sprokenen ratmannen edder eren nacomelinkghen edder se us nene lose des slotes unde der voghedie kundeghen, wan aver de vif jar umme komen sin, so moghe we ym unde se us de lose des slotes unde der voghedie kundeghen alle jar jo in sunte Mertens daghe. Unde wanne [25] we ym edder se us de lose kundeget hebbet, alse hir voresproken is, darna over twe jar, so scholle we edder use erven edder use nacomelinkghe den ratmannen unde eren nacomelinkghen dat vorbenomede gheld rede wedder gheven in Luneborgher penninkghe edder in lodegheme [30] sulvere na sineme werde to Luneborch in user stad, unde se schullen us dat slot unde de voghedie rek unde rum wedder antworden, wan ym dat gheld betaled is, unde

dat slot schal use opene slot wesen to al usen noeden.
Munte unde rechtes schol we woldich wesen over den ammechtman edder over de ammechtlude, de de ratmanne
dar settet uppe dat slot unde schollet unde willet den
ammechtman edder de ammechtlude voredeghedinkghen
alse use ghesinde unde bi ym bliven to ereme rechte mid
user hulpe. Vortmer hedden de ratmanne unde de ammechtlude schelinkghe edder worden se schelaftich mid weme,
over den edder over de scholde we ym helpen minne
edder rechtes binnen ver maneden darna, dat se us dat
vorekundeghet hedden; en dede we des nicht, so mochten
se sik van deme slote wol behelpen unde unrechtes irweren
ane usen unmod; unde were, dat den ratmannen unde den
ammechtluden dat slot afghewunnen worde mid ghewold
unde en hulpe we ym binnen deme ersten jare darna des
slotes unde der gulde, de darto hord, nicht wedder, so
scholde we edder use erven edder use nacomelinkghe den
ratmannen to Luneborch dat vorbenomede gheld rede
wedder gheven unde betalen; vorloren se aver edder ere
ammechtlude dat slot van wanhuede edder van unlukke,
des god nicht en wille, so scholden se ere gheld in deme
slote unde we dat slot vorloren hebben unde we unde de
ratman user stad to Luneborch en scholden us nicht sonen
edder vreden mid den edder mid deme, de dat slot ghewunnen hedden, we en hedden dat slot wedder bekrechteghet
edder en ander slot wedder in dat gherichte buwet, unde
in deme buweden slote scholden se ere gheld unde datsulve recht hebben, dat se in deme slote Blekede hadden.
Worde ok dat slot Blekede vorbuwet edder bestallet, dar
scholden we ym to helpen, wes we mochten, dat dat slot
gereddet unde dat buw bidan worden, unde vorbuweden
se wat mid useme rade unde mid useme hete in deme
slote Blekede, dat se us bewisen mochten, dat scholde we
edder use erven edder use nacomelinkghe ym wedder
gheven unde se schollet dat bewaren, dat us unde de usen
van deme slote Blekede unde dar wedder to nen schade
ensche, de wile, dat se dat slot hebbet. Desse stukke

hebbe we gheloved unde loved mid samender hand in truwen usen ratmannen der stad to Luneborch unde eren nacomelinkghen also, alse hir voresproken is, to donde unde vast to holdende, unde betughet dat in desseme breve, dar use ingheseghele to henkhet sin, unde is ghe- schen na godde bord dritteynhundert jar, in deme enundevifteghesten jare, des neghesten daghes na sunte Jacobes daghe des hilghen apostels, de na middensommer kuemt.

Orig. d. Arch.

465. Der Rath verpflichtet sich, das Schloß Blekede einzulösen. 1351, 29. Juli.

We ratman der stat Luneborch bekennet openbare in desseme breve, dat we unde use nacomelinkge willet unde scollet Blekede, dat slot unde de voghedye unde dat darto hort, van der stat weghene losen vor dreundedrittich hundert mark Luneborgher penninghe twisghen hir unde sunte Mertens daghe, de nu negest tokumt, over en jar unde willet dat slot unde de voghedye annamen unde holden unde darbi don also, alse de breve spreked, de we den eddelen vorsten hern Otten unde hern Willehelme, herthogen to Brunswich unde to Luneborch, usen heren, darup ghegheven hebbet. Dat hebbe we gheloved unde loved mit samender hant in truwen usen vorbenomeden heren unde eren erven unde eren nacomelinghen unde vorplichtet us unde use nacomelinkghe van der stat weghene to Luneborch, dat truweliken to donde unde vast to holdende, unde bethuged dat in desseme breve, dar der stat to Luneborch inghesegel to henhet is. Unde is gheschen na goddes bort dritteynhundert jar, in dem enundevifthegesten jare, des negesten vrydaghes na sunte Jacobes daghe des hilghen apostoles, de na middensomere kuemt.

Orig. d. Arch.

466. Die Testamentsvollstrecker der Gertrud Witte schenken dem Convente der Beginen Sülzrente. 1351, 19. August.

Nos consules civitatis Luneborch —. Executores testamenti quondam domine Gertrudis Witten pro salute anime ejus et mariti ejus Hermanni et parentum ipsorum dederunt et assignaverunt conventui bachinarum in Luneborch, quem Albertus de Molendino edificavit, censum unius marce annuum perpetuum in salina Luneborch — in domo Hincste —, cum quo censu procurator dicti conventus in adventu domini comparabit unam tunnam allecum ad usum dictarum bachinarum —, que tunc pro animabus personarum supra-dictarum devote deum exorabunt —. Datum anno domini millesimo trecentesimo quinquagesimo primo, in die beati Magni martiris.   Copialb. d. Arch.

467. Herzog Erich von Sachsen (Lauenb.) entläßt die Stadt Lüneburg einer Schuld der erschlagenen Juden wegen. 1351, 23. Octbr.

We hertoghe Erik de junghere to Sassen, to Westfalen, to Engheren bekennet openbare in desseme breve, dat we los laten de ratmanne van Luneborch, de borghere unde dat ghemene der stat to Luneborch der sculde, de we unde use husvrowe ver Agnes hadden teghen se van der pande weghene, dese us ghenomen worden in dersulven stat to Luneborch in den Joden unde van den Joden, do men se dar dot sloch, unde noch we noch unse husvrowe Agnes vorescreven noch jeman van unsenthalven scollen noch willen se darumme mer besculdegen noch soken teghen se umme de vorescrevenen sculde. To bethuginge desser dingh hebbe we unse inghesegel to dessem breve ghehenhet laten mid witscop openbare na goddes bort dratteynhundert jar, in dem enenundeviftheghesten jare, in sunte Severines daghe des hilgen biscopes.

(Verletztes Siegel des Herzogs.)

Orig. d. Arch. Sudendorf, l. c. VI, 137. Anm.

468. Johann und Eckhard Schack verkaufen Hofzins im Dorfe Behringen. 1352, 22. Febr.

Wy Johan unde Eghebard broder gheheten Scacken bekennet openbare in desseme breve, dat wy mid willen unde mid vulbort al user rechten erven hebbet vorkoft enen rechten kop Heyne van deme Brede unde sinen rechten erven ses schillinghe geldes allejarlich in deme dorpe to Berndinghe [1]) in eneme hove, dar nu eyn inne wonet, de Herman ghenomet is, mid allerleye rechte unde vryheyt, alse use vader us dat gheervet heft, to besittende eweliken unde to rechteme erve, unde wy sculle eme des gudes eyn recht warende wesen. Ok ne sculle wy noch unse erven in deme vorsprokenen gude nicht mer rechtes beholden unde den vorsprokenen Heyne unde sine erven mid deme gude unde in deme gude nicht hindern. Dit love wy en entruwen mid samender hand, gans unde vast to holdende, unde henghet use ynghezeghele to desseme breve. Unde ik Gevert van dem Berghe, Geverdes sone, bethughe dit mid mineme ynghezeghele, dat ik hir over hebbe ghewesen. Datum anno domini M°CCC°L° secundo, dominica, qua cantatur Invocavit.

(Zwei Siegel der Schacken [eine liegende Lilie] und das Siegel Gebhards von dem Berge mit der Umschrift: S. Ghevehardi de Nomte [statt Monte].)

Orig. d. Arch.

469. Testament Segebands von Wittorf. Stiftung des Hospitals im Langen Hofe. Lüneburg, 1352, 27. März.

In nomine domini amen. Anno nativitatis ejusdem millesimo CCC°LII, feria tercia post dominicam Judica hora tercia vel quasi ego Seghebandus de Withorpe senior ordinavi et presentibus ordino testamentum meum in hunc modum. Primo do et lego pro salute anime mee et parentum meorum majori ecclesie in Verden ad structuram XII

[1]) Behringen, A. Soltau.

wichemten siliginis.. Item curiam habitacionis mee sitam in
antiqua civitate in Luneborch cum omnibus edificiis et tercium dimidium chorum salis in salina in Luneborch quo-
10 libet flumine tollendum in perpetuum hospicium peregrinorum[1]), et de predictis bonis salinaribus procurabitur refectio
peregrinis in hospicio collectis et receptis, et bina stipa
dabitur pauperibus universaliter annuatim, videlicet una
tempore estivali et alia tempore yemali bonis de eisdem.
15 Horum bonorum procurationem et distribucionem committo
rectori ecclesie sancti Johannis in Luneborg et seniori camerario consulum in officio constituto civitatis Luneborch,
qui tunc temporis exstiterit, eligens ipsos in procuratores
secundum formam prenarratam. Item L marcas Lunebor-
20 gensium denariorum ad emendum redditus duarum marcarum, de quibus dabuntur annuatim juratis ecclesie sancti
Johannis in Luneborch VIII solidi, rectori ejusdem ecclesie sex
solidi, cuilibet capellano unus solidus, cuilibet scolari et
campanario, qui similiter sex sunt, VI denarii, reliqui vero
25 denarii, qui residui fuerint, inter vicarios dicte ecclesie equaliter dividentur ad meam perpetuam memoriam peragendam.
Item abbati et conventui monasterii in Scrembeke[2]) L marcas,
cum quibus redditus emant, quorum talentum[3]) ad usus
abbatis et conventus, residuum vero distribuant pauperibus
30 ante portam ibidem. Item preposito et conventui in Me-
dinghen redditus duarum marcarum annuatim expediendos
per me seu per meos testamentarios in primo conventu,
quem ipse dominus prepositus celebrabit super bonis rura-
libus, de quibus ipse dominus prepositus cum suis capellanis
35 et suo campanario annuatim habebit VIII solidos; residuum
inter moniales dividatur ad meam perpetuam memoriam
peragendam. Item preposito et conventui in Hylygendal
X marcas denariorum. Si procuravit sorori mee Oden
unius marce redditus in salina in Luneborch ad tempus
40 vite sue et habita et facta meis testamentariis cautiono de

1) der nachmalige Lange Hof.
2) Scharnbeck.
3) zwanzig Schilling.

promissis, pecuniam dabit dominus Albertus Dyse. Item V marcas rectoribus decem levium ecclesiarum parochialium in dyocesi Verdensi existentium, que eque dividantur eisdem. Item fratribus Minoribus sex wichemten siliginis, quos abbas in Luneborch dabit eisdem. Item I chorum siliginis, ad structuram sancti Cyriaci in Luneborch. Item fratribus Kalendarum in Luneborch X marc. denar. et X wichemten siliginis. Item I chorum siliginis infirmis sancti Nicolai in Bardewic. Item do uxori mee Elizabeth LX marcarum redditus ad tempora vite sue et XX marc. denar. et XX wichemten siliginis et oves meas, quas habeo in villa Nendorpe, et curiam meam sitam in nova civitate Luneborch prope fratres et dimidietatem omnium suppellectilium domus mee habitacionis predicte, altera vero dimidietas vertitur in usus peregrinorum ad dictam curiam, ut premittitur, recipiendorum, qui quidem dictarum LX marcarum redditus filiis Seghebandi de Withorpe, militis, et curia predicta circa fratres Ottoni Dysen et suis fratribus, dum ipsa Elizabeth uxor mea prenarrata de vita humana exsolvitur, divolventur. Item filio meo naturali Seghebando duarum marcarum redditus ad tempora vite sue emendos juxta testamentariorum meorum voluntatem. Item filio naturali Hinrico XL marcas, quas habeo cum Hermanno Tylen in tribus curiis, quas ipse Hermannus et ego simul habemus, et X wichemten siliginis. Item Johanni de Withorpe seniori curiam meam in Blekede et I chorum siliginis, quem Volzekinus Krummendyk sibi dabit. Item filie domini Johannis Ryben, militis, X marcas, quum duxerit claustro religioso deputandam. Item Bethmanno Pusteken IX marcas in subsidium sue prime filie, quum duxerit viro desponsandam vel religioni deputandam. Item liberis Johannis Pusteken X marcas. Item filie Werneri de Bodendyk X marcas, quas dabit ei Hermannus Tyle in proximo festo Michahelis. Item Korneken famulo meo V marcas. Item domino Hinrico Dysen I chorum siliginis. Item Godekino de Thune X wich. siliginis. Item Pepeken quondam famulo meo VIII ulnas grisei panni. Executionem hujus testamenti committo discretis viris domino

Anthonio de Thune, ecclesie sancti Johannis in Luneborch
rectori, Wernero de Monte, militi, Gherrardo Garlop, civi
in Luneborch, quos quidem viros (constituo) meos testamentarios legitimos in solidum absentes tamquam presentes,
presentes tamquam absentes, et huic constitutioni sponte consencientes et onus testamenti acceptantes, committens eisdem
testamentariis meis omnia bona mea mobilia et immobilia integraliter et ad manus eorum tamquam ad heredes, de quibus per me dispositum non fuerit, libere resigno, ut de
omnibus illis se intromittant et disponant ad cultum divinum pro salute mee animo et parentum meorum, prout
eis visum fuerit expedire. Volo eciam, si presens ordinacio
mea per modum testamenti vim non haberet vel insufficiens
videretur, valeret saltem jure codicillorum. Acta sunt hec
in domo habitacionis mee anno, die, hora, quibus supra,
presentibus honorabilibus et discretis viris domino Olrico, preposito sanctimonialium in Dystorpe, Johanne Beven, magistro
consulum in Luneborch, Leonardo ac Johanne patruelibus
dictis Langhen, consulibus de civitate Luneburch, testibus
fide dignis ad premissa vocatis specialiter et rogatis. In
cujus fidelius testimonium presentem litteram mei appensione sigilli dignum duxi roborandum[1]).

(Siegel Segebands von Wittorf.)

Orig. i. Arch.

[1] Von diesem Testamente finden sich im Archive vier in den Haupt-
punkten gleichlautende besiegelte Exemplare, jedoch fehlt in einem das
Legat an das Verdener Domstift, und sowohl die Testamentsvollstrecker,
als die Zeugen sind in zwei Exemplaren von obigem in der Art
abweichend, daß als Vollstrecker des Testaments der Pfarrer Anton
von Thune, Diedrich von dem Berge, Pfarrer in Amelinghausen, und
der Ritter Werner von dem Berge, als Zeugen aber der Archidiaconus
Segheband von Thune in Pattensen, Albert Dyse, Custos im Kloster
Michaelis, Otto Grote, Johann der ältere, Otto Heinrich und Johann
der jüngere von Wittorf genannt werden. Noch findet sich ein fünftes
übrigens gleichlautendes Testament als Transsumt in einer Notariatsurkunde vom 9. Juli 1382, dessen Schluß folgendermaßen lautet:
Acta sunt hec in domo habitacionis mee in antiqua civitate
Luneborg presentibus honor. et discretis viris, videlicet domino
Olrico, preposito monialium in Distorpe, domino Alberto Dysen,
custode monasterii sancti Mychael. in castro Luneborg, domino
Seghebando de Thune, archidiacono in Pattensen, Johanne

470. Vormundschaftsrechnung Segebands von Wittorf.
1352, 30. März.

Hec est computacio Seghebandi de Wittorpe ex parte
puerorum Johannis de Melbeke facta sub anno domini
M⁰CCC⁰L⁰II⁰, feria sexta ante dominicam Palmarum, que
sic incipit: Ego Seghebandus de Wittorpe senior recepi
mihi seu assumpsi honus procurationis filiorum Johannis
de Melbeke sub anno domini M⁰CCC⁰XL⁰IX⁰. Eodem
anno sustuli ex parte de Kristiano moranti in Melbeke XXVI
et VIII solidos pro porco, item in eadem villa Meyne supra
montem dictum I wichimten siliginis et II solidos, item
Fredericus de Beverbeke I wichimten siliginis, item Johannes
magister de Sozendorpe¹) II wichimpten siliginis et III solidos, item idem Johannes habens, que . pertinent illis de
Melbeke, et habens oves, que specialiter pertinent ipsi
Wernero de Melbeke, et hec postea supervenerunt, item
Thydericus de Todendorpe²) VIII solidos pro porco, item
idem Wernerus de M. IX modios avene, quos idem Thydericus mihi presentavit dictus de Todendorpe, item eodem
anno isti de Boldensen spoliaverunt villam Bokene³) et ut
percepi de eadem villa IIII marcas denariorum, item a
Vitkone de Torve⁴) item IIII solidos de casa ibidem. De
villa Rebere⁵) non percepi causa spolii ibidem commissi
illo anno, item eodem anno presentavit mihi dominus Johannes Rybe, miles, ex parte illorum de Melbeke VII
wichimten siliginis de molendino Oldendorpe, quod est
prope Danenberghe, item eodem anno ego Seghebandus

Beven, magistro consulum civitatis Luneborg, Leonardo Langhe,
Johanne Langhen, consulibus civitatis Luneborg sepedictis, ac
Johanne de Wittorpe, famulo seniore, testibus ad premissa
vocatis specialiter et rogatis. In cujus rei fidelius testimonium presentem literam mei appensione sigilli dignum duxi
roborandum.
¹) Bauermeister von Gasendorf, A. Medingen.
²) Thondorf, A. Medingen.
³) Bofel, A. Isenhagen.
⁴) Törwe, A. Medingen.
⁵) Räber, A. Oldenstadt.

exposui ex parte puerorum de Melbeke a festo nativitatis
beate Marie virginis usque ad festum pasche III marcas
et dimidiam pro omnibus necessariis puerorum eorundem.
Eodem festo promovi Wernerum de Melbeke ad servicium
10 domini prepositi in Medynghe; item ab eodem festo pasche
usque ad festum Michahelis dedi III marcas et dimidiam
eisdem pueris pro omnibus necessariis. Item anno domini
M°CCC°L° ego Seghebandus de Wittorpe predictus percepi
a Cristiano de Melbeke XXV solidos et dimidium et VIII
35 solidos pro porco, item a Menekino supra montem I
wichimten siliginis et II solidos, item a Frederico de
Beverbeke [1]) I wichimten siliginis, item Johannes magister
de Sozendorpe dedit II wichimten siliginis et III solidos,
item Thydericus de Todendorpe VIII solidos pro porco et
40 IX modios avene, quos idem Wernerus dedit mihi, item
V marcas de Botone, item de Rebere II marcas, item dominus Johannes Rybe, miles, presentavit mihi VII wichimten
siliginis de molendino in Oldendorpe, idem de Tosterglop [2])
rustici duo dederunt IIII marcas et IIII modios siliginis et
45 II modios pisorum. Eodem anno in festo Michahelis
reversus fuit ad me Wernerus de servicio domini prepositi et exposui pro utilitate et necessariis dictorum puerorum IIII marcas usque ad festum pasche, item a festo pasche
usque ad festum Michahelis X marcas pro cella et occreis Wer-
50 nero et aliis necessariis. Item anno domini M°CCC°L°I° precepi
II wichimten siliginis et III solidos a Johanne magistro de Sozendorpe, item a Thyderico de Todendorpe IX modios avene, quos
Wernerus michi dedit, item de Tosterglop IIII modios siliginis
et II modios pisorum, item eodem anno emi a Hinrico de
55 Zwerin III curias in Lubberstede [3]), de quibus percepi XXX
solidos. Residuum stat apud colonos predictarum curiarum;
item percepi III mutones valentes IX solidos de Sozendorpe; item IIII oves de Melbeke valentes IX solidos;
item eodem anno de Bokene duos wichimten et dimidium

[1]) Beverbeck, U. Medingen.
[2]) Tosterglope, U. Blekede.
[3]) Lübberstedt, U. Winsen.

siliginis et III modios tritici; item denarii percepti isto
anno sunt apud Hermannum Tylen in Bokene custodem.
De percepto ejusdem anni expositio a festo Michaelis usque
ad festum pasche V marcas, item a festo pasche usque ad
festum Michaelis V marcas et dimidiam pro . . . . tunica
et capuciis et caligis pulcri coloris et aliis necessariis; item
dedi I marcam Wernero in die Nicolai, item X solidos pro
reformatione capitis Johanni de Melbeke; item Wernero I
marcam dedi, qua emit occreria et lineum pannum et residuum obtinuit; item Wernero I marcam in vigilia nativitatis Christi, quam dedit pro nummis offertorialibus; item
Wernero VII marcas pro equo, item VIII solidos Wernero,
cum quibus equitavit ad curiam ducis de Luneborch; item
ego Zeghebandus de Wittorp consumpsi equitando et dando
nunciis agendo negotium eorum III marcas cum IIII solidis;
item presentavit mihi dominus Hinricus de Melbeke C marcas
pertinentes pueris Johannis de Melbeke, de quibus dedi
LX marcas domino Johanni Ryben, militi, pro bonis in
Tosterglop, item Henrico de Zwerin XX marcas pro tribus
curiis in Lubberstede. Item apud Johannem Stoterogge
seniorem XXVI marce de eadem pecunia fuerunt mihi assig-
nate, LI marce apud Andream et Thydericum fratres
dictos Capellen, que adhuc stant apud eosdem, et apud
eosdem fratres ego Seghebandus de Wittorpe senior habeo
CLXX marcas, ad quas de jure teneor. Obligo me stare
juri omnibus et singulis premissis anno, die signatis superius, Nos Anthonius de Thune, rector parochialis ecclesie
sancti Johannis in Luneborch, Thydericus de Monte, rector
ecclesie in Amelhusen, Johannes de Wittorpe senior inter-
fuimus et ea sic per Seghebandum computari audimus, que
nostrorum appensione sigillorum approbamus.

(Siegel Johanns von Wittorf und die ziemlich unkenntlichen Siegel der
beiden Geistlichen.)

Orig. b. Arch.

471. Der Bürger Konrad Segers erklärt, daß die Herzöge Otto und Wilhelm von Braunschweig und Lüneburg ihm die Burg Lüdershausen ꝛc. verpfändet haben. 1352, 1. Mai.

Ik her Conrad Segberdes, borghere tho Lueneborch, bekenne openbare in dessem breve, dat mine leven heren, her Otte unde her Wylhelm, hertoghen to Brunswic unde to Lueneborch, hebbet mik unde minen erven ghesath unde vorsettet ere borch unde ere gud tho Luderdeshusen mit der vloten unde mid der vere unde mit alleme rechte unde mid alle deme, dat dartho hord, vor achtehuendert mark Lueneborgher penninghe. Unde ik unde mine erven moghet usen vorbenomeden heren unde eren erven unde eren nakomelinkghen unde se us kuendeghen de lose der borch unde des gudes unde der vere to Luderdeshusen alle jar in suente Nicolaus daghe, unde wan ik unde mine erven ym edder eren erven edder eren nacomelinkghen edder se us kuendeghet de lose der borch unde des goudes unde der vere, also hir vorsproken is, darna over eyn jar in suente Nicolaus daghe schollet se edder er erven edder er nacomelinghe mik edder minen erven, ift ich nicht en were, beredhen unde betalen de vorsprokene achtehundert mark, unde wanne dat gheschen is, so wil ik unde mine erven scholet dat slot unde dat gud unde de vere ym wedder antworden umbeworen ane vortoch unde weddersprake. Minne unde rechtes scholet se over mik unde mine erven woldich wesen alle thid, unde de borch tho Luederdeshusen schal ym unde eren erven unde eren nacomelinghen open wesen to al eren noden unde tho allen thiden, unde ik en wil unde mine erven en scholet van der borch nicht orleghen laten edder orleghen, we en don dat mid ereme willen unde mid erer vulbord, unde vorlore ik edder mine erven de borch Luderdeshusen van unluecke, des god nicht en wille, dar scholde we van usen vorbenomedem heren unde van eren erven unde van eren nacomelinghen umbeschuldighet umme bliven unde se en scholden us in deme goude unde in der vere nicht hinderen. Were ok, dat de vlote unde andere schep, der

dar to Luderdeshusen nod is, verghinghen, de schole we, 35
yk unde mine erven, wedder buewen unde scholet my
unde eren erven unde eren nacomelinghen de schep wedder antworden, wan se de borch unde dat goud unde de
vere to Luderdeshusen van us wedder losed. Desse stuecke
hebbe yk vor mik unde vor mine erven mit minen borghen, 40
de hir na schreven stad, mid samender hant in truewen
gheloved unde love hern Otten unde hern Wilhelm, hertoghen to Brunswich unde to Luneborch, minen heren, unde
eren erven unde eren nacomelinghen, to donde unde vast
unde unvorbroken to holdende ane jenerleye wedderrede, 45
unde bethueghe dat mit desseme breve, dar min udd er
borghen ingheseghele to hanghet. Unde we Otte van
Dannenberghe, Hinrikes sone, knecht, her Ditmer van der
Molen, borghere to Lueneborch, unde Albert van der Molen,
borghere darsulves, bekennet unde bethueghet mid desseme 50
breve, de mid her Cord Segherdes unde mid usen ingheseghelen beseghelid is, dat we mid demesulven hern Corde
unde vor ene unde vor sine erven gheloved hebbed unde
loved mid samender hant in truewen den vorbenomeden
herteghen, usen leven heren, unde eren erven unde eren 55
nacomelinghen, alle de vorbenomeden stuecke to donde
unde vast to holdende unde tho schickende, dat se holden
werden ane jenerleye brok unde wedderrede. Unde is
gheschen unde desse bref is ghegheven na goddes bort
dritteynhundert jar, in deme tweundeveftighesten jare, des 60
dinssedaghes na suente Marcus daghe des heylgen ewangelisten.   Sudendorf, l. c. II, 407.

472. Der Stadtvogt Woldeke erklärt, daß er von den Herzögen
Otto und Wilhelm von Braunschweig und Lüneburg einen halben
Wispel Sülzrente aus dem Hause Beninge auf Lebenszeit erhalten
habe, und verspricht, denselben weder zu verpfänden noch zu
verkaufen. 1352, 8. Juni.
                              Sudendorf, l. c. II, 410.

473. Ritter Segeband von dem Berge erlaubt seiner Frau, ihren Hof vor der Burg zu verkaufen. 1352, 15. Juni.

Scheidt vom Adel, S. 378.

474. Der Bürger Kord Seghers verpfändet den Bürgern Johann und Gerd Garlop für eine Schuld von 187 Mark die Fähre in Lüdershausen. 1352, 15. Juni.

Sudendorf, l. c. II, 412.

475. Segebands von Wittorf zweites Testament. Lüneburg, 1352, 8. Juli.

In nomine domini amen. Anno nativitatis ejusdem M°CCC° quinquagesimo secundo, in festo beati Kyliani et sociorum ejus, que fuit et est VIII. dies mensis Julii, hora tercia vel quasi. Omnibus Christi fidelibus presentem pa-
5 ginam inspecturis seu audituris cupio esse notum, quod ego Seghebandus de Wittorp senior, sanus mente, sensu et racione, licet aliqualiter corpore infirmus, nolens aliud innovare vel mutare in testamento per me alias facto et disposito, nisi quod dominum Thidericum de Monte, rectorem
10 ecclesie in Amelinghusen, tunc in exequtorem meum constitutum expresse revoco et Gherardum Garlop, magistrum putei, in locum suum subrogando et quedam in quibusdam articulis minus expressa declarando et specificando, dona insuper legata quibusdam personis non minuendo sed augendo. Si,
15 prout deo placet, debitum nature me persolvi contingat, irrevocabiliter et ultimate de meis bonis propria industria acquisitis meum ordinavi et ad presens ordino et statuo testamentum in hunc modum: (es folgen nun die einzelnen Bestimmungen des früheren Testaments [Urk. 469] mit ge-
20 ringen Abänderungen). Zu Vollstreckern des Testaments werden ernannt: der Pfarrer der Johanniskirche Anton von Thune, der Ritter Werner von dem Berge und der Sodmeister Gerhard Garlop. Zeugen sind: der Archidiaconus in Pattensen Segeband von Thune, der Custos im Michaeliskloster Albrecht
25 Dyse, der notarius publicus Johann Beelß, der Knappe

Johann von Wittorf der ältere, der Bürgermeister Johann
Beve und die Rathmänner Leonhard und Johann Lange.

(Siegel Segebands von Wittorf.)

Orig. d. Arch.

**476. Der Knappe Segeband von Wittorf zeigt dem Rathe die
Stiftung eines Armenhauses (des sogenannten Langen Hofes) an.
1352, 13. Juli.**

Honorabilibus et discretis viris consulibus civitatis
Luneborch Seghebandus de Wittorpe senior, famulus, servicii et honoris continuum incrementum. Coram vobis et
singulis, ad quos presens pervenerit, ego Seghebandus de
Wittorpe senior predictus publice recognosco, quod libero
arbitrio ac bona intentione ob mee anime parentumque
salutem erogavi curiam mee habitationis in antiqua civitate Luneborch sitam cum omnibus edificiis curie ejusdem
in perpetuum hospicium peregrinorum et tercium dimidium
chorum salis in salina in Luneborch, videlicet unum
chorum salis in domo Everinghe — et dimidium chorum
salis in domo Soderslinghe — et dimidium chorum salis
in domo Denqueringhe — et dimidium chorum salis in
superiori domo Kluvinghe —, ad refectionem peregrinorum
in dicto hospicio collectorum et bina stipa dabitur pauperibus universaliter annuatim, videlicet una tempore
estivali et alia tempore yemali bonis salinaribus de prefatis. Quorum bonorum procurationem committo rectori
ecclesie sancti Johannis in Luneborch et seniori camerario
consulum in Luneborch in officio constituto, qui tunc temporis existent, eligens ipsos in procuratores et dispositores
dicte curie et dictorum bonorum salinarium secundum modum et formam prenarratam. Quare vobis ego Seghebandus supplico quam attente, quatenus omnia ac singula
premissa dignemini per vestras litteras patentes civitatis
sigillo sigillatas roborare. Datum anno domini MoCCCoLoIIo,
ipso die beate virginis Margarete meo sub sigillo.

(Siegel Segebands von Wittorf.)

Orig. d. Arch.

477. Die Knappen Lippold und Heinrich von Thune verkaufen eine Wiese bei Wittorf dem Nicolai Hofe. 1352, 1. Novbr.

Wy Lippolt unde Hinrik, knapen, her Johannes sone van Thune, des ridders, bekennet unde bethuget openbare in dessem breve, dat wy mit willen unde volbort aller unser erven hebbet vorkoft dat del in der wisch, dat uns anevallen is unde unsen erven unde ok Diderke unde Johannes, knapen, Olrikes sone van Thune, unde den Bluchtern unde eren erven anevallen is van her Nicolaus Kindes weghen, enes borghers to Luneborch. Dit vorbenomede anval desser wisch, de gheheten is de Lusewisch unde lit af ghensit Wittorpe, hebbe wi vorkoft her Gherde Garlop, eme ratmanne to Luneborch unde de en procurator is der seken to sunte Nicolaus to Bardewic, unde to erer hant dersulven seken mit alleme rechte, dat darto horet, unde erfliken to besittene, alse ervegot en recht is. Weret, dat hir jenech hinderse inville in ansprake oder in jeneghen stucken, wan wi des ghemanet werden bynnen ver wekenen, so scole wy inkomen in de stat to Luneborch unde dar nicht ut to komen, wy ne hebben si schadelos afghenomen van alleme schaden. Dit love wy Lippolt, Hinrik unde Diderek unde Johan vorbenomeden mit eyner sameden hant in truwen unde jewelik he sik dessem vorbenomeden hern Gherde Garlop, de procurator is der seken to sunte Nicolaus to Bardewic, unde allen sinen tokomenen procuratores unde to erer hant dersulven seken unde ok to siner hant hern Sandere, des kerkheren darsulves, unde allen kerkheren, de na eme tokomene sint, alle desse ding stede unde vast to holdene, unde to ener betughinghe so hebbe wy use ingheseghele vor dessen bref ghehenghet. Dit is gheschen na godes bort drutteynhundert jar, in deme tweundeveftteghesten jare, in alle godes hylghen daghe.

(Vier Siegel der von Thune mit dem Mohrenkopfe.)

Orig. i. Arch.

478. Der Knappe Segeband von Wittorf bescheinigt, von den Testamentarien Segebands von Wittorf 175 Mark und 75 Wichimten Rocken erhalten zu haben. 1352, 4. Novbr.

Ich Zeghebant van Witdorpe, knape, hern Zeghebandes sone van Witdorpe, bekenne in desseme yeghenwardighen breve, dat de testamentarii olden Zeghebandes van Witdorpe, mines vedderen, dat eme got gnade, hebbet mi ghegheven hundert mark unde vif unde seventech 5 mark penninghe unde vif unde seventech wichempten roggen van sineme goude Zeghebandes voreghescreven van gnade weghene unde vruntschap unde nicht umme recht, unde ich unde mine kindere, de nu sint unde noch komen moghen, en scolet de testamentarien van des goudes we- 10 ghene mines vedderen nerghene mer umme beschuldeghen noch se darane hinderen unde darmede gawe ich unde mine kindere van alleme rechte unde ansprake des goudes, dat den testamentarien bevalen is, dat we darane hebben mochten, unde en scullet uppe dat gout nicht mer saken. 15 Dit love we, ich unde mine kindere, den voresprokenen testamentarien, bi namen hern Wernere van dem Berghe, riddere, hern Antoniuse, deme kercheren to sunte Johannese to Luneborch, unde hern Gherede Gharelope, deme sothmestere, entrowen ganz unde stede to holdende. Des 20 hebbe ich Zegheband voreghescreven min ingheseghel to dessem breve ghehenghet to ener vullenkomener bekenninghe, unde we her Zeghebant van dem Berghe, riddere, unde Wasmod van Medinghe, knape, bekennet, dat we hir overe ghewesen hebbet unde dit ghedeghedinghet hebbet, 25 unde dor bedes willen beyde Zeghebandes unde der testamentarien voreghenomet hebbet och unse ingheseghele ghehenghet to dessem breve to ener betughinghe. Desse bref is ghegheven na godes bort dritteynhundert jar, in deme tweundevifteghesten jare, des neghesten sonendaghes vor sunte Mertens daghe.

(Drei Siegel des von Wittorf, von dem Berge und von Meding.)

Orig. i. Arch.

479. Herzog Wilhelm von Braunschweig und Lüneburg erklärt,
daß sein Bruder Otto dem Kloster Michaelis die Schule vor der
Burg geschenkt habe. Winsen, 1353, 13. Januar.

Dei gratia nos Wilhelmus, dux in Brunswig et Luneborg, presentibus publice recognoscimus, quod dominus Otto,
frater noster dilectus bone memorie, cum consensu nostro
pro remedio et salute anime sue donavit et dimisit monasterio sancti Michaelis in castro nostro Luneborg scholam
suam ante idem castrum Luneborg et jus provisionis ejusdem schole cum juribus, libertatibus et proventibus suis et
cum omni jure, quo ipsa schola ac jus provisionis ipsius
ad progenitores nostros pertinuerunt et sicut ea tenuimus
et possedimus, ita sane, quod abbas, prior et conventus
dicti monasterii, qui pro tempore fuerint, progenitorum
nostrorum, domini Ottonis, fratris nostri predicti, ac aliorum
fratrum nostrorum et nostram tum decessorum nec non
omnium nostrorum memorias in eodem monasterio singulis
annis cum missis, vigiliis et orationibus debitis et consuetis
solemniter et perpetuo peragant et observent de proventibus et obventionibus schole memorate. Igitur non volumus nec ulli debebunt scholam vel scholas intra civitatem
nostram Luneborg et extra instituere, construere seu institui
vel construi procurare aut scholas privatas in domibus
publice vel occulte fovere, observare aut observari procurare quovis quesito colore, per quam vel quas dictam
scholam fructus ab ea et a scholaribus ejusdem schole
provenientes ac visitationem chori in supradicto monasterio
et inter existentiam divinorum ibidem per scholares et
pueros supra dicte schole fieri consuetam et inviolabiliter
obtentam pejorari, immorari, defraudari vel deferri contingat. Ceterum abbas duntaxat ejusdem monasterii eidem
schole et scholaribus de idoneo rectore provideat casu se
offerente et fructus ab eo provenientes singulis annis
abbati, priori ac custodi seu thesaurario ipsius monasterii
presentari debebunt pro memoriis antedictis observandis
effectualiter per ipsos distribuendi, sicut divinam vitare
voluerunt ultionem. Ut autem hujusmodi contractus invio-

labiliter observetur, hoc scriptum cum appensione sigilli
nostri duximus roborandum. Datum Winsen, anno domini
M⁰CCC⁰LIII⁰, in octava epiphaniae.

Programm der Michaelisschule 1683.

480. Der Rath sichert der Herzogin Sophie von Braunschweig und Lüneburg Schutz für ihre Leibzucht in der Stadt zu. 1353, 6. Febr.

We ratmanne der stat to Luneborch bekennet und
bethuget in desseme breve, dat de eddele vorste her
Wilhelm, unse here, hertoge to Brunsvic und to Luneborch,
heft de eddelen vrowen, vern Sophien, vorstinnen to
Brunswic unde to Luneborch, sin eghte wif, belifthuctid mid
sinem tollen, den he heft in dersulven stat to Luneborch
in der Beckerstrate, mid alle der gulde und rente, de van
demsulven tollen komen magh unde komed, und mid dem
tollenhuse in dersulven Bekkerstrate¹), dar sine tolnere
inne wonen, also dennewis, is dat sin to kort wert und
se ene verleved, und also de breve ludet und hebbet, de
he ere gheven heft uppe desse liftucht, und he heft us darto
esghet unde beden, is dat sin to kort wert unde se ene
vorleved, dat we ere bistan unde helpen willen, dat se in
desser liftucht in dem vorscrevenen tollen und huse nicht
ghehindered und nicht vorunrechted werde und dat se desser
liftucht vredeliken unde gansliken bruke und besitte mid
alleme rechte und nutte; dat wille we gherne don, dor
siner esginge und bede willen, also we beste konnen und
mogen. Dar vorbinde we us to und use nakomelinge in
desseme breve. Und to ener bethuginge desser dingh hebbe
we der eddelen vorstinnen, user vrowen vern Sophien
vorbenomeden, dessen bref besegeled gheggheven mid usem
inghesegele der stat to Luneborch, dat to desseme breve
ghehenghet is na goddes bort drutteynhundert jar, in dem
dreundvisteghesten jare, des ersten midwekens in der
vasten, also men aschen uppe de hovede nimt.

Copialb. d. Arch.

¹) Das Eckhaus an der Zollstraße C. 20.

481. Das Hospital des heiligen Geistes kauft den Zehnten von
Kirchgellerfen. 1353, 4. April.

Nos consules civitatis Luneborch —. Conradus Seghehardi vendidit, dimisit et resignavit provisoribus hospitalis
et domus sancti Spiritus prope salinam in Luneborch ad utilitatem infirmorum ibidem medietatem decimae tam majoris
quam minute ville Kerkgeldersen [1]) cum omni jure, dominio,
proprietatibus, proventibus et obventibus universis, sicut
ipse eam possedit, cum debita warandia —. In cujus —.
Datum anno domini MoCCCoLoIIIo, in die beati Ambrosii
pontificis gloriosi.

(Die Urkunde ist durch Moder so beschädigt, daß sie im Zusammenhange gar
nicht wiedergegeben werden kann.)

Orig. d. Arch.

482. Zwei Testamente Segebands von Wittorf, übertragen in
eine Notariatsurkunde. 1353, 12. April.

In nomine domini. Anno nativitatis ejusdem MCCCLIIIo,
indictione sexta, mensis Aprilis die XII. hora nona vel quasi,
pontificatu — Innocencii pape VI. anno primo. In mei
notarii publici et testium subscriptorum presencia constitutus honorabilis vir dominus Anthonius de Thuene, plebanus ecclesie sancti Johannis in Modestorpe, — quasdam
literas michi tradidit, requirens me, quatenus tenorem predictarum literarum exscriberem fiducialiter et in publicam
formam redigerem —. Tenor vero ipsarum literarum —
fuit talis.

(Hier folgen die beiden oben (Urk. 469. 475.) erwähnten Testamente. Zeugen
sind die Priester Hermann von Pattensen, Berthold und Johann Hoppen.
Beglaubigung des Notarius Johann von Meynum.)

Orig. d. Arch.

483. Der Rath verkauft Sülzgut des h. Geisthospitals.
1353, 13. Juli.

Nos consules civitatis Luneborch — recognoscimus —, quod

[1]) Kirchgellerfen, A. Lüneburg.

nos necessitate compulsi nomine civitatis Luneborch vendidimus duos choros salis — in salina Luneborch, qui
spectabant ad domum infirmorum sancti Spiritus prope
salinam, unum in domo Ebbetzinge, reliquum in domo 5
Honovere, abbati, priori totique conventui monasterii sancti
Michahelis in castro Luneborch —. Ne igitur dicti infirmi
in suis redditibus dampnificentur et bonis, singulis annis
de camera civitatis eisdem flumina duorum chororum persolventur, quousque alii duo chori salis in dicta salina eis 10
fuerint recomparati per nos aut nostros successores et eis
presentati, ad quod nos et nostros successores nomine
civitatis obligamus. In quorum —. Datum anno domini
M°CCC°L°III°, in die beate Margarete.   Orig. d. Arch.

484. Die Gebrüder Thoden verkaufen an Voljekin von der Weser
einen halben Weg (Solleitung) auf der Sülze. 1353, 9. Sept.

. Nos consules civitatis Luneborch — publice protestamur,
quod dominus Johannes, Albertus et Seghehardus dicti Thoden,
fratres, unanimi consensu vendiderunt Volczekino de Wesera,
nostro concivi, et ejus heredibus dimidiam viam in salina
Luneborch, que vulgariter dicitur Muntzinghe Weychg, — 5
jure hereditario perpetuo possidendam —. Datum anno
domini millesimo trecentesimo quinquagesimo tercio, in die
beati Gorgonii martiris gloriosi[1]).   Copialb. d. Arch.

485. Der Rath verweiset einen als Verschwender erklärten Bürger
aus der Stadt. 1353, 4. Dec.

We ratmanne der stat Luneborg — bekennet unde
betughet openbare in desseme breve, dat Albert Thode, use

---

[1]) Denselben halben Weg verkauft der Käufer an den Rathmann Hartwich Holste. 1363, 15. Febr.

borgher, heft vor uns wesen unde heft sik vorwilkored
mit guden willen desser stucke, de hir na screven stat,
to dem ersten male, dat he jar umme wil wesen in vro—
meden landen van wiuachten, dat nu erst kumpt, an to
rekende. He heft ok ghekoren voremunden sik unde sinem
wive Luetgarden hern Diderik Bromese, usen cappelan, —
unde hern Johanne Beven to enem overmanne und heft se
sed in de were sines ghudes unde in de were der mede-
ghift sines wives vorenomed, dese is twe herscop uppe der
sulten Luneborg, teyn jar umme van winachten, dat nu
neghest tokumpt, an to rekende, also, dat he des gudes
nicht woldich wesen en scal unde wel de tid umme, men
de voremunde. Sin wif Lutgard de scal hebben alle jar
desse tid umme der teyn jar de rente ener herscop van
erer medegift, und den renten der anderen herscop der
medegift scolen de voremunde wederkopen unde losen dat
guth, dat van sines wives Lutgardis morghenghave wert ute—
zeed unde vorkoft unde de sculde darna mede enledighet
undo ghelden van Albertes wegene, also se beste moghet.
Men scal ok Alberten gheven achte mark lodeghes sulvers
van dem ghuede gewelkes jares der twiger jar, de he
buten landes is, to siner nodtroft. Vortmer so wan de
teyn jar umme komen sint, is dat also, dat sik Albert
redeliken holt unde tered, so scolen de vormundere ome
weder laten sin guth, dat se hebben, unde de medegift
sines wives, dese vorescreven steyt, in sine were. Were
over, dat he sik nicht redeliken helde, so scal he unde wil
vorbunden wesen, also he was vore bynnen den teyn jaren.
Alle desser stucke heft sik desulve Albert verwillekoret
vor us. Unde to ener openbaren bethughinge disser dingh
dor Alberten vorescreven unde siner vrowen vronde bede
willen hebbe we dessen bref beseghelet — na goddes bort
dritteynhundert jar, in dem dreundevefteghesten jare, in
sunte Barberen daghe.   *Copialb. b Arch.*

486. Die Proviforen der Johannisfirche verkaufen dem Pfarrer der Kirche Antonius zwei Mark Renten aus den Gütern der Kirche und stiften die Gedächtnißfeier des Knappen Segeband von Wittorf des älteren¹) in derselben Kirche am Pantaleonstage (29. Juli). Lüneburg 1353, 20. Dec.

Orig. d. Arch.

487. Der Rath erklärt, daß die verstorbene Tobeke dem Kloster Isenhagen einen halben Wispel Sülzrente aus dem Hause But-singe, ein Meßbuch, einen silbernen Kelch, drei Cafeln ꝛc. ver-macht hat. 1353.

Isenhagener Urk. 243.

488. Die Söhne Segebands von Wittorf entsagen allen Ansprüchen an das Testament des älteren Segeband von Wittorf (Urk. 469). 1354, 7. Jan.

We Hinrik, Otto und Johan, brodere, hern Seghebandes kindere van Wittorpe, des ridders, dem god gnedich si, bekennen openbare in dessem breve, dat wy vulbordet dat testament, dat Segheband, use veddere, dem god gnedich sy, ghemaket und ghesat heft, und wo sine testamentarii dat schicken und setten und wot se darmede doet, dat schal use wille wesen, und wy en willet se dar nicht ane hindern und ok nemant van unser weghene, und wy willet warscop don vor dat gud, dat wy upbored van uses vedderen weghen des vorschrevenen vor rechte ansprake. To enem orkunde desser ding so hebbe wy besegheld dessen bref mid usen ingheseghelen in deme jare uses heren, do me schref dusent drehundert LIIII, des neghesten daghes der hilghen dre koninghe.

Beglaubigt ist diese Abschrift vom Notar Arnold von Bardewik.

Orig. Notariatsark. d. Arch.

¹) Im Liber civitatis findet sich 1353 die Nachricht: Filius Sege-bandi de Wittorpe senioris est prebendatus in domo Sancti Spiritus, cujus nomen est Seghebandus, cui in quatuor tem-poribus anni principalibus dabitur una marca singulis annis per quatuor sol. temporibus vite sue per procuratorem dicte domus.

489. Herzog Wilhelm von Braunschweig und Lüneburg schenkt dem Kloster Michaelis in Lüneburg das Lehnrecht über einen erkauften Hof auf der Burg. 1354, 30. Jan.

Dei gratia nos Wilhelmus dux in Brunswich et Luneborch presentibus recognoscimus et protestamur, quod Ghevehardus de Monte, famulus, curiam suam in castro nostro Luneborch prope valvam abbatis sitam, quam nunc inhabitat, a nobis jure infeodacionis dependentem cum omnibus appendiciis, pertinentiis, finibus et terminis suis de consensu nostro vendidit juste vendicionis tytulo monasterio sancti Michaelis ordinis sancti Benedicti in castro nostro Luneborch predicto —. Ob spem remuneracionis eterne proprietatem memorate curie et omne jus, quod in ipsa curia habuimus — sepedicto monasterio donavimus et dimittimus perpetuis temporibus pertinenda. — Datum nostro sub sigillo anno domini MoCCCoLIIIIo, ipsa die beate Aldegunde[1]) virginis presentibus discretis et strenuis viris Hinrico, preposito in Luene, Alberto Boemaste, Ludolpho de Honhorst[1]), militibus, Segbebando de Reden, Pardamo de Plothe, famulis, testibus in premissis. · Urk. d. Kl. Mich. 531.

489a. Der Knappe Ulrich v. Blücher und dessen Söhne Johann, Canonicus in Lübeck, Gerlach und Heinrich, sowie seine Töchter Gobele, Beata von Thule und Gertrud von Lasbeck verkaufen dem Priester Ulrich von Etzendorp Sülzgut und Sülzrente aus dem Hause Glusinghe. Lüneburg 1354, 14. Febr.

Copialb. d. Arch. Wigger, Gesch. der Familie von Blücher; Urk. 307.

490. Werner und Diedrich Pavenberg verkaufen dem Rathe ihren Hof vor der Burg in Blekede. 1354, 23. März.

Ich Werner Pavenberch unde Diderik, min brouder, bekenned oppenbare unde bethuget in desseme breve, dat we mid volbort user erven verkoft hebbet unde vorkopet

---

[1]) nicht, wie a. a. O. gedruckt steht, Agundis und Hornhorst.

den wisen luden den ratmannen der stat to Luneborch to
der stat nuet unde behoef use hus, hof unde wort unde ₅
dat darto horet vor dem huse to Blekede ghelegen mid
ackere, dese heit uppe der heyde, sunder ver stucke landes,
dese Godeke van Thune anspreket.   Dar en verkope we
jum nicht mer ane, wen we darinne hebbet, vor achtentich
mark Luneborgher penninghe, de us rede betalet sin unde ₁₀
de we in use nuet ghekered hebbet, mid alle deme rechte,
dar we se mede hat hebbet unde beseten bid in desse tid,
erveliken unde ewiliken to besittende, unde willed desses
goudes den ratmannen en recht warant wesen, also (we) van
rechte scolled, unde loved im mid samender hant mid usen ₁₅
medeloveren, de hir na screven stat, alle desse stucke
gans to holdende.   Unde we her Werner unde her Manegolt unde her Seghebant, riddere, Johannes, hern Seghebandes sone vorescreven, Seghebant, hern Gheverdes sone,
Diderik, Hinrikes sone, unde Ghevert, Borcherdes sone, ₂₀
knapen, gheheten alle van dem Berghe, loved intruwen
mit samender hant in desseme breve densulven ratmanen
mid Wernere unde Diderike Pavenberghen vorbenomed,
alle desse dingh stede, vast unde untobroken to holdende.
To ener bethuginge desser dingh hebbe we alle use inghe- ₂₅
segele to desseme breve ghehenghet na goddes bort
drutteynhundert jar, in dem veerundevifthegesten jare,
des sonendaghes to midvasten.
(Neun wohl erhaltene Siegel, darunter das des Werner Pavenberg mit drei
Steinböcken.)

Orig. d. Arch.

491.   Der Rath (neu und alt, mit 21 Namen angeführt)
erklärt, daß er dem Propste zu St. Blasii in Braunschweig,
Aschwin von Saldern, und seinem Bruder, dem Ritter Heinrich,
und den Knappen Johann und Siberd, Johanns von Saldern
seines Bruders Söhnen, 930 Mark löthiges Silbers Braunschweigi-
sches Schrotes und Kornes schuldig ist, die er an dem Osterfeste
der beiden folgenden Jahre wieder abtragen will.
Lüneburg 1351, 1. Mai.

Copialb. d. Arch.

492. Eghard von Estorf schenkt dem Hospitale von Blekede ein
Viertel des Zehntens von Barendorf. 1354, 8. Juli.

Ich Eghard, hern Eghards sone des ridderes, deme got
gnedich si, gheheten van Estorpe, bekenne in dessem openen
breve, dat ich mit willen miner sones Eghard unde Segheband, knapen, unde alle miner erven, der it sich van rechte
bored, nu unde noch hirna hebbe gheven unde gheve in
dessem breve dor godes unde salicheyt miner sele willen
den armen seken utsetzighen luden, de dar wonet tou sunte
Juriene bi Blekede dat verde del der vrucht unde nud des
tegheden to Berdorpe[1]) in korne unde in quecke unde in
allen stucken, de to thegheden bored, den ich to ener sate
hebbe hat van hern Wasmode Scacken, des ridders, unde
van sineme brodere Hinrikes, knapen, den got gnedich si,
to besittende mit alsodanem rechte, also ich ene beseten
hebbe wente her tou, unde wille se waren, also ich se van
rechte waren schal, unde worden se beworen unde ghehindered in deme tegheden oder in deme ghelde suchte (?)
he gheloset worde van hern Wasmodes Scacken unde sines
broders Hinrikes rechten erven van mi oder van minen
erven oder van jemanne van miner weghene mit rechte,
dat scal ich unde wille untweren verteyn nacht darna,
wenne ich darume manet worde, oder inriden in de stat
tou Luneborch mit minen medelovers Eghard unde Otto,
Ludolphs sonen mines broders, deme got gnedich si, dar
nicht ut to komende, we ne hebben dat mit rechte unt-
woren oder mit erem willen. Alle desse stucke, de hir
vor bescreven sin, love ich Eghard, sakewolde, unde we
medelovers Eghard und Segheband, sones Eghards, unde
Otto, veddern des vorbenomeden Eghard, knappen, gheheten
van Estorp, lovet an truwen in dessem breve, alle stucke unde
erer jewilic vast to holdende den armen luden unde to
erer hant allen riddern unde knapen, de to Blekede wonet,
unde des to ener bewisinge sint use ingheseghele in dessem

____

[1]) Barendorf, A. Lüneburg.

bref ghehenget. Dat is gheschen na godes bord drutteynhundert jar, in dem ver unde veftigesten jare, in dem hilghen daghe sunte Kylianes. **Orig. d. Arch.** 33

493. Die Herzogin Mechtild von Braunschweig und Lüneburg
schenkt den Klöstern Mariensee und Walsrode einem jeden ein
halbes Fuder Sülzrente zur Feier des Andenkens ihres Gemahls,
des Herzogs Otto († 19. Aug. 1354). 1354, 17. Sept.

Copialb. d. Arch.

494. Der Rath bezeugt, daß das Kloster St. Michaelis in der
Burg in Lüneburg sich verpflichtet hat, dem Magister Arnold, Arzt
des Herzogs Wilhelm von Braunschweig und Lüneburg, auf deſſen
Lebenszeit jährlich acht Mark reines Silbers nach Lüneburger
Währung zu entrichten, und dafür zwei Wiſpel Salz aus dem
Sülzhauſe Obern Bernding verpfändet. 1354, 20. Dec.

Copialb. d. Arch.

495. Vertrag über eine Fenſteranlage. 1354.

Consules protestantur, quod Nicolaus de Toppenstede
et Ludolfus de Vintlo coram eis testati sunt, quod Make
de Rode in latere domus sue ad curiam Johannis Gordel-
sleger fenestram debet habere vitream et ferratam ita, quod
de ea ad curiam dicti Johannis non possit videri et pro-
spici, et Johannes non debet per edificium sibi dictam fenestram et lumen eius impedire. Id sunt arbitrati mutuo.

Liber civitatis d. Arch.

496. Herzog Albrecht von Mecklenburg bittet den Rath um Ent-
laſſung eines Knappen, der, weil er einen Bürger aus Greifswalde

20

im Kriege gegen den Herzog von Stettin gefangen genommen habe, von dem Rathe troß der Bitte des Herzogs gefangen gehalten werde. (Geschrieben im Lager vor Gorlofen[1]) (1354?).

Auffdrift: Viris discretis consulibus civitatis Lunenburg detur.

(Siegel zum Theil erhalten und kenntlich.)

Orig. d Arch.

497. Der Rath verkauft dem Canonicus Diedrich von Dalenburg ein Haus up dem Nhen Lande. 1355, 12. März.

Nos consules civitatis Luneborch Johannes Beve, Tidericus Schiltsten, Hinricus Viscule, Hartwicus de Salina, Borchardus de Luchowe, Johannes Garlop, Hinricus Miles, Ludolphus Hartwici, Leonardus Longus,
5 Johannes Longus, Gherardus Garlop, Johannes Viscule, Dithmarus de Molendino, Hinricus de Arena, Albertus Hoyke junior, Nicolaus de Toppenstede, Ludolphus Vintlo, Albertus de Molendino, Hartwicus de Salina junior, Albertus Hoyke senior, Johannes de Pentze, Johannes Borch-
10 dorp, Hartwicus Abbenborch, Hartwicus Holste, Nicolaus Garlop, tenore presentium recognoscimus protestantes, quod nos pro centum marcis et viginti quinque marcis denariorum Luneburgensium nobis integraliter persolutis et in usus necessarios nostre civitatis utiliter expositis nostro et
15 nostre civitatis nomine vendidimus et resignavimus domum lapideam, curiam et aream, quas quondam Ludolphus Roever inhabitavit, honorabili viro magistro Tiderico de Dalenborch, canonico ecclesie Bardewicensis, cum omnibus suis pertinenciis et cum omni jure, quo ipse magister Tidericus nobis
20 domum, curiam et aream predictas prius vendiderat, ita, quod ipse magister Tidericus cum domo, curia et area predictis et cum inedificatis eisdem faciet et dimittet, quicquid sue placuerit voluntati. Domus vero predicta cum suis perti-

---

[1] Berüchtigte Raubburg im Amte Grabow, welche Herzog Albrecht 1354 zerstörte.

nenciis sita est in platea cerdonum ¹), que vulgariter up
deme Nyen Lande dicitur, inter domum et curiam domini ²⁵
abbatis et monasterii in Antiqua Ulsen versus aquilonem
ex una et domum et curiam, quas nunc Reynerus de
Schermbeke cerdo inhabitat, versus meridiem parte ex
altera; sed huic contractui condiciones subscripte sunt
annexe, nam is vel hi, ad quem vel ad quos domus, curia ³⁰
et area sepedicte per legationem, donationem inter vivos
aut causa mortis vel per vendicionem aut quovis alio
justo tytulo devenerint, postquam ipse magister Tidericus
mortuus fuerit, de domo, curia et area memoratis facere
debebit seu debebunt, que alii burgenses in Luneborch de ³⁵
eorum domibus, curiis et areis secundum jura ejusdem
civitatis Luneborch facere consueverunt. Ipso vero magistro Tiderico vivente domus, curia et area sepedicte a premissis juribus, consuetudinibus et debitis ipsius civitatis
Luneborch penitus sunt exempte, non tamen magister ⁴⁰
Tidericus seu quicunque alius suo nomine in predicta domo
vel suis pertinentiis habebit ea venalia, per que civibus et
unionibus nostre civitatis prejudicium inferri valeat et gravamen. In quorum omnium fidem et certitudinem pleniorem sigillum nostrum presentibus est appensum. Datum ⁴⁵
anno domini M°CCC°LV°, ipso die Gregorii.

Copialb. d. Arch.

498. **Schuldbrief des Rathes für die Gebrüder von dem Knesebeck.**
1355, 23. März.

We ratmanne der stat to Luneborch — bekennet
openbare in desseme breve, dat we unde use nacomelinghe
willet bereden unde betalen mit redem Brunswikeschem
sulvere, wichte unde witte neghen hundert mark unde
sestich mark lodeghes sulveres den vromen luden Hempen ⁵
unde Boden, Hannese unde junghen Hempen, broderen
gheheten van dem Knesbeke, unde eren erven, de se us

---

¹) Gerberstraße, jetzt Wandfärberstraße.

rede ghelenet hebbet unde de we in der slat to Luneborch
nut ghekered hebbet, van paschen, dat nue neghest to
kumpt, sunder underlat to rekende vort over twe jar, in
der stat to Luchowe eder to Wuostrowe eder to Clotze
eder in ener stede, dar se denne mit uns unde we mit
en up en teyl unde endrachtich werden, ane jenerhande
hinder unde vortoch. Unde were, dat use here van
Luneborch en entseghede edder se ome, unde vigende
worden, dat en scal im nen hinder wesen in der betalinghe
desses sulveres vorescreven, wante we willet jum jo vrunt-
liken betalen. Desse stucke love we mit samender hant
in gluden truwen den vorescrevenen broderem unde to
erer truwer hant hern Gerarde van Wustrowe unde
Gheverde, hern Gheverdes sone, van Alvensleve unde Dide-
derike Buchmasten, Boldewine unde Hannese, wandaghes
olden Boldewines sone, van dem Knesbeke, eren vedderen,
der brodere, vast to holdende ane jenerleye hinder, broke
unde vortoch. Dat betughe we mit der stat to Luneborch
inghesegbele, dat to desseme breve ghehenghet is, mit
rade unde mit vulbort alle der, dese in useme rade sin,
nie unde olt, unde is ghegheven na goddes bort drutteynhundert jar in dem vifundeviftegbesten jare, des manendaghes vor Palmen.   Copialb. d. Arch. Sabrnborf, l. c. II, 500.

**499. Herzog Wilhelms von Braunschweig und Lüneburg Schuld-
brief über 900 löthige Mark Silber. Winsen, 1355, 1. Mai.**

Van goddes gnaden we her Wilh., herteghe to Brunswich unde to Luneborch, bekenned openbare, dat we
schuldich sin . den ratmannen user stat to Luneborch
neghenhunderd mark lodeghes sulvers Lueneborgher witte
unde wichte, de se vor us rede betaled unde utghegheven
hebbet, unde dat gheld sla we ym af, unde se schullet dat
gheld inne beholden an der bede, der se us plichtlich sin
to ghevende, wan de bede nu allererst tokumt, unde be-
thughet dat mit desseme breve, dar use ingheseghel to

hanghet. De is ghegheven to Winsen na goddes bord in dryttcinhunderd jar, in deme vifundevifteghesten jare, in sunte Woldberghe daghe der hilghen juncvrowen.

(Siegel des Herzogs.)

Orig. d. Arch.

500. Das Kloster Ebstorf zeigt dem Rathe an, daß es sein Haus bei der Sülzbrücke verkauft und ein anderes bei der Lamberti-kapelle gekauft hat. 1355, 23. Juni.

Honorabilibus viris et dominis consulibus Luneborgens., amicis nostris sinceris, Hermannus prepositus, Jutta priorissa totusque conventus sanctimonialium in Ebbekestorpe orationes devotas in domino. Vestre honestati presentibus significamus, quod domum, curiam et aream cum universis pertinenciis earum, que ad nos spectabant, in Luneborch situatas prope Sultebrughe ex opposito stupe juxta salinam, vendidimus, dimisimus, resignavimus et in presentibus vendimus, dimittimus ac resignamus Johanni Garlop, clerico, filio Johannis Garlop de prima uxore sua Ghertrude pie memorie, et ipsius heredibus et jus suum habentibus et ad manus ejus Johanni Garlop, patri ejus, ac Gherhardo Garlop, procuratoribus et defensoribus ipsius, jure opidali perpetuo possidendas, qui quidem Johannes Garlop de consensu omnium, quorum interest seu interesse poterit in futurum, et procuratores et defensores ipsius predicti nomine ejus vendiderunt, dimiserunt et resignaverunt nobis et conventui nostro in Ebbekestorpe in recompensam domum suam, curiam et aream cum universis attinenciis earum, quas quondam Eylemannns de Selden inhabitavit, sitas ex opposito dotis capelle sancti Lamberti in Luneborch, receptis a nobis et nostro conventu centum et octoginta marcis denariorum Luneborg. in numerata pecunia una cum domo, curia et area et pertinenciis ipsarum prenarratarum et dicto Johanni ad manum suam et suo nomine Johanni Garlop, patri ejus, et Gerhardo Garlop, ejus procuratoribus et defensoribus, exsolutis integraliter et ex toto plenum mandatum in omnibus et singulis premissis et suprascriptis

habentibus ab eodem, ita quod domum — nobis traditas
— libere possidere debemus absque omni jure opidali
Luneborg., quam libertatem apud consules Luneborgenses
impetravimus ex gratia et obtinuimus graciose. In recompensam domus et hereditas per nos ipsis vendita e
converso stabit sub jure opidali Luneborg. Quocontra
rogamus vestram honestatem, quatenus dicto Johanni Garlop et jus suum habentibus et nobis ac nostro conventui
super hunc contractum litteras vestras patentes dare et
concedere dignemini premissa omnia et singula confirmando,
quod utique apud vos et vestros modis, quibus possimus.
cupimus promereri. In premissorum —. Datum anno
domini MᵒCCCᵒLᵒVᵒ, in vigilia beati Johannis baptiste.

(Siegel des Propstes und Convents.)

Orig. i. Arch.

501. Volrath und Detlev van Tzule bescheinigen den Empfang
einer Schuldsumme des Herzogs Wilhelm. 1355, 23. Juni.

Wy Volret unde Detlef, brodere, gheheten van Tzule.
bekennet in desseme openen breve, dat de rat van Luneborgh uns heft beret vestich lodeghe mark van hertoghen
Wilhelmes weghen van Luneborgh, unde wy latet ene
unde sine borghen dersulven vestich lodeghe mark los,
unde wy unde alle degheuen, den it mede ghelovet is, willet
hertoghen Wilhelm van Luneborgh unde sine borghen dar
nicht mer umme manen. Unde to eyner waren betughinghe
so hebbe wy unse ingheseghele to desseme breve benghet.
de ghegheven is na goddes bort drutteynhundert jar. in
deme vifundevistighesten jare, in sunte Johannes daghe
baptisten to middensomere.   Sudendorf, l. c. II. 309

502. Das Kloster Lüne übernimmt Verpflichtungen in Betref
seiner Grundstücke in der Stadt. 1355, 13. Juli.

We Hinrik, provest. Drude. priorend. unde dhe gantze

ronvent des goddeshuses to Lune bekenned in dessem
openbaren breve, dat dhe eerliken heren dhe ratmanne
der stad to Luneborgh hebbet us ghegheven van gnaden
unde mid goudeme willen, dat we unde use nacoemelinghe
unde dhe use der huse, hove unde woerde unde al des,
dat darto hoord, dhe we van hern Heynen Visculen unde
synen erven unde darto van dhen ratmannen der stad to
Luneborgh koft hebbet, schollen unde moghen bruken vor
us unde use goddeshus ane wicbelderecht unde plight
ewighliken unde jummermer, sunder we scholled darvan
gheven deme goddeshuse to dem Schermbeke dhen wort-
linz allejarlikes, dat sund neghen penninghe Luneborgher.
Vor desse gnade willekore we wedder vor us unde vor use
nacomelinghe unde scholled unde willed ewighliken holden
desse nabeschreveuen stucke also, dat we unde dhe use unde
nemand van user weghene scholled dar nicht ane verzellen
nogh verkopen, dat jeghen dher stad recht sy unde der
inninghe der ammette to Luneborgh. Were dat also, dat
we darin setten enen borgher edder mer edder enen, dhe
sik neren wolde stad rechtes, dhe scholde vor sik unde vor
syn goud in demesulven erve to stadrechte plightigh
wesen. We unde use nacoemelinghe scholled dhe olden
zoltruem unde, icht we nye zoltruem buwen leten, nemande
verhuren edder verlenen, dat men dar zolt anghete, sunder
we unde use nacoemelinghe unde dhe use scholled unde
moghed bruken der zoltruem old unde nye unde dar zolt
angheten to uses goddeshuses nud. Weret ok, dat we andere
nye buwe dar buweden up dhe stede dhersulven hus, dhe we nu
koft hebben, dher scholle we unde use nacomelinghe vor us
unde use to uses goddeshuses nud vryeliken bruken unde
scholden to nene stadrechte plightigh wesen, sunder verhurede we dhe ok anderen luden edder borgheren, dhe
scholden vor sik unde vor ere goud to stadrechte plightigh
wesen in dhensulven buwen unde husen, unde dat scholde
us unde usen nacoemelinghen neen schade wesen in user
vrygheyd, also hiir voreschreven is. To grotterer betugh-
nisse des, dat we unde use nacoemelinghe al desse stucke

schollen truweliken holden, so hebbe provest unde convent
vorebenoemed use ingheseghele eendrachtliken unde witliken
to dessem breve benghed na goddes boord dritteynhundert
jar, in deme sesundevestteghesten jare, in sunte Margreten
daghe dher hilghen juncvrowen. *Sudendorf, l. c. II, 558.*

503. Der Pfarrer der Kirche St. Johannis verkauft ein Fuder Sülzrente auf Lebenszeit. 1355, 15. Juli.

Nos consules civitatis Luneborgh —. Honorabilis vir
dominus Anthonius [1]), plebanus ecclesie sancti Johannis in
Luneborch, executor testamenti quondam Seghebandi de
Wittorpe senioris, famuli, — propter debita dicti Seghebandi
exsolvenda dimisit et vendidit domino Hermanno de Foro
de Pattenhusen, suo capellano, unum plaustrum salis — in domo
Denquininghe — temporibus vite sue duntaxat tenendum et
possidendum. Prefato vero domino Hermanno mortuo ad
usum et elemosinam, ad quem seu quam idem plaustrum est
deputatum, libere perpetuo permanendum revertetur. —
Datum anno domini M°CCC°L°V°, in die divisionis apostolorum beatorum. *Copialb. d. Arch.*

504. Urkunde des Rathes über den Verkauf des Ebstorfer Klosterhauses. 1355, 25. Juli.

Nos consules civitatis Luneborg — protestamur, quod
honorabilis vir dominus Hermannus Nyebur, prepositus,
Jutta, priorissa, totusque conventus sanctimonialium in
Ebbekestorpe — vendunt — Johanni Garlop — domum
eorum, curiam et aream — sitas prope Sultebruche ex
opposito stupe juxta salinam —, qui quidem Johannes
Garlop — vendidit — domino Hermanno, Jutte etc. domum
suam, curiam et aream, quas quondam Eylemannus de Selden
inhabitavit, sitas ex opposito dotis capelle sancti Lamberti
receptis ab ipsis centum et octoginta marcis denariorum
Luneborgensium una cum domo sita ex opposito stupe

[1]) von Thune.

prenarrata ita, quod domum etc. dictus prepositus etc.
debent libere perpetuo absque jure opidali possidere, quam
libertatem a nobis et civitate graciose optinuerunt, domus
autem etc. ex opposito stupe per eos vendita sub jure ı5
opidali remanebunt. **Datum anno** M°CCC°LV°, **Jacobi
apostoli.** **Copialb. d. Arch.**

505. Der Priester Heinrich Willers schenkt der Georgenbrüderschaft
der Johanniskirche einen Kelch. 1355, 1. Septbr.

In nomine domini amen. Anno nativitatis ejusdem
M°CCC°LV°, indictione octava, primo die mensis Septembris,
hora sexta vel quasi, pontificatus sanctissimi in Christo
patris et domini nostri domini Innocencii pape sexti anno
tercio, constitutus in mei notarii publici et testium infra- ı
scriptorum ad hoc specialiter vocatorum et rogatorum
presencia discretus vir dominus Hinricus Willeri, presbyter
Verdensis dyocesis, dedit, donavit, cessit, mandavit, transtulit
ac irrevocabiliter concessit donacione, que est inter vivos,
universis fratribus congregacionis sancti Georgii in ecclesia ıo
sancti Johannis in Luneborch calicem suum ad divini cultus
usum in eadem ecclesia perpetuo pertinendum, quam quidem
donacionem dictus dominus Hinricus divini amoris et
interne devocionis motus affectu, quam ad predictos fratres
sive congregacionem habuit et adhuc melius habere desiderat, ı5
fecit, ut dictum est, ejusdem tamen calicis usu sibi retento
et vite sue dumtaxat temporibus reservato, ipso vero domino Henrico mortuo hujusmodi usus extinguetur et ad
predictorum fratrum proprietatem libere revertetur. Promisit eciam dictus dominus Henricus michi notario publico ı0
infrascripto stipulacione solempni hanc donacionem gratam
et ratam se perpetuo habiturum et nullis velle contravenire
temporibus affuturis. Acta sunt hec in domo etc. presentibus discretis viris domino Bernardo Lentemann, perpetuo
vicario — in ecclesia sancti Johannis, et Nicolao Willing, ı5
Elero Apenborch, nec non Johanne Wokersin et Rotkino
de Ouhusen — testibus etc. **Beglaubigte Abschrift d. Arch.**

506. Arnold und Diedrich Burmeſter verkaufen der Ermegardis Lange und Ermegardis, Chriſtine und Ermegardis, Töchtern des Rathmannes Leonhard Lange, und der Beatrix und Gertrud Walter, ſo wie der Margaretha und Margaretha Martins, allen Nonnen im Kloſter Diſtorf ein halbes Fuder Salz aus dem Sülzhauſe Denquininghe, das nach deren Tode zu ihrem Seelen‑ heile dem Kloſter zufallen ſoll. Lüneburg, 1355, 9. Septbr.

Copialb. d. Arch.

507. Verpflichtung des Kloſters Ebſtorf über deſſen Haus in der Stadt. 1355, 13. Septbr.

We her Herman Niebur, provest, ver Jutte, de priorent, unde de ganse convent der junchvrowen des stichtes to Ebbekestorpe bekennet unde bethuget openbare in desseme breve, dat we dat hus, hof unde wort unde wot dar to hort, dat we redeliken ghekoft hebbet van Johannesse Garlope unde sinen procuratores, dar wansdaghes inne woned hadde Eyleman van der Selden, willed hebben vor use nuet unde der user, unde der vrigheheyt, de us darane geven is, bruken vor us also, dat we ne willen nene bode buwen, dar borgere edder lude inne wonen, uppe dat se schotes unde wachte unde borgerrechtes unde wicbeldes‑ rechtes vrig sin unde bliven, men we willed den ratmannen unde den borgeren to Luneborch de vriheit to goden truwen holden vor us unde use godeshus to Ebbekestorpe. To ener bethuginge hebbe we use ingheseghele to desseme breve ghehenhet na goddes bort drutteynhundert jar, in dem vifundevifthegesten jare des sonendaghes vor des hilgen Cruces daghe, also id ghehoget wart.

(Siegel des Propſtes und Convents.)

Orig. d. Arch.

508. Kaiſer Karl IV. belehnt die Herzöge Rudolf ꝛc. von Sachſen mit dem Herzogthume Lüneburg. Prag, 1355, 6. October.

In nomine sancte et individue trinitatis feliciter amen.

Karolus quartus divina favente clementia Romanorum imperator semper augustus et Boemie rex. Ad perpetuam
rei memoriam. Quamvis in exercendis virtutum operibus
imperialis preeminencie generosa sublimitas erga fideles
suos tanto amplius generaliter glorietur, quanto in hiis
imperantis decus et gloria gloriosius exaltatur ac diffusius
laudis sue preconia predicantur, ejus tamen circumspecta
benignitas singularis quidem proinde considerans merita
personarum, illos pre ceteris alcioribus attollit honoribus ac
dignioribus dignatur beneficiis prevenire, qui generosi sanguinis gaudent origine et innate sibi nobilitatis decus
nobilitate morum et fidei ac laudabilibus vite meritis acti-
busque strennuis multipliciter illustrare et pro sacri honore
imperii inter ipsa ardua periculorum genera periculosis
certaverunt laboribus et gratis constancie indefesse obsequiis desudare. Hinc est, quod illustris Rudolfi senioris
ducis Saxonie, sacri imperii electoris et archimarescalli,
principis et avunculi nostri dilecti, claram originem necnon
fidei intemerate constanciam et sincere fidelitatis obsequia
a multo tempore usque nunc sacro imperio tam fideliter
quam constanter exhibita graciose consideracionis intuitu
advertentes ac proinde sibi tamquam bene merito graciam
cupientes facere specialem et ad hoc opem et operam
graciosam de innata nobis pietate favorabiliter adhibere,
ut illustres ejus filii Rudolfus et Wenceslaus, necnon Albertus,
quondam illustris Ottonis ducis bone memorie filius, con-
sanguinei nostri, tanto melius in principatibus possint et
dominiis suis naturalibus permanere, quanto amplius per
imperialis celsitudinis nostre clemenciam sua sibi fuerint
dominia dilatata. Ad finem insuper, ut sacri imperii principibus in dignitatibus suis nichil depereat, sed potius eorum
status et numerus ad decus imperii feliciter augeatur, pro
bono pacis et utilitate communi ad laudem et gloriam
ipsius imperii, cujus incrementa felicia omni tempore procurare tenemur. Animo deliberato ac de principum,
comitum, baronum, procerum et aliorum nostrorum et
imperii sacri fidelium pleno et maturo consilio supradictis

duci Saxonie, avunculo nostro, ejus filiis et Alberto, necnon
ceteris ducis ipsius et ipsorum heredibus, quos habent et
sunt imposterum perpetuo habituri, ducatum, dignitatem,
principatum, libertatem et dominium illustris Wilhelmi
ducis Lunemburgensis, nostri et sacri imperii principis et
fidelis dilecti, cum omnibus et singulis civitatibus, municioni-
bus, castris, fortaliciis, pheodis, vasallis, vasallagiis, bonis,
dominiis, monasteriis, serviciis, theloneis, conductibus, judiciis, montibus, vallibus, planis, silvis, nemoribus, rubetis,
pratis, pascuis, venacionibus, aucupacionibus, agris cultis et
incultis, solitudinibus et desertis, aquis, aquarum decursibus,
piscinis, molendinis, piscacionibus, juribus, graciis, libertatibus, consuetudinibus, usibus et omnibus utilitatibus,
censibus, redditibus et pertinenciis super terram et sub terra
consistentibus in omni ea forma et modo, sicut prefatus
Wilhelmus, dux Lunemburgensis, premissa possedit et
possidet in presenti, sive sint libera sive aliis concessa,
quocunque nomine premissa omnia et eorum quodlibet
nominetur, seu juxta morem et consuetudinem terre illius
specialibus possint vocabulis designari, de imperialis plenitudine potestatis damus, conferimus ex certa sciencia
presentibus et donamus a nostra majestate et a successoribus nostris imperatoribus et regibus Romanis tenenda,
habenda, utifruenda et in perpetuum principatum sen princi-
pale et ducale feodum ac in jure, vigore et consuetudine
principatus seu principalis et nobilis ducalis feodi libere
et absque quovis impedimento pacifice perpetuis temporibus
possidenda post obitum dumtaxat Wilhelmi ducis prefati,
si ipsum non relictis masculis heredibus legitimis ab hac
luce migrare contingat, statuentes insuper et de prefate
imperialis plenitudine potestatis tenore presencium ex certa
sciencia decernentes, quod omnia et singula imperialia
jura, consuetudines, observancie, cujuscunque condicionis
aut tenoris existant, necnon universe littere et privilegia,
si quas vel que per errorem aut oblivionem super premissis omnibus in toto vel in parte ipsorum quacunque
cuicumque daremus seu dare quomodolibet niteremur, sepe-

dicto duci Saxonie, avunculo nostro dilecto, ac prefatis suis
et heredum suorum heredibus et successoribus perpetuo
nullum generent prejudicium vel jacturam et contra presentem imperialis nostre celsitudinis dispositionem, donacioném
et collacionem graciosam nullam prorsus in judiciis vel ⁸⁰
extra quovis tempore optinere debeant roboris firmitatem.
Omnem defectum, si quis tam in verborum ac sentenciarum
dubietate et obscuritate seu circa modum solempnitatis in
talibus observari consuete compertus fuerit, supplentes
omnino de imperatorie plenitudine potestatis. Nulli ergo ⁸⁵
omnino hominum liceat hanc paginam nostre majestatis
infringere vel ei quovis ausu temerario contraire. Siquis
autem hoc attemptare presumpserit, indignationem nostram
et imperiale bannum ac nichilominus penam mille marcarum auri puri tociens, quociens contra fecerit, eo ipso se ⁹⁰
noverit irremissibiliter incursurum, cujus medietas erarii
nostri seu fisci imperialis, reliqua vero lesorum usibus
applicetur. Signum *(Locus monogrammatis)* serenissimi
principis et domini domini Karoli quarti, Romanorum imperatoris invictissimi et gloriosissimi Boemie regis. Testes hujus ⁹⁵
rei sunt venerabilis Arnestus archiepiscopus Pragensis, Pretz-
laus Wratislaviensis, Johannes Argentinensis, Fridricus
Ratisponensis, Johannes Olomucensis, Theodricus Mindensis
et Henricus Lubucensis ecclesiarum episcopi et illustres
Nicolaus Munsterbergensis, Bolco Falkembergensis, Conra- ¹⁰⁰
dus Olsincensis, Bolko Opuliensis, Kazimirus Teschmensis
et Johannes Oswetmensis duces et spectabiles Burghardus
Magdeburgensis, Henricus de Swarzburg, Ulricus de Helfenstein et Albertus de Anhalt comites et alii quam plures
nostri et imperii sacri fideles dilecti presencium sub imperialis ¹⁰⁵
nostre majestatis sigillo testimonio litterarum. Datum
Prage anno domini millesimo trecentesimo quinquagesimo
quinto, indictione octava, II. nonas Octobris regnorum
nostrorum anno decimo, imperii vero primo.

Per dominum Johannem Luthomuschlensem episcopum ¹¹⁰
cancellar. Nicolaus de Chremsir.

(Großes kaiserliches Siegel mit einem Rücksiegel, etwas beschädigt, an gelben
seidenen Fäden, jedoch abgelöset.)   Orig. d. Arch.

509. Die St. Jürgensgilde (fraternitas S. Georgii) kauft von dem Bürger Heinrich von Bremen drei Mark Rente aus seinem Hause an der Ecke der Judenstraße (Altstadt) für 45 Mark. Lüneburg, 1355, 23. Octbr.

Copialb. d. Arch.

510. Herzog Ludewig von Braunschweig gelobt den Ständen ꝛc. des Fürstenthums Lüneburg dessen Rechte und Freiheiten, wenn er die Regierung des Fürstenthums antreten werde, zu achten. 1355, 9. December.

Van goddes gnaden we juenchere Lodewich, herteghe to Brunswik, herteghen Magnus sone, bekennen openbare. were, dat use leve veddere, her Wilhelm, herteghe to Brunswik unde to Luneborch, storve, des ghod nicht en wille, unde nene rechte erven hedde, enen soene edder mer, unde worde we na sineme dode en here der herschop to Luneborch unde der land, de darto hored, na latinghe der herschop unde ansate in de herschop unde in de land, de us use leve veddere, her Wilhelm, ghedan heft, wan dat schued, so scholle we unde willet de herschop to Luneborch unde de land, de darto hored unde de use veddere darto had heft, unde alle stichte, clostere, ghoddes-huse, kerken unde ghestlike len unde alle borghe unde stede unde wikbelde unde dorpe, de darinne beleghen sin, unde alle de personen, de de vorestan unde darto hored, prelaten, abbete, proveste, vryen, denstlude, riddere unde knechte, radman, borghere unde bur unde alle de unde eren jowelken, de darinne wonaftich unde beseten sin, de nu leved unde de na ym komet, se sin leyen, papen, jouncvrowen, vrowen edder man, ghestlik edder werldlik, in welker achte se sin, samend edder besunder unde by namen de radman unde de borghere der stad to Luneborch, de nu sin, unde ere nacomelinghe unde de suelten unde de muente unde de wesle in der stad to Lueneborch unde de de goud uppe der suelten hebbet, unde de muente unde wesle in der stad to Honnovere

laten by allerleye rechte, richte unde wonheyt, de se had
hebbet by uses leven vedderen, hern Wilhelmes, unde siner
elderen unde siner vorvaren tyden, unde willet se mid
goudeme willen darby beholden. Vortmer alle sake unde 30
alle stucke, de de privilegia unde de handvestinghe unde
allerleye breve utwised unde bescreven stad in den breven,
de se hebbet van usen elderen der herschop to Brunswich
unde van usen vorvaren, unde uses leven voresprokenen
veddern, hern Wilhelmes, elderen, der herschop to Bruns- 35
wich unde to Luneborch unde van sinen vorvaren, unde
alle de breve, de use veddere, her Wilhelm, sulven gheven
heft unde noch ghyft by sineme levende, de wille we
trueweliken holden unde de mid nichte breken noch breken
laten. Alle desse vorescrevenen stuecke hebbe we ghe- 40
loved unde loved in gueden trouwen al den prelaten, abbaten, provesten, vryen, denstluden, ridderen
unde knechten, de in der herschop to Luneborch unde in
den vorsprokenen landen beseten sin, unde den ratmannen
unde den borgheren der stede Lueneborch, Honnovere, 45
Ulsen, Luchowe, Dannenberghe, Pattensen, Mundere, Elda-
ghesen, Nyenstad, Tzelle unde der wikbelde Winsen, Dalenborch unde Blekede, de nu sin, unde al eren nacomelinghen
ghen to donde unde gantzeliken unde unvorbroken ewichliken to holdende, unde we vorbindet unde vorplichtet use 50
erven unde use nacomelinghe, alle desse vorescrevenen
stuecke trueweliken to holdende unde to donde also, alse
we de stuecke plichtich sin to holdende, unde also, alse
hir vorescreven is. Over al dessen stuecken unde deghedinghen hebbet ghewesen de erbaren wisen luede her 55
Olrik, abbet uppe deme hues to Lueneborch, her Eyleman,
abbet to deme Schermbeke, her Aschwin van Saldere,
provest to Sunte Blasius in der borch to Brunswich, her
Herman, provest to Ebbekestorpe, her Hinrik, provest to
Luene, her Johan van Saldere, de to Lichtenberghe woned, 60
her Bertold van Reden, her Johan van Saldere van deme
Kalenberghe, her Ludolf van Honhorst, her Werner unde
her Segheband van deme Berghe, her Herman van

Medinghe, riddere, Segheband van Reden unde Pardam
⁶⁵ Plote, knechte, unde her Johan Beve, her Diderike van
deme Schildstene, her Hartwich van der Suelten, de eldere,
her Heyne Viscule, her Heyne Miles, her Borchard van
Luechowe, radman der stad to Lueneborch, unde andere
vele ghoude luede.   To ener grotteren bethueginghe alle
⁷⁰ desser vorebenomeden deghedinghe unde stuecke unde
uses trouwen loevedes hebbe we use ingheseghel to desseme
breve benghet.   De bref is ghegheven to Luneborch na
ghoddes bord dritteynhundert jar, in deme vifundevifteghesten jare, des neghesten midwekens na sunte Nicolaus
⁷⁵ daghe.

(Kleines Siegel, quabrirt, mit der Umſchrift: S. Lodewici ducis in
Brunswich.)

Orig. d. Arch. Sudendorf, l. c. II, 533.

511. Huner von der Odeme verkauft dem Rathe ſeinen Hof vor
dem Lindenberger Thore. 1356, 29. Juni.

Ik Huner van der Odeme, wansdaghes soene hern
Hildemeres van der Odeme, des ridderes, bekenne in
dessem openbaren breve, dat ik mid rade unde mid vulbord al miner rechten erven vor ghelt, dat mi rede betalet
⁵ is, hebbe vorkoft enes rechten ewighen copes den acht-
baren heren, den ratmannen der stad to Luneborch, to
dersulven stad nut min hus, hof unde word, dede ligghet
buten deme Lindenbergheren doere ¹) to der voerderen
hand, wan men ut deme sulven doere gheyt, twischen deme
¹⁰ hoeve sunte Cyriakes unde der van Estorpe hove.   Des
huses unde der word unde al des, dat darto hoort, scollet
desulven ratmanne unde ere nacomelinghe ewichliken
unde vryghliken bruken to erer stad nut unde moeghet
darmede doen unde laten, wat se willet, wante ik en
¹⁵ densulven hof vor vrygh eghen ervegoud vorcoft hebbe.
Ok scal ik mid minen erven unde mid minen medeloeveren.

¹) zwiſchen dem Bardewiker und Neuen Thore.

de hir naschreven stad, des copes ero rechten waren
wesen, also en wonheyt is, vrygh eghen ervegud to
warende, unde scollet se van allerleye ansprake entledeghen,
wan se dat van us eschet, oft en desse cop bispraket 20
worde. Vortmer dat desse coep stede unde vast scolle
bliven, dar sette ik vore to boerghen mine vrunt, hern
Huner van der Odeme, den ridder, Gheverde van der
Odeme, Gherde van der Odeme, Johanne van der Odeme,
Johannes van dem Berghe, hern Seghebandes soene van 25
dem Berghe, des ridderes. Unde we Huner, sakewolde,
her Huner, Gheverd, Gherd, Johan unde Johannes voere-
benoemed bekennet, dat we in gouden truwen lovet hebbet
unde loevet in truwen mit samender hand in dessem breve
den erliken ratmannen der stad to Luneborch, de nu sint, 30
unde eren nacoemelinghen, dat we alle desse vorschrevene stucke ane jenegherleyie arghelist stede unde unto-
broeken scollen unde willen holden. To groter betughinghe
unde stedecheyt so hebbe we vorbenoemeden sakewolde unde
medeloevere unse ingheseghele to dessem breve henghet. 35
Dit is ghescheen to Luneborch na goddes bord dritteynhundert jar, in deme sesundevesteghesten jare in deme
daghe der hilghen apostele sunte Peteres unde sunte Paules.

(Fünf Siegel der von Odeme, eins der von dem Berge.)

Orig. d. Arch.

.

512. Das Kloster Lüne verpflichtet sich, in seinem Hause in der
Stadt kein bürgerliches Gewerbe zu treiben rc. 1356, 13. Juli.

We Hinrik, provest, Drude, priorend, unde de gantze
convent des ghodeshuses to Lune bekennet in dessem openbaren breve, dat dhe eerliken heren de ratmanne der stad to
Luneborch hebbet uns gegeven van gnaden und mid
gudeme willen, dat we und pnse nakomelinge und dhe use 5
der huse, hove und worde und alle des, dat darto hoord,
dhe we van hern Heynen Visculen und synen erven und
darto van den ratmannen der stad to Luneborg koft

hebbet, schollen und mogen bruken vor uns und use
10 godeshus ane wiebelderecht und plicht ewighliken und
iuemmermehr, sunder we schullet darvan gheven deme
goddeshuze to dem Schermbeke dhen worttins alle jarlikes; dat sint negen penninge Lueneborger. Vor desse
gnade willekore we wedder vor uns unde vor unse nakome-
15 linge und schullet und willet ewighliken holden desse nabe-
schrevenen stuecke also, dat we und dhe use unde nemend
van user weghene schollet dar nicht ane vorzellen nogh
verkopen, dat yeghen der stad recht sy und der ynninge
der ammette to Luneborg. Were dat alzo, dat we daryn
20 setten enen borgher edder mer edder enen, de sik neren
wolde stadrechtes, de scholde vor sik unde vor sin gud
in deme zulven erve to stadrechte plichtich wesen. We
unde unse nakoemelinge schollet de olden zoltruem und
icht we nye zoltruem buwen leten, nemende verhueren
25 edder verlenen, dat men dar zolt anghete, sunder we
unde use nakomelinge und de use schollet und moghet
bruken der zoltruem olt und nyge und dar zolt angeten
tho uses godeshuses nud. Weret ok, dat we andere nye
buwe dar buweden upp dhe stede dhersulven hus, dhe
30 we nu koft hebben, der scholle we unde use nakomelinge
vor us unde use to uses godeshuses nud vryeliken bruken
und scholden to neneme stadrechte plichtich wesen, sunder
verhurede we dhe ok anderen luden edder borgheren,
dhe scholden vor sik unde vor ere gud to stadrechte
35 plichtich wesen in dhensulven buwen und husen, und dat
scholde uns und usen nakomelingen neen schade wesen
in user vrygheit, alze hiir vorscreven is. To grotterer
betuchnisse des, dat we und use nakomelinge al desse
stucke schollen truweliken holden, so hebbe we provest
40 und convent vorebenomet use inghezegele eendrachtliken
unde witliken to dessem breve henget na godes bord
dritteynhundert yar, in deme sesundeveftegesten jare, in
sunte Margareten daghe der hilghen juncvrouwen.

Copialb. d. Arch. Sudendorf, Urkundenbuch II, 558.

513. Der Rath gewährt dem Scharnebecker Klosterhause ¹) Freiheit von Nachtwachen und städtischen Abgaben; das Kloster dagegen leistet auf den Wordzins Verzicht, den es bis dahin in der Stadt erhoben hat. Lüneburg, 1356, 30. August.

Copialb. d. Arch.

514. Der Bürger Johann Burmester verkauft dem Bürger Hartwich Abbenborg vier Mark Renten, jede für 15 Mark aus der Badstube (badstoven, stupa) bei der Mühle, welche ehemals dem Johann van der Molen gehörte (Rathsmühle). Lüneburg, 1356, 9. October.

Copialb. d. Arch.

515. Herzog Erich von Sachsen (Lauenburg) spricht ein Urtheil in einer Lehnsfrage. Comburg, 1356, 22. November.

We Erik van goddes gnaden hertoghe to Sassen, to Engheren unde to Westfalen, des hilghen Roemeschen rikes overste marschalc, sin ghevraghet um en recht: were en here, riddere eder knape, de enen borgher to manne entfanghen hedde, moeghe den borgher wisen an enen anderen lenherren benedden sich. Des hebbe we sproken mid usen mannen unde spreket vor recht, dat he den borgher nicht nedderen enmach, wente wan he den borgher to manne untfanght, so nympt he ene to al sineme rechte wedder sik, dat sine anderen man wedder ene hebbet. To ener betughinghe desser stucke hebbe we unse ingheseghel heten ghehenghet to dessem breve, unde is ghegheven to Comborch na goddes bord dritteynhundert jar, in deme sesundeveftghesten jare, in sunte Cecilien daghe der hilghen juncvrowen.

(Großes schönes Siegel des Herzogs.)

Orig. d. Arch.

¹) das Grundstück des alten Klosterhauses neben der Nicolaikirche, noch jetzt der Scharnebecker Hof genannt.

21*

516. Bericht über einen Streit des Rathes mit dem Ritter Hermann von Meding. 1356.

Consules pro nunc regentes omnibus suis successoribus volunt esse notum, quod Hermannus de Medinghe, miles, animo malignandi contra consilium Luneborgense tetendit insidias dolosas et injurias violentas seu frivolas imponens
5 eis, quod dampna essent illata ipsi Hermanno de civitate et in civitatem Luneborgensem et quod consules detinuissent suos proscriptos contra ipsius voluntatem et quod consules ante multos annos violenter cum palis obstruxissent sibi quasdam domos, et de premissis culpis, quas imposuit
10 consilio, multas movit querimonias coram domino duce ipso, accusans consules coram duce, et adeo artavit consulatum, quod consules volebant se purgare suis juramentis, et ad hoc exhibebant se singulariter et universaliter paratos, sed ipse Hermannus juramentum consulibus tunc
15 remisit, quia vere culpa consulum nulla fuit. Hoc in memoria ab omnibus teneatur. Liber civitatis d. Arch.

517. Ueber das alte Ebstorfer Klosterhaus. 1356.

Johannes Garlop, clericus; filius Johannis Garlop de prima uxore genitus, coram consulibus constitutus in consistorio recognovit expresse, quod domus, curia et area cum omnibus suis pertinenciis, que quondam monasterio
5 in Ebbekestorpe pertinuerunt et ad ipsum Johannem clericum via permutacionis devenerunt, pro nunc pertinent Johanni Garlop, suo patri predicto, et apud eundem et suos heredes de secunda uxore sua Ghebeken jure·hereditario perpetuo remanebunt, et in predicta domo ipse
10 Johannes clericus sibi aut suis heredibus nihil juris reservavit. Est autem hec domus et curia posita contra Sultebrucghe. Liber civitatis d. Arch.

518. Herzog Erich von Sachsen (Lauenburg) ertheilt dem Rathe
einen Rechtsspruch. 1357, 27. Januar.

Van godes gnaden we Erik de eldere, hertoghe to
Sassen, bekennet in dessem openen breve, dat we vraget
sint eynes meynen rechtes van den ratmannen to Luneborch. Dat lut aldus. En guederhande man hadde enen
meygher, de en vryboeren man was, in eneme dorpe. 5
Deme starf an en erve unde andere goud in der stad to
Luneborch. Dat wart eme todelet mit rechte alse deme
neghesten erven. Na der tiid quam de here des meyheres,
de en vryghboren man was unde is, unde bat vor ene, dat
we eme de burschop gheven wolden. Dar twidede we 10
ene ane unde entfengen den man to enem boerghere dor
bede unde mit willen sines heren. Darna, do desulve
man unse borgher rede was, do deghedinghede he mid
dem ghuederhande manne, dhe vore sin here hadde wesen,
unde dat schude ane wischop des rades, dat he wolde 15
nochten bliven sin man edder meygher dessulven, de vor
der buerschop sin here hadde wesen, und wolde eme sinen
tynz gheven van dem landgoude, da he sin meygher van
was, dat he buten der stad hadde, und willekoerde darto,
dat de here scholde over ene hebben bede und beschattinghe 20
lik sinen anderen luden, unde dit schude altomale ane
wischop des rades. Darna wart de man mit rechte deme
rade avedelet und sinem heren todelet unde wart mit
rechte vunden, dat de rad ene nicht vordegedingen mochte
in deme broeke, dar eme sin here schuld umme gaf, und 25
desulve man is vorvluchtig worden. Nu vraghet desulven
ratmanne enes rechtes, oft de here des vryghboeren mannes
moghe zoeken sinen broeke edder sine plicht in dem
guede, dat licht in wicbelderechte und den vryghen man
mid sinen erven anevallen is, edder in dem landgoude, 30
dar he sin man van was, edder woer he de plicht ane
soeken moeghe. Dar spreke we to vor en meyne recht,
dat he sinen broeke und sine plicht nicht soeken mach in
dem guede, dat binnen wicbeldemrechte lecht, wente he

ss dar sin man, noch sin meygher van en is, men allene van
dem lantguede, und dar scal he sine plicht und broke
ane zoeken. Des hebbe we to enere betughinge unse
ingheseghel heten ghehenget an dessen bref na godes bort
XIIIC jar, in dem LVII. jare des vridages na der beke-
40 ringe sunte Paules.

(Großes wohlerhaltenes Siegel des Herzogs.)

Orig. d. Arch.

519. Herzog Wilhelm von Braunschweig und Lüneburg entläßt
die Rathmänner von Lüneburg, Hannover und Uelzen aus dem
Rathe des Junkers Ludewig. 1357, 14. Febr.

Van goddes gnaden we her Wilhelm, hertoghe to
Brunswich unde to Luneborch, bekennet openbare, dat we
hern Johanne Beven, hern Hartwighe van der Sulten, den
olden, use borghere unde ratman to Luneborch, unde olden
s Olrike Lutzeken, Johanne van deme Stenhuse, use borgere
unde ratman to Honnovere, unde Johanne Velehaveren, usen
borghere unde ratman to Ulsen, de we mid hern Aschwine
van Saldere, proveste to Sunte Blasius in der borch to
Brunswich, hern Bertolde van Reden, hern Ludolve van
10 Honhorst, hern Seghebande van deme Berghe, hern Hinrike Knikghen, mester Diderike van Dalemborch, Par-
damme Ploten, Diderike Sletten, useme kokenmestere,
useme leven vedderen junkheren Lodewighe, hertoghen
Magnus sone van Brunswich, ghekoren unde sat hadden
ss to ratgheven, ghesproken hebbet unde spreket unde ghesat
hebbet unde settet ut deme rade, dar we se mid den
voresprokenen usen mannen unde usen deneren to ghesat
unde to ghekoren hadden, unde latet se der ede unde der
lovede, de se useme vedderen junkheren Lodewighe van
so des rades unde der sate weghene ghedan hebbet, leddich
unde los van junkheren Lodewighes weghene uses vedderen.
Unde use vorbenomede man unde denere schollet useme
vedderen junkheren Lodewighe ane de voresprokenen

borghere unde ratman raden unde don, also, alse de
breve utwiset, de we unde desse ratgheven darup gheven
hebbet. Unde mid desser user utsprake en schollet use
breve unde der ratgheven breve in den anderen stukken,
de darinne beschreven stat, nicht ghebroken wesen. To
ener betughinkghe desser stukke hebbe we use ingheseghel
to desseme breve henkghet laten, unde is gheschen na
goddes bord dritteynhundert jar, in deme sevenunde-
vifteghesten jare, in sunte Valentinus daghe.

Sudendorf, l. c. III, 7.

**520. Die Kirchspiele Lunden und Hemme in Dithmarsen sichern
den Lüneburger Kaufleuten freien Verkehr zu. 1357, 10. März.**

Universis et singulis visuris seu audituris nos clavieri,
jurati ceterique parrochiani ecclesiarum Lunden et Hemme
terre Dithmarcie cupimus fore notum, quod omnibus et
singulis mercatoribus civitatis Luneborgh damus et concedimus pacem securumque conductum ad nos veniendi,
moram trahendi et ad propria liberi et securi redeundi
pre omnibus, que nostre cause facere seu obmittere presumunt, prava arte abiecta, donec literis et sigillis nostris
publice revocamus, et id idem per vos et vestros nobis
vicissitudine reservando. Datum Hemme anno domini
M°CCC°LVII°, feria sexta post dominicam, qua cantatur
Reminiscere. Copialb. d. Arch. Sudendorf, l. c. III, 11.

**521. Herzog Erich von Sachsen (Lauenb.) bestätigt den freien
Handelsverkehr der Lüneburger in seinem Gebiete. 1357, 29. April.**

Van godes gnaden Eryk de jungher, hertogh to Sassen,
Enghern, Westfalen und overste marscalk des Romschen
rykes, bekennet und bethueght openbar in dessem breve,
dat wy mit vulbort und mit rade user man mit ghueden
willn ghunnet unde ghevet den erlyken bescedenen lueden,
usen vrenden, den ratmannen und den borghern der stat

to Luneborch al desse nascrevenen gnade unde vryheyt
unbeworen sunder yengherleye bisprake und helperede to
beholdene und to besittende vryliken use daghe. Tom
irsten male scol wy unde willt de vorbenomden ratman
und de borghere van Luneborch und er ghesinne vordegbedinghen in al user herschap unde lande als use man
und use ghesinne. Oc scolet se varen mit erem solte und
mit erem ghuede in use lant und ut usem lande und dor
use lant, wor se willt, wo se to Louenborch gheven van
eren schepen plychtghen tolne na older wonheyt unde
seede, und scoln ere solt vryliken upscepen to Hachede[1]
oft binnen usem lande, wor se willn, unde scolet dat
voren laten, wem und wor se willt. Dar scoll wy und
unse amtluede se to vordern, wor is em not is. Wolden
se aver, want se eren tolne gheven hebbt, varen to
Boycenborch und ere solt darup schepen, des ghunne wy
wol, und dar en scal se use tolnere oft neman van user
weghene an beweren. Vortmer allerleye unrat unde grunt-
rorynghe in usem lande de leegh wy af mit en, und scal
en und erem ghuede und erem ghesinne nen scade wesen,
und wy und use amtluede en scolet sic dar nicht mede
beweren. Desse bref en scal nen scade wesen den andern
breven, de wy eder use oldern den ratmannen und den
borghern to Luneborgh ghegheven hebbt, want wy se alle
truwlyken holden willet. Desse bref is ghegheven unde
screven in dem Dertzyinghe[2], und hebbt witlyken to
ener stedinghe al desser vorscrevenen sthuecke use ingheseghel hir to henghet na godes bort drutteynhundert jar,
in dem sevenundeviftechsten jare, des sunnavendes vor
sunte Wolburghe daghe der hilghen juncvrowen.

(Rleines Siegel des Herzogs.)

Orig. d. Arch.

522. Ablaßbrief für die Johannisfirche. 1357, 12. Mai.[3]
(Die vierzehn Siegel an seidenen Schnüren sind ziemlich gut erhalten.)

[1] Geesthacht.
[2] ehemaliges Dorf im Amte Neuhaus.
[3] Die Form desselben ist völlig der in der Urfunde 360 gleich.

523. Schuldbrief des Herzogs Erich von Sachsen (Lauenburg).
1357, 2. Juni.

Van godes gnaden de jungher Erik, hertogh to Sassen, Engbern, Westfalen und overste marscalk des rykes, be- kennet und bethueght openbar in dessem breve, dat wy sint sculdech van rechter schult den erlyken bescedenen lueden, usen vrenden, den ratlueden der stat to Luneborch und eren nakomelynghn, viftech marc Luneborgher pen- ninghe, de so us dor vrenscup rede lennt hebbt. De scol wy unde willt to wynnachten bereden, de nu irst to- komende is, binnen der stat to Luneborch sunder vortoch unbeworen. Dit love wy und use erven intruwen den vorbenomden ratlueden und eren nakomelynghn sthede unde vast to holdene sunder helperede. To ener be- thueghinghe is use ingheseghel mit user witscup hir- to henght na godes bort drutteynhundert jar, in dem sevenundviftechsten jare, des vrydaghes na pynxsten.

(Kleines Siegel des Herzogs.)

Orig. d. Arch.

524. Der Ritter Werner von dem Berge verzichtet auf den Wiederkauf eines veräußerten Sülzgutes. 1357, 23. Juni.

Ego Wernerus de Monte, miles, presentibus recognosco, quod, licet olim — vendiderim Hinrico de Molendino — dimidium chorum salis — in domo Volquerdinghe —, ipse tamen Hinricus — gratiam reemendi eundem dimidium chorum salis pro centum et quinquaginta marcis denar. mihi dedit. Cum igitur Hinricus in sui legatione testamenti sepedictum dimidium chorum salis pauperibus leprosarie sancti Nicolai in Bardewich assignaverit et pie donaverit —, ego Wernerus de Monte — recognoscens, mihi fore satis- factum per provisores pauperum leprosarie predicte de pecunia, quam valuit idem dimidius chorus ultra centum marcas et quinquaginta marcas, nomine meo et heredum meorum gracie reempcionis mihi date per Henricum —

presentibus renuncio simpliciter et in toto mihi — nihil
juris reservans in dimidio choro sepedicto, sed legacionem
et donacionem per Hinricum — pauperibus leprosarie
sancti Nicolai — ratifico et approbo. — In cujus renun-
ciacionis et approbacionis testimonium evidentius sigillum
meum etc. — Datum et actum Luneborch anno domini
MᵒCCCᵒLᵒVIIᵒ, in vigilia nativitatis beati Johannis baptiste.

(Siegel Werners von dem Berge.)

Orig. d. Arch.

525. Die Rathmänner Johann Bebe und Hartwich van der
Sülten vermitteln in Eßlingen¹) einen Vertrag der beiden
Herzöge Erich von Sachsen (Lauenb.) mit der Stadt Hannover
über den Zoll Hannoverscher Bürger. 1357, 29. Octbr.²)

(Vergl. Urk. 521 und 523.)

Hannov. Urk. 367.

526. Gerhard Schlepegrell und Andere bezeugen die Einweihung der
Kirche zu Bisselhövede. 1385, 5. März.

Omnibus et singulis Gherardus Slepegrelle et Daniel
dictus Rotghers, simul et Hermannus frater ejusdem Danielis
scriptis presentibus protestamur, nobis fore notum, ecclesiam citam in Wislebovede cum simiterio ejusdem rite et
racionabiliter fore consecratam et in eadem consecracione
a data presencium ultimum annum stetisse et adhuc invio-
latam stare, quod et omnibus viris in parrochia ejusdem
ecclesie constat manifestum, propter quod presentes
litteras nostris sigillis duximus roboratas. Anno domini
MᵒCCCᵒLᵒVIIIᵒ, feria secunda post dominicam, qua cantatur
Oculi.

(Siegel Gerhards Slepegrelle [eine Vogelklaue] und zwei Siegel der
Rotger [ein Vogelkopf].)

Orig. d. Arch.

¹) Tollenspieker.
²) Nach obigem Protokolle der Stadt Hannover soll dieser Vertrag
auch in das hiesige Stadtbuch eingetragen sein, findet sich aber nicht.

527. Meister Conrad von Braunschweig vermacht zur Einweihung der Gertrudencapelle vor dem Rothen Thore 15 Mark.
Lüneburg, 1358, 10. März.

Copialb. d. Arch.

528. Der Rath verschreibt dem Salzwedeler Bürger Volse Hartwighes und seiner Frau Tibburgis 40 Mark jährlicher Rente,
welche für 700 Mark abgelöset werden kann und nach dem Tode
der Frau Tibburgis auf deren Söhne Johann, Diedrich und
Heinrich Swaf übergehen soll. Lüneburg, 1358, 23. April.

Copialb. d. Arch.

529. Der Rathmann Ditmar van der Molen überläßt den
Beginen Ermgard und Rikfa von Verden Rente aus der Kämmerei
der Stadt. 1359, 6. Juli.

Universis et singulis presens scriptum visuris seu audituris, ego Ditmarus dictus de Molendino, consul inter consules
Luneborgenses, et Gheverbardus, filius meus, et veri heredes
nostri tenore presencium lucide recognoscimus protestantes,
quod nos Ermegardi de Verda ac sorori sue Riksen, puellis
in conventu Begwinarum in Luneborg juxta aquam, quatuor
marcarum redditus denariorum Luneburgensium — solvendos
de camera de redditibus et proventibus sive fructibus
quibuscunque civitatis — libere dimisimus et ex nunc dimittimus in hiis scriptis, sic tamen, quod redditus predicti post
mortem ambarum sororum cedant conventui predicto in
communi —. Datum Luneborgh anno domini M•CCC°LVIII°,
in octava Petri et Pauli apostolorum.

Copialb. d. Arch.

530. Der Rath verpflichtet sich, für den Herzog Wilhelm von
Lüneburg den Bürgern Semmelbecker 3000 Mark zu zahlen.
1358, 6. Juli.

Wy ratman der stat to Luneborgh, olt unde nye etc.
bekennet in dessem openbaren breve, dat wy vor usen

heren unde van uses heren weghene, des eddelen vorsten
hern Wilhelmes, des hertoghen to Luneborgh, hebbet gheloved unde loved in dessem breve Alberte unde Johannes,
brouderen, gheheten Semmelbecker, borgheren to Luneborgh, unde erer suster, vern Ghesen, unde eren rechten
erven drittich hundert marc Luneborgher penninghe, de
wy em scollet unde willet betalen mid unbewornen reden
penninghen to sunte Johannes daghe to middensomer, also
he boren ward, de nu neghest tokumt. Dat love wy in
truwen mid ener samenden hand vor usik unde vor use
nacoemelinghe den vorsprokenen brouderen Alberte unde
Johannes unde erer suster, vern Ghesen, unde eren rechten
erven, unde to erer truwen hand love wy datsulve Tideken
unde Ludemanne, brouderen, gheheten Ruscher. To
grotterer wisheit unde to ener vasteren tughnisse desses
voreschrevenen loftes so hebbe wy mid endracht unde
mid wetenheyt unser stad inghesegbel to dessem breve
henghet. Dit is ghescheen na goddes bord dritteynhundert
jar, in deme achteundevefteghesten jare, in deme achteden
daghe der erleken apostele sunte Peters unde Paules.

Sudendorf, l c. III, 65.

531. Ritter Diedrich von Hitzacker verkauft einen Acker in Brese.
1358, 1. Octbr.

Ich her Dideric, eyn riddere, ghehethen van Hidzakere,
sakewolde, bekenne unde bethughe openbare alle denghenen,
de dessen bref horet unde seth, dat ich mit vullebort
miner rechten erven hebbe vorkoft langhen Ludeken unde
sinen rechten erven eynen kamp (de) tho Brese [1] wort lit,
unde twe stucke, de dar lighet af desse sith, vor vif marc
Luneborgher pennighe tho sos jaren mit alsodaneme
underschede, dat he bi den ersten dren jaren noch sine
erven scholet wedder losen dat vorebenomede lant. Darna den so hebbe ich langhe Ludeke unde mine rechten

[1] A. Bleckede.

erven ene gnade weder ghegheven, dat her Diderich unde
sine rechten erven de anderen dre jar tho allen sunte
Mygheles daghe weder losen unde nicht er. Were over,
dat he her Diderich vorebescreven unde sine erven nicht
unloseden binnen der thit, de vore benomet is, so schal 15
dat wesen unde bliven sin rechte kop, dat he unde sine
erve moghen don unde laten darmede, . wat se willen.
Dit love ich her Dideric, eyn riddere, ghehethen van
Hidzakere, sakewolde, unde Johan van Thune, knape, stede
unde vast to holdende mit eyner samender hant langhen 20
Ludeken, Helventen sineme swaghere, unde Wredeberen tho
erer beyder hant sunder ghenegherhande arghelist. Tho
eyner beteren bethughinghe so heynghe we unse ingheseghele in dessen bref, de ghegheven is na goddes bort
drutteynhundert jar, in deme achthenviftighesten jare, in 25
deme hilghen daghe sunte Remigees.

(Zwei ziemlich gut erhaltene Siegel des von Hitacker [ein aufgerichteter
Löwe] und des von Thune [ein links sehender Menschenkopf].)

Orig. d. Arch.

532. Nikolaus van Toppenstede stiftet seine und der Herzogin
Mechtildis Gedächtnißfeier. 1358, 21. Novbr.

Nos consules civitatis Luneborch — Leonardus Longus,
noster concivis, — vendidit — Nicolao de Toppenstede
inter nos posito dimidium plaustrum salis· — in domo
Mettinghe —. Predictus igitur Nicolaus idem dimidium
plaustrum salis pure dedit et assignavit pauperibus leprosis 5
in Bardewich — ita, quod provisores leprosorum jam
dictorum colligere debent flumina illius dimidii plaustri —,
et dividant — equaliter leprosis unicuique partem suam
ad manus tribuendo. Cum illis denariis leprosi calceos
comparabunt et semper deum devote orabunt pro anima 10
Nicolai predicti, necnon pro anima illustris principis domine
Mechtildis, relicte quondam incliti principis domini Ottonis
ducis in Luneborch, que majorem partem pecunie pro

comparacione dicti dimidii plaustri erogavit. In cujus facti
testimonium sigillum nostrum etc. Datum anno domini
MᵒCCCᵒLᵒVIIIᵒ, in profesto beate Cecilie virginis.

Orig. d. Arch.

533. Meister Konrad von Braunschweig vermacht 15 Mark zur
Einweihung der Gertrudenkapelle. 1358, 28. Decbr.

Nos consules civitatis Luneborch — Magister Conradus de Brunswik, carpentarius, in suo testamento legavit
et dedit capelle beate Ghertrudis extra Rubeam valvam
quindecim marcas denariorum Luneborgensium ad procu-
randam consecracionem dicte capelle. Si tamen infra
quatuor annos inmediate computandos a festo pasche
proxime futuro consecrata fuerit et has quindecim marcas
magister Petrus cirurgicus se percepisse recognovit expresse
coram nobis, volens eas ad consecracionem conservare, et
quamdiu dicta capella consecrata non fuerit, magister
Petrus domum suam, quam inhabitat, et ejus pertinencias
pro predictis quindecim marcis obligavit isto modo, quod,
si capella consecrata fuerit infra quatuor annos prenume-
ratos, tunc quindecim marce cedent consecracioni et domus
magistri Petri quitabitur de obligacione, aut si magister
Petrus quocunque tempore infra prefatos annos quatuor
quindecim marcas exposuerit et solverit testamentariis
magistri Conradi vel eorum vices gerentibus, tunc — domus
sua debet statim esse libera de obligacione supradicta. Si
vero, quod tamen absit, sepedicta capella consecrata non
fuerit infra numerum annorum prescriptorum, extunc
magister Petrus vel ejus heredes quindecim marcas ante-
dictas exponent absque contradictione et censum duarum
marcarum superaddent, quas testamentarii magistri Conradi
vel eorum vices habentes tunc divident isto modo: sancti-
monialibus in Dambeke quinque marcas dabunt, sancti-
monialibus in Walsrode V marcas, similiter infirmis sancti
Spiritus in Luneborgh equaliter dividant V marcas ad
comparacionem camisiarum, qui omnes pro anima magistri

Conradi et sue uxoris deum exorabunt. Residuas duas so marcas testamentarii distribuant, prout eis visum fuerit expedire. — Datum anno domini M°CCC°LVIII·, in festo innocentum martirum. **Copialb. d. Arch.**

---

534. Der Knappe Otto Grote verkauft zwei Koten im Grimme an den Bürger Stadtvogt. 1359, 25. Febr.

Ik Otte Grote, her Werners sone, knape, bekenne unde betughe openbare in dessem breve, dat ik mit vul-bord myner vedderen, Otten, her Gheverdes sone, unde Otten, Godewerdes sone, knapen, gheheten Groten, unde mid vulbord al myner rechten erven hebbe vorkoft rede- 5 liken unde rechtliken unde hebbe laten vor egen unde vor vrigh Johanne Stadvogede, borgere to Luneborg, unde synen rechten erven twe koten, de dar ligget in deme Grymme uppe deme Dependale, up dem enen sit uppe Heneke Rixeman, up dem anderen de licht dar wueste, 10 mit allem rechte unde mit aller nud, also ik de beseten hebbe bette in dessen dach unde mik myn vader geervet heft, unde ik unde mine erven beholdet dar nicht mer rechtes ane, unde he unde sine erven moget darmede don unde laten, wat se willet, unde ik unde myne erven willet 15 eme unde sinen rechten erven der twier koten en recht warent wesen, wanne, wur unde wo dicke em unde sinen erven des nod is unde he unde sine erven des van mik unde mynen erven eschende synt. Weret ok, dat he edder sine erven in dessen vorscrevenen koten ghehindert worden 20 unde ik edder mine medelovere, de hir nascreven stat, darumme ghemanet worden, so scholde wy alsovort bynnen verteyn nachten darna riden in de stad to Lueneborg unde dar nicht ut, wie en hebben ene unde sinen erven daraf entleddighet unde vulghedan, alse use breve spreket. 25 Alle desse vorscrevene stucke de love ik vorbenomde Otte Grote, her Werners sone, mit mines medeloveren, de hir nascreven stat. Unde wi Otte, her Gheverdes sone, unde

Otte, Godewerdes sone, gheheten Groten, bekennet in dessem
30 sulven breve, dat wi hebbet ghelovet vor usen vedderen,
Otten Groten, her Werners sone, und mit us vorscrevenen
Johanne Stadvoghede unde sinen rechten erven in guden
truwen unde mit ener samenden hand, alle desse vorscrevene dingh stede unde vast to holdende sunder
35 jenigherleye argelist. To ener betughinge desser dinghe
so hebbe wy beyde, sakewolde unde medelovere, use ingesegele ghehenget an dessen breff, de gheven is na godes
bord dritteynhundert jar, in deme IX unde L. jare,
in die Walburgis virginis.   Scheidt, vom Adel, S. 551.

535. Die Brüder Johann und Heinrich von Dannenberg, des
Ritters Heinrichs Söhne, verkaufen dem Priester Bernhard
Deghenken einen halben Wispel Sülzrente aus dem Haufe Starke.
Der Rath bezeugt dies in einer Urkunde „ob preces incliti prin-
cipis et domini nostri domini Wilhelmi ducis in Lüneborch ad nos
in hac parte specialiter directas, quas merito exaudivimus“.
Lüneburg, 1359, 1. Septbr.
      Orig. d. Arch.

536. Rathsbeschluß über die in den Urkunden zu benennenden
Rathmänner. 1359.

Anno domini M°CCC°LIX° consules arbitrati sunt
communiter, quod tam veteres quam novi consules debent
omnes insimul sedere in consiliis omni anno, sed nomina
duodecim personarum vel consulum tantummodo debent
scribi in literis civitatis vel privilegiis.

      Liber civitatis des Arch.

537. Der Rath in Goslar schließt mit Meister Arnd von Arnheim
einen Vertrag über die Bewältigung des Wassers in einer Grube
des Rammelsberges[1]). Goslar, 1360, 11. Januar.
      Alte Abschrift d. Arch.

[1]) Der Rath in Lüneburg hatte Antheil am Bergbau im Rammelsberge
erworben, doch giebt das Archiv darüber geringe Auskunft.

538. Der Bürger Volkmar van der Weser erklärt, daß Herzog Wilhelm von Braunschweig und Lüneburg ihm den Sülzzoll auf vier Jahre verpachtet hat. 1360, 30. März.

Ich Volcmar van der Wesere, borghere to Luneborch, bekenne opeliken in dessme jeghenwardeghen breve, dat myn gnedeghe here, de erbare vorste her Wilhelm, hertoghe to Brunswich unde Luneborch, heft mi unde minen erven ghesat und e laten synen tollen uppe der sulten to Luneborch to vere jaren an to rekende van der utgyft desses jeghenwardeghen breves vor dredusend march Luneborgher penninghe, de ich eme rede bered hebbe. Unde wan de vere jar ummekomen syn, so scal de tolne unseme here, synen erven unde nakomelinghen wesen ledich unde los. Dit scal her Wilhelm vorbenomd unde wel unde sine erven unde nakomelinghe mi unde minen erven unde to unser hand Johanni Volkmers, Hermanno Braschen, Ludemanno Misnere, Johanni Semelbeckere, Thyderico Rusghere unde Ludemanno Rusghere vast unde ghensliken holden. To eyner bewisinghe desser dingh hebbe ik Volcmar vorbenomd min ingheseghel ghehenghet to dessem breve, de ghegheven is na goddes bord dritteynhundert jar in deme sesteghesten jare, des neghesten mandaghes na deme sondaghe to Palmen.　　*Sudendorf, l. c. III, 110.*

539. Der Rathmann Volkmar von der Weser verkauft den halben Weg Muntinghe auf der Sülze für 200 Mark Pfenninge. 1360, 24. April.

Copialb. d. Arch.

540. Bündniß der Städte Braunschweig, Goslar, Lüneburg, Hannover, Eimbeck, Hameln und Helmstedt gegen alle Friedebrecher. 1360, 25. Juli.

We, de rad der stad to Brunswich, de rad der stad to Goslere, de rad der stad to Luneborch, de rad der stad to Honovere, de rad der stad to Embeke, de rad der

stad to Hamelen unde de rad der stad to Helmstede bekenned
5 openbar in dessem breve, dat we dor vredes willen unde
vromen des landes mid gudeme willen endrechtliken uns
under enander hebbet vorbunden unde vorenet von
staden an wente to deme neghesten sunte Mychelesdaghe
vort over dre jar aldus, also hir na ghescreven steyt.
10 ane tieghen de, de we malk utesproken hebbet. We
desser stede eder eren borghere jeneghen vorvenghe an
rove, an brande, an morde, an wunden, an vengnisse
eder an jeneghen scaden dede, de vestinghe werd were.
also alseme eme nenes rechtes en weygherde, wolde he
15 des nicht wedder doen dor bede willen der stad eder
der borghere, den se scade gheschen were, wanne de dat
den anderen steden vercundegheden, mochten se nicht vor
se bidden eder helpen, dat on mynne eder recht umme
den scaden weddervoere, so scolden de stede alle tieghen
20 de vredebrekere der stad unde den borgheren, den de scade
ghescheen were, alle dingh to goude holden, also dat se
den vredebrekeren nicht behulpen weren mid spise, mid
voedere to vercopende, mid herberghende, mid vorwort
to ghevende noch mid jeneghen dinghen also vorder, also
25 se jumber konden unde moghten. Wolden over de vredebrekere deghedinghen mid der stad unde mid den borgheren, den de scade ghescheen were, umme de sake, de
moghen ome vorwort gheven to den tiden. Vorlikende
se sik mid en, dat scolde men den anderen steden vor-
30 kundeghen, dat de berichtinghe gheschen were, unde we
sik alsus tieghen de stede vorbroken hedde, de scolde
in alleme unwillen bliven, ichte wol de vorbindinghe ut-
ghinghe mid den steden also langhe, wente se dat wedder-
deden, unde jewelk stad scolde de vredebrekere beschriven
35 laten. Worde jenich orleghe twischen den vorsten, de
desser stede heren synt, des god nicht en wille, de-
wile desse vorbindinghe waret, so mosten de stede ereme
heren wol behulpen syn, uude dat ne scolde tieghen desse
vorbindinghe nicht wesen. We ok desser stede rade
40 jeneghem an sine ere spreke eder ere recht vorspreke

unde des nicht van on nemen en wolde, eder in der stad
ene samninghe makede wedder den raad, eder en leyie den
anderen vor gheystlik richte ladede umme alsodane sake,
de sik vor werlikem richte boren to verantwerdende, den
eder deme mochte de rad volghen mid ener vestinghe, 45
dar dat ghescheen were, unde wanne se dat den anderen
steden verkundegheden, so scolden se dat der stad to
gude holden, so se best konden unde mochten. Were ok,
dat jemand desser stede jeneghe verunrechteghede, dat
moghen se den anderen verstan laten; de scolden recht 50
vor se beden. Mochte on dat nicht weddervaren unde
quemen se mid deme umme dat unrecht to krighe, dar
scolden al desse vorbenoemden stede to behulpen syn, also
hyr na beschreven steyt darna binnen den neysten ver-
teynachten, wanne men dat van on eschede, de rad van 55
Brunswich mid twolf mannen mid glevien, de rad van
Goslere mid vif mannen mid glevien, de rad van Luneborch mit vif mannen mid glevien, de rad van Honovere
mid vif mannen mid glevien, de rad van Embeke mid vif
mannen mid glevien, de rad van Hamelen mid vif mannen 60
mid glevien unde de rad van Helmstidde mid dren mannen
mid glevien. Unde welk desser stede rad desse hulpe to
sik ladede, de scolde en gheven voder unde spise unde
hufslach, wan se bi se quemen, anders en scolden se on
nene pantquitinghe doen, unde wat se vromen erworven, 65
de scolde der stad bliven, de se gheladen hedde, ane dat
sek to butende borede, unde jewelk stad scolde over denere
aventure sulven stan. Were ok, dat jenegher stad de
volghe mid den luden nicht bequeme ne were, so mochte
se jo den man ledeghen mid ver lodeghen marken jo to 70
dem halven jare, oft de krigh so langhe warede. Warede
he ok myn, dat scolde me na wekentale holden, also sik
dat gheborede. Were ok, dat jenich vorste eder here der
stede jeneghe beleghe eder bestallede eder to grunde
vorderven wolde, eder jenich meynheyt sik erhoeve wedder 75
den rad, de stad to verdervende, dar scolden desse stede
alle der stad to helpen mid allen truwen, wes se mochten,

22·

dat se unverdervet bleve. Weret ok, dat jenich krigh, de
sik erheven hedde in desser verbindinghe, lengher warede,
wenne de verbindinghe, so scolden de stede de hulpe also
holden. liker wis, also de verbindinghe noch stunde. Ok
en scal sek nen stad sunderliken afsonen, de stede ne
weren alle besonet. Eschede ok jenich stad volghe, de-
wile dat men in ener anderen stad volghe were eder
icht jenich upstot velle twischen dessen steden, dar ne
scolde me nener wedderwrake umme don, sunder dar
hebben de stede ghemenliken twene schedeman to koren
unde ghesad, enen van Brunswich, Tilen van deme Damme,
unde enen van Goslere, Hannese Mesen. De twene scollen
dat verschighten umme de volghe, also·id one dunket bequeme wesen unde der meyst not si, unde umme den
upstot dat scollet se verscheden darna binnen den neysten
ver weken mid minne eder mid rechte, wanne men one dat
verkundeghet hedde. Wat se ok spreket vor minne eder
vor recht, dar scal sik juwelk stad an ghenoghen laten.
Were over, dat desse schedemanne welk afghinghe eder
dat he crank were, dat men sin darto nicht hebben ne
mochte, des god nicht en wille, so scolde de rad, in welker
desser vorbenomden twier stede dat velle, enen anderen
in sine stedde setten. Dat scolde like stede wesen. Were
ok, dat de sake, de men verscheden scolde, desser twier
stede ener sulven antrede, so scolde men enen schedeman
nemen van Honover, de sake to verschedende, to der tid
in des stede, de van der stad were, de de sake anrorede.
unde dat scolde ok like stede wesen. Vortmer scollen
alle desse stede en jewelk der anderen beste werven
unde vorderen in allen steden, wor se dat mid eren
don moghen. Ok ne scal desse vorschrevene verbindinghe
nicht wesen wedder use herscap, sunder also hir voreghescreven is, noch wedder use hantvestinghe, noch wedder
use breve, de we eer desser tid ghegheven hebbet. Dit sint,
de we utspreken: We van Brunswich spreket ut use heren unde
use juncheren van Brunswich alle unde usen heren van Luneborch, herteghen Wilhelme, unde de, de use slot inne hebbet.

We van Goslere spreket ut dat rike, usen heren van Hilden— [115]
sem , herteghen Ernesten den olderen van Brunswich,
herteghen Erneste den jungheren de tid , dat we mid
ome also in deghedingben sitten, greven Conrede van
Werningherode unde greven Berende van Regbensteyn de
tyd, dat we mid ome also darane sitten. We van Lune— [120]
borch spreket ut usen heren, herteghen Wilbelme van
Luneborch , usen juncheren Lodewighe van Brunswich
unde al de riddere unde knechte, de mid us wonachten
sint uppe deme huse unde in der stad to Luneborch. We
van Honovere spreket ut usen heren van Luneborch, her— [125]
teghen Wilhelme, unde usen juncheren Lodewighe van
Brunswich. We van Embeke spreket ut use heren van
Brunswich, de, den wy hulde plichtigh sint, unde usen
heren van Hildensem unde juncheren Syverde van Hom—
borch to tiden, also we mid on daran sitten. We van Hamelen [130]
spreket ut usen heren van Brunswich, hertoghen Erneste
den elderen unde usen juncheren Albrechte, sinen sone,
usen heren van Hildensem, usen heren van Luneborch unde
usen juncheren van Schowenborch dorch unser breve
willen, de wy on ghegheven hebbet. Wy van Helmstidde [135]
spreket ut use heren van Brunswich, de, den wy hulde
plichtich sint, Gheverde unde Borcharde van Werberghe,
Hinrike van Veltem unde Hannese van Honleghe. Dat we
al desse vorbeschrevenen dingh unde stucke stede, gantz
unde vollenkomeliken holden willen, des verplichte we us [140]
in gouden truwen undern anderen unde gywele stad der
anderen in desseme breve, den we alle beseghelet hebbet
mid user stede ingheseghele to ener betughinghe. Dit is
ghescheen unde desse bref is ghegheven na goddes bord
dritteynhundert jar in deme sestegbesten jare, in sente [145]
Jacopes daghe des hilghen apostolen.

Gleichzeitige Abschrift im Arch. Sabendorf, l. c. III, 114.

541. Otto Grote verkauft ein Drittheil des Zehntens von Böbden-
stedt. 1360, 22. Octbr.

Ich Otto Grote, hern Werners sone des Groten, do

witlich unde openbare in dessem jeghenwardichen breve,
dat ich mit vulbort unde willen miner rechten erven vorkoft hebbe to rechtem ervekope hern Anthonio van Thune,
dem kerckheren to sunte Johannese to Luneborch, unde
hern Volkmere van Brunswich, enem prestere, dat dridde
del des tegheden to Bodenstede ¹) mit sodame rechte,
vrucht unde nuth, lutteken tegheden unde groten tegheden,
alse ich den hat unde beseten hebbe, alse dat se mede
laten unde doen moghen, wat se willen. Darto wil ich
mit truwen unde se mi helpen, dat en dat del des tegheden
gheeghenet warde. Dessen ervekop stede unde gans to
holdene love ich Otto Grote, her Werners sone des Groten,
sakewolde, mit minen medeloveren, de hir na screven stad, unde
wy Otte, hern Gheverdes sone, unde Otte, Ghodeverdes sone,
unde Wulbrant de Groten, her Zeghebant van dem Berghe,
ridder, unde Werner Pawenberch, medelovere, lovet mit
samder hant mit dem sakewolden, dessen ervekop stede
unde vast to holdene sunder alderhande arghelist. Vortmer were, dat jengherhande hinder oder ansprake velle an
dessen ervekop, so scol we ver weken darna, wan we
darum ghemanet werdet, inriden to Luneborch unde dar en
recht inlegher lighen unde nicht ut der stad to Luneborch to
komene, dat hinder oder de ansprake en si ghenoghelken
bericht. Alle desse dingh love wy mit samder hant to
erer hant dem abbete vamme Scermbeke, hern Zebande
van Thune, canonike to Minden, Otten van Thune, Heninge
van Bodendike, knapen, Johanse Gholtsmede unde Johanse
Rokswalen, borgheren to Luneborch, stede unde vast to
holdene ane jengher hande hinder, unde to mer vestnisse
hebbe wy unse ingheseghele henght an dessen bref, de
ghegheven unde screven is na godes bort dritteynhundert
jar in dem sestichsten jare, in sunte Severi daghe des
hilghen biscopes.

(Drei Siegel der Groten, zwei unkenntliche, das sechste fehlt.)

Orig. b. Arch.

¹) Böbbenstedt, A. Oldenstadt.

542. Der Bürger Ludolf von Haghene verkauft zweimal einigen Nonnen in Walsrode ein halbes Fuder Sülzrente. 1360, 31. Oct.

Copialb. d. Arch. Walsroder Urk. 167 und 168.

543. Herzog Wilhelm von Braunschweig und Lüneburg genehmigt einen vom Rathe abgeschlossenen Kaufvertrag. 1361, 14. Febr.

Dei gratia Wilhelmus dux Brunsw. et Luneb.

Unse gunst tovoren. Den kop, de gi dan hebbet mit Johanne van Estorpe unde sinen bruderen, wetet, dat de schen is mit unseme willen, witschop unde vulbort, unde betuget dat mit unseme inghesegheele, dat toruckehalve is gheclevet an dessen bref na goddes bort dusent jar, drehundert jar, an dem enenundesesteghesten jare, an sunte Valentines daghe des hilghen merteleres.

(Rücksiegel auf der Papierurkunde)

Orig. d. Arch.

544. Die Söhne Manegolds von Estorf verkaufen dem Rathe ihren Lehnhof vor der Stadt. 1361, 22. Febr.

Wy Johan, Ludelef unde Maneghold, broedere, ghenomed van Estorpe, wansdaghes sone Manegholdes van Estorpe, deme god gnedich si, bekenned in dessem openbaren brove, dat wy endrachtliken mid goudeme willen unde mit volbord user rechten erven vor penninghe, de us rede betalet sint, hebbet vorcoft unde in de were laten den erliken heren, den ratmannen der stad to Luneborch, de nu sint, unde eren nacomelinghen usen hof unde word mid dem, dat darto hord, bi der stad graven beleghen buten deme Lindenbergheren dore ewichliken to besittende unde to brukende mid alleme rechte unde nud, also wy ene beseten unde had hebben, dat se ok darmede don unde laten moghen, wat se willen. Desses hofes scolle wy ere rechte warende wesen, also en recht is. Schude ok den ratmannen jenegherleye bisprake eder hinder mid

rechte in deme hove unde siner tobehoringhe, de scolle
wy mid user cost unde arheyde entledheghen, wanne se
dat van us esched. Wy scollet ok van deme hove laten
vor useme heren dem eddelen vorsten, dem hertoghen
van Luneborch, dar wy one van to borchlene had hebben,
unde scollet den ratmannen breve mid tohangheden ingheseghelen verwerven van deme sulven heren, dar se ane
bewared sin unde darinne use here on den hof eghene
unde darinne he des bekenne, dat wy mid useme eghenen
gude der herschop van Luneborch den hof wedderlecht
hebben. Worden deme rade to Luneborch de breve nicht
twischen hyr unde sunte Walburghedaghe, so scolle wy
unde willet mid usen naschrevenen medeloveren inriden
in de stad to Luneborch binnen veer wekenen an to rekende
van der tyd, wan de rat dat van us esched, unde en
recht inlegher darinne holden also langhe, wante wy de
breve verworven unde antwerdet hedden deme rade. Vor
al desse stucke vast unde unvorbroken to holdende, sette
wy to borghen Heggherde, usen vedderen, Heggherdes
sone van Gheldersen, Otten van Estorpe, Ludelves sone
van Estorpe, unde Otten van Wittorpe. Unde wy Heggherd,
Otte unde Otte vorbenomed bekenned des, dat wy mid
ener samenden hand mid den vorsprokenen sakewolden
unde se mid us gheloved hebben unde loved in truwen
in dessem breve den ratmannen to Luneborch, de nu sint,
unde eren nacomelinghen, dat wy on al desse vorschrevene stucke scollen unde willen truweliken holden unde
lesten ane jenegherleye arghelist. To ener groteren bewisinghe, tughnisse unde wisheyt, so hebbe wy Johan, Ludelef
unde Maneghold, sakewolden, Heggherd, Otte unde Otte.
medelovere vorbenomed, use ingheseghele mid wischop unde
mid willen to dessem breve henghed, de is gheschreven
na goddes bord dritteynhundert jar in deme enundesesteghesteme jare, in sunte Peters daghe, also he ghehoghed werd.

(Fünf Siegel der von Eflorf mit der gerade liegenden Lilie, ein Siegel
Ottos von Wittorf.)

Orig. b. Arch. Suderdorf, der aber fälschlich das Datum 18. Januar
angiebt, l. c. III, 127.

b. 1361, 23. Februar.

Wy Johan, Ludelef unde Maneghold, broedere ghenomed van Estorpe, wansdaghes sone Manegholdes van
Estorpe, deme god gnedich si, bekenned in dessem openbaren breve, dat wy endrachtliken mid goudeme willen
unde mid volbord user erven vor penninghe, de us rede ₅
betaled sint, hebbet vorcoft den erliken heren, den ratmannen der stad to Luneborch, de nu sint, unde eren
nacoemelinghen usen hof unde word mid dem, dat darto
hoord, bi der stad graven beleghen buten deme Lindenbergheren dore unde hebbet on den hof in ere were ₁₀
laten, ewichliken to beholdende, des to brukende mid
alleme rechte, also wy one had hebben, dat se darmede
doen unde laten moghen, wat se willen, wante wy nenerleye recht us eder usen erven beholden in deme hove
eder in dem, dat darto hoerd. Desses hoves scolle wy ₁₅
unde willet ere rechte warende wesen, also en recht is.
Schude on jenegherleye bisprake eder hinder mid rechte
in deme hove, de scolle wy unde willet mid user cost
unde arbeyde entledeghen, wan se dat van us esched ane
jenegherleyie vorthagheringhe. Vor alle desse stucke sette ₂₀
wy to borghen Heggherde, usen vedderen, Heggherdes
sone, de to Gheldersen woned, de mid us unde wy mid
eme mid ener samenden hand hebbet ghelovet unde loved
in truwen in dessem breve den ratmannen der stad to
Luneborch, al desse stucke ganz unde unvorbroken to ₂₅
holdende ane jenegherleye arghelist. To ener betughinghe
hebbe wy sakewolden unde medelover vorbenomed use
ingheseghel mid willen unde mid wischop to dessem breve
henghet na goddes bord dritteynhundert jar in deme
enundesesteghesteme jare, in sunte Mathyas avende des ₃₀
hilghen apostoles.

(Vier von Eflorffche Siegel.)

Orig. d. Arch.

545. Achatius Grube verkauft dem Kloster Ribbagshausen Sülzgut.
1361, 16. April.

Nos consules — testamur, quod Achacius Grube de Brunswik personaliter stans in judicio, in quo presidebat advocatus incliti principis et domini nostri, domini Wilhelmi ducis in Luneborch, et nonnulli de nostri consilii sociis in Luneborch, bona salinaria infrascripta tradidit et resignavit honorabili viro, domino abbati, necnon religiosis viris, dominis priori totique conventui monasterii in Reddagheshusen Cysterc. ordinis, secundum jura et consuetudinem nostre civitatis Luneborgensis — fidejussoria prestitit cautione et sic honorabilis vir, dominus abbas, prior et conventus in Reddagheshusen in possessionem bonorum salinarium predictorum corporaliter mittebantur, quo facto dictus Achacius Grube non vocatus, voluntate libera nostrum ascendens consistorium seu pretorium coram nobis in consilio congregatis expressa voce recognovit, quod ipse Achacius de et cum consensu ac beneplacito suorum heredum vendidit et in judicio resignavit dominis abbati et conventui monasterii in Reddagheshusen predictis duos choros salis et dimidium plaustrum salis in salina Luneb. —. Premissa bona salinaria — sunt situata in domo Benninghe, — in domo Butzinghe, — in domo Everinghe, — in domo Berninghe. — Nos igitur — premissa — conscribi jussimus per nostrum notarium et sic in hujus resignationis, recognitionis et supplicationis nobis facte testimonium firmius — sigillum nostrum presentibus est appensum. Datum Luneborch anno domini M°CCC°LXI°, feria sexta post dominicam, qua cantatur Misericordia domini, quod est post Pascha.

Copialb. d. Arch.

545 a. Der Rath zu Lübeck ladet nach Rückkehr der an den König von Dänemark geschickten Sendboten zu der auf Sonntag nach Philippi Jacobi (2. Mai) nach Lübeck anberaumten Versammlung ein. (1361), 18. April.

Circumspectis viris et honestis, dominis consulibus Luneborgensibus, nostris amicis dilectis, presentetur.

Sincera premissa salutacione. Noveritis, quod nuncii consulares, duo videlicet de civitate Sundis et duo de civitate nostra Lubicensi, missi pro domino rege Dacie pro conservanda justicia mercatorum in terra Schanie, prout per civitatum consules in nuperrimis placitis in Sundis congregatos concordabatur, sunt reversi, et ex negocio eorundem alia placita servanda, in nostra civitate Lubicensi racione premissorum terminandorum assignata sunt in proxima dominica post festum sanctorum Phylippi et Jacobi apostolorum seu die crastino festi ejusdem. Quare petimus, ut ad hunc terminum vestros consulares cum pleno mandato transmittatis. Datum dominica Jubilate, nostro sub secreto. Responsum nobis petimus reformari, et civitatibus vobis circumjacentibus predicta petimus demandari [1]).   Per consules Lubicenses.

Orig. d. Arch. Gedr.: Die Recesse der Hansetage I, n. 252. S. 180.

546. Der Priester Bernhard Degenhards bestimmt einen Wispel Sülzrente zur Stiftung eines Altars und einer Vicarie in oder bei der Johanniskirche und überträgt das Patronat dem Propste in Isenhagen und dem Pfarrer der Johanniskirche. Ferner bestimmt er einen halben Wispel Sülzrente den Klöstern Isenhagen, Wienhausen und dem Neuenkloster bei Bugtehude. 1361, 21. April.

Isenhag. Urk. 265.

[1]) Ein Entschuldigungsschreiben des Raths zu Braunschweig an den Rath zu Lüneburg wegen Nichtbeschickung des auf den 19. Mai 1361 nach Rostock ausgeschriebenen Hansetages geben aus dem Originale des Lüneburger Archives die Recesse der Hansetage I, n. 253. S. 181.

547. Der herzogl. Küchenmeister Diedrich Slette verkauft als Stadtvogt Sülzgut. 1361, 23. April.

Nos consules cet. tenore presencium recognoscimus et testamur, quod strenuus vir Thidericus Slette, magister coquine incliti pricipis et domini nostri, domini Wilhelmi ducis in Luneburg, habens in hoc plenum posse nomine advocatie, quam idem Thidericus Slette pro tunc rexit et habuit, justo vendicionis tytulo pro certa pecunie summa jam eidem Thiderico soluta, vendidit, dimisit et in judicio resignavit Johanni Semmelbecker et ejus veris heredibus tertiam partem dominii sartaginis, que dicitur wechpanne, posite ad dextram manum in introitu domus Gosletzinghe in salina Luneborch, nec non tertiam partem unius plaustri salis quolibet flumine tollendum in eadem sartagine jam predicta jure hereditario possidendam et ad faciendum cum eisdem partibus, quicquid ipsius Johannis vel suorum heredum placuerit voluntati. Predicte partes dominii et plaustri per obitum Mechtildis, relicte quondam Arnoldi juxta Pontem, et heredum ipsius bone memorie vacaverunt, et sic legitimis heredibus deficientibus et non existentibus, ad advocatum tanquam ad judicem fuerant devolute. In cujus facti testimonium sigillum nostrum presentibus est appensum partium ob rogatum. Datum anno domini MoCCCoLXIo, in profesto beati Georgii martiris gloriosi.

Jungius de jure salinarum p. 226.

547. Der Rath zu Lüneburg bezeugt, daß die Brüder Ludolf und Nikolaus von Uelzen dem Bürger Johann Rhenkerken, genannt Yfernedume, Sülzrenten verkauft haben, mit welchen er seine Häuser von dem Zins befreit, den der verstorbene Bürger Johann Yfernedume zum Besten seiner Enkel Ludolf, Heinrich und Albert Beckerworten und nach deren Tode der von ihm gestifteten Vicarie [1]

[1] Ueber der Urkunde steht in dem Registrum mit etwas derberer Hand eingetragen: Notandum, quod Johannes Ysernedume senior instauravit unam vicariam in capella novi Sancti Spiritus ad altare sanctorum Symonis et Jude, ad quam

in der Kapelle des neuen Heiligen Geistes bei der Sülze darauf-
gelegt hatte. Zugleich werden Bestimmungen getroffen über das
Präsentationsrecht zu dieser Vicarie und über die Vertheilung
der Einkünfte. 1361, 25. August.

Nos consules civitatis Luneborg Johannes Beve,
Hinricus Viscule, Johannes Garlop, Hinricus Miles, Ludolphus Hartwici, Johannes Viscule, Nicolaus de Toppenstede,
Ludolphus Vintlo, Johannes de Pentze, Hartwicus Abbenborg, Hartwicus Holste, Nicolaus Garlop tenore presencium ₅
protestamur, quod dominus Ludolphus presbiter necnon
Nicolaus laycus, noster concivis, fratres dicti de Ulsen,
unanimi consilio vendiderunt et in judicio resignaverunt
Johanni Nyenkerken alias dicto Ysernedumen, nostro concivi, dimidium chorum salis in salina Luneborgensi quo- ₁₀
libet flumine in wechpanne, posita ad sinistram manum,
cum itur in domum Codzinghe, tollendum, habendum et
jure proprietario possidendum et ad faciendum cum eodem,
quidquid ipse Johannes decreverit ordinarie. Johannes igitur
Nyenkerke volens domos, in quarum una moratur et alia ₁₅
situata est immediate prope eandem, quitare et exonerare
de persolucione fluminum dimidii chori salis de predictis
domibus hucusque soluti, quem Johannes Ysernedume,
noster quondam concivis pie memorie, in suo testamento
de predictis domibus per viginti annos post dicti Johannis ₂₀
obitum exsolvi et postea in salina comparari mandavit, predictum dimidium chorum salis in salina, domo, sartagine

assignavit duo plaustra salis post obitum domini Ludolphi et
domini Hinrici fratrum dictorum Beckerworten. Etiam assignavit ad eandem redditus septem marcarum in domibus et
areis post obitum Alberti Bekerworten, fratris presbiterorum
predictorum. Jus patronatus hujus vicarie primo habebit
dominus Hinricus Ysernedume et Johannes Nyenkerke, frater
ejus; deinde heredes Johannis Nyenkerken, alias dicti Ysernedumen, usque in generationem tertiam. Post illorum mortem
duo proconsules seniores una vice et archidyaconus in Modestorpe altera vice sive alternatim habebunt jus patronatus
tempore sempiterno. Sed quamdiu predicti fratres vivunt,
ipsi tollent hos redditus ex donacione Johannis Ysernedumen.

preexpressis situatum pro qnitacione fluminum ejusdem
dimidii chori salis dimisit et tradidit discretis viris dominis
25 Ludolpho et Hinrico presbiteris, necnon Alberto scolari,
fratribus dictis Beckerworten, natis quondam de Gher-
burge, que fuit filia Johannis Ysernedomen senioris supra-
dicti, ut illi fratres juxta donacionem eis factam per avum
eorum, Johannem Ysernedumen pie memorie, flumina hujus
30 dimidii chori salis per vite sue tempora dumtaxat tollant
insimul, et eadem flumina solus tollet et habebit unus
eorundem fratrum post aliorum duorum obitum in vita
conservatus; sed post omnium istorum trium fratrum obitum ad vicariam fundatam per Johannem Ysernedumen in
35 capella novi sancti Spiritus prope salinam ad altare
beatorum apostolorum Symonis et Jude idem dimidius
chorus perpetuo pertinebit, et ab illa vicaria nunquam
debet alienari quovis modo. Post decursum duorum
annorum, a festo pasce proxime preterito computandorum,
40 Johannes Nyenkerke vel ejus heredes de domo et area, in
quibus ipse Johannes nunc moratur, comparabit et emet
dimidium plaustrum salis in salina Luneborgensi, quod
tunc eciam predicti fratres una cum dimidio choro per
singula flumina tollent et habebunt, quamdiu omnes vel
45 duo vel eciam unus eorum vixerint aut vixerit, et post eorum
decessum cedere debet ad vicariam prenarratam. Postquam vero illud dimidium plaustrum fuerit comparatum
et emptum et ad usus prescriptos traditum, tunc domus,
in qua nunc moratur Johannes Nyenkerke, erit quita et
50 libera de obligacione facta pro hujusmodi plaustri emptione.
Jus presentandi personam ad prenominatam vicariam post
obitum trium fratrum predictorum habebunt insimul dominus Hinricus presbiter et Johannes Nyenkerke predictus,
fratres, vel etiam unus eorum solus, altero defuncto. Post
55 amborum obitum idem jus presentandi transiet ad heredes
et pueros Johannis Nyenkerken sepedicti usque in generationem terciam, et si plures fuerint pueri unius generacionis,
tunc solus senior de illa generacione habebit jus presentandi. Generacione tercia Johannis Nyenkerken de medio

sublata, jus presentandi personam prima vice manebit apud 60
duos seniores proconsules civitatis Luneborg et secunda vice
apud archidyaconum in Modestorpe et sic idem jus alternis
vicibus continuabitur tempore sempiterno. Ad quemcunque
tamen ex predictis patronis jus presentandi seu collacio pro
tempore pertinuerit seu spectaverit, semper presentari debet 65
persona ydonea, que sit actu sacerdos vel que primo anno
sue provisionis valeat ad ordinem sacerdotii promoveri, et
semper faciet residenciam personalem; alias presentacio
vel collacio erit nulla. Eciam antequam vicarius hujus
beneficii quicquam percipiet de fructibus hujus vicarie, 70
comparari debent de ipsis redditibus calix et liber missalis
et alia preparamenta missalia de et cum consilio et adjutorio patronorum. Insuper Johannes Ysernedume in sui
legacione testamenti dedit et assignavit Alberto Bekerworten
scolari predicto redditus tredecim marcarum denariorum 75
Luneborgensium in quibusdam domibus et areis intra civitatem Luneborg, prout alie litere nostre civitatis sigillo
munite declarant et exprimunt. Hos redditus ipse Albertus,
dummodo in statu clericari se decenter rexerit et infra
vicesimum septimum annum ad ordinem sacerdotalem pro- 80
motus fuerit, percipiet et habebit per vite sue tempora.
Sed eodem Alberto defuncto, redditus illi non debent
cedere fratribus Alberti sepedicti, sed meliores sex marcarum redditus, que possunt reemi pro nonaginta marcis,
cedere debent ad vicariam sepedictam, et si illos redditus 85
sex marcarum Alberto vivente vel eo defuncto reemi contigerit, tunc cum pecunia inde proveniente comparari
debent redditus perpetui salinares ad usus predictos appli-
candi. Redditus aliarum sex marcarum, que possunt reemi
pro·octoginta sex marcis, post obitum Alberti sepedicti 90
habebit domus infirmorum sancti Spiritus ad emendacionem
prebendarum. Set hospitale leprosorum sancti Nicolai in
Bardewic post obitum Alberti habebit redditus unius marce
in domo Alberti Remensniders, que pauperibus debet
distribui, prout in testamento est preexpressum. De omni- 95
bus redditibus vicarie predicte vicarius, qui habuerit eam

pro tempore, debet singulis annis in adventu domini feria
quarta quatuor temporum duas marcas denariorum expo-
nere per hunc modum: Sacerdotibus apud Sanctum Nicolaum in Bardewic dabit unum solidum et infirmis ibidem
quatuor solidos eque dividendos; item apud Sanctum novum Spiritum in Luneborg dabit sacerdotibus tres solidos,
residuum inter pauperes ibidem dividat equa porcione, et
omnes in suis oracionibus pro anima Johannis Ysernedumen
et suorum debent orare fideliter et devote. In omnium
premissorum testimonium sigillum nostrum presentibus est
appensum. Datum anno domini MoCCCoLXIo, crastino
beati Bartholomei apostoli gloriosi.

Aus dem Registrum principum der Königl. Bibliothek zu Hannover
vom Herrn Archivrath Dr. Grotefend gütigst mitgetheilt.

548. Schuldbrief des Grafen Adolf von Holstein.
Plön, 1361, 1. Octbr.

We Alef, ghreve tu Holsten unde tu Stormern van
der gnade ghodes, unde Mirislava, dersulven gnade ghrevine
dersulven lant, bekennen unde bytueghen in desser jeghenwardeghen schrift, dat we Roulaf Tynappelle, unsem
voghede, unde sinen rechten erven schuldich sunt ver-
hundert mark Lubescher penninghe, de an use nut komen
sunt. De schal he wedder upboren ut unsen landen unde
steden beyde van broke unde van bede also langhe, went
he de vorbenomeden penninghe uppeboret heft. Were,
dat we Roleve Tynappel afsetten wolden van der voghedige edder dat he af wolde, wes he denne nicht uppenomen
het, des he reddeliken mach hywisen tu siner afneminghe
unde tu der beredinghe des vorbenomeden gheldes, dar
schal eme dat slut tume Slambeke unde dat lant tu
Vemeren bestan tu enem rechten pande also langhe, went
we eme unde sinen rechten erven datsulve ghelt ghans
byreden unde bytalen. Tu ener bythughinghe desser vorschrevene dink so sunt unser beyder inghesegbel vor
dessen bref ghehenghet, de ghegheven is tu Plone na

ghodes bort drytteinhundert jar, in dem enenundesusteghe- **10**
sten jare, 'des neghesten vrydagbes na sunte Micheles daghe.

(Unbeutliche Siegel des Grafen und der Gräfin.)

Orig. d. Arch.

549. Nikolaus van Toppenstede vermacht zur Feier von Memorien dem Kloster Isenhagen eine halbe Sülzpfanne im Hause Egbertinge, deren Auskünfte zum Ankauf von Mohnöl, Feigen, Thran und für das Krankenhaus des Klosters verwandt werden sollen. 1361, 30. Novbr.

Isenhag. Urk. 267.

550. Das Frauengerade in Lüneburg. 1361.

To der vrowenrade hord alsoden clenade, cledere unde inghedome, also de vrowe medebrocht heft in eres mannes hus unde hat heft van gave erer elderen unde vrund unde nicht alsoden clenade noch inghedome, also de vrowen anghevallen is van dode erer elderen eder **5** vrund; wante dat is varende have. Dit recht wart ghevunden Alberte Thoden und Tideken Remeken anno domini M°CCC°LXI.

To der vrowenrade horet nene schap, noch genze, noch hoenre eder nenerleyie quek, noch vlas, noch was **10** Dith ward ghevunden Everde van dem Moyde unde sinen susteren unde ereme vadere.

Sudendorf, l. c. III, 124. Vaterl. Arch. 1824, II, 200.
Vergl. die Urk. (345) von 1329, 31. Mai.

551. Der Rath bittet den Rath in Lübeck, den Streit des Rathes in Eimbeck mit dem dortigen Bürgermeister Ludolf van der Brugge zu entscheiden. (1361).

Lübecker Urkundenbuch IV, Urk. 399.

552. Heinrich von Schwerin verkauft einen Hof in Hohnstorf. 1362, 15. Juni.

Ik Hinrik van Sveryn bekenne openbare in dessem openen breve vor alle den yenen, de ene zeen edder horen lesen, dat ik hebbe vorkoft thu rechtem ervekope **Diderke** Hogheherten unde Johanse sinem broudere unde eren rechten erven enen hof thu Hoenstorpe [1], dar uppe zeten hadde Pilfer, mid richte unde mid rechte unde mid allerleyge nut, also thu deme hove hort in holte, in velde, in weyde, in watere unde in wischen also, dat ik nouerleyge recht mer in deme hove en hebbe edder nement van myner weghene unde also, als ik ene bezeten hebbe unde my myn vader ervet heft. Desses kopes scal ik Diderke unde Johanse Hogheherten unde eren rechten erven en recht warent wesen, unde thu erer truwen hant Frederic Wantzenberghe, wor unde wanne ym des behuf is unde ik des van ym ghemanet werde. De lenware desses ghoudes de scal ik unde wille dessen vorscrevenen luden thu ghude holden unde also drade, als se dat vormoghen mid myme heren van Luneborch, dat he ym dit ghout lene. so scal ik unde wille ym dyt vorscrevene ghoud uplaten mid ghuden willen unde sunder yenegherleyge weddersprake. Alle desse vorscrevenen stucke de love ik Hinrik van Sweryn en truwen Diderke unde Johanse Hogheherten, bruderen, unde eren rechten erven unde thu erer truwen hant Frederic Wantzenberghe stede unde vast thu holdende sunder yenegherleyge argbelist unde nyge vunde thou menghende. Desse bref de is ghescreven na godes bord dritteynhundert jar, in deme tweundesosteghesten jare, in deme hilghen daghe sunte Vites, unde dar ik myn ingbezeghel thou benghet hebbe thou ener groteren bekantnisse. ᛒᛞᛁᛒᛞᛁ Orig. d. Arch.

---

553. Herzog Erich von Sachsen (Lauenb.) verkauft die Fischerei in der Elbe. Lauenburg, 1362, 25. Juni.

Van godes gnaden Erik, hertoghe to Sassen, Enghern und Westfalen, bekennet und bethuegt openbar in dessem

---

[1] Hohnstorf, A. Lüneburg oder Medingen.

breve, dat wi und use erven mit borade und mit willen vorkopet und hebbt vorcoft dessen lueden Maken Hoghen, Viken Syverde, Henneken Syverdes, Ludeken Johan des groten, olden Clawes Hoghen, Arnde Herders, junghen Clawes Hoghen, Maken Meyneken, Clawese van Ertene-borch, Heynen Hassen unde eren erven dat weer, dat dar slaghn is in der Elve van der Besenhorst [1]) bet to Swyn-den [2]) ewychliken to besittene unde kindeskind to erve vor hundert Luneborgher marc, de in use nut sint ghekeret. Men wy beholdet in dem weere, wo me veyt van lam-preyden und van stooren und alle vysch, dar wi recht to hebbet und alle vryheyt, richte unde rechtcheyt, de se hort to user Elve. Were, dat desser luede welk oft ere erven der not willn ere deel vorkoepen oft vorpanden wolden eren noten, de em besetten weren, de scolet likewol alle rechtcheyt beholden, als de hir stan benomet. Holt scolet se kopen ut usem wolde; dar wil wy se to vordern und de use des besten, des wy moghet. Were, dat de her-toghe van Luneborch und wy vigende wurden, so scal dit ghuet velich wesen up der Elve unde desse luede vor us und vor al de, de dor usen willen don unde laten willet Oc scolet se us to alln sunte Mertensdaghen teyn marc gheldes gheven Luneborgher penninghe. Vortmer mangh dessen vorbenomden lueden sint wy de twolfte und hebbt use twelften deel in dem weer mit ener halven nacht. Und use deel dat scolet se us bevisschen laten und ant-worden dat usem boden, dem wy dat bevelet. Oc en scal me neinen weer boven ofte neden negher slan, den dat nu bi Erteneborch is begrepen. Und wy, Make Hoghe, Vyke Syverd und use kumpane vorghenomet bekennet und vorghet us des, dat wi dit benomde wer to Swinden hebbt und besittet van usem ghnedeghen heren, hertoghen Erike to Sassen, und van sinen erven. To ener witliken bekant-nisse al desser vorscreven stuecke und to ener eweghen

1) unbekannt.

2) Schwinden, A. Winsen.

schedinghe so hebbe wy hertoghe Erik to Sassen vorghenomet dessen bref heten beseghelen mit usem groten
inghseghele, de gheven unde screven is to Louenborch
⁴⁰ na godes bort drutteynhundert jar, in deme twe unde
sestechsten jare, des neghesten daghs sunte Johannes
baptisten, als he wart gheboren. **Orig. i. Arch.**

554. Leibrentenbrief des Rathes. 1362. 19. Octbr.

Nos consules civitatis Luneborgh Johannes Beve,
Albertus Hoyke senior, Johannes Garlop, Dithmarus de
Molendino, Hinricus de Arena, Johannes Viscule, Ludolphus
Vintlo, Hartwicus de Salina junior, Nicolaus de Odeme,
₅ Johannes Semmelbecker, Jacobus Houth, Tidericus Springintgud — recognoscimus —, quod nos pro octaginta marcis,
denariorum Luneburgensium nobis persolutis et traditis et in
usus nostre civitatis utiliter conversis nomine nostre civitatis — vendidimus Ermegardi et Rixede sororibus nominatis
₁₀ de Verda, baghutis in conventu Alberti de Molendino pie
memorie, redditus octo marcarum denariorum Luneborgensium singulis annis, quibus ambe sorores prenominate
vixerint, dandas et tollendas de redditibus nostre civitatis —.
Quam cito tamen una de prefatis sororibus defuncta fuerit,
₁₅ statim redditus quatuor marcarum vacabunt nec amplius
solvi debent, sed alteri de sepedictis sororibus ultimo
viventi per tempora vite sue duntaxat in quolibet duorum
terminorum preexpressorum due marce persolvi debent
expedite, et post ipsius obitum illi redditus eciam vacabunt
₂₀ amplius non persolvendi. — Datum anno domini M°CCC°LXII°,
crastino beati Luce ewangeliste. **Copialb. i. Arch.**

555. Schuldbrief des Rathes über 80 Mark. 1362, 12. Novbr.

Nos consules civitatis Luneborch — recognoscimus, quod
nos justi tytulo debiti nomine nostre civitatis obligati
tenemur Eylemanno Kindeschemanne in octoginta marcis

denariorum Luneborgensium, quas nobis in parata pecunia
tradidit ad usus nostre civitatis supradicte. Quamdiu pre- •
dictas octoginta marcas Eylemanno Kindeschemanne non
persolvimus, ipse Eylemannus habebit turrim circa walvam
novi pontis, et modios, cum quibus mensuratur sal, cum
omnibus fructibus inde provenientibus, de quibus dabit
consulibus civitatis Luneborch annis singulis quatuor marcas 10
in festo nativitatis Christi. – Datum anno domini MᵒCCCᵒLXIIᵒ,
crastino beati Martini episcopi.   **Copialb. d. Arch.**

555a. Beschluß der in Rostock versammelten Abgeordneten der
Hansestädte. 1363, 5. Febr.

Item fuit tractatum de 200 marcis puri concessis civitatibus a dominis consulibus Luneburgensibus.

Die Recesse der Hansetage von 1256–1430. Bd. I. p. 219, 19.

556. Beschluß der in Lübeck versammelten Abgeordneten der
Hansestädte, unter denen Lüneburg durch den Rathmann Johann
Pentze und den Rathsschreiber Nikolaus Floreke vertreten ist,
über die Auslieferung Flandrischer Privilegien an die Städte in
Preußen. 1363, 24. Juni.

Lübecker Urk. IV, 468. Die Recesse der Hansetage von 1256–1430. Bd. I, S. 233.

557. Kaiser Karl IV. verkündet die vom kaiserlichen Hofgerichte
gegen den Herzog Wilhelm von Braunschweig und Lüneburg aus-
gesprochene Acht. Spremberg, 1363, 15. Juli.

de Ludewig, reliq. msctor. X, 47.

557a. Die Achtserklärung des Hofgerichts und deren Verkündi-
gung durch den kaiserlichen Hofrichter. 1363, 15. Juli.

Sudendorf, l. c. III. 189. 190.

558. Der Bürger Heinrich van der Molen macht in seinem Testamente sehr ausgedehnte Stiftungen mit einer bedeutenden Summe von Sülzrenten aus zehn Häusern, einem Zehnten u. a. Gütern für eine große Zahl von Klöstern, Geistlichen und anderen Personen besonders zur Feier von Jahresgedächtnissen für sich und seine Gattin, namentlich zu Gunsten des Klosters Isenhagen, stiftet auch eine Vicarie am Altare des h. Stephan in der Johanniskirche. Ums Jahr 1363.

Isenhagener Urk. 274.

559. Der Rathmann Jakob Houth verkauft einen halben Weg auf der Sülze. 1364, 14. Febr.

Nos consules civitatis Luneborch Hinricus Viscule, Jacobus Houth, Hinricus Miles, Ludolphus Hartwici, Dithmarus de Molendino, Hinricus de Arena, Johannes de Pentze, Hartwicus Abbenborgh, Hartwicus Holste, Nicolaus Garlop, Nicolaus de Odeme, Johannes Semmelbecker tenore presencium publice recognoscimus et testamur, quod Jacobus Houth inter nos supra nominatus et positus cum heredum suorum consensu juste vendicionis tytulo vendidit et in udicio tradidit Hinrico dicto Hoyman, nostro comburgensi, et ipsius heredibus dimidiam viam in salina Luneborgh, quo protenditur ad quinque domos, videlicet Kempynghe, Everinghe, Deyinghe, Ebbetzinghe, Grevinghe, et quamvis de domo Everinghe non dentur proventus, qui dicuntur asne vulgariter, dabuntur tamen de eadem domo ad viam supradictam redditus octo solidorum singulis annis in festo beati Jacobi apostoli perpetuis temporibus exponendi. Insuper de tota via, cujus medietas vendita preexprimitur, persolvi debent quolibet anno redditus fluminares dimidii chori salis illi vel illis, qui videntur ad hos jus habere, et quicquid tunc ultra flumina trium rump salis de sepedicta dimidia via provenire poterit, hoc Hinricus Hoyman jure hereditario ac proprietario tollet et possidebit cum pleno posse faciendi seu disponendi, prout sibi noverit expedire. — Datum anno domini M°CCC°LXIIII°, ipso die beati Valentini martiris.

Copialb. d. Arch.

560. Vor dem Archidiaconus Amilius in Modestorpe wird im Franziskanerkloster ein Streit des Klosters Isenhagen mit Johann van Pense über eine Sülzrente gütlich verglichen. 1364, 8. Juli.

Isenhag. Urk. 276.

561. Huner van der Odeme verkauft drei Höfe in Barendorf und Göddingen. 1364, 25. Juli.

Ik Huner van der Odeme, ichteswanne hern Hildemers sone van der Odeme des ridders, bekenne an desseme breve, dat ik myd vulbord unde myd willen alle myner rechten erven, deme dat nue tohored unde hirna tohoren mach, hebbe vorcoft unde vorcope an desseme breve to eneme rechten eweghen erscope deme erleken manne hern Zeghebande van Tuene, archedyacone to Pattensen an der kerken to Mynden, dre hove, enen to Berdorpe[1], dar nue uppe syt Johan Nyeman, unde twe hove to Godinghe[2], dar den enen nu besittet Hempe Sthorm unde den anderen Heyne Snelle, dat myn rechte erve unde vryg ghud is unde van nemende to lene gheyd, myd besittinghe unde undsettinghe, myd voghedyge unde myd alleme rechte ewechliken to besittende, alse ik unde myne elderen wente here hebben beseten, unde ik en hebbe my noch mynen erven nicht mer rechtes beholden an densulven hoven, suender de vorsprokene her Segheband mach darmede dun unde laten by levende unde by dode, wat eme beheghelik ist. Ok schole we eme des kopes unde des ghudes en recht warende wesen, also men alsodane recht vryg erfghud plecht na landsede to warende. Were ok over dat also, dat eme eder weme he dat ghud bevole, hynder wurde an deme sulven ghude, an welken stucken dat were, so schol ik myd mynen medeloveren, de hir na bescreven stad, komen an de nyen stad tho Luneborch, wan we dartho

[1] Barendorf, A. Lüneburg.
[2] Göddingen, A. Bleckede.

gheesched worden, unde dar nicht ud, we ne hedden den
hinder endledeghed myd rechte unde myd unser cost.
Alle desse vorghescrevenen stucke love ik entruwen deme
vorsprokenen hern Seghebande an desseme breve unde
30 tho syner truwen hand hern Anthoniese unde Otten, synen
bruderen, unde hern Otten, Hennighe unde sinen bruderen
gheheten van Bodendik unde Bussen Wulve myd mynen
medeloveren stede unde vast unde sunder allerleye arghelist
to holdende. Unde we her Huner, Johan myn sone, Gherd,
35 Johan, Detlef, Gheverd, broudere, ychteswanne Gheverdes
sone, meynliken gheheten van der Odeme, unde Dyderik
van Eldinghe, Hermen Kynd, medelovere, loved vor Hunre
unde myd Hunre unde unse rechten erven an desseme
breve, alse he vore gheloved heft, alle desse vorgescrevenen
40 stucke ganz unde vast to holdende, unde to eneme orkunde
hebbe we witliken alle unse ingheseghele tho deme breve
ghehenghed, de ghegheven is na godes bord dusent jar,
drehunderd jar, an deme verundesesteghesten jare, des
hilghen daghes sunte Jacobes des aposteles.

(Die neun Siegel find fämmtlich abgefchnitten.)

Orig. d. Arch.

562. Rathsbefchluß über die Einführung von Bürgertöchtern in
ein Klofter. 1364.

Desse sette heft de raad altomale endraghtliken ghesad
to holdende under on unde ok eren borgheren.

Wanne men en kind to kloster voren scal unde kleden
buten der stad, dar magh men to hebben veer vrowen,
5 veer meghede, veer birider, twe waghene unde nicht meer.
De magh men to gaste hebben unde scal dar anders nene
gheste to bidden. Dar scal ok nenmand comen unde beden
to etende. Queme dar jenmand, deme scal men nicht to
etende gheven. Dith scal men holden ane enegherleye
10 arghelist. Dede jenman jeghen dit sette, dhe scal dat
beteren mid dren lodeghen marken deme rade.

Were der kindere meer wan en, dhe eneme manne eder ener vrowen tohorden, dhe scolde dat ok holden also hiirvore screven is, unde nicht anders, ane arghelist.

Wanne men kinder to clostere vored werlik, de leren scold, eder men kinder werlik uthaled, dar scal man en waghen to wesen mid vrowen unde mit megheden unde veer birider eder myn unde nicht meer.

Sind over de kloster also na, dat de vrowen moghen dar gan to vote unde bringhen dar ere kindere eder halen se ut deme kloster to hus, dar moghed mede wesen veer vrowen, veer meghede unde veer knechte eder man, de bi den vrowen gan, unde nicht meer. Des ghelik scal men doen oft der kindere meer were den en. We dit nicht en helde, de scal dat beteren mid dren lodeghen marken, wanne men dat van eme esched. *Liber civitatis d. Arch.*

562 a. **Rathsbeschluß über das Wochenbett der Frauen. 1364.**

To den vrowen in deme kindelbedde moghed dhe vrowen trecken unde komen binnen den ersten dren wekenen des kindelbeddes unde darna binnen den anderen dren wekenen nicht meer. We hiir enjeghen dede, de scal dat beteren mid dren lodeghen marken. Were over ener vrowen des behof, so magh se na den ersten dren wekenen twe eder dre vrowen to sik verboden; de moted wol to er komen unde mid er sitten. Quemen na den ersten dren wekenen vrowen in en kindelbedde, de nene borgherschen weren, so magh de vrowe twe eder dre vrowen verboden, de mid den vromeden vrowen hoghelick syn. De moted dar ok wol komen. *Liber civitat. d. Arch.*

563. **Klage des Rathes vor dem Domkapitel in Verden über Anmaßung des Archidiaconus in Modestorpe in seinen Befugnissen (nach 1364).**

Nostris obsequiis cum reverentia et humili salutatione premissis. Domini reverendi. Vestre notum facimus reverentie per hec scripta, quod honorabilis vir dominus Hinricus, quondam Verdensis nunc autem Hildensemensis decanus, jam multis annis percepit redditus unius chori salis in salina Luneb., asserens, quod — tam per litteras capituli Verdensis quam per litteras reverendi in Christo patris et domini, domini Gherardi quondam Verdensis nunc̦ Hildensemensis episcopi, probare possit et velit, quod idem chorus salis sibi devenire debeat, sed dominns Amilius, archidyaconus in Modestorpe, occasione ejusdem chori salis multociens nostros concives citari mandavit scribens, ut Verdis coram eo compareant super redditibus sibi debitis raciones reddituri. Quare honestatis vestre providentiam dignum duximus exorare, quatenus vestris litteris nos informare dignemini, qualiter res super hujusmodi choro salis se habeat, nam nos eciam sine strepitu judicii libenter cooperare volumus, quod chorus ille cum suis fluminibus tali persolvatur, qui jus ad ipsum habere sub vestrarum litterarum testimonio comprobatur. Rogamus eciam instancia diligenti, ut occasione bonorum salinarium concives nostros ad comparendum in Verda coram archidyacono in Modestorpe vel alio judice ecclesiastico, quantum in vobis fuerit, citari non permittatis, quia tam vobis et vestris quam aliis habentibus bona salinaria conveniens et utile fore credimus, quod bona salinaria in sui juris firmitate fideliter conserventur. At preterea majori, qua possumus, attentione petimus et rogamus, quatenus, si commode fieri poterit, sepedictum dominum Amilium, qui nobis et nostris concivibus suis litteris citatoriis multum fuit infestus, inducere dignemini modo, quo potueritis, apciori, quod concives nostros ad comparendum Verdis non faciat amplius evocari, quod vero pro grato favore recipere volumus et suo tempore tam apud vos quam apud dominum Amilium remereri, nam in transitu viarum heu latent et patent tot pericula, quod concives nostri sine periculo non modico rerum et corporum Verdis nequeunt pervenire. Speramus eciam et credimus, quod ipse dominus Amilius non habeat aliquam auctoritatem judicandi in Verda tamquam archidyaconus in Mode-

storpe, eo quod termini sue jurisdictionis seu fines archi- 10
dyaconatus sui tam late se non extendunt et nostri concives semper in Luneborgh facere debent in judicio domini
archidyaconi, si presidere decreverit, aut sui commissarii,
si quem substituerit, que merito secundum juris ordinem
fuerint facienda. Super premissis rursum petimus graciosum 15
(responsum) presencium per latorem. Scriptum nostro sub
sigillo secreto.

Per nos consules Luneborgenses.

Aufſchrift: Honorabilibus viris et dominis reverendis
preposito, decano totique capitulo Verdensis ecclesie nobis 10
favorabilibus detur. Concept d. Arch.

---

564. Biſchof Gerhard von Verden ertheilt der Kalandsbrüderſchaft
(fratribus fraternitatis sancti Spiritus) einen vierzigtägigen Ablaß in
der gebräuchlichen Form. 1365, 21. Mai.

(Siegel des Biſchofs.)

Orig. d. Arch.

---

565. Biſchof Gerhard von Verden ertheilt der heil. Geiſtkapelle
auf dem Markte in gewöhnlicher Form vierzigtägigen Ablaß.
1365, 26. Mai.

Orig. d. Arch.

---

566. Der Rath bezeugt eine Stiftung Heinrichs van der Molen
im Hoſpitale Nikolai Hof. 1365, 15. Sept.

Nos consules civitatis Luneborgh — protestamur, quod
Hinricus de Molendino pie memorie in sui legacione testamenti dedit et assignavit leprosis in hospitali sancti Nicolai
in Bardewich trecentas marcas denariorum Luneborgensium,
cum quibus comparari seu emi debent certi redditus perpetui 5
in salina Luneborgh vel in alio certo et equivalenti loco
ad hunc usum, quod provisores ejusdem hospitalis ex hiis
redditibus singulis diebus dominicis extra quadragesimam
unum recens ferculum de carnibus, in quadragesima vero

unum recens ferculum de piscibus qualibet dominica debeant leprosis et eorum cuilibet ultra cottidianam aut alias
consuetam distributionem fideliter ministrare, ut sic per
istam refectionem perpetua memoria Hinrici de Molendino
et Alheydis, uxoris ejus, singulis diebus dominicis inter
leprosos specialius habeatur et pro eorundem animabus
deo devocius orationes effundantur. Provisores igitur
hospitalis leprosorumn sancti Nicolai in Bardewich has trecentas marcas denariorum in parata pecunia perceperunt et
cum eodem pecunia emerunt redditus viginti marcarum denariorum Luneb. in domibus, curiis et areis Johanni et Jacobo fratribus dictis Swarmsteden pertinentibus, qui fratres hos redditus viginti marcarum provisoribus sancti Nicolai ad usum
preexpressum in judicio resignabant. Sepedicti etiam redditus solvi debent annis singulis ita etc. — Possunt etiam
isti redditus reemi in festo beati Mychaelis pro trecentis
marcis denariorum Luneborg., quocunque anno venditoribus
vel suum jus habentibus hoc placuerit, dummodo reemendi voluntas in festo pasche, quod immediate precedit
festum Michaelis, quo erit reempcio, pronunciata et prein-
timata fuerit provisoribus sepedictis. Quandocunque tamen
facta est reempcio reddituum preexpressorum, tunc cum
illa pecunia alios certos redditus ad amministrationem
recentis ferculi ultra solitam prebendam diebus dominicis
perpetue faciendam provisores leprosorum et hospitalis
sepenotati fideliter comparabunt, ne Hinricum de Molendino, donatorem hujus pecunie, contingat in suis piis desi-
deriis quomodolibet defraudari. In premissorum testimonium sigillum nostrum presentibus est appensum. Datum
anno domini M°CCC°LX°V°, in octava nativitatis beate
Marie virginis.   Orig. i. Arch.

567. Die van dem Lobele verkaufen ihren Hof in Thüne.
1365, 10. Nov.

We Gherlich van dem Lobeke, her Boldewins sone des

ddders, Vicke, Boldewin, Gherlich unde Johan, dessülven
herleges sone, bekennen unde betughen in dessem openem
reve, dat we mit ghansen willen unde vulbort al user
rven hebbet vorkoft unde ghelaten rechtleken unde rede-
:ken Hartwighe van der Suelten, enem borghere to Lune-
orgh, unde Diderike Hogheherten unde eren rechten
rven usen hof to Tune[1], dar we uppe wonet, vor hun-
lert mark Luneborgher penninghe vif mark min, de we
:an en rede opgheboeret hebbet unde in use nut ghekomen
:in. Dessen hof hebbe we vorkoft mit alle deme rechte,
:lse en unse vader us gheervet heft unde ene na beseten
hebbet, mit usem acker, mit usen wischen, mit usen wurden, de bimme den hof lighet, mit holte, mit velde, mit
weyde, mit vischerie, mit allerleye nut unde allerleye rech-
techeyt, alse we den hof beseten hebbet bette in desse
thid, eghentliken to bruekende unde to besittende, unde dat
de moghen duen unde laten darmede, wat ere wille si.
Unde we willen unde we schoelen en des ghoudes eyn
recht warent wesen, we unde use erven, alse en wonheyt
is in dem lande, wor, wanne, wo dikke we des gheeschet
werden van en edder eren erven, unde vortighet unde hebbet vorteghen alles rechtes unde aller ansprake gheistlik
unde werlik, de we unde use erven darane hadden unde
hebben moeghten. Were ok, dat dessen vorbenuemeden hof edder ghicht, dat darto hort, dat hirvor beschreven is, jement anspreke unde Hartwighe edder Diderike edder ere erven edder ere nakoemelinghe, den se dat
leten, jement hinderde mit rechte, dat schoele we unde
willen se af ontleddeghen degher unde tomale mit usen
medeloeveren, de hirna gheschreven stat, wanne we
darumme ghemanet werden van erer welken edder van
erer welkes erven, suender jengherhande hinder unde
voertoch. Alle desse voerbeschrevene stuckke love we in
truewen mit ener sameden hant Gherlich van dem Lobeke
her Boldewens sone des ridders, Vicke, Boldewin, Gherlich

---

[1] Thune, Amt Lüchow.

unde Johan, dessuelven Gherleges sone, sakewolden, Hinrik
van dem Lobeke unde Boldewin sin bruder, her Gherleges
sone, Johan van dem Lobeke, Johannes sone, medelovers,
mit usen rechten erven den vorbenuemeden Hartwighe van
der Suelten, Diderike Hogheherten unde eren rechten erven
unde deme, de dessen bref van erer weghene heft mit eren
willen, stede unde vast to holdende sunder jengherhande brok
unde arghelist, nyghe vuende edder huelperede. To ener openbaren betueghinghe desses loevedes, dat we alle desse voerbeschrevene stuekke willen stede unde vast unde unverbroken
holden, so hebbe we Gherlich van dem Lobeke, her Boldewens
sone des ridders, Vicke, Boldewin, Gherlich unde Johan, dessuelven Gherleghes sone, sakewolden, Hinrik van dem Lobeke
unde Boldewin sin bruder, her Gherleghes sone des ridders.
Johan van dem Lobeke, Johanes sone, medelovers, use inghezeghele to samende witliken to dessem breve ghehenghet,
de gheschreven is na goddes bord dusent jar, drehundert
jar, in deme vifundesosteghesten jare, in sunte Mertens
avende des hilghen heren.

(Acht Siegel der von Lobeke mit dem schreitenden Hirsche.)

Orig. v. Arch.

568. Herzog Wilhelm von Braunschweig und Lüneburg und
Junker Ludewig bestätigen verschiedene Rechte der Stadt und
erhalten Erlaß einer Schuld. Winsen, 1365, 29. Nov.

Van der gnade goddes we her Wilhelm hertoghe van
Brunswich unde van Luneborgh bekenned openbar in
dessen breven, dat we mid willen unde vulbord user erven
unde na rade user truwen ratgheven hebbet ghedeghedinghed mid deme rade user stad to Luneborgh desse naschrevenen stucke, dar we unde use erven so unde ere
nacomelinghe bi laten unde bi holden scollen unde willen.
To dem ersten, dat we unde use ammetlude eder jenman
van user weghene scolled nene veylinghe hebben binnen
Luneborgh, dhe wedder der stad inninghe unde recht sy.

unde scolled nenen wyn, nogh vromed beer tappen eder 15
lopen laten, nogh wand sniden laten in der tollenboede
eder anderes woer binnen Luneborgh, mer dhe raad magh
wyn unde vromed beer lopen laten in der stad kelre, also
id en olt wonheyt ghewesen heft, eder anderes woer id on
nutte dunked, eder weme se is ghuennen willen. Wiin 20
unde vromed beer magh de raad setten na ereme weerde;
dar scolle we eder use ammetlude sik nicht mede beweren
nogh enjeghen dat doen, mer dat stoveken van giwelkeme
vate wines eder vroemedes beeres beholde we us unde
usen erven, also en olt wonheyt is. Neen borgher nogh 25
gast scal to Luneborgh wiin kopen, dhe dar veyle inne
komen is; ok scal men des wines nicht utvoeren, he ne
hebbe dre daghe binnen Luneborgh staan, id ne sy, dat is de
raad ghunnen wille. We in der stad wonachtegh is in
borgher weere, dhe schal borgher wesen unde des raades 30
bod unde settinghe holden; kofte ok we, dhe to dem
schilde nicht gheboren were, van usen mannen hues eder
woerde binnen der stad, dhe schal borgher werden unde
stadrecht doen unde holden. Wonede ok we binnen Luneborgh, dhe to dem schilde nicht gheboren were, unde 35
sik also en borgher neren wolde, de scal to borgherrechte
staan unde des raades bod unde settinghe holden. Were
we, de desser vorschrevenen stucke nicht holden wolde,
dhen scholle we eder use ammetlude nicht verdeghedinghen;
ok scolle we des nemande ghunnen nogh staden. Wanne 40
os unde deme raade nutte dunked, dat men uthvoere des
kornes verbeden wille unde dat verbud, so scal id ok verboden wesen to Winsen, to Horborgh, to Blekede unde
alumme binnen useme lande, dar men id to watere bringhen
magh, unde use ammetlude, de daar syn, schollen des nemande 45
orleven uthtovorende, we eder use ammetman to Luneborgh
unde dhe raad to Luneborgh komen enes anderen overeen.
Wanne use voghed dat hold nemen wel to Luneborgh in den
tyden in deme jare, also dat sik ghebored, dat schal he doen
to middaghe eder eer unde nicht spader; he schal id ok mer 50
enes vergheves upholden unde nicht dicker unde denne

nemen. Mid usen borgheren to Luneborgh schal he dat
holden na older wonheyt. Kofte ok de raad eder welk
borgher hus, hof eder woerd buten den doren, dhe scolle
we on vryen, oft se wol to borglene horden, dest dhe,
dhe dat goud verkopen, anderes goudes also vele to dem
borghlene wedder legghen. Wel ok dhe raad dat Grimmer unde Lindenbergher doer verghan laten unde en ander
doer dar entwischen wedder maken laten, des schollen se
maght hebben. Ok late we deme raade to Luneborgh hus,
hof unde woord, dhe Diderik, use kokemester, had hadde,
mid alleme rechte, dat dhe raad darmede doe, wat he
wille. Vortmer stedeghe we alle privilegia, recht unde
wonheyt, dhe dhe raad unde borghere to Luneborgh bi
user elderen vorvaren unde usen tiiden had hebben
unde nogh hebben. Hyrvore heft dhe raad van Luneborgh usik loos ghelaten al des gheldes, dat se us
ghedaan hadden up use slot to Blekede, unde dat se
us daar ghewunnen hadden, dat us redeliken van on be-
rekened unde bewiset is uppe veerhundert unde ses
dusent mark Luneborgher penninghe, also dat usik dhe
raad unde we den raad van des slotes weghene nerne
meer umme manen, nogh schuldeghen scollen. Al desse
vorschrevenen stucke love we deme raade to Luneborgh
vor usik, unse erven unde nacomelinghe stede, vast unde
unvorbroken to holdende, unde we junchere Lodewigh, hertoghen Magnus sone des elderen van Brunswich, bekenned,
dat use leve veddere, hertoghe Wilhelm, desse stucke ghedeghedinghed unde dan heft mid user wischop, unde
schude, dat we here worden to Luneborgh, so wolde we
unde scholden al desse vorschrevenen stucke, also se use
veddere, hertoghe Wilhelm, gheloved heft, stede, vast unde
unvorbroken holden. Dat love we deme raade to Luneborgh in dessen breven. To orkunde unde tughnisse desser
dingh hebbe we hertoghe Wilhelm unde junchere Lodewigh vorbenomed use inghesghele to dessen breven mid
wischop ghebenghed laten. Dit is ghescheen unde ghegheven to Winsen na goddes boord dritteynhundert jar in

deme vifundesesteghestem jare, in sunte Andreas avende
des hilghen apostoles.

(Die Urkunde hat die zum Anheften der Siegel bestimmten Oeffnungen, aber
nicht die Siegel, ist also offenbar das vom Herzoge Magnus im Jahre 1370
caffirte Original.)

Orig. i. Arch.

569. Herzog Wilhelm von Braunschweig und Lüneburg und
Junker Ludewig von Braunschweig bestätigen die Sülzrechte und
die Freiheit der Holzzufuhr. 1365, 20. Dec.

Van der gnade ghodes we her Wilhelm, hertoghe van
Brunswich unde van Luneborch, bekenned openbar in dessen
breven, dat we mid vulbord user erven unde na rahde user
truwen ratgheven hebben ghestedeghed unde stedeghed nu in
dessen breven alle privilegia, rechte unde wonheyt, dhe dhe
zulte to Luneborgh heft unde dhe dar gud uppe hebben, bi user
elderen unde usen tyden had hebben unde nogh hebben. We
unde use nacomelinghe eder amptlude nogh ienmand van user
weghene schollen nicht verbeden dhe uthvoere des zoltes unde
dat uthvoerend des zoltes nerne mede verhinderen nogh
hinderen laten. Mer in useme lande, in user herschap unde
in useme ghebede unde voord dar doer in andere land
mag men dat zolt voeren uppe wathere eder lande, woer
men wel, dar schal id veligh wesen vor us unde vor dhen
usen. Ok scholle we unde willed dat zolt helpen veleghen
buten Luneborgh, alse we vorderst konnen unde moghen.
Ok magh men vryghliken unde veligh holt voeren in use
stad to Luneborgh to der zulten unde der stad behouve;
dat en scholle we eder nemend vorbeden nogh hinderen.
We eder use nacoemelinghe scholled nenerleye dingh doen,
setten, beden, hethen eder staden, dat wedder dhe zulten
eder dat goud up der zulten sy eder wesen moghe, eder
dat des zoltes losinghe vorhinderen moghe. Unde we
junchere Lodewigh, herteghen Magnus sone des elderen
van Brunswich, bekenned in dessen breven, dat alle desse
vorschrevenen stucke mid user witschop ghescheen unde

ghehandeled syn, unde schude, dat we here worden to
Luneborgh, dat we dhe zulten to Luneborgh unde dat gud
daruppe schollen unde willen heghen unde lathen bi dessen
vorschrevenen stucken. To ener grotteren betughinghe unde
wisheyt, dat alle desse vorschrevenen stucke van us unde
van usen erven unde nacomelinghen vast unde untobroken
gheholden werden, so hebbe we herteghe Wilhelm unde
junchere Lodewigh vorebenoemed use ingheseghele mid
witschop to dessen breven henghed heten. Ghegheven to
Zelle na goddes boord dritteynhundert jar in deme vif-
undesestegestem jare, in sunte Thomas avende des hilghen
apostoles.

Orig. d. Arch. Indexdorf, l. c. III, 287.

569 a. Berlobung der Tochter des Rathmannes Heinrich Miles
mit dem Bürger Albert Thode, vom Rathe bezeugt und in das
Stadtbuch eingetragen. 1365.

To dem ersten, so scal her Heyne Miles gheven Alberte
Thoden sine doghter Greten to ener echten vrowen unde
scal eme medegheven ene wispel soltes oldes vloethgudes
up der zulten to Luneborgh unde darto dat hus up deme
markede, dar he inne woned hadde. Hirmede wel her
Heyne sine doghter beraden hebben, also he sine anderen
doghtere heft, unde wel unde scal sines anderen goudes
meghtigh wesen. Des scal Albert siner dochter gheven
to morghengave dat goud, dat he heft to Everinghe [1]) also
vorder, also use here van Verden er dat to liftught lenen
wel, unde darto scal he er gheven to morghenhave na
stadrechte de dre pannen herschop, de Albert koft heft
van Hasseken unde her Johanne Willers also, alse se syn
unde leghen syn. To dessen dren pannen scal Albert nogh
ene pannen herschop, also dat erer vere werden, antwerden hern Heynen Miles unde eneme sineme vrunde,

---

[1]) Deutsch Evering, A. Lüneburg.

den he darto kesed, unde darto hern Heynen Visculen unde hern Jacobe Houde. Darvan scal hern Heynen doghter ene halve panne alle jar hebben to rulchelpenninghen. De anderen verdehalve pannen scollet de vere to sik nemen unde den tinz daruth betalen, unde wat darvan blift boven, dat dar utgheyt, dat scolle se upboren also langhe, wan de schulde, de darinne schreven syn, all betaled unde bereed syn. Wan over de schulde bered syn unde dar en half panne, de Volcmere van der Wesere steyd, leddigh und loos is, so scollen Alberte sine pannen van den veren leddigh unde loos wesen unde eer nicht. Desses scal Albert sik verwillekoren. Der scollen denne dre to liflught der juncvrowen bliven, de hir vore schreven syn. Wolde ok Albert na rade siner vrund dat hus, dat her Heyne eme medegift, vercopen unde sine schult mede bereden, dat magh he doen, dest her Heyne Miles unde sine erven in den dren pannen also vele beholden, also dat erve werd is, were dat Albert unde se ane erven afghinghen. Her Heyne scal siner doghter cledere unde inghedoeme gheven, also er temed unde also he se lef heft. De hogtiid scal malk holden, also sik dat ghebored na rade der vrund. Ok scal her Heyne Alberte unde sine doghter und sik in kost beholden unde scal darvore inne beholden den wispel soltes, den he er medegift, unde darto, dat van deme goude to Everinghe jarlikes vallen magh; konnen over se sik nicht tosamne verdreghen, so scal Albert des wispels zoltes unde des goudes mechtigh wesen. Al desse vorschrevenen stucke hebbet ghedeghedinghed her Danel, abbet up deme hus, unde Wasmod van Medinghe van hern Heynen Miles weghene unde hebbet dit gheloved vor ene unde mid eme, unde her Heyne Viscule unde her Jacob Houth hebbet dit ghedeghedinghet van Albertes weghene unde hebbet dit gheloved mid Alberte unde vor ene. Ok scal sik her Johan Thode verwilkoren, dat he sine herscop, de he heft, nicht vercopen nogh verpenden scolle. Unde we ratmann bekenned des, dat desse willekore vor us ghedan unde scheen syn etc.

24*

570. Herzog Wilhelm von Braunschweig und Lüneburg und Junker Ludewig erlassen der Stadt auf die nächsten elf Jahre jede Bede und Schatzung. 1366, 6. Jan.

Van der gnade goddes we her Wilhelm, hertoghe to Brunswich unde to Luneborch, bekennet openbar in dessem jeghenwardeghen breve, dat we unde use erven use stad to Luneborch unde use leven ratmanne derselven stad to Lueneborch, de nu syn, unde ere nacomelinghe vordreghen unde overseen willen unde schollen aller bede unde beschattinghe elven jar umme van suente Mychaheles daghe, de nu neghest tokomende is, na der tyd, also desse bref ghegheven is, suender underlat an to rekende. Dat love we deme raade unde der menheyt user stad to Luneborch in truewen in dessem breve. Dat is ghescheen dor groter woldat willen, de de raad van Lueneborch by us unde user herschap nu daan heft mid redeme ghelde. Unde we junchere Lodewich, hertoghen Magnus sone des elderen van Bruenswich, bekennet in dessem suelven breve, were, dat use leve veddere, her Wilhelm hertoghe to Brunswich unde to Luneborch vorbenomede, storve bynnen dessen vorscrevenen elven jaren, des god nicht en wille, also dat he nenen echten sone en hedde, so wille we unde schollen den ratmannen unde den borgheren der stad to Lueneborch, de nu syn, unde eren nacomelinghen holden stede unde vast alle dat, dat desse breve utwysed, in uses vorbenomeden vedderen stede unde van unser weghene. Ok wille we dat mid nichte breken. Dat hebbe we ym ghe-loved unde lovet in truewen in dessem breve. To ener openbaren betueghinghe hebbe we her Wilhelm unde junchere Lodewich vorbenomede use inghezeghele mid willen unde mid wyschop ghehenghet laten in dessen bref, de ghegheven is na goddes bort dritteynhundert jar in deme sesscundesesteghesten jare, in deme hilghen daghe to Twelleften.

Sudendorf. l. c. III, 290.

571. Das Kloster Michaelis beleßnt Nikolaus und Heinrich van der Molen mit der Abtsmühle. 1366. 2. Febr.

Nos Daniel, dei gratia abbas, Wernerus prior totusque conventus monasterii sancti Michaelis in castro Luneborg — — Nicolaus et Hinricus fratres de Molendino, cives in Luneborg, quibus venerabiles et religiosi domini Ulricus quondam abbas et Anthonius quondam prior felicis memorie totusque conventus monasterii nostri — — molendina nostra in civitate Luneborg sita pro certo censu, de ipsis molendinis — — suis nobis insinuationibus ad memoriam deduxerunt, qualiter advocati illustrium principum, dominorum ducum de Brunswich et Luneborg, pro tempore existentes de nostris molendinis predictis gravia servitia cum equis et curru ad ipsorum advocatorum beneplacitum jam multis annis exegissent et exigerent, et a possesribus dictorum molendinorum ipsa servitia recepissent et reciperent in non modicum nostri monasterii et ipsorum prejudicium et gravamen, petentes ut nobis, monasterio nostro et eis super hoc de remedio oportuno providere curaremus, nos vero attendentes, quod predicta molendina nostra per servitia predicta jam adeo gravata erant, quod ipsis possessoribus census de eis nobis et nostro monasterio solvendus gravis et difficilis videbatur majoraque dampna et pericula nostro monasterio per augmentationem dictorum servitiorum, quam futuris temporibus verisimiliter timebamus, non immerito formidantes ab illustribus principibus dominis Wilhelmo, duce de Brunswich et Luneborg, et Lodewico, filio domini Magni ducis de Brunswich, literas, in quibus ipsa molendina nostra ab omni servicio quita et libera in perpetuum debere permanere promittunt, cum adjutorio predictorum Nicolai et Hinrici non absque magna summa pecunie, quamvis litere dominorum ducum de pecunia non faciant mencionem, quam ipsi Nicolaus et Hinricus in parata pecunia exposuerunt, obtinuimus, — ⸳⸳⸳ ipsis Nicolao et Hinrico fratribus uberiorem gratiam — ⸳⸳⸳ molendina nostra predicta cum omnibus suis juribus et perti-

nenciis ab omnibus serviciis et oneribus, censu solito — —
duntaxat excepto, quieta et libera ipsis Nicolao et Hinrico
de Molendino fratribus et duobus eorum liberis ad vite
illorum quatuor tempora in pheodum concessimus et concedimus per presentes, jure dominii et proprietatis nobis
et monasterio nostro penitus reservato. Volumus eciam
uni de ipsius Nicolai et uni de ipsius Hinrici liberis de eis
domino concedente procreandis, pro quibus ipsi Nicolaus
et Hinricus vel alter eorum vel proximiores eorum con-
sanguinei ipsis Nicolao et Hinrico mortuis duxerunt nobis
supplicandum, dicta molendina nostra sic, ut premittitur,
quita et libera in pheodum ad vite eorum et cujuslibet
eorum tempora possidenda concedere absque aliquo emo-
lumento, quandocunque fuerimus requisiti; illis vero quatuor
mortuis molendina nostra ad nos et monasterium nostrum
libere devolventur. — — In quorum testimonium sigilla
nostra presentibus sunt appensa. Datum anno domini MᵒCCCᵒ
sexagesimo sexto, in die purificacionis beate Marie virginis
gloriose. Urk. d. Kl. Mich. 611.

572. Der Rathmann Heinrich Miles setzt in seinem Testamente zahlreiche Legate für Klöster, Kirchen und Stiftungen
aus. Er stiftet zu den beiden von ihm bereits ausgestatteten
Vicarien noch eine in der Johanniskirche und schenkt dieser seinen
silbernen Gürtel zum Kelche; das Patronat über alle drei trägt
er unter andern seinem Enkel, Wasmods von Meding Sohne, und
nach dessen und anderer Nachkommen Tode dem Rathe auf. Seine
Frau und Kinder bedenkt er reichlich und bestimmt dann zur
Feier seines Gedächtnisses dem Michaeliskloster zehn Mark und den
Klöstern Heiligenthal, der Barfüßer, Scharnebeck, Ebstorf, Me-
dingen, Lüne, Wienhausen, Buxtehude, Harvstehude, Reinbeck,
Isenhagen, der Barfüßer und Dominicaner in Hamburg, Distorf,
Dambeck, dem Blauen Convente, den willigen Armen in der
Stadt, den Hospitälern Nicolai Hof und zu Artlenburg und
Bleckede, jedem derselben fünf Mark, ferner den Bettlern und
Hausarmen zwölf Mark, der Johanniskirche, dem h. Geisthospitale,
der h. Geistkapelle, der Lambertikapelle und der Cyriaskirche eine
Mark Silber zu Seelenmessen, der h. Geistkapelle zu einer täglichen

Meſſe zehn Mark Rente aus dem Sülzhauſe Dehinge, dem Stifte Bardewik eine Wieſe in Oldershauſen ꝛc. Zeugen ſind die Rathmänner Nikolaus Garlop und Diedrich Springintgut.
Lüneburg, 1366, 2. April.

(Siegel des Teſtators ſowie der Zeugen.)

Orig. d. Arch.

573. Schuldbrief des Rathes. 1366, 23. April.

Nos consules civitatis Luneborgh — recognoscimus, quod nos ad usus nostre civitatis recepimus a Johanne Dicken centum et quinquaginta marcas denar. Luneb., pro quibus eidem Johanni redditus novem marcarum annis singulis persolvemus. Licet igitur in littera Johanni Dicken data per nos et sigillata scripti sint in quodam choro salis in tota domo Ebetzinghe posito, qui pertinet domui infirmorum Sancti Spiritus, redditus antedicti, nos tamen redditus illos novem marcarum et pecuniam, quam a Johanne Dicken recepimus, totaliter de nostre civitatis camera seu redditibus persolvere debemus et volumus, quod domus infirmorum in sui chori fluminibus nullum defectum recipiat sive dampnum, et si quod damnum occasione nostre persolucionis reciperet, illud eidem domui restaurabimus integraliter et ex toto. In cujus rei testimonium etc. Datum anno domini M°CCC°LX°VI°, in die beati Georgii martyris.

Orig. d. Arch.

574. Nikolaus Wibing begabt die Georgenbrüderſchaft. 1366, 15. Juni.

Weten scullen alle de, de dessen bref boren lesen, dat ich Clawes Wyding by wolmacht lives unde redelcheyt bescheyde unde gheve openbare in desseme yeghenwardighen breve vif unde vertich march penninghe to hulpe minen bruderen to der missen to holdende van der brouderscop weghene suncte Georgii vor deme vrumissenaltare unde och to deme luchte darsulves. De stan in

Johanens erve van Mueyden. unde daraf seal we mi gheven
alle yar twe march gheldes mine levedaghe, unde och seal
me van den dren march gheldes den ratmannen gheven to
schote, wat em horen mach. Over desser ghave unde aller
handelinghe, dar heft over wesen her Ludeke van Vintlo,
de to eyner thuennisse na statrechte heft sin yngbeseghel
to desseme breve ghehenghet, unde de sacwolde Clawes
Wyding tovoren. Desse bref is ghescreven unde gheven
na ghodes bort drutteyn hundert yar in deme sesunde-
sestigesteme yare, in suntte Vites daghe.

(Zwei ziemlich gut erhaltene Siegel.)

Orig. v. Arch.

574 a. Beschluß der zu Rostock versammelten Abgeordneten der
Hanseftädte, daß ein Streit der Seestädte mit den Hamburgern
durch einen Schiedsspruch der Räthe zu Lüneburg und Hannover
entschieden werden solle.[1] 1366, Dec. 16.

Die Recesse der Hansetage von 1256—1430. Bd. I. S. 347. 349.

575. Herzog Wilhelm von Braunschweig und Lüneburg zeigt dem
Rathe an, daß er den Sülzzoll dem Kloster Lüne verpfändet habe.
Junker Ludwig erkennt diese Verpfändung an. 1366, 19. Juli.

We her Wilhelm, van der gnade godes her' ghe to
Brunswik unde to Luneborgh, doeth witlik ju ratmannen
menliken user stad to Luneborgh in desseme openen breve
unde al dhen gennen, dhe ene seen eder horen lesen, dat
we deme erliken manne, hern Hinrike proveste, unde deme
ganse convente des closters to Lune unde eren nacomelInghen hebben ghesaat to twolf jaren under eninghes to
volghende, alse dhe breve utwiset, dhe we on darup ghegheven hebben, unsen sultetollen in user stad to Luneborgh,

---

[1] Schon auf dem Tage zu Lübeck, am 24. Jun. 1366, wurde dies in
Aussicht genommen. Die Recesse der Hansetage Bd. I. S. 332.
Die Klagartikel der Seestädte f. in den Recessen der Hansetage
Bd. I. Nr. 393. S. 351 f.

unde enbede ju, dat gi dhen vorschrevenen tollen eme [10]
unde deme gansen convente des closters to Lune unde
eren nacoemelinghen unde deme eder den, dhen he unde de
gantze convent des closters to Lune unde ere nacomelinghe
dhen vorschrevenen zultetollen voort vorsetteden na utwisinghe user breve, dhe we en darup ghegheven hebben, [15]
deghere unde al gheven laten van al dhen ghennen, dhe
ene pleghen to ghevende, unde dat gi eme unde deme
gantzen convente des closters to Lune unde eren nacomelinghen unde deme eder den, dhen he unde dhe gantze
convent des closters to Lune unde ere nacoemelinghe dhen [20]
vorschrevenen tollen voort vorsetteden na utwisinghe user
breve, dhe we en darup ghegheven hebben, truweliken
beholpen syn, were dat se jenmand darane hinderen wolde
eder den tollen nicht gheven wolde, unde bidden, dat gi
dhen vorbenoemden hern Hinrike proveste unde deme [25]
gantzen convente des closters to Lune unde eren nacomelinghen des juwen openen bref gheven, dat gi dat doen
willen. Unde we junchere Lodewigh, herteghen Magnus
sone van Brunswigh des elderen, bekennen in desseme _
sulven breve, dat al desse vorschrevenen stucke mid useme [30]
willen unde mid user vulbord ghescheen sund, unde were,
dat use vorbenoemde veddere, her Wilhelm hertoghe to
Brunswik unde to Luneborgh, afghinghe, dat he nenen echten
sone na .cik en lete, unde we here worden der herschop
to Luneborgh, so wille we unde unse erven unde nacomelinghe [35]
scholled deme vorbenomeden hern Hinrike proveste unde deme
gantzen convente des closters to Lune unde deme eder
den, dhen se dhen vorschrevenen tollen voort vorsetteden,
desse vorschrevenen stucke stede holden, also se van useme
vedderen ghescheen syn. Ok love we dhen vorschrevenen [40]
ratmannen van Luneborgh in truwen in dessem breve,
were, dat den vorbenomeden provest unde den gantzen
convent des closters to Lune unde ere nacomelinghe unde
dhe eder dhen, dhen se dhen vorschrevenen tollen voort
vorsetteden na utwisinghe user breve, dhe we en darup [45]
ghegheven hebben, dar jenman ane hinderde, dat we dat

truweliken willen helpen weren unde den vorschrevenen
ratmannen darto helpen ane arghelist. To ener betughinghe
hebbe we hertoghe Wilhelm unde junchere Lodewigh
vorbenomeden unse ingheseghele ghehenghed laten in dessen
breef, dhe ghegheven is na goddes bord dritteynhundert
jar in demo sesundesesteghesten jare, des sondaghes
vor sunte Marien Magdalenen daghe.

Transsamt in der Urk. 580 vom 10. febr. 1367. Copialb. d. Arch. Subendorf, l. c. III, 304.

**576. Der Rath sichert dem Zöllner Dithmer eine jährliche
Rente zu. 1366, 28. Oct.**

We ratman der stad to Luneborg etc. bekennen openbar
in dessem breve, dat we van user stad weghene unde dor
user stad nut hebbet vercoft unde laten Dithmere, dhe nu
tolner is in der Beckerstrate to Luneborg, vertich mark
gheldes Luneborgher penninghe, dhe we unde use nacoemelinghe demesulven Dithmere alle jar sine levedaghe schollen
unde willen betalen unbewornen van user staad rente unde
gulde also, dat we eme gheven etc., al dhe wile dhe Dithmer
leved; wanne he over dod is, so schollen dhe vertich mark
gheldes quiid unde loos wesen, unde we schollet na Dithmers
dode der ghulde unde des gheldes nenmande vorder plightigh wesen to ghevende. Ok schal desulve Dithmer sine
levedaghe bruken borgerrechtes to Luneborgh unde we
scholled ene verdeghedinghen vor enen borgher, mer he
schal nicht waken nogh schoten. Dar heft he deme rade
also wo vore daan, dat deme rade unde us wol noeghet.
To ener beteren bewisinghe etc. Na goddes boord dritteynhundert jar in deme sesundesesteghesten jare, in
dem hilghen avende der erliken apostole sunte Symon unde
sunte Judas.

Copialb. d. Arch.

17. Der Bürger Albert Hoyke der jüngere begabt das Armenhaus
vor Blekede. 1366, 11. Nov.

Ik Albert Hoyke de juenghere, borger tho Luneborgh,
ekenne unde bethughe in desseme oppenen breve unde do
rytlik alle den, de en seen und horet lezen, dat ik myt
hansen wyllen unde volbort alle myner rechten erven
unde sunderliken myd vulbort Alheyde myner husvrowen
unde Nycolaus mynes sones hebbe ghegheven unde ghe-
aten lutterliken dorch unsen hern god unde dorch myne
unde myner eldern zele wyllen den kranken lueden in dem
spettale tho Blekede ene mark gheldes Lueneborgher pennighe. De mark gheldes lycht in den twen husen uppe
dem Merc, dede Henneke Krueze bouwet hadde jeghen
der monneghekc hus van dem Schermbeke, unde de mark
gheldes scholet myne erven den kranken luden alle jar
gheven tho ver hochtyden in dem jare, tho paschen, tho
pinghesten, tho unser Vrouewen daghe der ersten, tho
wynachten, tho jewelker tyit IIII schilling, unde schal
jewelken mynschen syn del in de hand doen, unde desulven
lude scholet kesen enen bedderven man, deme se der marc
pennighe loven, de se upneme alle jar van erer weghene
unde enem jewelkem sin antal darvan gheve in der wyse,
also hir vor screven steyd. Weret nue, dat densulven
luden ere wonynghe, dar se nue ane sint, verstoret worde,
wor dat se denne anderweghene weren in erer samelinghe,
dar scal me en de marc penninghe allike wol senden.
Weret ok, dat me de vorebenomeden hues, dar me desse
marc gheldes ut betalen scal, vorerghert worden also, dat
me dar wat an vorbouwen scolde, dat scholden myne erven
douen, unde worden aver de hues vorbrand, des god nicht
en wylle, allyke wol scholden myne erven de marc gheldes
utgheven also, dat den armen luden dar jo nenerleyghe
hinder edder brok an worde. Alle desse vorscrevenen
stucke love ik Albert Hoyken de juenghere myd mynen
rechten erven den vorbenomeden kranken luden tho Blekede in ghuden stede unde vast tho holdende ewychliken

unde jummer meer. Tue ener openbaren bethuginghe hebb«
ik myn ynghezeghel tho dessem breve ghehenghet. Dat alle
desse vorscrevenen stuecke unde handelinghe vor uns gheschen sint, des hebbe wy tho erven ewyghen dechtnisse
unde bethuginghe myd dem vorbenomeden Alberd Hoyken
deme juenghercn unse inghezeghele thosamende tho dessen
breve ghehenghet, unde is ghescheen tho Luneborgh na
godes bort duzent jar unde dre hundert jar, in dem sos-
undesostyghen jare, in sunte Mertens daghe.

Wetet, dat Wychman Ruoter heft tho Blekede gheven
den armen luden alle jar dre schillinghe to sunte Mycha-
beles daghe ewyghes gheldes vicarie sancte Johannes ewangelisten, de nu heft her Bernart Lenteman. Dat hir enjeghen hort, dat vynde gy tho Erteneborch.

Her Albert Hoyke de eldere, deme god gnedych sy.
heft ghegheven den seken tho Blekede IIII schillingh
gheldes alle jarlikes ut eneme verdendele siner pannen-
herschop tho Bruchusen uppe der sulten tho Luneborgh.
Dat heft he bevalen unde schal utgheven Johannes Zemel-
becker, also sin testament utwyset, unde scal dat gheven
tho mytvasten, dat se god vor ene bydden.

Ludolfus et Fredericus dicti de Wesera feccrunt memorias suas hic in Blekede IIII solidos dividendi unicuique hic in manus eorum annuatim, et debent persolvere
Fredericus de Wesera et Volkmarus de Wesera. Quando
presbiteri mortui sunt, tunc debet persolvere vicarius
illorum de Hertesberghe in ecclesia sancti Johannis in
Luneborg. Orate pro eis. Amen.

Dominica proxima post festum epyphanie domini peragetur memoria perpetua Johannis Hutsinghes et Alheydis
uxoris ejus, de qua pauperes in Blekede habebunt tres
solidos. Quartus vicarius altaris omnium apostolorum
in ecclesia sancti Johannis in Luneborch dabit.

Gregorii obiit Marquardus de Plone clericus quondam, familiaris domini abbatis in Luneborch, qui dedit pauperibus in Blekede omni anno tres solidos pro memoria sua · et Cymmen et Wyben, parentum suorum. Decanus kalendarum fratrum et quartus vicarius altaris omnium apostolorum in ecclesia sancti Johannis in Luneborch dabunt.

Unde VI schepel moltes ut sunte Jacobi ghilde alle jar tho sunte Jacobus daghe tho geven, dat is bevalen den olderluden der kranken luden to Blekede.

Ok dre schepel wetensmoltes ut sünte Annen ghilde in allen vasten ut tho ghevende den kranken luden tho Blekede, dat is ok bevalen den olderluden.

Wetet, dat Marcwardus Runteshorn heft ghegheven den armen luden tho Blekede III schillinghe gheldes ewyghes. Dat is bevalen den luden, dede suntene Clawese tho Bardewic [vorstat] unde ok Henninghus der heren knecht wesen heft. De heft gheven IIII schillinghe den armen luden tho Blekede. Dat scal me eschen ok tho den luden, dede suntene Clawese vorstat tho Bardewyc, unde dat ghelt scal me utgheven tho sunte Michaelis daghe van beyder weghene.

Wetet, dat Rolef Rambeke heft ghegheven den armen luden tho Blekede XI schillinghe gheldes myn I wytten penninghes. Dat ghyft ut her Dyderic Bromes.

Gleichzeitige Abschrift d. Arch.

---

578. Die Seestädte der Hanse, welche mit der Stadt Hamburg über die durch den Dänischen Krieg veranlaßten Unkosten in Streit gerathen sind, ersuchen die Rathmänner der Städte Lüneburg und Hannover um einen Schiedsspruch[1]). 1367.

Sappenberg, Gesch. d. Hanse II, 594. verbessert in Hannov. Urk. I, 434.
Recesse der Hansetage Bd. 1. Nr. 393. S. 351 f.

1) Daß der Schiedsspruch nicht erfolgt ist, sehen wir aus dem Schreiben Nr. 406 in den Recessen der Hansetage Bd. I. S. 366; daß der Termin des Schiedsspruches bis auf Weihnachten hinausgesetzt ist, aus dem Recesse Nr. 411 ebend. S. 371.

579. Bernhard von dem Heymbrucke und deffen Frau Alheydis
verkaufen der Brüderschaft S. Mariae (Mariengilde) auf der
Altstadt eine Mark Rente für dreißig Mark.
Lüneburg, 1367, 21. Jan.

Copialb. d. Arch.

580. Der Rath verspricht dem Herzoge Wilhelm von Braunschweig und Lüneburg der von letzterem geschehenen Verpfändung
des Sülzzolls gemäß zu verfahren. 1367, 10. Febr.

We ratman der stad to Luneborgh bekenned openbar
unde betughed in dessem breve, dat we entfanghen hebbet
van useme erliken heren, denen eddelen vorsten, hern
Wilhelme hertoghen to Luneborgh, enen bref; dhe was
mid sineme und mit juncheren Lodewighes inghezegheleu
bezegheled. Dhe bref lud van worde to worde aldus:
(Hier folgt die ganze Urk. 575 vom 19. Juli 1366.)
Ok bekenne we ratman, dat we dor ghunste unde
dor bede uses vorbenomeden heren gherne doen willen
to dessen stucken dat beste, dat we doen konnen unde
moghen. Darup (hebbe we) to ener bewisinghe dor bede
uses heren user stad inghezegel to dessem breve hengbed
laten. Dat is ghescheen na goddes bord dritteynhundert
jar in deme sovenundesesteghesten jare, in sünte Scolastiken daghe der hilghen juncvrowen.

Copialb. d. Arch. Sudendorf, l. c. III, 304.

581. Der Rathmann Hartwich van der Sülten verkauft an Diedrich
Hogheherte einen halben Hof in Thune. 1367, 4. April.

We Jacob van der Brugghe, Jacob van der Molen unde
Clawes van der Sulten bekennen unde betughen openbare in
dessem breve, dat we hebben vorkoft unde ghelaten van her
Hartwighes weghene van der Sulten des jungeren, de eyn radman is to Luneborch, to eynem steden ervekope de helfte des
hoves to Thune Diderke Hogheherten unde sinen rechten
erven mid allerleye rechtticheyt und nud unde tobehore.

ils en her Hartwich ghekoft hadde unde bruket heft belte
in dessen dach, vor veftich mark penninghe, dar uns vul
vore schen is, also dat uns ghenoghet. Des vorescrevenen [10]
zudes wille wi eyn recht warent wesen van des vorscrevenen hern Hartwighes wegene dessem vorscreven Diderke
Hogheherten unde sinen rechten erven, wanne ym des
nod is. Alle desse vorscreven ding love wi vorscreven Jacob
van der Brugge, Jacob van der Molen unde Clawes van [15]
der Sulten mid usen rechten erven dessem vorscreven Diderke Hogheherten unde sinen erven, unde to erer truwen
hant Hanse gheheten Goltsmid unde Hanse Hogheherten
in guden truwen mid eyner zamenden hant stete unde
vast to holdende sunder jenegherhande arghelist. To [20]
eyner betughinghe hebbe wi use inghezeghele henghet an
dessen bref, de gheven is na godes bord dritteynhundert
jar in deme sevenundesestighesten jare, in sunte Ambro-
sius daghe.

(Siegel der v. b. Sülten, ein anderes unkenntlich, ein brittes abgefallen.)

Orig. d. Arch.

582. **Der Knappe Johann von Zarnhausen verkauft zwei Kothhöfe
in Garlstorf. 1367, 9. Mai.**

Ik Johan van Zarnhusen, knape, ik bekenne unde
bethughe in desme openbarn breve, dat ik hebbe vorkoft
rechtes kopes myd volbord myner rechten erven hern
Laurencio, eneme prester to Lunaborch, twe koten, de ik
hadde in dem dorpe to Gerlevestorpe[1]) (in der enen wonet [5]
Brun; de gift to sunte Michelis dage VI scillinghe penninghe unde twe hunre unde to paschen drittich eyere;
in der anderen wonet Henneke Steneke; de gift to sünte
Micheles dage V scillinge penninghe unde twe hunre, to
paschene drittich eiere) vor teyn marc Luneborger pen- [10]
ninghe mid voghedighe unde tinse unde mid allerleye nud
unde mit reychte, als ic se beseten hebbe went an desse

___
[1]) Garlstorf, Amt Winsen.

tyd. Des heft he my unde mynen erven ene gnade gheven, dat wi se wedder moghet kopen vor teyn marc penninghe wente nu to pingesten vord over twe jar. Wer oc, dat ic se denne nicht wedder koste binnen desser tyd, so scole id en recht ervekop bliven. Al desse vorbescrevene dingh de love ik Johan van Zarnhusen, sakewolde, mit minen medeloveren, de hir na bescreven stan, mid Otten van Thune, myd Otten van Wittorpe, dem vorbenomden hern Laurencio unde Gheverde unde Hinrike van der Molen, den twen borgheren to Luneborch, efte we uns mid desme breve manede, to siner truen hant stede unde vast tho haldende sunder jengherleye hynder unde arghelist. Tho eyner grotteren bethuchinghe so hebbe ik Johan van Zarnhusen, sakewolde, mid minen medeloveren, de hir vor bescreven stan, dessen bref beseghelet eyn jewelk myd sineme sunderliken ingheseghele. Dyt is ghescheen na der bord goddes dusen jar, drehundert jar in dem sevenunde- sestighesten jare, in dem hilghen daghe des sondaghes, als men sang Jubilate.

(Drei Siegel, alle mit ben Fischen ber von Wittorf.)

Orig. b. Arch.

583. Der Rath präsentirt dem Archidiaconus in Modestorpe einen Geistlichen zu einer Vicarie der Johanniskirche. 1367, 1. Juni.

Honorabili viro ac domino reverendo, domino Amilio de Versne, archidyacono in Modestorpe in ecclesia Verdensi, consules Luneburgenses obsequii benivolentiam etc. Ad vicariam altaris S. Jacobi in ecclesia S. Johannis in Lune- borgh vacantem —, cujus presentatio ad nos pertinere dinoscitur, discretum virum, dominum Bertoldum Parvi Ni- colai alias dictum vamme Ripe, honestati vestre tenore presentium presentamus, rogantes humiliter et attente, qua- tenus eundem dominum Bertoldum in hujus vicarie corpo- ralem possessionem investire — dignemini. — Datum anno MoCCCoLXoVIIo, feria tercia infra octavas Ascensionis do- mini nostri Ihesu Christi. Orig. b. Arch.

584. Der Rath verkauft die Wage. 1367, 23. Juni.

Nos consules civitatis Luneborch etc., quod nos pro
certa pecunie summa nomine civitatis nostre concorditer
vendidimus ac dimisimus Edelken van der Heyde puelle,
concivi nostre, necnon Elizabeth filie fratris sui domum,
que vulgariter nominatur to der Waghe, cum omnibus suis   5
pertinenciis ad tempora vite ipsarum pacifice possidendam
et habendam. Quecunque earum ultimo vivit post alterius
obitum, domum eandem cum suis commodis et pertinenciis,
quamdiu vivit, optinebit, postquam vero ambe puelle
prenominate moriendo debitum carnis exsolverint, extunc   10
domus preexpressa ad nos et nostros successores libere
devolvi debet et reverti. Ad puteum et ad privatam sive
cloacam debent accessum habere pro eorum commodis,
sicut alii in vicino morantes. Si vero domus prenarrata
vel quecunque alia ad ipsam pertinencia reparari vel   15
emendari deberent in edificiis, hoc consules civitatis Luneborch, qui pro tempore fuerint, sub expensis propriis fieri
procurare debent, postquam ad hoc fuerint requisiti.— In hujus
facti — testimonium etc. Datum anno domini MoCCCoLXVIIo,
in vigilia nativitatis beati Johannis baptiste.   20

Copialb. d. Arch.

**585. Herzog Wilhelm von Braunschweig und Lüneburg verkauft
an Johann Dithmers vier Koten und ein Haus vor der Stadt.
1367, 15. Juli.**

Wy her Wilhelm, van der gnade ghodes herteghe to
Brunswich unde to Luneborch, bekennet openbare an desseme
breve, dat we deme wisen bescedenem manne Johanne
Dithmers hebbet vry ghelaten ver koten, de beleghen sint
buten dem Roden Dore to Luneborch, alse me ut der stat   5
gheyt, to der luchteren hant, de uns hovedenstes plichtich
sint unde gheven uns ok to tynse sos scillinghe unde twe
honre, unde en hus, dare we half hovedenst ane hebbet
ghift achteyn pennyghe unde en hon to tinse. Desse

... ver koten unde his laten we deme vorbenomden Johanne
Dithmers unde synen rechten erven vry an desser scrift
beyde van hovedenote unde van dessenne vorbenomden
tinse vor dortich mark Luneborgher penninghe, de he uns
rede betalet heft, myd sulsudannen underscheide, dat we
unde unse nakomelinghe densulven tyns unde hovedenst,
dat we an den ver koten unde an dem huse ghehat hebbet,
vor dat vorbenomde gheit moghet wedder losen, wan we
willet. Unde we junchere Lodewich, hertoghen Magnus
sone van Brunswich des elderen, bekennet openbare an
dessem breve, eft unse leve here, herteghe Wilhelm, also
afghinghe, dat he nenen echten sone na sich en lete unde
de heresscap to Luneborch an uns queme, dat we alle desse
vorescrevenen stucke dem vorbenomden Johanne Dithmers
unde synen rechten erfnamen holden willen an aller wise,
alse hirevore screven steyt, alse unse leve here, her Wilhelm, don scolde, eft he levendich were. Tho ener grotteren betughinghe alle desser vorescrevenen ding so hebbe
wy unse beyde inghesegbele myd willen ghehengt laten an
dessen bref, de gheven is na ghodes bort drutteynhundert
jar in deme sovenundesosteghesten jare, an deme hilghen
daghe der twolf apostele.

(Siegel des Herzogs und des Junkers Ludwig, letzteres nicht zu erkennen.)
Orig. d. Arch.

565 a. Der Rath verkauft dem Kloster Ebstorf einen Wispel
Sülzrente für fünfhundert Mark. 1367, 24. Juli.
Concept d. Arch.

566. Urkunde des Herzogs Wilhelm von Braunschweig und Lüneburg über Wasserwege und Kornhandel der Stadt.
1367, 20. Sept.

Van der gnade goddes we her Wilhelm, hertoghe to
Brunswich unde to Luneborgh, bekenned openbar in dessem
breve, dat we mid vulbord user erven unde na raadhe
user truwen man hebbet useme raadhe unde user stad to

Luneborgh dor sunderliker vrunschop unde woldaath willen,
dhe se us ghedaan hebben, gheven desse naschrevenen
stucke to ener sunderliken gnade, also dat we ne schollen
nogh willen edder use nacoemelinghe nogh nen man van
user weghene nenerleyie waterweghe maken laten edder
graven edder nemande staden nogh orleven to gravende
edder to makende in useme lande edder dar dooer, dar
men schepe uppe edder inne voeren moghe van Brunswich, van Honovere edder van anderen steden edder jeghenen, dar men jenigh koorne edder jenegherleyie kopenschop uppe edder inne voeren moghe edder andereswod, dar
men schepe edder waterweghe to bedarf, to brukende, in user
herschop edder voord dar dooer in andere land to bringhende.
Ok wanne we edder use voghed to Luneborgh mid deme
raadhe to Luneborgh dhe uthvoere des koernes verbeeden,
so schal dhe uthvoere des koernes verboden wesen to
Luneborgh, to Wynsen, to Horborgh unde to Blekede, unde
al umme binnen useme lande, dar men korne to watere
bringhen magh, unde men schal daar nerne nenerleyie
koorne uthvoeren ane uses voghedes to Luneborgh unde
uses raadhes der stad to Luneborgh willen unde vulbord.
Ok en schal use voghed to Luneborgh edder use anderen
ammethlude in desser vorbenoemeden jeghenen edder
andereswoer, dar men korne to wathere bringhen magh,
neen korne uthvoeren noch jemande orleven nogh staden uthtovoerende ane des raades willen to Luneborgh. Were dat jeman koorne uthvoerede, wanne
dat verboden were, worde he dar over hindered, dat
koorne scholde he verbroken hebben, unde dhe schipman
schal dhe woold beteren mid dren punden. Voerede ok
denne we koorne uth unde brechte dat emwegh unverhin-
dered, dhe schal dat beteren mid also vele koornes, also
he emwegh ghebracht hedde, edder mid also vele penninghen, also datte werd ghewesen hedde, unde dhe schipman
schal dhe woold beteren, also hyr vore schreven steyd;
dar magh men se edder ere goud umme hinderen, wanne
edder woer men des eerst bekomen magh. Schep unde

lude schollen boven dessen broeke nene noed meer liden.
Use voghed to Luneborgh unde dhe raad darsulves scollen
liken deel nemen unde hebben in den vorschrevenen broken,
55 erer een in des anderen pandinghe unde hindernisse, unde
like maght bi sik hebben, eenen giwelken unde syn goud
umme dhen broeke to hinderende. Over we van Brunswich edder van Hildenseem, van Helmstede, van Magdeborgh,
uth der Marke edder van jeneghen anderen jeghenen
60 koorne to Luneborgh voeren wel, dhe magh dat vor use
herschop, slote unde land veligh voeren unghehindered.
Des en scholle we unde use nacoemelinghe edder use ammetlude nemande verbeeden edder hinderen nogh hinderen
laten. Ok moghen use borghere van Luneborgh in user
65 heerschop kopen unde zellen, woer unde wod se willen,
unde dat voord to Luneborgh bringhen van us unde den
usen unghehindered. Ok also we user stad to Luneborgh
unde deme raade breve gheven hebben up den waterwegh
der Elmenowe, up unde nedder to varende van Luneborgh
70 to Uelsen edder voerder, also ym dat eveneд, dar ok inne
steyd, dat men allerleyie goud dhe Elmenowe up unde
nedder voeren moghe, des gheve we nu in dessem breve
user stad unde deme raadhe to Luneborgh desse sunderliken gnade: Dughte deme raadhe to Luneborgh, dat korne
65 unde andere goud schaden doen moghte dhe Elmenowe
up unde nedder to voerende, so scholde dat nemand doen
wedder eren willen bi synem broeke, unde dhen broeke,
hindernisse unde pandinghe schal use voghed to Luneborgh
mid deme raade darsulves hoolden, alse hyr vore schre-
70 ven steyd van der uthvoere des koornes, wanne dat verboden is. Ok also use vader, deme god gnedigh sy, usen
borgheren to Luneborgh unde eneme gywelken dhe gnade
gheven heft in der herschop to Luneborgh, were, dat jemande van noed edder van unghelucke gheladen schep
75 edder leddigh in dhe grund ghinghe edder uppe zand ghe-
voered worde unde dat bestande blive, dat dhe lude schep
unde goud des ane broke bliven schollen ane ansprake,
also gheve we unde stedeghen ym dhesulven gnade na

in dessem breve ewiliken to blivende van us unde usen
nacoemelinghen edder ammetluden unghehindered. Tym- ⁹⁰
merhold, tunnenhold edder ander hold schal nemand uth
useme lande in andere land voeren ane uses voghedes to
Luneborgh unde des raades darsulves willen unde vulbord.
Were dat, dat jemand dar enboven uthvoerede, dhe scholde
alsodannen broeke doen unde uthgheven useme voghede ⁹⁵
to Luneborgh unde deme raadhe to Luneborgh, alse up
dhe uthvoere des koornes ghezad is, wan dat verboden is.
Desse breef en schal neen schade wesen dhen breven, dhe
we dhensulven usen borgheren to Luneborgh ghegheven
hebben edder use elderen, wente we willed ym al dhe ⁹⁶
breve, dhe we ym ghegheven hebben edder use olderen,
stede unde vast holden, unde enen giwelken bisunder, dar—
na ym dat evened. To ener grotteren betughinghe unde
wisheyd, dat alle desse vorschrevenen stucke van us unde
usen nacoemelinghen unde ammetluden stede unde vast ⁹⁵
ghehoolden werden unverbroken, so hebbe we hertoghe
Wilhelm vorebenoemed use ingheseghel to dessem breve
heughed heten, dhe ghegheven is to Tzelle na goddes
boord dritteynhundert jar in deme sovenundesesteghesten
jare, in sunte Matheus avende, des hilghen ewangelisten. ¹⁰⁰

(Prächtiges großes Siegel des Herzogs, der schreitende Löwe, das Feld mit
drei Rosen und mit Sternchen geziert [von Herzen keine Spur]. Umschrift:
S. Wilhelmi ducis de Brunswic et de Luneborch.)
Orig. d. Arch. Sudendorf l. c. III, 330.

587. Herzog Magnus von Braunschweig verspricht, den Herzog
Wilhelm von Lüneburg und dessen Land und Leute gegen jede
Ansprache zu vertreten. 1367, 18. Octbr.

Van der gnade goddes we hertoghe Magnus, hertoghen
Magnus sone van Brunswich, bekenned in dessem openen
breve, wered, dat usen vedderen, hertoghen Wilhelme van
Luneborgh, edder dat land darsulves, slote edder stede
jenmand anclaghede edder anspreke bi sineme levende edder ⁵
darna van des keysers weghene edder des rikes edder

van ervetales weghene, van der anclaghe unde ansprake
wolde we usen vedderen unde dat land, slote unde stede
vorebenoemed entledeghen mid vrunschop edder mid rechte.

10 Vortmer were, dat use veddere vorebenoemed synen ammechtluden edder anderen luden schuld schuldigh bleve na syneme dode, dhe men redeliken bewisen moghte, edder wot
he gheve vor sine sele, dhe schuld unde dhe ghave wolde
we bereeden, also unsere veddere scholde, eft he levede.

11 Al desse vorschrevenen stucke love we hertoghe Magnus
vorebenoemed vor us und use erven in truwen useme vorebenoemeden vedderen unde landen unde luden, de darinne beseten syn, stede unde vast to holdende. To ener
betughinghe hebbe we hertoghe Magnus vorebenoemed

20 use ingheseghel witliken henghed laten an dessen breef,
dhe ghegheven is na goddes boord dritteynhundert jar in
deme sovenundesesteghestem jare, in sunte Lucas daghe,
des hilghen ewangelisten.

Orig. i. Arch.

---

588. Herzog Magnus der jüngere von Braunschweig verspricht,
wenn er Herr des Fürstenthums Lüneburg geworden sei, alle dessen
Rechte und Freiheiten zu achten. 1367, 18. Octbr.

Van der gnade ghoddes we hertoghe Magnus, hertoghen
Magnus sone van Brunswich, bekenned openbar in dessem
breve, were, dat use leve veddere, her Wilhelm hertoghe to
Brunswich unde to Luneborgh, storve, des god nicht en wille.

5 unde nenen rechten erven en hedde, enen sone edder mer,
unde worde we na syneme dode een here der herschop
to Luneborgh unde der land, dhe darto hored, al edder
een deel na latinghe der herschop unde ansate in dhe
herschop, dhe us use leve veddere, her Wilhelm, daan

10 heft, wan dat schuet, so scholle we unde willet dhe herschop to Luneborgh unde dhe land, dhe darto hored
unde dhe use veddere darto had heft, unde alle stighte,
clostere, goddeshus, kerken unde gheystlike leen unde alle
borghe, stede unde wicbelde unde dorp, dhe darinne

beleghen sund, unde alle dhe personen, dhe dhe vorstaan
unde darto hored, prelaten, ebbete, proeveste, vryen, denstlude, riddere unde knechte, ratmanne, borghere unde bure
unde alle dhe unde enen giwelken, dhe darinne wonaf-
tigh unde beseten sund, dhe nu leved unde dhe na ym
komed; se syn leyien, papen, juncvrowen, vrowen edder man,
gheystlik edder werlik, in welker achte se syn, sammet
edder bisunder, unde bi namen de ratmanne der stad to
Luneborgh unde dhe borghere, de nu sund unde ere nacomelinghe, unde dhe zulten unde dhe munthe unde dhe
wesle in der stad to Luneborgh, unde dhe goud up der
zulten hebbet, unde ok bi namen dhe ratmanne unde dhe
borghere der stad to Honovere, dhe nu sund unde al ere
nacoemelinghe, unde dhe munthe unde dhe wesle in der
stad to Honovere laten bi allerleye rechte, richte unde
wonheyt, dhe se had hebbet sammet edder bisunder bi
uses leven vedderen, hern Wilhemes, unde siner elderen
unde siner vorvaren tyden, unde willed se mid goudeme
willen darbi beholden. Vortmer alle zake unde alle
stucke, dhe dhe privilegia unde dhe hantvestinghe
unde allerleye breve utwised unde beschreven staad in
dhen breven, dhe alle desse vorbenoemeden edder erer
giwelk hebbet van usen elderen der herscop van Brunswich unde van usen vorvaren unde uses leven vorsprokenen vedderen, hern Wilhemes, elderen dher herschop to
Brunswich unde to Luneborgh unde van sinen vorvaren,
unde alle dhe breve, dhe use veddere, her Wilhelm, sulven
ghegheven heft unde nogh gift bi syneme levende, dhe
wille we truweliken holden unde dhe mid nichte breken
noch breken laten. Vortmer schollet desse vorbenoemeden land Brunswich unde Luneborgh mid alle dessen landen unde sloten, dhe dar nu to hored unde nogh to komen
moghed, also alse use veddere, her Wilhelm vorbenoemed,
unde hertoghe Magnus, use vader, dhe nu hebbet, een herschop ewighliken bliven unde unghetweyied, unde land
unde lude vorebenoemed scholled nicht mer eneme heren,
deme eldesten huldeghen, oft he bequeme darto

Were he dar nicht bequeme to, so scholde use raad, dhen
we na useme dode leten, enen user rechten erven kesen,
dhe ym to der herschop dughte bequeme wesen. Konden
se des kores nicht eentelligh werden, mid weme dhe raad
to Brunswich, to Luneborgh unde to Honover endrechtliken
tovellen in deme kore, dhen scholden desse land vor enen
heren holden, unde de scholde alle desse vorschrevenen
stucke doen unde hoolden, also se vore unde na schreven
staad. Ok wille we desse vorbenoemeden land unde lude
unde stede truweliken verdeghedinghen eres rechtes unde
erer breve. Wene ok use leve veddere, her Wilhelm, in
syneme raade hedde, dhen scholde we ok in useme raade
behoolden, wan dhe herschop to us queme. Ok scholle
we uses leven vedderen, hern Wilhelms, drosten, marschalk,
schenken unde kemmerere bi eren ammeghten beholden
unde laten. Al desse vorschrevene stucke hebbe we gheloved unde loved in guden truwen alle dhen prelaten, ebbeten,
provesten, vryen, deenstluden, ridderen unde knechten, dhe
in der herschop to Luneborgh unde in den vorsprokenen
landen beseten sund, unde den ratmannen unde den borgheren der stede Luneborgh, Honovere, Uelsen, Luchowe,
Dannenberghe, Pattensen, Mundere, Eldaghessen, Nyestad,
Tzelle unde der wicbelde Wynsen, Dalenborgh, Horborgh,
Blekede unde Rethem unde al eren nacomelinghen to doende
unde gansliken unde unvorbroken ewighliken to holdende,
unde we vorbindet unde verplighted use erven unde use
nacoemelinghe alle desse vorschrevenen stucke truweliken
to holdende unde to doende unde sunderliken to verbre-
vende mid eren beseghelden breven, also we desse stucke
plightigh sund to holdende, unde also alse we dhe hebbet
vorbrevet, also hyrvore beschreven is. Over al dessen
stucken unde deghedinghen hebbet ghewesen dhe eddelen
heren, greven Clawes van Holsten, greve Diderik van Hoen-
steyne unde greve Ludelef van Woenstorpe, unde dhe achbaren
lude unde heren, her Aschwin van Zaldern, provest in der borgh
to Brunswich, her Hinrik, provest to Lune, her Hinrik to Ebbekestorpe, her Diderik, provest to Medinghe, unde her Hermen,

provest to Wennigessen, her Lippold van Vreden, her
Werner unde her Segheband van dem Berghe, her Dide- ••
rik van Althen, riddere, Kersten van Langleghe, kokemester,
Willebrand van Redhen, her Ecgherd van Eldinghe, schri-
vere, Hannes unde Arnd Knicghe, broudere, Siverd van
Zaldere unde Johan Sporeke, puttcker, Hinric Viscule,
Diderik Springintgoud, Clawes Garlop, Johan Semmelbecker, ••
borghere unde ratmanne to Luneborgh, Johann vanme
Steenhus, Olrik Lutzeke, borghere unde ratmanne to Honovere, unde anderer vele gouder lude. To ener grotteren
betughinghe al desser vorebenoemeden deghedinghe unde
stucke unde uses truwen lovedes hebbe we hertoghe Mag- ••
nus vorebenoemed unse ingheseghel witliken to dessem
breve henghed laten, dhe ghegheven is na goddes boord
dritteynhundert jar in deme sovenundesesteghestem jare, in
sunte Lucas daghe, des hilghen ewangelisten.

Orig. d. Arch. Orig. Guelf. IV. praef. 33. Sudendorf, l. c. III, 337.

589. Herzog Wilhelm von Braunschweig und Lüneburg fordert
den Rath auf, dem Herzoge Magnus, des Herzogs Magnus von
Braunschweig Sohne, den er zu seinem Nachfolger in der Regierung erwählt habe, zu huldigen. 1367, 21. Octbr.

Van der gnade goddes we her Wilhelm, hertoghe to
Brunswich unde to Luneborgh, bekenned unde doeth witlik ju ratmannen user stad to Luneborgh, dat we na
radhe user truwen man usen vedderen, hertoghe Magnuse,
hertoghen Magnus sone van Brunswich, ghekoren hebben •
to eneme heren user herschop to Luneborgh na useme
dode. Hirumme bidde we unde willed unde bedet ju in
dessem breve, dat gi mid al usen borgheren to Luneborgh
huldeghen useme vorbenomeden vedderen, hertoghen Magnuse, also gi juncheren Lodewighe huldeghed hadden, dat ••
gi ene vor enen heren hebben willen na useme dode, oft
we storven ane echten sone, enen edder meer. To ener
bethughinghe desser vorschrevenen stucke hebbe we use
ingheseghel mid user witschop ghehenghed heten to

dessem breve. dbe gheghevem is to Tzelle na goddes
boord dritteynhandert jar in deme sevenundesesteghestem
jare, in der elvendusent juncvrowen daghe.

(Siegel des Herzogs.)

Orig. d. Arch. Sudendorf, l. c. III, 335.

590. Der Rath zu Braunschweig erklärt dem Rathe zu Lüneburg
und Hannover, daß er nach des Herzogs Magnus Tode dessen
Sohn huldigen werde. 1367, 21. Octbr.

We de rad der stad to Brunswich bekennen openbare in desseme breve, dat we os hebbet undersproken
mit den erbaren luden deme rade der stad to Luneborgh unde mit deme rade der stad to Honover, dat we
willet na uses heren hertoghen Magnus dode van Brunswich deme erbaren vorsten hertoghen Magnuse, sineme
sone, hertoghen to Brunswich unde Luneborch, unde sinen
rechten erven huldeghen to sineme rechte, alse use wonheyt is to huldeghende unsen heren van Brunswich, alse
vorder, alse he eder sine rechten erven, oft he nicht en
were, os erst alsodane breve gheven unde beseghelen, alse
sine vorvaren os vore ghegheven hebbet unde beseghelt,
unde use borgher belenen ane gave unde wedersprake,
unde hebbet des to eneme orkunde use inghseghel ghehenghet laten to desseme breve, de ghegheven is na godes
bord dusent jar unde drehundert jar in deme sevenundesestighesten jare, in der elvendusent meghede daghe.

(Großes Siegel der Stadt Braunschweig.)

Orig. d. Arch. Sudendorf, l. c. III, 336.

591. Die Schöffen und Rathmänner in Köln melden dem Rathe
der Stadt Lüneburg, so wie anderer Sächsischer und Ostseestädte,
die beabsichtigten Verhandlungen von Rathmännern verschiedener
Hanse-, so wie Holländischer und Seeländischer Städte mit den
Rathmännern von Lübeck, Wismar, Rostock und Stralsund und
beglaubigen letztere. 1367, 22. Nov.

Sappenberg, Gesch. d. Hanse II, 612. Die Recesse der Hansetage I. S 379.

592. Herzog Wilhelm von Braunschweig und Lüneburg befiehlt seinem Vogte, in Sachen des Grafen von Holstein ꝛc. Recht zu sprechen. (1367.)

Wilhelmus dux de Brunswik et Luneborch. Her voget, gi scullet weten, also lef also gi mi hebben, dat gi des nich en laten bi minen hulden, wan gi dessen bref sen, de beseghelet is mit mineme lutteken ingheseghele, dat gi den richten van staden an sunder vortoch greven Hinrike van Holsten unde den van Lubeke edder eren ammechluden, eſt se dat van gi esscen. Aldus wiset de bref ut, de dem vogede scal.

Ex parte Wilhelmi ducis de Brunswic et Luneborc sub sigillo coquinarii Cristiani de Langelghen.

Rückseite: Consulibus civitatis Luneborch.

Ein anderes in der Hauptsache gleich lautendes Original des Arch. hat auf der Rückseite: Woldeke advocato in Luneborch litera detur. Orig. v. Arch. Sudendorf, l. c. III, 333.

593. Verwahrung des Rathes gegen ein gerichtliches Verfahren in Sachen Lüneburger Bürger vor dem Domkapitel in Verden. 1367.

Honorabilibus viris et dominis reverendis preposito, decano totique capitulo Verdensis ecclesie. nobis favorabilibus, reddatur.

Nostris obsequiis cum reverentia et humili salutatione premissis, domini reverendi. Vestre notum facimus reverentie per hec scripta, quod honorabilis vir dominus Hinricus, quondam Verdensis, nunc autem Hildensemensis decanus, jam multis annis percepit redditus unius chori salis in salina Luneborgh, asserens, quod tam per literas capituli Verdensis quam per literas reverendi in Christo patris et domini, domini Gherardi, quondam Verdensis, nunc Hildensemensis episcopi, probare possit et velit, quod idem chorus salis sibi de jure debeatur. Sed dominus Amilius, archidyaconus in Modestorpe, occasione ejusdem chori salis multotiens nostros concives citari mandavit, scribens, ut Verdis coram eo compareant super redditibus sibi debitis, rationes legitimas reddituri. Quapropter honestatis vestre providentiam dignum duximus exorare, quatenus vestris literis nos informare dignemini, qualiter res super hujus-modi choro salis se habeat, nam nos etiam sine strepitu judicii libenter cooperari volumus, quod chorus ille cum suis fluminibus tali persolvatur, qui jus ad ipsum habere sub vestrarum literarum testimonio comprobatur. Rogamus etiam instantia diligenti, ut occasione bonorum salinarium concives nostros ad comparendum in Verda coram archidyacono in Modestorpe vel alio judice ecclesiastico, quantum in vobis fuerit, citari non permittatis, quia tam vobis et vestris quam aliis habentibus bona salinaria conveniens et utile fore credimus, quod bona salinaria in sui juris firmitate fideliter conserventur, et praeterea majori qua possumus attentione petimus et rogamus, quatenus, si commode fieri poterit, sepedictum dominum Amilium, qui nobis et nostris concivibus suis literis citatoriis multum fuit infestus, inducere dignemini, modo quo poteritis aptiori, quod concives nostros ad comparendum Verdis non faciat amplius evocari, quod vero pro grato favore recipere volumus et suo tempore tam apud vos quam apud dominum Amilium remereri, nam in transitu viarum heu! latent et patent tot pericula, quod concives nostri sine periculo non modico rerum et corporum Verdis nequeunt pervenire. Speramus etiam et credimus, quod ipse dominus Amilius non habeat aliquam auctoritatem judicandi in Verda tamquam archidyaconus in Modestorpe, eo quod termini sue jurisdictionis seu fines archidyaconatus sui tam late se non extendunt et nostri concives semper in Luneborgh facere debent in judicio domini archidyaconi, si presidere decreverit aut sui commissarii, si quem substituerit, que merito secundum juris ordinem fuerint facienda. Super premissis responsum petimus gratiosum presentium per latorem. Scriptum nostro sub secreto.

Per nos consules Luneborgenses. Concept im Arch.

594. Die Lübecker Rathmänner sichern den Abgeordneten der Stadt freies Geleit nach Lübeck zu. Nach 1367, vor 1370 [1]).

Constancia sincera dilectis cum salute.

Wethet, dat wy jue dat gheworven hebben by usome rade unde den schuldeneren, dat gy velich moghen komen am sondage in use stad tho deme daghe, unde ok deghenne, de gy myd jue bringen, de wil wy gerne leyden, alse wy plegen to leydende, ane roef unde ane vredelos, unde wo se ok der heren unde der stede velich syn, de in deme landfrede begrepen syn, alse beyder heren van Sassen, der greven van Holsten, des greven van Schouwenborch, der stede Lubek unde Hamborg. Datum Jacobi Plescow sub signeto, quo ambo utimur in presenti.

Jacobus Plescow et Johannes Pertzeval formaverunt hoc.

Aufschrift: Honorabilibus viris dominis Tyderico Springintgud et Alberto Hoyken, proconsulibus Luneborg., amicis nostris dilectis, presentetur.

(Das Siegel fehlt.)

Orig. d. Arch.

---

594 a. Schreiben der zu Wismar versammelten hansischen Sendboten an den Rath zu Lüneburg. (1368), Jan. 23.

Viris magne circumspectionis et providencie, dominis consulibus civitatis Luneborgh, amicis nostris singularibus, presentetur.

Digna et decenti salutacione omnis reverencie et honoris premissa. Noveritis, nos litteram vestram nobis de jure ex parte nostra vobis assumpto [2]) missam reverenter recepisse et intellexisse. Et regraciamur instantissime pro benivolenciis vestris nobis in hiis exhibitis vestre honestati;

---

[1]) Diedrich Springintgut wurde 1367 Bürgermeister, Albert Hoyke starb 1369 oder 1370, obiger Brief muß also in der Zeit von 1367 bis 1370 geschrieben sein.

[2]) vielleicht wegen des von Lüneburg angenommenen Schiedsrichteramtes in dem Streite zwischen Hamburg und den Städten; vgl. oben Nr. 578.

volentes vobis in similibus vel majoribus loco et tempore
oportunis cum nostro grato servicio et graciarum actionibus
pro hiis complacere; rogantes eciam affectuose vestram honestatem, ut loquamini semper cum dominis consulibus Bruns-
wicensibus et Honoverensibus, sicuti vobiscum in redita
nostro de Colonia personaliter contractando loquebamur.
Altissimus vos conservet. Scriptum Wismer sub Wisma-
riensi secreto sigillo, quo utimur pro presenti, dominica
die post Vincencii martiris. Et semper responsum de premissis nobis rescribatis.

     Per consules civitatum Lubek, Stralessund, Rozstoch
     et Wismer, nunc simul in Wismer congregatos ¹).

    Orig. d. Arch.   Gedruckt in den Recessen der Hansetage I, Nr, 426. S. 385 f.

595. Der Priester Volkmar von Braunschweig überläßt dem
Knappen Otto von Thune ein Dritttheil des Zehntens von
Böddenstedt. 1368, 2. Febr.

Ik her Volkmer van Brunswik, een prestere, bekenne
in desseme openen breve, dat ik mit reddelicheyt unde
mit ghudeme willen hebbe ghelaten unde late an desser
jeghenwardichen schrift eweliken to bruckende und to
hebbende deme erbaren knapen Otten van Thuene und
synen rechten erven alle rechticheyt und nued, de ik hebbe
in deme druedden dele des tegheden to Boedenstede ²) mit
alleme rechte, also ik dat hebbe van Otten Groten, hern
Werners sone des ridders, mit deme erbaren heren hern
Anthonius van Thuene, kerkheren to Sunte Johanse to Luneborch, broedere Otten vorghenoemed, und beholde my
noch nemende van myner weghene jenigherleye recht edder
nued meer in desseme vorscrevenen druedden dele des
thegheden. Her Otte van Thuene und syne rechten
erven moeghen darmede doen und laten by lyve und by
levende, wot se willen. Des gheve ik ene vuelle macht.

¹) Das Original hat congregati.
²) Böddenstedt, Amt Oldenstadt.

Dyt love ik her Volkmer vorghenoemd stede und vast
to holdende zuender arghelist und hebbe des to groterer
betuchnisse myn ingezeghele mit willen ghehenghet to desseme breve. Und bir hebben over wesen to tueghe her ..
Johan Bodem, her Johan Westfal, her Johan van Mueden,
prestere und de alle dre belenet zunt in der kerken to
sunte Johanse to Luneborch. Und desse bref de is ghescreven na ghodes bord drutteynhuendert jar in deme
achteundsestighesten jare, in deme hilghen daghe unser ..
Vrowen to lichtmissen.

Orig. d. Arch.

596. Die Lambertibrüderschaft kauft Hausrente. 1368, 13. März.

Nos consules civitatis Luneborch — protestamur, quod
Nicolaus Boleke et Ermeghardis, ejus soror, nunc uxor
Bolten, unanimi consensu vendiderunt provisoribus fraternitatis sancti Lamberti redditus octo solidorum et sex
denariorum in domo, curia et area, que nunc pertinet .
Henneken Hamer, quolibet anno in festo nativitatis Christi
benivole persolvendos, et sic provisores fraternitatis sancti
Lamberti redditus istos debent pacifice possidere. Sed
predicti provisores pro istis reddilibus dabunt consulibus
in Luneborch exactionem, que schot dicitur, singulis annis, ..
sicut burgenses dare solent. Possunt eciam hii redditus
reemi pro octo marcis denariorum Luneborgensium —. Datum
anno domini MoCCCoLXVIIIo, crastino beati Gregorii pape.

Copialb. d. Arch.

**597. Gebhard von dem Berge verkauft sein Haus in Lüneburg.
1368, 21. März.**

Ick Gheverd van dem Berghe, Gheverdes sone van dem
Berghe, bekenne unde betueghe in dessem openen breve,
dat ik mit willen unde vuelbord al miner erven hebbe verkoft to rechtem ervenkope unde vor rade unde vor richte
upghelaten vor dreundesestich mark Luneborgher pennin- .

ghe, de mik rede betalet sint, min hues, hof unde word,
dat dar licht bi der Sultebruegge to Lueneborgh, unde af
ander sid bi deme hoeve, de olden Zeghebande van Wittorpe tohord hadde, de wile he levede, quid unde vry mit
allem rechte unde tobehoringhe, alse mine elderen vore
unde ik na dat vorschreven hues beseten hebbet went
in dessen dach, hern Marquarde van Dannenberghe, enem
prestere, unde demeyenen, deme he dat hus verkoft edder
versath edder bejeghenet bi sinem levende edder darna,
eweliken to besittende unde to bruekende, alse em dat
event, unde ick wille unde schal ym des hueses unde
hoves eyn recht warende wesen, wuer edder wanne he
edder se des bedorven, vor alle denyenen, de darup
spreken moghen edder konnen, unde sunderliken, dat dat
vorbenomede hues to nenem borghlene en hord unde ok
mines echten wives morghengave nicht en is. Unde ick
vertyge unde hebbe verteghen alles rechtes unde aller ansprake, gheistlik edder werlik, de ick daran hadde edder
hebben mochte. Were ok jement, de dat vorbenomede
hus anspreke edder se daran hinderen wolde van miner
edder miner erven weghen mit rechte, darna binnen achte
daghen, went ick des ghemanet worde mit minen medelovern, de hir na schreven stat, van erer weghen, so scholde
we riden in de stat to Lueneborgh unde dar nicht uth to
komende, we en hedden se van allem schaden unde ansprake degher unde tomale entledeghet sunder jenegher-
leie hinder unde vortoch. Alle desse vorschreven stucke
love ik Gheverd van dem Berghe, eyn sakewolde, mit minen
medelovern Hinrike van dem Berghe, Diderike van dem
Berghe, Gheverde van dem Berghe, Borgherdes sone, unde
Gheverde van der Molen, we unde use rechten erven, deme
vorbenomeden prestere hern Marquarde van Dannenberghe
unde to siner truewen hant deme, de de kerkhere is to
sunte Johannese to Lueneborgh, hern Johanne Bodem,
enem vicario darsulves, hern Diderik Springintgude unde
hern Hartwighe Abbenborghe, rathmannen to Luneborgh,
unde deme, de dessen bref heft mit sinem willen, in gouden

truewen mit ener sammeden hant, stede unde vast to holdende dessen kop unde ewich to blivende sunder jenegherhande brok, huelperede unde arghelist. To ener openbarern betueghinghe desses lovedes hebbe we vorschrevenen sakewolde unde medelovers use inghezeghele witliken ghehenghet to dessem breve, de gheschreven is na
goddes bort duesent jar, drehuendert jar in deme achten
unde sesteghesten jare, in sancte Benedicts daghe in der
vasten.

(Vier Siegel der von dem Berge und ein Siegel Gebhards van der Molen.)

Orig. d. Arch.

---

598. Herzog Wilhelm von Braunschweig und Lüneburg ernennt
den jüngeren Herzog Magnus von Braunschweig zu seinem Stell-
vertreter (ammechtmann) in der Regierung des Herzogthums Lüneburg und übergiebt ihm die Verwaltung des Kammergutes,
behält sich aber den Sülzzoll und den Zoll in der Beckerstraße in
Lüneburg vor, ertheilt ihm übrigens die ausgedehnteste Vollmacht.
1368, 19. April.

Copialb. d. Arch. Sudendorf, I o. III, 354. —

---

599. Ritter Segeband von dem Berge verkauft dem Rathe ein
Haus in der Stadt. 1368, 18. Mai.

We her Segheband van dem Berghe, ridder, unde
Johannes, syn sone, knecht, bekennen unde betughed openbar in dessem breve, dat we vor drehundert mark penninghe, dhe us allemale betaled unde in use nud ghekomen sund, endrachtliken mid vulbord user erven hebbet
vercoft unde uppelaten den erliken mannen, deme rahde der
stad to Luneborgh, dhe nu is, unde al des rades nacove-
melinghen, use steenhus, dat dar steyd in der Olden stad
bi uses vedderen hern Werners hove van dem Berghe,
unde dhe woord unde dhen eghendom der stede, dar dat
hus uppe steyt, unde ok dhen hof unde al dat buwe, dat
in deme hove unde up der woord is. Dar en beholde we
us edder usen erven nenerleye recht ann, mer dhe rat-

26

manne der stad to Luneborgh moghed unde scholled mid
deme huse, hove unde woord unde buwe doen unde laten,
wod se willen, unde scholled se hebben also quyd unde
vrygh, also we se had unde beseten hebben. Desses huses,
hoves unde al des, dat darto hord, scolle we unde willed
ere rechte warende wesen, wanne unde wor ym des nod
is. Dat love we vor usik unde vor use erven in guden
truwen demme radhe der stad to Luneborgh in dessem
breve, dar we use ingheseghele mit wischop unde mid
willen to henghed hebben. Dith is ghescheen na goddes
boord dritteynhundert jaar in deme achteundesesteghestem
jare, in deme hilghen daghe der hemmelvare uses heren
Christi.

(Zwei Siegel der von dem Berge. Das Siegel Johanns hat über dem
Schilde einen Helm mit zwei geschmückten Sicheln und an jeder Seite desselben eine Biene.)

Orig. d. Arch.

600. Heinrich von Schwerin verkauft einen Hof in Garze.
1368, 24. Juni.

Ich Hinrik van Swerin bekenne unde betughe openbare in dessem breve, dat ik mid willen unde vulbort alle
miner erven, de nu sint unde werden moghen, hebbe redeliken unde rechtliken vorkoft to eyneme steten ervekope
her Ludemanne van der Sulten unde sinen erven minen
hof to Ghertze[1]) dar nue Clawes oppe wonet, mid alleme
rechte, mid holte, mid weyde, mid wische, mid watere, mid
akkere unde mid aller nued, als en mi min vader ervet
heft unde ik en belle in desse tid bezeten hebbe, vor achte
mark Luneborger pennige, de mi rede bered sint na willen
unde in mine nued komen sint. Des hoves unde gudes
schal ik unde mine erven eme unde sinen erven eyn recht
warent wesen, wor unde wanne en des nod is, unde wolde
se jenich man darane hinderen, dar schal ik se van ent-

---

1) Garze, A. Bleckede.

lcdeghen unde van allemc schaden nemen. Vortmer heft [15]
he unde sine erven mi unde minen erven eyne gnade
wedder gheven, dat ik dat gud unde den hof mach wedder
losen nu to sunte Mertens daghe vort over ver jar. Weret,
dat ik dat vorsumede, so schal dat en rechte ervekop
wesen unde siner erven. Dat love ik Hinrik van Swerin [20]
mid minen erven deme vorscrevenen hern Ludemanne
unde sinen erven in truwen, stete unde vast sunder jene-
gherley hinder unde arghelist to holdende. To eyner
betern betuginghe hebbe ik min rechte inghezeghel an
dessen bref ghehenghet. Unde wi Gherd van Odem unde [25]
olde Ghevert van dem Berghe dor sunderker bede willen
hebben over dessen deghedinghen ghewesen, unde is uns
witlik, unde to eyner betughinghe hebbe wi use inghcze-
ghele an dessen bref ghehenghet, de gheven is na godes
bort dritteynhundert jar in deme achten unde sostighesten [30]
jare, in deme hilghen daghe sunte Johannes to midden-
zomer.

(Drei Siegel des von Schwerin, von Oedeme [ein bloßer Helm mit vier
flügelartigen Ansätzen] und von dem Berge.)

Orig. d. Arch.

601. Die Familie Kind verkauft an Lüdemann Ruscher zwei Höfe
in Häklingen und Grundstücke bei Oedeme. 1368, 24. Juni.

We Hermen, Bertold, Otte unde Dethlef, brodere, gheheten de Kindere, Gherd unde Gherlich, brodere, gheheten
de Kindere, Wasmodes sone, bekennet in dessem openen
breve, dat we mit willen unde mid vulbord al user erven
hebbet verkoft unde laten to rechtem ervenkope use twe [5]
hove to Hekelinghe mit dem campe, de da licht bi der
molen to der Odem, de den Kinderen hort, de ene hoff,
dar Woldeke uppe sith, de ander hoff, dar Topeke uppe
sith, darto de wische, de de ligget uppe der Odem, unde
de wisch, de de licht uppe der Elmenowe in deme holte [10]
to Hekelinge, de den Kinderen tohoret, vor vertich mark
und hundert Luneborger penninge Ludemanne Ruschere

26*

und sinen rechten erven unde deme, de de us manet van
siner weghen mit dessem breve. Desse hove unde dit guth
hebbe wi eme verkoft mit alle deme rechte, dat darto hort,
mit tinse, mit vrucht, mit ackere, mit holte, mit velde, mit
allerleie nuth, de darto horen mach van rechtes weghen,
beide binnen unde buten, alse we unde unse erven se beseten hebbet went in desse thit, und scholen em des gudes
eyn warende wesen, also eyn wonheit is in deme lande.
Weret, dat ene edder sine erven dar jement ane hinderen
wolde van user weghen mit rechte, dar scholde wi unde
wolden se van entledeghen, wenne wi des ghemanet worden van erer weghen sünder hinder unde vortoch. Ok
hebbet se us ene gnade gheven, dat we dat guth moghen
wedderkopen und losen to allen wynachten, wen id us
even kumpt, vor de vorbenomeden penninge. Alle desse
vorschreven stucke love we Hermen, Bertold, Otte unde
Dethlef, brodere, gheheten de Kyndere, Gherd unde Gherlich,
brodere, gheheten de Kindere, Wasmodes sone, mit usen
rechten erven deme vorbenomeden Ludemanne Ruscher
und sinen erven unde deme, de de us manet van siner
weghen, mit dessem breve in guden truwen mit ener sammeden hant stede unde vast to holdende sunder jenegherhande brok und arghelist. To ener openbarern betughinge
desses lovedes hebbe we Kyndere menliken use ingheseghele witliken ghehenget to dessem breve, de ghescreven
is na goddes bord dusent jar, drehundert jar in deme
achten unde sesteghesten jare, in sancte Johannes daghe to
middensomer.

Transsumt in einer Urk. d. Arch. von 1401, 21. Nov.

602. König Albrecht von Schweden, dem die Hansestädte gegen
Dänemark Hülfe geleistet haben, bestimmt die Rechte, welche die
Kaufleute einer großen Zahl derselben, unter denen auch Lüneburg genannt wird, in Schweden genießen sollen, und ordnet
namentlich die Zollverhältnisse. Valsterboden (Falsterbo in Schonen),
1368, 25. Juli.

Sappenberg, Gesch. d. Hanse II, 648. Lübecker Urk. III, 963.
Die Recesse der Hansetage I, Nr. 453. S. 410 f.

603. Annahme eines Hofmeisters im Hospitale S. Nicolai Hof. Lüneburg, 1368, 2. Aug.

In nomine domini amen. Anno nativitatis ejusdem M°CCC° sexagesimo octavo, indictione sexta, mensis Augusti die secunda, hora terciarum vel quasi, pontificatus sanctissimi in Christo patris ac domini nostri domini Urbani. divina providencia pape quinti, anno sexto, in mei notarii publici testiumque infra scriptorum ad hoc specialiter vocatorum et rogatorum presencia personaliter constitutus honestus vir dominus Nycolaus Garlop, consul in Lueneborgh et provisor hospitalis ecclesie sancti Nycolai in Bardewik Verd. dioecesis, publice recognovit, quod Nycolao Lowen, villano in Bardewik, ac Ghesen, sue uxori legitime, ob specialis devocionis affectum, quem contra idem hospitale habuisse dinoscuntur, concessit, donavit et assignavit prebendam in dicto hospitali, qualem magistri curie ibidem habere consueverunt, vite eorum temporibus possidendam. Qui quidem Nycolaus Lowe regimen ejusdem curie in Bardewik, quamdiu preesse poterit et valetudinarius fuer't, absque ullo impedimento optinebit, [quando] vero deficientibus viribus preesse non poterit regimini supradicto, extunc predictus Nycolaus una cum uxore sua predicta prebenda libere et plenaliter, ut premittitur, pocietur, prefatis vero Nycolao et uxore sua de medio sublatis, omnia eorum bona mobilia et immobilia, acquisita et acquirenda, ad predictum hospitale perpetuo remanebunt nichilque juris in eisdem bonis sibi et suis heredibus reservantes ita, quod heredes eorum super repeticione eorundem bonorum nec in jure civili nec canonico contra prefatum hospitale et suos provisores aliquam instituent actionem, prout hec omnia et singula supradicta predictus Nycolaus Lowe et Hinricus filius ejus, clericus dicte Verd. dioc., tunc presentes promiserunt .... notario infrascripto solempniter stipulando. Post hec prefatus dominus Nycolaus Garlop me notarium infrascriptum cum instancia requisivit, ut super premissis sibi pro majori autentico publicum conficerem instrumentum.

Acta sunt hec in novo foro Lueneborgh anno domini etc.
presentibus discretis viris dominis Hinrico Werders, perpetuo vicario ecclesie sancti Johannis in Luneborgh, Hartwico de Abbenborgh, consule ibidem, — testibus etc.

Et ego Johannes de Meynem. clericus etc. notarius etc.

Orig. i. Arch.

604. Ulrich van Remstede verkauft Rockenzins aus einem Hofe in
Nahrendorf. 1368, 13. Aug.

Ik Ulrik van Remstede, Berndes sone van Remstede,
bekenne openbare in dessem breve vor alle denyenen, de
ene seen edder horen, dat· ik myd willen unde myd vulbord alle myner erven, de nue sint unde tokomen moghen,
hebbe verkoft unde verkope hern Hinrike Langhen, eneme
vicario to Medinghe, ewichliken unde to rechteme ervekope
twe wichempten roghen in myneme hove to Norendorpe [1]),
dar nu inne wonet Henneke Rone, alle jar to beredende
to allen sunte Mychabelisdaghen uppe deme klosterhove
to Medinghe, vor verteyndehalve mark Luneborgher penninghe, de my na willen rede bered syn. Were aver,
dat deme vorescrevenen hern Hinrike de roghe nicht betalet worde uppe de voresproken tyd, so scholde her Hinrik
edder de syne dat panden ut deme hove ane hinder mynes
unde myner erven. Were aver, dat de voresprokene hof
vorwoested worde, des god nicht en wille, van brande
edder van rove edder van iheneghcrleye mysghevelle, so
schal her Hinrik Langhe edder deme he dat ghift efte
ervet, de vorebenomeden twe wichempten rogghen alle jar
to sunte Mychahelisdaghe boren ute deme halven tegheden,
den ik dar hebbe in deme sulven dorpe. Were aver, dat
hern Hinrike edder sinen erven efte deme, dem he dat
ghift, iheneghe breke scheghe in dessen vorbenomeden
dinghen, so schal unde wil ik Ulrik vorebenomede myd
mynen medeloveren, de hir na screven stat, binnen den

[1]) Nahrendorf, A. Bletede.

neghesten achte daghen, swant men uns manet, riden in
de stat to Luneborch, uppe unsen eghenen schaden, kost
unde arbeyd, dar nicht ut, wy en hebben entrichtet desser
stucke al ghebreke unde alle hinder. Alle desse stucke
unde en yslik by syk love wy vorebenomede Ulrik, sake-
woldeghe, Clawes, myn broder, Ulrik unde Bernt, Heynen
kindere van Remstede, Ulrik Boucmaste unde Johan Sporeke en truwen myt sameder hand hern Hinrike Langhen
unde eme to guder hant deme proveste van Medinghe,
we he sy in der tyd, Clawese unde Hinrike Schomakere,
brodere hern Hinrikes, unde Hinrike Ottersleven, unvorbroken,
stede unde vast to holdende sunder ihenegherleye arghelist. Des heft her Hinrik my ene gnade weder gheven,
dat ik enen wedderkop hebben mach bynnen teyn jaren,
de nue neghest tokomende syn, ume datsuelve ghelt
to unser Vrowen daghe der hemelvart. To ener beteren
betughinghe desser vorescrevenen ding hebbe wy unse
inghezeghele ghehenghet laten an dessen bref, de ghegheven is na godes bord drutteynhundert jar in deme achte-
undesestighesten jare, in sunte Ypolitus daghe des hilghen
merteleres.

(Vier Siegel der von Remstede, Siegel Ulrichs Botmaste unkenntlich, Siegel
Johanns Sporeke.)

Orig. d. Arch.

605. Herzog Wilhelm von Braunschweig und Lüneburg überläßt
dem Rathe einen Hof an der Ilmenau. 1368, 20. Aug.

Van godes gnaden we her Wilhelm, hertoghe tou
Brunswich unde tou Luneborgh, bekennen unde betughen
openbare in desseme breve, dat wy hebbet ghegheven unde
gheven in desseme breve dor sunderker vruntschop willen
deme rade user stad tou Luneborgh, de nu is unde synen
nakomelinghen, allen tyns, hovedenst unde allerleye recht
unde nuet, de wy unde use vorvaren hat hebben in deme
huse, hove unde woerd, de dar ligghen bi der Elmenowe
buten deme Roden dore, de wandaghes Johanne Melbeken,

10 useme borgbere tou Luneborgh, touhord hadde, unde beholden uns noch unsen erven dar nicht meer rechtes ane.
Tou ener belughinghe desser dingh hebbe wy unse ingbe-
seghel witleken tou desseme breve laten benghet, de ghegheven is na godes bort drutteynhundert jar in deme achte-
15 undesostegbesteme jare, des sondaghes vor sunte Bartho-
lomeus daghe des hilghen apostoles.

(Zerbrochenes kleines Siegel des Herzogs.)

Orig. d. Arch.

606. Gegenseitige Verpflichtungen der Herzöge Wilhelm und
Magnus von Braunschweig und Lüneburg über die Erbfolge im
Fürstenthume Lüneburg. Lüneburg, 1368, 14. und 15. Sept.

a. Herzog Wilhelm übergiebt dem Herzoge Magnus dem jüngeren
von Braunschweig der von letzterem ausgestellten Versicherung
(Urk. 468 und 469) gemäß den erblichen Besitz des Herzogthums
Lüneburg und ertheilt dem Rathe des Herzogs Magnus das Recht,
nach dessen Tode einen seiner Söhne zum Landesherrn zu wählen.
1368, 14. Sept.

b. Herzog Magnus der jüngere verpflichtet sich zur Uebernahme
der Herrschaft über das Fürstenthum Lüneburg auf die von dem
Herzoge Wilhelm gestellten Bedingungen. 1368, 14. Sept.

c. Herzog Wilhelm wiederholt die Einsetzung des Herzogs Magnus
des jüngeren in die Herrschaft des Fürstenthums Lüneburg, behält
sich aber den Genuß gewisser Einkünfte vor. 1368, 15. Sept.

d. Herzog Magnus der jüngere gelobt, die ihm an demselben
Tage vom Herzoge Wilhelm gestellten Bedingungen bei Uebernahme
der Herrschaft zu halten. 1368, 15. Sept.

Sudendorf l. c. III, 381—384.

607. Der Rath verkauft dem durch Albert van der Molen gestifteten Convente der Beghinen acht Mark Rente, welche für 120
Mark zurückgekauft werden können. 1368, 18. Octbr.

Orig. d. Arch.

607a. Der Rathmann Albert Hoyke der ältere macht in seinem
Testamente mit Sülzrenten und andern Gütern bedeutende Stiftungen zu Gunsten seiner Verwandten und einer großen Zahl
von Klöstern und Armenhäusern. 1368, 29. Nov.

Isenhag. Urk. 292.

608. Der Knappe Gebhard von dem Berge verkauft mit Bewilligung der Herzöge von Braunschweig und Lüneburg dem Bürger
Gottfried von Gherstede funfzehn Mark Rente aus den Sonn-
abenden der Sülze für zweihundert und funfzig Mark.
Lüneburg 1368, 4. Dec.

Copialb. d. Arch.

609. Verbindung des Rathes mit dem Rathe in Hannover zu
gegenseitiger Vertheidigung. (Vor 1369.)

Wii borgermester unde ratmanne der stad to Luneborch bekennen openbar tugende in dessem breve, dat wii
myd unsen vrunden, dem rade to Honover, und se myd
uns umme mer vredes und ghudes willen semptliken hebben
togesecht dem hochebornen vorsten, unsen gnedigen heren, 5
hertigen Wilhelm etc., und sine gnade uns wederumme
aldus: Wor unser eyn des andern mechtic sii to ere
unde to rechte, dat wille und schulle unser eyn vor den
andern beden van stund, wen de dat esschet, wur und
wem des to donde woerde, unde en hulpe de rechtbedinge 10
nicht, so wille wii und schullen des bii enander bliven
unrechtes to irwerende, so vurder unses gnedigen heren
gnade vorbenomt uns semptliken und bisundern bii gnade,
vryheit und rechte beholde und late, unde eſt wii dene
aldus (?) to veyden etc. quemen, so en schal sik unser eyn 15
sunder den andern nicht sonen, es en sii malkes wille.

Were ok, dat unser welk sampt eder bisundern bestald
eder vorbuwet worde und unser eyn des andern mechtich
were, so vorgerord is, dem dat wedervore, wille wii andern
²⁰ berschup unde stad [waren] und schullen truwelken behulpen
wesen und bynnen achte dagen des eder der viend werden,
der wolt wederstande sunder vortoch, und unser eyn dem
andern alle dingh to ghude keren, holden und don ane
geverde. Dessen to bekantnisse etc.

Concept d. Arch.

**610. Schreiben des Rathes an den Rath in Lübeck, die Erwer-
bung der Stadt Lenzen betreffend. (Vor 1369.)**

Unse bereede deenst unde vruntlike gruete tovoren.
Leven heren unde sunderlike vrunde. Juwer loeveliken
wysheyd doe we witlik in dessem breve, dat dhe bischop
van Brandenborgh unde andere raadgheven des marcgreven
⁵ van Brandenborgh uses rades kumpane hebben hemeliken
verstaan laten, wolden gi unde dhe ratmanne van den
zesteden juk bestaden, vorenen unde vorbinden up ene tyd
mid dem marcgreven van Brandenborgh, dat wolde de
marcgreve ok doen mid ju, unde wolde gi Lenzen hebben
¹⁰ umme penninghe to ener tyd, dat wolde ju de marcgreve
doen. Hiirup moghe gi juk beraden unde denken, wod ju
evene kome, unde enbeded us wedder juwen willen. Wolde
gi dith doen, konde we daar denne gight goudes voerder
to arbeyden, dat wolde we gheerne doen, oft gi dat van
¹⁵ us hebben wolden. Scriptum nostro sub secreto. Responsum petimus.

Consules Luneborgenses mittunt.

Auffchrift: Honorabilibus ac prudentibus viris, dominis
consulibus civitatis Lubeke, nostris specialibus et dilectis
¹⁰ amicis, detur.

Lübecker Urkundenb. III, Urk. 753.

11. Der Propst Segeband van Thune in Uelzen verkauft drei Höfe in Bahrendorf und Göddingen. Lüneburg, 1369, 6. Jan.

Ik her Zeghebant van Thune, provest tho Ullessen, bekenne unde bethughe openbare in dessme breve, dat k hebbe vorkoft unde vorkope in desser scrift tho eneme rechten ewighen ervekope deme erliken manne, hern Anthoniese van Thune, myneme brodere, deme kerche- 5 ren tho sunte Johanse tho Luneborch, dre hoeve, enen tho Berdorpe¹), dar nu uppe sit Johan Nigeman, unde twe thou Godinghe²), dar den enen nu besittet Hempe Storm unde den anderen Heyne Snelle, vor achtentich mark Luneborgher penninghe, de ik mid minen eghenen peninghen koft 10 und ghetueghet hebbe, und van nemende tho lene ghad, mid besittinghe unde untsettinghe, mid voeghedye unde mid alme rechte unde mid allerleye slachter nut ewichliken tho besittende, also ik se beseten hebbe. Unde ik en hebbe my noch den, den tho miner truwen hant gheloved is, an 15 dem breve, den my Huener van der Odeme und sine medelovere uppe de vorscrevene hoeve gheven hebbet, unde nemende nicht mer rechtes beholden edder anwardinghe in densulven hoeven, sunder de vorbenoemde her Anthonius mach darmede doen unde laten by levende unde 20 by dode, wod eme beheghelik is. Ock so schal ik unde wil eme des kopes unde der vorscrevenen hoeve en recht warende wesen, alse my Huner van der Odeme unde sine medelovere ghewaret hebbet an deme breve, den se my gheven hebbet uppe desulven hoeve. Alle desse vorscrevene 25 stucke de love ik her Zeghebant vorbenomet an truwen deme vorsprokenen hern Anthoniese, mineme brodere, in dessme breve stede unde vast tho holdende sunder allerleye arghelist unde hulperede. Tho ener openbaren bethugimghe unde bewisinghe so hebbe ik mid wischop unde mid willen myn 30 inghezeghel ghehenghet tho dessem breve, de ghegheven

<hr />

¹) Bahrendorf, A. Lüneburg.
²) Göddingen, A. Plekede.

is na godes boerd drutteynhundert jar in deme neghenunde-
sosteghesten jare, in deme hilghen daghe to twolften.

(Zerbrochenes Siegel des Propstes.)

Orig. b Arch.

612. Der Pfarrer zu S. Johannis Anton von Thune stiftet in
seiner Kirche eine Vicarie. Lüneburg, 1369, 21. Jan.

Universis presentia visuris seu audituris Johannes de
Buckene, archidiaconus in Modestorpp in ecclesia Verdensi,
salutem in domino sempiternam. Universitati vestre tenore
presentium innotescat, quod accedens ad nostram presentiam
honorabilis vir, dominus Anthonius de Thune, rector ecclesie
beati Johannis in Luneborg Verdensis diocesis, felici ductus
proposito a nobis cum instantia debita petiit et postulavit,
ut liceret eidem quoddam perpetuum beneficium in ecclesia
beati Johannis predicta in capella sancte Marie virginis ad
partem australem, ad altare sancti Andree apostoli ac
beate Anne matris Marie, instaurare seu dotare cum bonis
et conditionibus infrascriptis, videlicet cum una curia in
Berdorppe et duabus curiis in Goddinghe, necnon una curia
in Holstele[1] cum omnibus juribus, exceptis octo solidorum
perpetuis redditibus de curia Holstele, quos redditus idem
dominus Antonius — assignavit — ad memoriam domini Hinrici de Boytzenborch, quondam archidiaconi in Modestorppe,
et sui, Anthonii antedicti, — tali conditione apposita, quod idem
Anthonius tempore, quoad vixerit, et post mortem ipsius
rector beati Johannis — obtinebunt perpetuum jus presentandi
personam ydoneam etc. Nos vero considerantes etc., nec
non ipsius domini Anthonii fundatoris precibus inclinati, instaurationi, fundationi, dotationi, nec non conditionibus — supradictis consensimus etc. Et ego Anthonius, rector
ecclesie beati Johannis in Luneborg supradictus, in evidens
testimonium etc. Datum in Luneborg anno domini M°CCC°
LXIX°, ipso die beate Agnetis virginis.

Copialb. b. Arch.

1) Holzen, A. Lüneburg.

13. Der Rath bezeugt, daß der weil. Rathmann Jacob Houth ı seinem Testamente mit Bewilligung seiner Brüder, des Propstes er Hildesheimischen Kirche Nikolaus (Houth) und Friedrichs, sei- er Schwester Benedicta auf Lebenszeit eine Rente von zwölf Mark us den Gütern Jacob Houths und seiner Brüder vermacht habe, iie nach der Schwester Tode auf seine Tochter Meghtildis im Klo- ster Lüne für deren Lebenszeit übergehen soll. 1369, 14. Febr.

Orig. d. Arch.

314. Herzog Erich von Sachsen verkauft einigen Bauern ein Fisch- wehr in der Elbe. Lauenburg, 1369, 8. April.

Van ghodes gnaden Erich, hertheghe thu Sassen. En- gheren unde Westfalen, bekennet unde bethuget openbare in dessem breve, dat we unde unse erven mit berade unde mit willen vorkoepet unde hebbet vorkoft, dessen nascre- venen luden, Ludeken, Johan Groten, Voltzeken Vischere, Lemmeken Pepers, Arnde Herders, junghe Clawes Hoghen, Henneken Syverdes, Heyne Hassen, Henneken Greven, Hen- neken Copmane unde Clawese Tzunke, unde eren erven dat weer, dat dar slaghen is in der Elve van der Besen- horst wente thu Swinden, ewichliken thu besittende unde kindeskinde thu ervende vor hundert Luneborgher mark, de in use nuet sint ghekeret, men we beholdet in deme were, wot me vengt van lampreyden unde van stoeren unde alle visch, dar we recht thu hebben, unde alle vrig- heyt, richte unde rechticheyt, de hort thu unser Elve. Were, dat desser lude welc icht ere erven dorch motwil- len ere deel vorkoupen icht vorpanden wolden eren noc- ten, de em beseeten weren, de scoulet likewol alle rech- ticheyt beholden, also de hir vore stat bescreven. Holt schuelet se kopen ut unseme wolde; dar wil we se thu vorderen unde de unse des besten, des wye moghe. Were, dat de hertheghe van Luneborch unde wye vygende worden, so schal dit gut velich wesen uppe der Elve, unde desse luede vor uns unde vor alle den, de dor unsen willen dun unde laten willet, ok schuellet se uns thu allen suntte

Mertensdaghe teyn mark gheldes gheven Luneborghe penninghe. Vortmer mangh dessen vorbenuemeden luede sint wye de twelfte unde hebbet unse twelften deel in dem weere mit ener halven nacht, unde unse deel, dat schule

10 se uns bevischen laten, unde antworde dat unsem bouden den wye dat bevelet. Och schal men neen weer bovet ichte neden negher slan, denne dat nu bi Erteneborch i begrepen. Unde wye Ludeke, Johan des Groten, Voltzeke Vischere, Lemmeke Pepers unde unse kumpanie, de vore

15 screven stat, bekennet unde vorgheet uns des, dat we di vorbenoemde weer thu Swynden hebbet unde besittet vat unsenem gnedeghen heren, hertbeghen Ericke thu Sassen, unde van sinen erven. Tu eyner witliken bekantnisse unde thu eyner ewighen stedinghe so is unse ingheseghel henghet

20 laten thu desseme breve, de gheven unde screven is thou Louenborch na ghodes bort dritteynhundert jar in deme neghenundesesteghesten jare, des sundaghes na paschen. also men singet Quasi modo geniti.   Orig. v. Arch.

615. Die Herzöge Wilhelm und Magnus übergeben dem Rathe, auf den Fall, daß sie die von ihnen verbürgte Anleihe nicht zurück-zahlen, das Schloß Harburg. Lüneburg, 1369, 4. Mai.

Van der gnade ghodes we her Wilhelm unde her Magnus, hertoghen to Brunswich unde to Luneborgh, be-kennen in dessem openen breve, dat dhe raad user stad to Luneborgh vor uns, unse erven unde nacoemelinghe

5 gheloved heft also sakewolden, Gheverdde, Honere unde Hildemere, broederen, unde Raboden, ereme veddern, ghe-beten van Plote, unde eren erven unde to erer truwen hand hern Arnde van Jaghowe, Gherde van Wustrowe, Hinrike van Dannenberghe unde Enghelken Kappenberghe.

10 twedusend mark und sestigh mark Luneborgher pen-ninghe, to betalende binnen dhen achte daghen to paschen. dhe neghest tokomende sund, dar we, use erven unde use nacoemelinghe se uppe dhesulven vorschrevene tyd schadeloes afnemen willen unde scollen. Were over, dat

we van noed weghene des nicht doen en konden, dat scholde 15
we dhen raad to Luneborgh in deme hilghen daghe to
lichtmissen vore weten laten, unde so scholde we, use
erven unde nacoemelinghe deme rade to Luneborgh ane
hinder unde ane vortogh use slot Horborgh mid tollen,
voghedye, tinse, mid allerleyie rechte, richte unde nud, mid 20
deme sundergoude unde mit al dem, dat to dem slote unde
to dem sundergude hoord, antwerden des neghesten soen-
daghes to midvasten, unde dhe raad to Luneborgh scholde
dat slot Horborgh unde dat sundergud also langhe beholden unde hebben mid aller nud unde tobehoringhe, 25
wente we deme rade edder denme, demme dhe raad dat
slot unde dat goud verpendet hedde, dhe vorschrevenen
twedusent unde sestigh mark Luneborgher penninghe unde
den schaden, den se darvan hedden, altomale wedder
gheven unde irleghered hedden. Ok en scholle we dat slot 30
Horborgh unde dat sundergoud unde wod darto hoord,
nemende anders verpenden, versetten edder bevalen binnen der tyd, dat dhe raad van Luneborgh edder deme
se dat slot unde dat sundergoud verpended, ere penninghe
darane hebben. We scholled ok unde willed usen ammet- 35
man, dhen we nu to Horborgh hebben, edder oft we dar
enen nyen zetten binnen desser tyd, van staden an bringhen
edder zenden an den raad van Luneborgh, dat he dat slot van
deme rade entfanghe, unde loven deme rade to Luneborgh, dat
he dat slot, dat sundergoud mid al eren tobehoringhen truwe- 40
liken bewaren wille to des rades nud, al de wile se des
eme ghonnen willen. Dhe raad magh dar ok wool enen
anderen ammetman setten, wene se willen, oft id demme
rade dunked nutte wesen. Ok orleve we in dessem breve,
dat dhe raad to Luneborch mid dem slote Horborgh unde 45
mid demme sundergude dhe vorbenoemeden twedusend
unde sestigh mark werven moghen, woer se konnen, unde
we, use erven unde nacoemelinghe schollen demme rade
unde wene dhe raad dat slot unde sundergoud verpended,
breve darup gheven unde beseghelen, wo se dhe deghe- 50
dinghen konnen mid dhen, dhen se dat verpenden. Ok

scholle we unde willed dhen raad to Luneborgh unde
dhen, deme se dat slot verpended, mid deme slote truweliken verdeghedingen, woer is ym nod is. Al desse vorschrevene stucke love we her Wilhelm unde her Magnus,
hertoghen vorebenoemed, deme rade to Luneborgh, dhe
nu is unde synen nacoemelinghen, dat we se truweliken
unde unvorbroken holden willen. To ener bewisinghe unde
tughnisse hebbe we use ingheseghele mit wischop unde mid
willen to dessem breve henghed heten. Dith is ghedeghedinghed unde desse bref is besegheled unde gheven to
Luneborgh, na ghodes boord dusend jar, drehundert jar
in deme neghenundesesteghstem jare, des neghesten vrydaghes na sunte Wolberghe daghe.

(Kleines Siegel des Herzogs Wilhelm, sehr kleines Siegel des Herzogs Magnus
[Helm mit der Säule und drei Pfauenwedeln; vor der Säule das springende
Pferd]. Umschrift: Sigillum Magni junioris ducis de Brunswich.)

Orig. d. Arch. Sudendorf l. c. III, 413.

616. Heinrich von Schwerin verkauft an Lüdemann van der
Sülten seinen Hof in Garze. 1369, 24. September.

Ick Hinrik von Swerin bekenne openbare in dessem
breve, dat ik unde myne erven, de nue sint unde werden
moghen, hebbe vorkoft to eyneme steten ervekope her
Ludemanne van der Sulten, Hartwige, sinem zone, unde
eren erven mynen hof to Ghertze[1], dar Parle oppe wonet
hadde, mid alleme rechte, als en nu heft ervet min
vader unde ik bette in dessen dach beseten hebbe, vor
vif mark Luneborgher penninghe, de mi rede na willen
bered sint, myd holte, mid weyde, mid wischen, mid
ackere, mid watere unde mid aller nued unde rechte, dat
to deme hove hort, unde ik unde myne erven dar nicht mer
ane en hebben unde beholden, men dat se unde ere erven
des withliken bruken unde besitten. Ok wil ik en des hoves
eyn recht warent wesen, wor unde wanne unde wo dicke
en des nod is. Vortmer si witlik, dat se unde ere erven

¹) Garze, A. Bleckede.

mi unde mynen erven hebben eyne gnade wedder gheven,
dat ik den hof mach wedder losen umme de vorscrevenen
vif mark nue to sunte Mertensdaghe vort over veer jar mid
mynen eyghenen pennighen. Alle desse stucke love ik,
Hinrik van Swerin, mid minen erven den vorscreven her
Ludemanne van der Sulten unde Hartwighe, sinem zone,
unde eren erven unde deme, de dessen bref heft mid
eren willen, in truwen stete unde vast sunder jenegherleye
hinder unde arghelist to holdende. To eyner betern betughinghe hebbe ik mid willen min inghezeghel an dessen
bref ghehenghet. Unde ik, Gerd van Odem, hebbe over
dessen deghedinghen ghewesen, unde to eyner tuchnisse
henghe ik min inghezeghel an dessen bref, de gheven is
na godes bort dritteynhundert jar in deme neghenunde-
sestigesten jar, in sunte Gherderde [1] daghe.

(Siegel Heinrichs von Schwerin und Gerhards von Odeme.)

Orig. d. Arch.

617. Der Rath borgt von einer Vicarie in Lübeck sechshundert
und funfzehn Mark und verspricht, dafür die Einkünfte von einem
Wispel Sülzrente zu zahlen oder statt deren einen Wispel Sülzrente für die Vicarie zu kaufen. Desgleichen verkauft er für
sechshundert und funfzehn Mark die Einkünfte eines Wispels
Sülzrente dem Johanniskloster in Lübeck unter derselben Bedingung. Lüneburg, 1369, 30. September.

Copialb. d. Arch.

618. Die Herzöge Wilhelm und Magnus von Braunschweig und
Lüneburg genehmigen eine Veränderung der Stadtthore und ver-
bieten Handwerksbetrieb außerhalb der Stadt. Lüneburg, 1369,
27. October.

Van der gnade ghodes we her Wilhelm unde her
Magnus, hertoghen to Brunswich unde to Luneborgh, bekennen unde betughen in dessem breve, dat we mid vulbord
user erven unde na rade user truwen man hebben ghegheven unde ghevet useme rade unde usen borgheren user

---

[1]) ob s. v. a. Gerarde? Wäre es s. v. a. Gertrude, würde das Datum
der Urkunde der 17. März sein.

stad to Luneborgh, dhe nu syn unde eren nacoemelinghen.
dor sunderliker wooldaat willen, dhe se us ghedaan hebben,
desse gnade, dat se nu van staden an edder darna, wan
ym dat event, moghen tomuren dat Grimmedoer unde
moghen dar graven butene vore breken unde maken laten
to user borgh word. Ok moghen se vor dat Spillekendoer
enen ghraven maken laten to user borgh word unde moghen
dar ene velbrucghe vore maken. So schollen se des Lindenbergheren dores bruken up unde to to slutende, also
se der anderen staddore doen. Wolden se ok dat Lindenbergher doer verghaan laten, so scholden se twischen dat
Grimmer doer unde dat Lindenbergher doer nen doer in
maken, also de breve spreken, dhe ym darvore uppegheven
syn. Ok late we ym buten deme Lindenbergheren dore
use koeten, dar uppe woned Albert Boltraven, mit gharden
unde lande, dat darto hoord, mid tinse unde hovedenste
quyd unde vrygh, dat se darmede doen unde laten, wod
ym evene kumt. Ok geve we unseme rade unde usen
borgheren to Luneborgh dhe gnade, dat buten user stad
to Luneborgh in al dhen buwen unde jeghenen, dhe buten
dhen doeren syn unde dhe men dar nogh maken magh,
nemand veylinghe hebben schal nogh ammette oeven sunder des rades willen unde vulbord. Were, dat jemand
dat dar enboven dede buten der stad edder dar enbinnen,
dhen magh dhe raad to syme rechten broeke dwinghen
unde holden sunder vare unde ane broeke wedder us,
woer se des best bekomen konnen. Desser vorschrevenen
vryghheyd unde gnade moghen use vorbenoemede raad
unde borghere bruken in deme Grimme unde buten deme
Lindenbergheren doere unde demme Roden doere unde
deme Sultedoere unde an deme, dat darto buwed worde,
unde anders nerne. Queme ok darsulves in den jeghenen
unser borghere van Luneborgh jenigh to broeke, deme des
dughte, dat men ene verunrechtede, dat moghte he schelden
vor den raad to Luneborgh, unde en dorfte dar denne
umme dhe zake nenen vorderen broeke liden, wen alse
een stadrecht were. Ok scholle we, use nacoemelinghe

unde ammethlude dhen raad unde dhe menen borghere
to Luneborgh in desser ghave unde rechten vorderen unde
en schollen dar nicht enjeghen doen. Desse breef en schal
neen schade wesen dhen breven, dhe we ym vore gheven
hebben edder use vorvaren. To ener groteren wisheyd
unde bewisinghe desser vorschrevenen stucke hebbe we
her Wilhelm unde her Magnus, hertoghen vorbenoemed,
use ingheseghele henghed heten to dessem breve. Dhe is
ghegheven to Luneborgh na ghodes boord dritteynhundert
jar in deme neghenundcesteghesten jare, in deme avende
sunte Symon unde Judas.

(Großes Siegel des Herzogs Wilhelm, kleines Siegel des Herzogs Magnus
[zwei schreitende Leoparden].)

Orig. i. Arch.

619. Die Herzöge Wilhelm und Magnus von Braunschweig und
Lüneburg treten dem Rathe die Vogtei in Lüneburg auf vier
Jahre ab. Lüneburg, 1369, 6. November[1]).

Van der gnade godes we her Wilhelm unde her
Magnus, hertcghen tu Brunswik unde tou Luneborch, bekennen in dessem breve, dat we mit vulbort unser erven
unde na rade unser truwen man vor vesteynhundert mark
Luneborgher pennynghe, de uns rede betalet unde in unser
herscop nut gekomen sint, hebben gesat unde laten den
ratmannen unser stad tou Luneborch, de nue sint unde eren
nacomelingben, unde unsen menen borghern al unse macht
unde recht, de we hebben in der voghedige unde in deme
richte, in geleyde unde in vorvestinge, de uns mit den radmannen anrueret bynnen unser stad tou Luneborch, mit aller
nut unde toubehoringhen unde mit beteringhen, de van broken
eder van wedden komen, se sint grot eder luttik, also alse se
unse vorvaren unde we eder use ammechtlude se beseten unde
hat hebben wente in desse tyd, dat de radmanne mechtik
wesen moghen unde scolen allene, ane unsik eder ane unse

1) Im Stadtarchive findet sich diese Urkunde nicht.

ammechtlude gnade eder recht darby tu dounde, wanne unde wor en dat nuette duncket wesen, unde de ratmanne moghet na ereme willen enen voghet setten tou dem richte
10 bynnen Luneborch unde afsetten, wanne unde wo dicke en dat event. De scal van unser unde van unser erven weghene vulle macht hebben tou des rades nuet in alle den stuecken, de dat richte unde uns anroeret, unde den scuelle we unde willen darto vordegedinghen, wor unde
15 wan eme des behuf is, likerwijs, als eft we ene zuelven dartou gesat hedden, unde wor we eder unse voghede van unser weghene macht ane hat hebben mid den radmannen bynnen Luneborch wente in desse tyd, des scolet na desser tid, aldewile de vogedige unde richte by deme rade blyven,
20 de radmanne eder ere ammechtman allene ane uns eder unse voghede mechtich wesen. Utvoure kornes unde holtes moghet de radmanne vorbeeden eder orleven, wanne en dat nuette duncket. Dar en scole we noch unse ammechtlude eder en willen se nicht ane hinderen noch enjeghen vor-
25 beden eder jeghen eren willen se dar nicht umme bidden. Were dat jement korn eder holt ute Luneborch voerede, wan de rad dat vorboden hedde, den broke scolde de rad tou Luneborch allene nemen, vorede aver jement korn eder holt ut Winsen eder Horborch eder Blekede eder ut den
30 jeghenen, dar de utvore kornes unde holtes vorboden wesen scal, wan de utvore tu Luneborch vorboden is, den broke scolde unse voghet unde de rad tou Luneborch like nemen unde delen, als ok de breve utwisen, de de ratmanne tou Luneborch darup hebben. Tu alle dessen vorschrevenen
35 stuecken scuelle we unde unse ammetlude unde willen dem rade tou Luneborch truweliken helpen, wanne unde wor en des behuf is. In alle dessen stuecken en scuelle we noch en willen noch unse nacomelinge noch ammechtlude eder jement van unser weghene de radmanne eder de
40 borghere tou Luneborch nenerleige wiis hindern eder hin- dern laten eder beschaden, men we unde unse ammecht- lude scollen unde willen se in dessen rechten unde richten unde in al eren noden truweliken vordegedinghen, be-

schermen unde heghen, wor unde wanne se uns dartu
eschen. Desse vorsettinge unser vorbenomden vogedige
unde richtes, dar we den rad unser stad tou Luneborch
nu inwiset unde inweret, scal waren unde blyven by den
radmannen unser stad tou Luneborch veer jar umme, de
man scal anrekenen ane underlat van der tyd, also desse
bref gegheven is. We beholden aver uns unde unsen erven
unde nakomelinghen vischenement, holtnement, stedepen-
nynghe in dem markede sunte Michaelis, unde van jewel-
keme vate wynes unde beres een stopveken unde den tyns,
den de ammechtlude gheven bynnen Luneborch van rechtes
weghene unde nicht van gherichtes weghene. Dit wille
we hebben, als een olt wonheit is unde wesen heft, unde
anders nicht. Wanne de veer jar ummekomen sin, darna
moghe we, unse erven eder nacomelinghe de vogedige unde
richte weder lozen, wan we willen, vor vefteynhundert mark
Luneborgher penninge, de we deme rade tou Luneborch
scuellen unde willen betalen mit reden umbewornen pen-
nynghen in unser stad tu Luneborch, er se van dessen vorbenomden vogedige unde richte laten dorven, unde de losinge
scole we, unse erven eder unse nacomelinghe deme rade
een veerdendel jares vorkundeghen, eer wen we se lozen,
unde wan we de losinge vuelbracht hebben, als bir vore
schreven is, so moghe we unser voghedie, richtes unde rechtes
bruken, alse sik dat geboret. Unde scullen unde willen
unsen vorbenomden rad unde stad tou Luneborch unde
unse menen borghere by alle eren rechten unde wonheiden
laten, de se van unser unde unser vorvaren tyd gi er ge-
hat hebben unde noch hebben. Alle desse vorescrevenen
stuecke unde en jewelk besundern love we her Wilhelm
unde her Magnus, herteghen tou Brunswik unde Luneborch,
vor uns unde vor unse erven unde nacomelinge, unsen
vorschrevenen radmannen unser stad tou Luneborch, eren
nacomelinghen unde den menen borgheren, stede unde vast
tou holdene unde nenerleige wis tou brekende. Tu ener
grottern bewisinge unde tuechnisse hebbe we unse ingesegele mit witscop unde mit willen tou dessem breve hen-

ghet heten. Dit is geschen unde handelet tu **Luneborch**
na godes bort druettcinhundert jar in dem neghenundesesteghesten jare, in deme neghesten dingsdaghe vor **suente**
Mertens daghe.

Subendorf, l. c. III, 426.

620. Tod des Herzogs Wilhelm von Braunschweig und Lüneburg. 1369, 23. November.

In dessem jare in sunte Clemens daghe starf de eddele
voerste, hertoghe Wilhelm, de een altegnedegh here wesen
hadde der stad to Luneborgh, unde hertoghe Magnus van
Brunswich blef here do to Luneborgh, alse hertoghe Wilhelm ene in de herschop ghezad hadde, do he noghten
levede. De keyser zande vele breve der manschop unde
den steden, dat se nenen heren to sik nemen scolden, mer
hern Roleve, hern Wentzlawen unde hern Alberte, hertoghen to Sassen. Dar enjeghen vorbrevede unde loerede
hertoghe Magnus dem rade to Luneborgh, dat he se der
ansprake degher entleddeghen wolde. In demsulven jare
sloegh hertoghe Magnus een oerleghe an mit dem hertoghen van Mekelenborgh unde zande in sunte Andreas
avende siner man wol sestegh goude riddere und knechte
mit glavien in des van Mekelenborghes land. Dar was
Syverd van Zalderen hoevetman to. Dhe worden altemale
vanghen unde bleven lange vanghen wente in dat andere jar.

Liber civitatis b. Arch.

621. Herzog Magnus verlangt von dem Rathe Hülfe in seiner Fehde mit dem Herzoge von Mecklenburg. Lüneburg, 1369, 20. December.

Van der gnade ghodes we her Magnus, hertoghe to
Brunswich unde to Luneborgh, bekennen openbare unde
betughen in dessem breve, dat we usen raad user stad
to Luneborgh ghebeden hebben dor des kryghes willen,
dhen we nu hebben mid den hertoghen van Mekelenborgh

unde mid dhen ghreven van Holsten, umme hulpe wapender
lude unde schutten, unde mid woe vele luden se us to helpe
komen konnen edder moghen, dhe scholle we spisen,
unde bekosteghen buten Luneborgh, unde nemen dhe schaden, in welkerleye wys dhe were, dar scholle we unde 10
willen se van entledeghen unde van alleme schaden nemen,
wanne we darumme ghemaned werden van useme vorschrevenen rahde, darna binnen eneme veerden dele jares
unvortoghed, unde al dhe hulpe, dhe se us doen in dessen
stucken, dhe doen se us umme vrunschop unde nicht umme 15
recht nogh dor woenheyd, unde we unde use erven edder .
nacoemelinghe schollen dhe vorschrevenen helpe van useme
vorbenoemeden rahde unde borgheren to Luneborgh vor
neen recht nogh vor wonheyd voerder eschen edder
hebben. Al desse vorschrevene stucke love we hertoghe 20
Magnus vorbenoemed vor usik, use erven unde nacoemelinghe useme rahde unde borgheren unser stad to Luneborgh, dhe nu syn unde eren nacoemelinghen, stede, vast
unde unvorbroken to holdende. To ener bewisinghe hebbe
we hertoghe Magnus use ingheseghel mid wischop henghed 25
heten to dessem breve, dhe ghegheven is to Luneborgh
na ghodes boord dritteynhundert jar in deme neghenunde-
sesteghestem jare, in deme hilghen avende des erliken
apostoles sunte Thomas.

(Völlig zerbrochenes Siegel des Herzogs.)

Orig. v. Arch.

622. Graf Otto von Tessenburg bestätigt die Zollverhältnisse der
Lüneburger in Boitzenburg. 1369.

We junchere Otte, greve to Tekenenborgh, don witlik
in desseme breve alle den, de ene zeen edder horen lesen,
unde betughen, wan de borghere der stad to Luneborgh
zolt to Boyceneborgh tobringghen, dit schollen ze vurtolnen
na der olden wonheyt; brochten aver de vorbenomeden 5
borghere haringh edder jenegherleye ander gud van Lubeke

to Boyceneborgh, dat ere eghen were, vor dat gud en zint
ze dar nenes tollen plichtich. Wolde man aver den borgheren des nicht gheloeven, dat dat gud ere eghen were, zo
10 scholt ze dat to Boyceneborgh vurborghen to ener beque-
men tid unde vor deme rade to Luneborgh dat war maken
mid ereme ede, dat dat gud ere eghen zy. Betuget denne
de rad to Luneborgh under der stad ingezeghele in ereme
breve, dat dat gud der borghere eghen zy, zo schal dat
15 gud unde de borghere alles tollens quit unde vry wesen.
Dit is us van usen elderen anghekomen unde de hebbet us
dit aldus gheervet. To ener betughinghe desser vryheyt
zo hebbe we use ingezeghel to desseme breve ghehenghet,
de ghegheven is na goddes bord dritteynhundert jar in
20 deme neghenundesesteghesten jare.

(Siegel des Grafen mit der Umschrift: S. Ottonis domicelli de
Tekenborch.)

Orig. b. Arch. Subenborf, l. c. III, 398.

Stadtvögte und Rathmänner.[1]

1158. (Vögte Wasmod und Hugold.)[2]
1162. Vogt Heinrich. Urk. 23.
1163. Vogt Heinrich. Urk. b. Kl. Mich. 20 c.
1164. Vogt Heinrich. Urk. b. Kl. Mich. 22.
1169. Vogt Heinrich. Meklenburger Urk. 90.
1170. Vogt Heinrich. Leverkus, Urk. des Bisth. Lübeck I, 12.
1200. Vogt Hartmann (Burgmann). — Achilles, Adam, Wasmod von
    Barscampe, Lambert Ripere, Helmwich, Gottfried, Albert.[3] Urk. 31.
1205. Vogt Wigrad. — Heinrich Snebart, Eilward Rike, Helmwich
    Sodmester, Albert Sodmester. Urk. 34.
1218? Vogt Hartmann. Urk. 38.
1219. Vogt Hartmann. — Adam Burge, Diedrich Hanenvot, Nikolaus
    vam Bomgarde, Nicolaus Bie (Biel?), Abbo, Leonhard Münter,
    Heinrich Kruse, Jordanis, Johann vam Berge. Urk. 39. 40.
1224. Vogt Hartmann. Orig. Guelf. IV, 8.
1225. Vogt Hartmann. — Diedrich vor dem Dore, Oltbern, Ditmar,
    Lüder Dorlin. Urk. 41.
1226. Diedrich Holle. Urk. 42.
1227. Nikolaus Bien (Biel) jun., Helmwich und dessen Sohn Nikolaus
    (Sodmester?), Nikolaus Kind, Johann und dessen Bruder Rikmar,
    Johann und dessen Sohn Bredegar, Johann Thode.

[1] Der Rath zählte 24 Mitglieder, von denen aber in jedem Jahre nach
neuer Wahl nur zwölf (der neue Rath) die Geschäfte führten. In
den Urkunden erscheint nur eine Zahl derselben, welche 1359 auf zwölf
festgesetzt wurde. Nur in wichtigen Angelegenheiten wird der alte und
neue Rath aufgeführt.

[2] Beide werden in der Urk. 19 des Kl. Mich. zwar nicht als Vögte in
Lüneburg bezeichnet, gehören aber wahrscheinlich dahin.

[3] Die Rathmänner sind bei dem Jahre genannt, in welchem sie zuerst
urkundlich auftraten. Wie lange sie als Rathmänner im Amte waren,
läßt sich in der ältesten Zeit nicht ausfindig machen.

1228. Vogt Diedrich Bor. — Werner von Merrewede, Hermann Burmeſter, Meiſter Reiner, Ditmar Tolner, Jacob vam Sande, Wide-
kind, Johann Kornkeſte, Johann be Dhude, Arnold Burmeſter.
Urk. 45.

1231. Burchard von Lüchow. Leverkus l. c. 67.

1234. Vogt Hartmann. Urk. 57.

1235 (?) Vogt Diedrich Vos. Walsrod. Urk. 26. Marienſee 26.

1238. Vogt Hartmann. Urk. des Kl. Mich. 50.

1239. Vogt Friedrich von Hoferinghe (nicht Holderinge, wie gedruckt
in Orig. Guelf. IV, 182). — Alard und Rikbern Brüder, Friedrich Goldſmed, Bertram Münter. Urk. 62.

1243. Vogt Friedrich (von Hoferinghe). — Consules.[4]) Nikolaus
von Lübeck, Jordan (Parvus) und Jordan. Urk. 65.

1244. Vogt Segeband (von Wittorf). — Albert Sodmeſter, Hermann
Simodis, Jordan Adams Sohn, Gerhard Lamberts Sohn, Nikolaus vam Water, Lambert Kramer, Johann Riemarkt, Ludu-
wart Elers Sohn, Geresried Ridder von Echem, Hoyer Jacobs
Sohn, Diedrich Wilbrands Sohn. Urk. 66. Urk. d. Kl. Mich. I, 54.

1247. Vogt Segeband. — Gerhard Ripere, Hartmann am Kerkhave,
Wasmod, Gerbert, Rikbern, Bernhard Zabel, Volquard, Johann
Schröder, Johann Lamberts Sohn und ſein Bruder Nikolaus,
Jakob und Johannes Jakobs Söhne, Ludenger, Olbern, Leon-
hard, Florenz. Urk. 67.[5])

1248. Vogt Segeband von Wittorf. — Gotthard. Urk. 70.

1249. Alard von S. Marien. Urk. d. Kl. Lüne.

1250 Vogt Segeband von Wittorf, dann Otto von Boizenburg. —
Barthold Kramer, Johann Elers Sohn, Heinrich Meſſin (von
Meßingen), Gerhard und Johann Ripere Lamberts Sohn, Leon-
hard und Konrad vam Nienmarkt. Urk. 73. und 73, a.

1251. Vogt Segeband. Orig. Guelf. IV, 110.

1253. Vogt Werner von Thondorf. — Universitas consulum: Hoyer
vam Bomgarde, Hermann Witte, Volkmar von Artlenburg, Nikolaus Paron, Bulveke von Melbek, Jordan Bertrams Bruder,
Heinrich Starke, Rikbern Alards Bruder. Urk. 76. Kl. Walsrode, Urk. 41.

1254. Vogt Werner von Thondorf. — Johann von Hannover, Jordan Münter, Johann Jakobs Sohn, Lüdinger vam Sande, Heinrich Kind, Wasmod, Wolbert am Water. Urk. 77.

1257. Volquard, Johann Hermanns Sohn, Wikbern, Johann Ludengers
Schwiegerſohn. Urk. 81. Walsr. Urk. 47.

1260. Vogt Albert und Barthold. Urk. 85.

1261. Vogt Segeband. — Hoyer Stufe, Barthold Lange, Diedrich de
Dudten (Dhude), Gerbert, Bevo, Eler Lange, Hoyer vam Bomgarde. Urk. 87. Kl. Mich. Urk. 73[6])

[4]) Die erſte bekannte Urk., in welcher die Rathmänner Consules genannt
werden.

[5]) In dieſer Urk. iſt ber alte und neue Rath in ſeinen 24 Mitgliebern
vollſtändig aufgeführt.

[6]) Dieſe am 24. Aug. ausgeſtellte Urk. nennt ben Vogt Segeband „quondam advocatus.“

1262. Vögte Gebhard und Tencmar. — Johann vor dem Dore, Johann Om, Volkmar Bulveke. Urk. 88.

1263. Gerhard Nipre, Hoyer Witte, Volkmar Rienmarkt, Gotthard, Ludinger (vam Sande). Urk. 91.

1264. Vogt Gebhard. — Johann Sodmester, Johann vam Bomgarde, Volkmar vam Sande, Diedrich Simodis Sohn, Diedrich von Gerdau, Heinrich Mumpaler. Urk. 95. 96. Urk. d. Kl. Wienhausen.

1267. Johann (Johann Tode's Sohn), Bernhard Zabel, Albert Holle, Eylemann, Johann Witte. Urk. d. Kl. Lüne und Wienhausen.

1268. Vogt Gebhard. — Elver von Wiltingen, Wikbert vor dem Dore. Urk. 103. 104.

1269. Johann von Melbeck, Folgmar up dem Sande. Urk. 106.

1270. Willekin von Melbeck, Diedrich Rikberns Sohn, Diedrich Rossack. Urk. 107.

1271. Vogt Diedrich von Alten und Untervogt Gödeke. — Johann Bartholdi, Herder, Friedrich auf dem Sande, Diedrich Simundis Zabel. Urk. 109. 110.

1272. Vogt Gebhard von Bortfeld, Untervogt Gödeke Sok. — Wolbert von Melbeck, Gerhard Garlop, Werdeward (Bernold) Goldsmed, Ditmar Gerberts Sohn. Urk. d. Kl. Lüne.

1273. Vogt Gebhard von Bortfeld, Untervogt Gödeke Sock. — Diedrich Rubin (Rikberns Sohn?). Urk. 113.

1276. Vogt Willekin von Gustede, Untervogt Bodo. — Matthias Zabel, Johann von Üllzen, Alard (vam Schiltstene). Urk. 117. 120. 121.

1277. Vogt Willekin von Gustede. — Heinrich Kind, Wasmod Sodmester (van der Sülte). Urk. 122. 123.

1278. Vogt Paredam. — Adelold von Toppenstedt, Elver von Wittingen, Diedrich von Hertesberg, Christian Ridder, Johann Tode, Heinrich Hot, Heinrich vam Bomgarde. Urk. 126. Westphalen, Monumenta II, 2096. III, 1520.

1280. Vögte Barthold und Nikolaus. — Nikolaus Adelhold. Urk. 130. 132.

1281. Vögte Manegold Strube (von Estorf) und Thomas. — Volkmar und Andreas vam Sande. Urk. d. Kl. Mich. 111.

1282. Vögte Manegold von Estorf und Thomas. — Johann Witte, Johann von Blekede, Segehard, Johann Abbenburg, Bertram (Beteko) Münter. Urk. 141. Urk. der Kl. Lüne.

1282. Vogt Diedrich von dem Berge. Urk. d. Kl. Mich. 115.

1283. Vogt Thomas. Urk. 143.

1284. Vogt Diedrich von dem Berge. — Heinrich Remeusnider. Lübeck. Urk. II, a, 58.

1285. Vogt Diedrich von dem Berge, Untervogt Friedrich von dem Berge. — Siegfried Hoyke. Urk. d. Kl. Wienhausen.

1286. Vogt Hilmar von Oberg und Diedrich von dem Berge. — Johann Zabel, Johann von Blekede, Johann Hoyer, Lüdinger. Urk. 145. 147. 148. 149.

1287. Vögte Bokmaste und Johann von Lobeke. — Diedrich von Artlenburg, Johann Dicke (Sohn der Benedicta). Urk. 154. 155. Sudendorf, Urkundenb. I, 107. Lübeck. Urk. I, 516.

1288. Vogt Johann von Lobeke. — Ludolf Hoppensack, Nikolaus van der Molen, Johan von Ülzen. Urk. 160.
1289. Vögte Johann von Lobeke und Johann Prekel. — Ludolf Biskule, Siegfried von Ülzen. Urk. 162. 170. Lübeck Urk. I. 541.
1290. Vogt Johann Prekel. — Johann Beve, Diedrich Burmester, Ludolf Stenbeck. Urk. 171. 173 a. 175. 176. 180.
1291. Vogt Diedrich von dem Berge und Johann Prekel. Urk. 181. 183. 184. 187. und ungedr. Urk.
1292. Vogt Diedrich von dem Berge. — Otto Herwichs, Johann Helmold, Hartwich Volmars vam Sande. Urk. 190.
1293. Vogt Heinrich Heger. — Diedrich van der Wege, Albert Holle jun. Urk. 194. 200. 201.
1294. Vögte Werner von Meding (Ritter) und Heinrich Heger. — Hermann Witte, Heinrich von Lübeck. Leverkus, l. c. I, 363.
1295. Siegfried von Eylbeck, Hartwich van der Sülte, Johann Hupenbleth. Sudendorf, l. c. I, 133.
1296. Vogt Werner von Meding (Knappe). Sudendorf, l. c. I, 142.
1297. Albert Wolberti (van der Molen. Büttner's Patricier), Hermann vam Sande, Volkmar van der Olden Stadt. Leverkus, l. c. I, 412.
1298. Barthold Lange, Konrad Segebards, Gerbert Sodmester. Urk. 229.
1299. Ditmar Sodmester. Urk. d. Arch.
1300. Johann Elers. Leverkus, l. c. I, 369.
1302. Volkmar vam Sacke. Urk. 247.
1303. Gerbard Willers, Johann Weddissen, Heinrich von Parchim, Georg Swicker. Urk. d. Kl. Lüne.
1304. Johann Elvers. Leverkus, l. c. I, 404.
1306. Nikolaus Schiltsten. Urk. d. Arch.
1307. Johann Abbenborg, Barthold Johann Bartholdi's Sohn. Urk. d. Kl. Mich. 191.
1308. Jakob Niebur, Heinrich Biskule jun., Friedrich von Reeße. Stadtbuch d. Arch.
1309. Urk. 264.
1311. Hermannn mit der Wege. Urk. d. Kl. Scharnebeck.
1313. Hermann Hoth. Pfessinger, Br. Lün. Gesch. II, 607.
1314. Johann Om, Marquard Wedder. Urk. d. Kl. Mich. 232.
1315. Urk. 280.
1316. Diedrich Thode. Stadtbuch d. Arch.
1317. Diedrich Burmester, Eylemann von Selden, Nikolaus Garlop. Leverkus, l. c. I, 462. und Urk. d. Stifts Bardewik.
1318. Nikolaus van der Molen jun., Johann Lange, Burchard von Lüchow. Urk. d. Kl. Lüne.
1319. Hartwich van der Sülten. Leverkus, l. c. I, 486.
1320. Eylemann Beve, Johann Biskule. Büttner, Patric. Fam. Hoyke.
1322. Vogt Ludolf (von Selzingen). — Johann von Melbeck, Diedrich Abbenborg. Urk. d. Arch. Sudendorf, l. c. I, 356.
1324. Vogt Ludolf. — Nikolaus Hoyke, Burchard Hoyer, Johann Dicke. Stadtbuch d. Arch. Urk. d. Kl. Mich. 314. 315.
1325. Diedrich Abbenborg. Urk. 323.
1326. Ditmar Sabel. Büttner, Patric. Fam. Elebeck.
1327. Vogt Ludolf von Honstedt. Sudendorf, l. c. I, 425.
1328. Vogt Ludolf von Honstedt. Urk. d. Kl. Ebstorf.

329. Bogt Ludolf von Selzingen. (Urk. d. Kl. Ebstorf). — Heinrich van der Molen, Johann Garlop, Diedrich Schiltsten, Johann Bischopinge. Urk. d. Kl. Lüne u. S. Mich.
330. Johann van der Molen. Büttner, Patric. Fam. Garlop. Urk. d. Kl. Isernhagen 142.
1331. Bogt Ludolf von Selzingen. Sudendorf, l. c. I, 507.
1332. Bogt Ludolf von Selzingen. Sudendorf, l. c. I, 528. — Heinrich Ribber, Konrad Segebard, Ludolf Hartwichs. Stadtbuch d. Arch.
1335. Gerbert Lübberstedt, Johann van der Molen. Urk. 378.
1338. Jakob van der Brügge, Leonhard Lange. Urk. d. Kl. Lüne.
1340. Johann von Neetze. Stadtbuch d. Arch.
1341. Bogt Bresete. Urk. 401.
1342. Hassele. Urk. d. Kl. Lüne.
1343. Johann Beve, Gerbert Oem. Büttner, Patric. Fam. Oem.
1349. Johann Lange, Heinrich Biskule. Stadtbuch d. Arch.
1351. Hermann Hot jun. Urk. d. Kl. Lüne.
1352. Bogt Woldele. — Ditmar van der Molen, Heinrich vam Sande, Johann Biskule. Urk. 472. und Urk. d. Kl. Lüne.
1353. Albert Hopke jun. Urk. d. Kl. Lüne.
1354. Ludolf Bintlo, Hartwich van der Sülte jun., Nikolaus von Toppenstedt, Albert van der Molen. Urk. d. Kl. Lüne.
1355. Albert Hopke sen., Johann vou Pentze, Hartwich Abbenborg, Johann Barchtorp. Urk. d. Kl. Medingen.
1356. Hartwich Holste, Nikolaus Garlop. Büttner, Patric. Fam. Brömbsen.
1359. Hartwich van der Sülten entlassen. Diedrich Schiltsten nimmt seine Entlassung. Copialbuch d. Arch.
1361. Bogt Diedrich Slette. Urk. 547.
1362. Nikolaus von Odeme, Johann Semmelbecker, Jakob Hot, Diedrich Springintgut. Ungedr. Urk.
1366. Bogt Woldele. Sudendorf, l. c. III, 298.
1367. Bogt Woldele. Urk. 592. Ludolf Ruscher, Johann v. d. Brügge, Nikolaus v. d. Molen. Ungedr. Urk.
1368. Johann Rolswale, Heinrich Sodmester, Jakob v. d. Brügge, Gebhard v. d. Molen, Heinrich v. d. Molen. Copialb. d. Arch. Isenhag. Urk. 293.

Personenverzeichniß.

A. Geistliche.

1. Päpste.
Gregorius X. 1274, 114.
Bonifacius VIII. 1302, 248.
Clemens V. 1310, 268.
Johann XXII. 1332, 355.

2. Erzbischöfe.
Aquino. Lambert 1298, 230.
Arbon. Peter 1289 (1290), 172.
Bourges. Egidius 1297, 226.
Bremen. Adalbert 1144, 16.
Grado. Egidius (Patriarch) 1299, 237.
Jerusalem. Basilius 1300, 239.
Littauen. Johannes 1300, 240.
Prag. Ernst 1355, 508.

3. Bischöfe.
Breslau. Bretislaus 1355, 508.
Foligno. Paul 1337, 387.
Halberstadt. Ulrich 1180, 26.
Hildesheim. Otto 1273, 111. 1320, 295.
— Gerhard 1367, 593.
Lübeck. Berthold 1230, 48.
— Johann 1231, 50.
— Heinrich 1355, 508.
Minden. Konrad 1236, 61.
— Diedrich 1355, 508.
Oldenburg. Vicelin 1149, 18.
Olmütz. Johann 1355, 508.
Razeburg. Evermodus 1158, 22.
Regensburg. Friedrich 1355, 508.

Straßburg. Johann 1355, 508.
Verden. Wilbert 906, 2. 3.
— Hugo 1174, 25.
— Tammo 1188, 12.
— Rudolf 1192, 30.
— Iso 1231, 35. 54.
— Gerhard 1235, 46.
— Lüder 1236, 61. 1248, 71, a. 1251, 74.
— Gerhard 1264, 94. 1267, 101.
— Konrad 1273, 111. 1276, 119. 1278, 126. 1281, 133. 1282, 138. 142. 1287, 153. 1290, 175. 177. 1291, 188. 1293, 194. 1294, 203. 207. 1296, 222. 1297, 222 224. 225.
— Friedrich 1303, 250. 1308, 261. 261, a. 259. [1309,] 264, a. 1310, 267. 1311, 271.
— Nikolaus 1314, 279. 1316, 285.
— Johann 1334, 372. 1337, 387.
— Daniel 1344, 422. 423. 1345, 427.
— Gerhard 1365, 563. 564. 565.

4. Stiftsgeistliche.
a) Pröpste.
Bardewik. Johann von Ahlden 1308, 261, a.
— Heinrich von Bywenden 1294, 214.
Braunschweig. Aschwin von Salbern 1348, 438.
Hildesheim. Nikolaus 1369, 613.
Lübeck. Konrad 1227, 44.

Ratzeburg. Johann (1309,1 264, a.
Verden. Otto 1295, 217. 1297,225.
— S. Andreae. Gieselbert 1295, 217.

b) Decane.

Lübeck. Johann 1294, 206.
Verden. Gerhard 1273, 111. 1278,
127. [1309,] 264, a. 1312, 274.
— Heinrich von Birvenden 1290,
173. 1294, 214. 1297, 223.

c) Canonici.

Bardewik. Jordan 1226, 42.
— Nikolaus Bertoldi 1315, 280.
Heinrich Greving 1322, 306.
Braunschweig (S. Blasii). Lippold
1273, 111.
Hamburg. Bruno von Metzendorf
1287, 151.
— Johann von Salzhausen 1344,
423.
Lübeck. Friedrich von Bardewik 1231,
51. 52. 53.
— Ludolf von Estorf 1292, 190.
— Ludolf von Bardewik 1294, 206.
— Hermann von Morum (Cantor)
1299, 234.
Magdeburg. Heidenreich 1310, 270.
Ratzeburg. Johann (Prior) [1309,]
264, a.
Verden. Gerhard (Scholasticus)
1251, 74.
— Hermann von Elstorf 1251, 74.
— (S. Andreae.) Friedrich 1251, 74.
— Bernhard de Requesen 1345, 427.
430.

d) Vicarius.

Bardewik. Bredebern Retelhuth
1343, 407.

5. Klostergeistliche.

a) Äbte.

Corvey. Dtedrich 1354, 426. 426, a.
Königslutter. Ludwig 1253, 75.
Lüneburg (S. Mich.). Burchard
1205, 31.
— Johann 1233, 55.
— Thomas 1239, 62. 1244, 66.
— Gerhard 1250, 72. 1261, 86.
1262, 88.
— Lüder von dem Berge 1285, 144.
1289, 166. 1293, 191.
— Thomas 1318, 288.

Lüneburg. Ulrich 1355, 510.
— Daniel 1366, 571.
Marienrode. Johann 1323, 315.
315, a.
Oldenstadt. Ludolf 1318, 288.
Reinefeld. Herbord 1231, 51.
Scharnebeck. Regenbodo 1281, 134.
1282, 138.
— Ludolf 1292, 190.
— Eplemann 1355, 510.

b) Pröpste.

Braunschweig. Thetmar 1263, 96.
— Aschwin von Saldern 1355, 510.
1367, 588.
Dambeck. Friedrich 1294, 210.
Distorf. Johann 1315, 282.
— Ulrich 1352, 469.
Ebstorf. Gervasius 1226, 42.
— Johann 1262, 88. 1281, 134.
— Nikolaus 1318, 288.
— Heinrich 1344, 415.
— Hermann Nyebur 1355, 500. 504.
507. 510.
-- Heinrich 1367, 588.
Hildesheim. 1369, 613.
Lübeck. Konrad 1227, 44.
Lüne. Werner 1262, 88.
— Heinrich 1273, 111. 1276, 119.
1281, 134.
— Christian 1299, 235.
— Gerlach 1318, 288.
— Heinrich 1349, 453. 1354, 489, a.
1355, 502. 510. 1356, 512. 1366,
575. 1367, 588.
Medingen. Nikolaus 1281, 134.
— Christian 1312, 274. 1318, 288.
— Ludolf 1343, 410.
— Diedrich 1367, 588.
Neukloster. 1315, 282.
Ratzeburg. Johann [1309] 264, a.
Uelzen. Segeband von Thune 1369,
611.
Wennigsen. Hermann 1367, 588.
Wienhausen. Lambert 1268, 103.
Zelle. Heinrich 1263, 91.
— Helmericus 1226, 42.

c) Priore und Priorinnen.

Lüne. Giseltrud 1349, 453.
Lüneburg (S. Michael.). Werner
1244, 66.

Lüneburg. Ulrich von Jlten 1345, 424.
Oldenstadt. Johann 1277, 123.
Scharnebeck. Alexander 1281, 134.
— Rudolf Subprior 1281, 134.

d) Mönche.

Lüneburg (S. Mich.). Alward Camerarius 1244, 66.
— Riquard Capellan 1244, 66.
— Jordan von Meding 1345, 424.
— Johann von Reden 1348, 440.
— Johann Bertholdi 1349, 450.
— Albert Dyse 1349, 455. 1352, 469. 475.
— Anton von Melbeck 1349, 455.
Medingen. Konrad 1281, 134.
Reinefelde. Adam 1273, 111.
— Heinrich Cran 1309, 263.
— Adam 1273, 111.
Scharnebeck. Hermann (Custos) 1276, 120. 1281, 134.
— Johann 1281, 134.

6. Weltgeistliche.

a) Archidiacone.

Lüneburg (Medestorpe). Gerhard von Hoya 1248, 71, b.
— Johann von Moule 1267, 101.
— Burchard 1295, 217.
— Friedrich Man 1297, 225.
— Heinrich von Boizenburg 1308, 261. 1327, 335.
— Amilius von Beerßen 1364, 560. 1365, 563. 1367, 583. 593.
— Heinrich von Boizenburg 1369, 612.
Pattensen. Segeband von Thune 1352, 469. 475. 1364, 561.

b) Pfarrer.

Amelinghausen. Diedrich von dem Berge 1346, 431. 1348, 447. 1352. 470. 475.
Bardewik (S. Nikolai Hof). Sander 1352, 477.
Dalenburg. Hartwich 1281, 134.
Hitzacker. Meineken 1290, 175.
Lauenburg. Lüder von Ripe 1344, 417.
Lüneburg, S. Joh. in Modestorpe. Ricmar 1174, 25.
— Woltmann 1248, 70. 1250, 73, a.

Lüneburg. Eckard von Estorf 1289, 162. 166. 167. 169. 1293, 191. 1297, 225.
— Heinrich von Biwenden 1291, 182.
— Otto 1308, 261.
— Johann von Wittorf 1321, 301.
— Anton von Thune 1345, 423. 1349, 455 1352, 469. 470. 475. 1353, 483. 486. 1355, 503. 1360, 541. 1367, 595. 1369, 611. 612.
Lüneburg, S. Cyriaci. Friedrich 1233, 55. 1234, 57.
— Hugold 1248, 70. 1253, 76.
Lüneburg, Kapelle des h. Geistes am Markte. Johann Remstede 1343, 413.
Marschacht. Friedrich 1308, 261, a.
Neetze. Johann Stedinghus 1281. 134.
Pattensen. Hermann 1353, 483.
Uelzen. Gerhard 1281, 134.

c) Notarien und Schreiber.

Arnold von Bardewik 1352, 478. 1354, 488.
Johann Beelz 1352, 475.
Crachto, herzoglicher Schreiber 1218, 38. 1225, 41. 1226, 42. 1228, 45 (Capellan des Herzogs Otto).
Heinrich, Schreiber des Herzogs Erich von Sachsen (Lauenb.) 1348, 448.
Herbord, Schreiber des Grafen von Holstein 1239, 64.
Johann, Schreiber der Herzogin Mechthild 1247, 68.
Johann von Meynum, öffentlicher Notar 1353, 483.
Nikolaus, Schreiber der Herzogin Mechthild 1257, 81.

d) Geistliche ohne nähere Bezeichnung.

Nikolaus von dem Berge 1326, 331.
Bernhard in Salzwedel 1294, 210.
Johann Bertoldi 1315, 280.
Johann Bodem 1367, 595. 1368, 597.
Mag. Konrad von Braunschweig 1358, 527. 533.
Volkmar von Braunschweig 1360, 541. 1367, 595.

Heinrich von Bretie 1257, 81.
Diedrich Bromes 1353, 485.
Heinrich von Buden 1312, 273. 1327, 335.
Johann de Cellario 1343, 411.
Mag. Diedrich von Dalenburg 1343, 407. 1351, 461. 1355, 497.
Bernhard Degenhards (Deghenele) 1359, 535. 1361. 546.
Ditmar 1248, 70.
Joh. Elvers 1344, 415.
Ulrich von Eßendorpe 1354, 489.
Eylo 1244, 66.
Hermann de Foro 1355, 503.
Friedrich, Capellan des Herzogs Otto 1226, 42.
Gerhard Friso 1345, 427. 430.
Mag. Gottfried 1270, 107.
Barthold und Johann Hoppe 1353, 483.
Heinrich Huners 1350, 459.

Johann Isernbume 1340, 399. 1350, 459.
Heinrich Lange 1368, 604.
Bernhard Lentemann 1355, 505.
Lorenz 1367, 582.
Diedrich Lowe 1325, 326.
Johann von Müden 1367, 595.
Marquard von Plone 1366, 577.
Reinbold 1288, 160.
Johann von Remstede 1327, 335.
Ricmar in Modestorpe 1174, 25.
Lüder von Ripe 1341, 403.
Diedrich Rossad 1320, 297.
Rudolf 1290, 176.
Arnold Secredi, Cursor des Papstes 345, 427.
Thebald 1218, 38. 1219, 40.
Ludolf von Uelzen 1361, 547, a.
Heinrich Werber 1368, 603.
Johann Westfal 1367, 595.
Heinrich Willers 1355, 505.

B. Weltliche.

a) Kaifer.

Karl der Große 795, 1.
Lothar 1135, 13. 14.
Friedrich I. 1181, 28.
Heinrich VI. 1192, 30.
Otto IV. 1203, 33.
Friedrich II. 1235, 60.
Karl IV. 1355, 508. 1363, 557.

b) Könige.

Deutschland. Heinrich IV. 1071, 10. 11.
— Rudolf 1288, 158.
Schweden. Albrecht 1368, 602.

c) Fürsten.

Ludolfinger. Otto 906, 3.
Billinger. Hermann 951, 4. 954, 5.
— Bernhard 1013, 8.
— Hermann 1002, 1037, 9.
— Hermann (Graf) 1071, 11.
Herzoge von Braunschweig Lüneburg. Albrecht 1247, 68. 1258, 82. 83. 1261, 86. 1262, 88. 1263, 90. 91. 92. 1267, 100. 1273, 111. 1278, 126. 128.

Herzoge von Braunschw. Lüneb. Albrecht und Johann 1265, 98. 1267, 100.
— Heinrich 1282, 138.
— Helena 1218, 38. 1233, 55.
— Johann 1247, 68. 1258, 83. 1261, 86. 1262, 88. 1263, 90. 91. 93. 1266, 99. 99, a. 1267, 100. 1269, 104. 105. 1270, 108. 1273, 111. 112. 1274, 114. 1275, 115. 116. 1276, 118. 119. 1277, 122.
— Konrad 1262, 88. 1265, 97.
— Ludewig 1355, 510. 1357, 519. 1365, 568. 569. 1366, 570. 571. 575. 1367, 585.
— Magnus sen. 1367, 587.
— Magnus jun. 1367, 588. 589. 590. 1368, 598. 606. 1369, 615. 618. 619. 620. 621.
— Mechthild 1181, 27. 1247, 68. 1253, 75. 1257, 81. 1288, 158. 159. 1291, 188. 1293, 192. 195. 197. 198. 199. 200. 201. 202. 1294, 203. 204. 205. 206. 1315, 283. 1354, 493. 1358, 532.
— Otto das Kind 1218, 38. 1225, 41. 1226, 42. 1228, 45. 1229, 46.

1230, 47. 1231, 53. 54. 1234, 57.
1235, 46. 59. 60. 1239, 62. 1247,
67. 68. 69. 70. 1248, 71. 1250, 73.
Herzoge von Braunschw. Lüneb.
Otto 1262, 88.
— Otto (strenuus) 1281, 133. 136.
1282, 138. 139. 140. 142. 1285, 144.
1287, 150. 1288, 156. 157. 158. 159.
1289, 163. 164. 165. 166. 167. 1290,
173. 174. 179. 1291, 181. 186. 187.
188 1292, 189. 1293, 191. 192.
194. 195. 196. 197. 198. 199. 200. 201.
202. 1294, 203. 204. 205. 206. 208.
213. 1295, 216. 218. 1298, 227. 228.
1299, 231. 232. 233. 234. 236. 1300,
242. 1301, 245. 1308, 260. 1312,
275. 1313, 277. 1315, 283. 1319,
291. 1321, 302. 1322, 307. 311.
1327, 334. 335.
— Otto jun. 1344, 414. 1350, 456.
1353, 479. 1354, 493.
— Otto und Wilhelm 1324, 319.
320. 1327, 334. 1328, 338. 1334,
374. 375. 1336, 385. 1338, 388. 390.
391. 392. 1340, 397. 1342, 405.
1343, 407. 1346, 431. 1348, 439.
446. 1350, 456. 1351, 460. 464.
465. 1352, 471. 472.
— Sophia 1353, 481.
— Wilhelm 1200; 31. 1205, 34.
— Wilhelm 1323, 314. 1353, 480.
1354, 489, a. 1355, 499. 501. 508.
510. 1357, 519. 1358, 530. 1360,
538. 1361, 543. 1363, 557. 557, a.
1365, 568. 569. 1366, 570. 571. 575.
1367, 580. 585. 586. 587. 588. 589.
592. 1368, 598. 605 606. 615. 1369.
618. 619. 620.
Falkenberg. Bolko 1355, 508.
Jütland. Abel 1239, 63.
Meklenburg. Albrecht 1354, 496.
Münsterberg. Nikolaus 1355, 508.
Oppeln. Bolko 1355, 508.
Oswieczim. Johann 1355, 508.
Dels. Konrad 1355, 508.
Sachsen (Alt-). Clementia 1150,
19.
— Heinrich (der Löwe) 1139, 15.
1144, 16. 1147, 17. 1149, 18. 1150.
19. 1154, 20. 1158, 22. 1167, 24.
1180, 26. 1181, 28.

Sachsen (Lauenburg). Albrecht
1278, 128. 1291, 185. 1335, 381.
1338, 393. 1341, 403. 1342, 405.
— Elisabet 1320, 296.
— Erich 1322, 303. 1323, 316. 1335,
381. 382. 1337, 386. 1341, 402.
1344, 411. 417. 418. 1348, 441. 443.
444. 1349, 454. 1351, 467. 1356,
515. 1357, 518. 520. 523. 525. 1363,
553. 1369, 614.
— Johann 1278, 126. 128.
— Johann u. Albrecht 1278, 128.
Sachsen (Kur-). Albrecht 1355,
508. 1369, 620.
— Rudolf 1355, 508. 1369, 620.
— Wenzeslaus 1355, 508. 1369,
620.
Teschen. Kasimir 1355, 508.
Markgrafen. Brandenburg. Al-
brecht (der Bär) 1139, 15.
— Otto und Albrecht 1278, 125.
Pfalzgraf Ludwig 1288, 158.
Landgraf von Thüringen. Lud-
wig 1181, 28.
Wendische Fürsten. Niklot 1150,
19.
— Pribislav 1181, 26.

d) Grafen.

Anhalt. Albrecht 1355, 508.
Dannenberg. Nikolaus 1303, 251.
1310, 265.
Hallermund. Gerhard 1295, 216.
— Ludolf 1247, 67.
Helfenstein. Ulrich 1355, 508.
Hohnstein. Diedrich 1367, 588.
Holstein. Adolf 1150, 19. 1154,
20. 1239, 64. 1361, 548. 1369, 621.
— Gerhard 1273, 111.
— Heinrich 1367, 592.
— Johann 1239, 64.
— Nikolaus 1367, 588.
Kevernburg. Günther 1320, 295.
Magdeburg. Burchard 1355, 508.
Osterburg. Siegfried 1203, 33.
Ratzeburg. Bernhard 1180, 26.
Regenstein. Ulrich 1247, 67.
Schauenburg. Adolf 1344, 414.
Schwarzburg. Heinrich 1355, 508.
Schwerin. Helmold und Niko-
laus 1281, 133.

Teklenburg. Otto 1369, 622.
Walded. Otto 1342, 405.
Woldenberg. Burchard 1247, 67.
— Heinrich 1273, 111.
Wölpe. 1205—1221, 36.
Wunstorf. Ludolf 1367, 589.

e) Edelherren.

b. Boldensele, Boldensen. Konrad 1294, 205.
— Werner 1334, 373.
von Dorstadt. Konrad 1263, 91.
— Friedrich 1289, 165.
Meinersen. Luthard 1263, 91.
Werberg. Hermann 1247, 67.

f) Ritter.

Albert (Eylemanni) 1282, 141. 1288, 160.
v. Algoderstorp. Heinrich 1205, 31.
v. Alten. Diedrich 1282, 138. 1289, 165. 1293, 198. 1367, 588.
— Tethard 1293, 195.
v. Alvensleben. Elisabet 1302, 247.
— Gebhard 1355, 498.
Anno (Truchses) 1247, 67.
v. d. Asseburg. Ekbert 1247, 07.
Bar. Nikolaus und Johann 1326, 330.
Barvoth. Friedrich 1304, 253.
— Otto 1293, 198.
Behem (Beme). Johann 1347, 437.
v. Bekendorpe. Heinrich 1293, 196.
v. Benesholte. Drochtlev 1296, 221.
Bere. Johann 1294, 211.
v. d. Berge. Burchard, Gebhard, Segeband 1348, 447.
— Burchard, Gebhard 1346, 431.
— Diedrich, Segeband 1225, 41. 1226, 42. 1228, 45. 1230, 47. 1231, 49.
— Diedrich 1282, 138. 1283, 145. 1285, 144. 1295, 218. 1299, 231. 1347, 435.
— Diedrich, Gebhard 1291, 186. 1293, 192.
— Diedrich, Gebhard, Heinrich 1293, 198. 1320, 299. 1368, 597.
— Diedrich, Manegold, Werner 1348, 447.

v. d. Berge. Ermegardis 1243, 65.
— Friedrich, Johann 1239, 62.
— Gebhard 1285, 144. 1289, 164. 1294, 206. 207. 1299, 233. 1301, 244. 1319, 291. 1322, 305. 1324, 318. 1325, 324. 1352, 468. 1354, 489, a. 1368, 597. 600. 608.
— Heinrich 1285, 144. 1301, 244. 1322, 305.
— Johann 1285, 144. 1355, 511. 1368, 699.
— Lüder 1247, 67. 1340, 397.
— Manegold 1340, 397. 1343, 407.
— Segeband 1205, 31. 1218, 38. 1243, 65. 1244, 66. 1247, 67. 1261, 85 a. 1276, 119. 1285, 144. 1306, 258. 1324, 291. 1325, 322. 324. 1340, 397. 1343, 407. 1346, 432. 1347, 434. 1348, 440. 442. 444. 1352, 473. 478. 479. 1355, 510. 1357, 519. 1360, 541. 1367, 588. 1368, 599.
— Werner 1340, 397. 1341, 401. 1350, 459, a. 1352, 475. 1354, 490. 1355, 510. 1357, 524. 1367, 588. 1368, 599.
v. Bernowe. Ludolf 1318, 288.
v. Blankenburg. Balduin 1247, 67.
v. Blücher. Ulrich 1228, 45. 1354, 489.
v. Bodendike. Anton, Otto, Henning 1364, 561.
— Henning 1360, 541.
— Johann 1310, 265.
— Werner 1352, 469.
Bokmast. Albert 1348, 438. 1354, 489, a.
— Diedrich 1355, 498.
— Ulrich 1368, 604.
Bor. Diedrich 1228, 45.
v. Bortfeld. Gebhard 1247, 67. 1269, 104. 1273, 111. 1275, 116. 1295, 218.
— Ludolf 1273, 111.
Boxe. Otto 1322, 312. 1323, 314.
v. Boyzenburg. Eckard, Eggehard 1269, 104. 1275, 116. 1276, 119. 1282, 138. 1285, 144. 1289, 170. 1290, 179. 1293, 198.
— Otto 1228, 45. 1231, 49. 1247, 67. 1258, 82. 1262, 88. 1263, 91.

v. Bracle. Werner 1228, 45.
v. d. Brede. Heyne 1352, 468.
v. Burgdorf. Heinrich 1263, 91.
v. Campe. Balduin 1263, 91.
v. Cramme. Burchard 1289, 164. 165.
v. Crumesse. Heinrich 1278, 126.
v. Dannenberg. Heinrich 1369, 615.
— Heyneke 1336, 354, a.
— Johann und Heinrich 1359, 535.
— Marquard 1368, 597.
— Otto 1352, 471.
v. Doren. Dethard 1286, 149.
— Drothlev 1312, 272.
— Echard 1312, 272.
— Gerhard 1247, 67. 1312, 272.
— Lippold 1275, 116.
— Lippold und Tethard 1263, 91. 1276, 119. 1312, 272.
v. Dotekenthorpe. Friedrich 1239, 64.
Druchtlev. 1226, 42. 1239, 62.
Duker. Heyno 1344, 417. 1348, 442.
v. Duvensee. Detlev 1337, 386.
Dyse. Albert 1315, 281. 1321, 301. 1322, 307. 1325, 323.
— Heinrich 1352, 469.
— Margareta 1325, 328. 1326, 332.
— Mechthild 1326, 332.
— Otto 1352, 469.
v. Echem. Gerefried 1239, 62. 1251, 74.
v. Elbingen. Diedrich 1350, 457. 1364, 561.
— Eggard 1367, 588.
v. Erteneborg. Diedrich 1287, 152. 154.
— Hartwich 1239, 64.
v. Esbeke. Friedrich 1247, 67.
v. Escherde. Johann 1289, 165.
v. Estorf. Alard 1257, 81.
— Echard, Eggard 1289, 162. 1343, 407. 1354, 492. 1361, 544.
— Johann 1361, 543.
— Johann und Ludolf 1361, 544.
— Konrad 1310, 265. 1289, 162.
— Ludolf 1269, 104. 1276, 119. 1283, 143. 1290, 175. 1303, 251. 1310, 265. 1354, 492.

v. Estorf. Manegold 1219, 10. 1239, 62. 1247, 67. 1261, 85, a. 1269, 104.
— — (Slichte) 1282, 140. 1343, 407.
— — (Struve) 1295, 218. 1276, 119. 1282, 138. 141. 1290, 175. 1293, 198.
— Otto 1354, 492. 1361, 544.
— Segeband 1354, 492.
v. Evering. 1296, 221.
Eylemann. 1282, 141. 1288, 160.
— Albert 1298, 229. 1301, 243.
— Mechthild 1298, 229.
Ficke. 1348, 442.
v. Gamme. Johann 1330. 456.
v. Garssenbüttel. Lüdinger 1348, 438.
Greving. Heinrich 1315, 281. 1322, 305.
— Johann 1276, 119.
Grote. Gebhard 1285, 144. 1317, 286. 1322, 304. 1334, 373.
— Johann 1294, 215.
— Otto 1226, 42. 1231, 49. 50. 1243, 65. 1247, 67. 1262, 88. 1263, 91. 1266, 99. 1269, 104. 1282, 138. 1294, 215. 1306, 258. 1317, 286. 1322, 304. 1359, 534. 1360, 541. 1367, 595.
— Werner 1231, 49. 50. 1317, 286. 1322, 304. 1337, 386. 1341, 401. 1343, 407. 1360, 541.
— Wulbrand 1360, 541.
Grubo. Heinrich 1247, 67.
v. Gustede. Willekin 1275, 116. 1276, 120. 121. 1277, 122. 123.
Gyr. Heinrich 1346, 432.
— Lambert 1205, 34. 1219, 40. 1239, 62.
— Ulrich 1205, 34. 1228, 45. 1239, 62.
v. Handorf. Joh. u. H. 1343, 408.
v. Hanensee. Lüder 1344, 414.
v. Heimbruch. Bernhard 1367, 579.
— Berthold 1341, 401.
v. Heimburg. Anno 1247, 67.
— Heinrich 1263, 91.
Helenbold. 1230, 47.
Herbord. 1257, 81. 1258, 82.
Herewich. 1247, 67.
v. Hitacker. Diedrich 1343, 407. 1349, 455. 1358, 631.

v. Hixacker. Bicke 1344, 417.
— Jordan 1295, 216. 1303, 251.
1349, 455.
v. Holdenstede. Konrad u. Johann
1293, 200.
Holle. Albert 1269, 106. 1271, 110.
v. Honhorst. Ludolf 1354, 489, a.
1355, 510. 1357, 519.
v. Honleghe. Ludolf und Johann
1348, 438.
v. Hoferinghe. Friedrich 1239, 62.
1243, 65.
v. Jagow. Arnd 1369, 615.
Jordan. 1239, 62. 1263, 91.
Jufarius. 1247, 67.
v. Keredorp. 1281, 135.
Kind. Barthold 1368, 601.
— Gerhard 1306, 258.
— Heinrich 1205, 34. 1306, 258. 1335,
379. 1341, 401.
— Hermann 1364, 561. 1368, 601.
— Nikolaus 1294, 210. 1314, 278.
— Wasmod 1262, 88. 1268, 103.
1295, 218. 1299, 232. 1306, 258.
1322, 303. 1368, 601.
v. d. Knesebeck. 1328, 339.
— Bodo 1351, 460. 1355, 498.
— Boldewin 1355, 498.
— Hempo 1351, 460. 1355, 498.
— Henning 1351, 460.
— Johann 1355, 498.
— Wasmod 1293, 198.
Knigge. Heinrich 1357, 519.
— Johann und Arnd 1367, 588.
v. Langlingen (Langhele). Chri-
stian 1343, 407. 1367, 588. 592.
v. Lauenburg (Lovenborg). Ber-
tram 1335, 381.
— Gebhard 1225, 41. 1226, 42.
1228, 45. 1230, 47.
— Werner 1225, 41. 1226, 42.
v. Lobeke. Boldewin 1338, 389.
1349, 455. 1365, 567.
— Gerlich 1365, 567.
— Heinrich 1338, 389. 1365, 567.
— Bicke 1365, 567.
v. Lüchow. Burchard 1231, 49.
Lüder. 1205, 34.
v. Lüneburg. Eylemann, Albert
1294, 209.
v. Lützow. 1322, 305.

v. Mandelslo. Harbord 1342, 405.
v. Marboldestorp. Segeband 1247,
67.
v. Marsouwe. Werner 1322, 305.
v. Meding. Alecke XIII. Jahrh.
88, a.
— Boldewin 1344, 420.
— Friedrich und Jordan 1231, 52.
— Hermann 1322, 307. 1337, 337.
1338, 388. 388, a. 1341, 401. 1343,
408. 1344, 420. 421. 1349, 449.
1355, 510. 1356, 516.
— Jordan 1291, 183. 186. 1343, 408.
1344, 420.
— Otto 1291, 183. 1343, 408.
— Paridam 1225, 41.
— Wasmod 1343, 408. 1344, 420.
1352, 478. 479.
— Werner 1205, 34. 1228, 45. 1231,
49. 1239, 62. 1243, 65. 1247, 67.
1262, 88. 1263, 91. 1264, 95. 1269,
104. 1275, 116. 1285, 144. 1297,
150. 1289, 164. 1291, 183. 186.
1293, 198. 1295, 218. 1304, 255.
1314, 278. 1322, 307.
v. Melbeke. Christian 1352, 470.
— Heinrich 1352, 470.
— Johann 1287, 154. 1289, 162.
1352, 470.
— Werner 1352, 470.
v. Moule (Mul). Friedrich 1257,
81. 1258, 82. 1262, 88. 1263, 91.
— Johann 1243, 65. 1251, 74. 1264,
94. 1322, 305.
— Ludolf 1285, 144.
— Ulrich 1322, 305.
— Werner 1264, 94.
Mope. Bernhard 1228, 45.
v. Münchhausen. Diedrich 1342,
405.
v. Neetze (Nezen). Johann 1290,
175.
v. Oberg. Hildemar 1269, 104. 1277,
122. 1297, 150.
v. Odeme (Odem). Alexander 1228,
45.
— Eberhard 1239, 62. 1247, 67.
1262, 88. 1263, 91. 1313, 276.
277. 1322, 309. 1338, 394.
— Elisabet 1322, 309.
— Gebhard 1338, 394. 1355, 511.

v. Odeme (Odem). Gerhard 1337, 386. 1338, 394. 1368, 600.
— Godeward 1321, 301.
— Gottfried 1315, 281. 1317, 286. 1318, 288.
— Huner 1253, 75. 1257, 81. 1258, 82. 1262, 88. 1263, 91. 1269, 104. 1276, 119. 1282, 142. 1286, 145. 146. 1301, 245. 1327, 333. 1334, 373. 1336, 384. 385. 385, a. 1338, 391. 392. 1341, 401. 1343, 407. 1355, 511. 1364, 561. 1369, 611.
— Philipp 1322, 309.
— Segeband 1312, 274. 1322, 315.
Pauenberg (Pawenberg). Diedrich 1354, 490.
— Werner 1354, 490. 1360, 541.
v. Plato (Plote). Gebhard, Hildemar und Huner 1369, 615.
— Paridam 1354, 489, a. 1355, 510. 1357. 519.
— Rabode 1369, 615.
v. Prome. Friedrich 1293, 195.
Pustele. Bethmann und Johann 1352, 469.
Rammekendorp. Hartwich 1343, 407.
v. Rapenstede. Otto 1200, 31.
v. Reden. Barthold 1344, 414. 1355, 510. 1357, 519.
— Segeband 1354, 489, a. 1355, 510. 1367, 588.
v. Remstede (Römstedt). Bernhard 1350, 457.
— Heinrich 1350, 457.
— Johann 1340, 397. 1350, 457.
— Nikolaus 1350, 457.
— Ulrich 1350, 457. 1368, 604.
Ribe. Hermann 1278, 126. 1289, 165.
— Johann 1352, 469. 470.
v. Ritzerow. Berthold 1337, 386.
Rone. Ludolf 1343, 407.
— Otto 1304, 253.
Runteshorn. Marcard 1366, 577.
v. Salbern. Aschwin 1295, 216. 1354, 491. 1357, 519.
— Heinrich 1354, 491.
— Eivert 1367, 588. 1369, 620.
— Johann 1269, 104 1355, 510.

Schack (Scacke). Egbard 1225, 41. 1226, 42. 1243, 65. 1247, 69. 1253, 76. 1263, 91. 1269, 104. 1273, 111. (v. Wrestorp) 1276, 119. 1278, 126. 1282, 138. 1293, 192. 1335, 388. 1339, 595. 1352, 468.
— Gebhard 1341, 402. 1344, 417.
— Heinrich 1354, 492.
— Johann 1324, 321. 1325, 321. 1338, 394. 1339, 395. 1341, 401. 1352, 468.
— Ludolf (Lübeke) 1335, 380. 381. 1341, 402. 1344, 414. 417.
— Wasmod 1341, 402. 1354, 492.
Scharpenberg. Johann 1335, 381.
— Ludolf (Lübeke) 1278, 126. 1335, 381.
Schlepegrell. Gerhard 1358, 526.
Schorleke. Johann 1341, 402. 1344, 414. 417.
— Ludolf 1341, 402. 1344, 417.
Schorlemorle. Ludolf 1278, 126.
v. d. Schulenburg. Henning u. Werner 1351, 460.
Schulte. Berthold 1341, 401. 1343, 407.
v. Schwerin. 1262, 88.
— Detlev 1327, 337.
— Diedrich 1324, 318. 1325, 323, a. 1327, 337.
— Georg 1276, 119.
— Heinrich 1276, 119. 1293, 192. 1295, 216. 218. 1348, 440. 1349, 449. 1352, 470. 1362, 552. 1363, 600. 1369, 616.
— Otto 1324, 317. 318. 1325, 323, a. 325. 1327, 334. 337. 1339, 396. 1341, 401.
— Werner 1243, 65. 1253, 76. 1276, 119. 1282, 138. 1285, 144.
Scucke. Gebhard sen. 1306, 258.
— Hildemar 1228, 45.
v. Sebenhusen. 1251, 74.
v. Serkem (Sarke). Burchard 1269, 106.
— Helenbert 1253, 76.
Slette. Diedrich 1357, 519. 1361, 547. 1365, 568.
Snewe. Burchard 1335, 383.

Sporele(Spörke). Johann 1367, 583. 1368, 604.
Sprengel. Heinrich 1322, 305.
Sprenger (Saltator). Bernhard 1273, 111.
— Manegold 1276, 119.
v. Stade. Willekin 1306, 258.
v. Swartenbeke. Wolf 1335, 381.
v. Thune. Anton 1324, 377.
— Diedrich 1352, 477.
— Gödeke 1352, 469. 1354, 490.
— Heinrich 1334, 377. 1352, 477.
— Johann 1322, 305. 1339, 395. 1352, 477. 1358, 531.
— Lippold 1352, 477.
— Otto 1321, 301. 1322, 305. 309. 1334, 377. 1349, 455. 1360, 541. 1367, 582. 595.
— Segeband 1334, 377. 1364, 561.
— Ulrich 1273, 111.
v. Todendorpe. Diedr. 1352, 470.
— Werner 1253, 76. 1254, 77.
v. Tzule. Detlev und Vollrath 1355, 501.
v. Veltheim. Heinrich 1348, 438.
v. Vreden. Lippold 1367, 588.
v. Walmede (Walmoden). Diedrich 1269, 104.
— Wasmod 1239, 62.
Weber (Aries). Nikolaus 1247, 67.
v. Wenden. Baldwin 1263, 91.
— Boldewin u. Heinrich 1273, 111.
— Heino 1247, 67. 1289, 164.
v. Wenthusen. Alexander 1276, 121.
v. Werdhen. Alexander 1219, 40.
v. Werle. Heinrich 1281, 135.
v. Wittorf. Diedrich 1296, 221.
— Drochlews 1326, 331.
— Gebhard 1205, 34. 1218, 38.
— Heinrich 1278, 126. 1354, 488.
— Johann 1321, 301. 1352, 469. 470. 475.
— Otto (Truchses) 1205, 34. 1361, 544. 1354, 488. 1367, 582.
— Segeband 1239, 62. 1248, 70. 1315, 281. 1317, 286. 1318, 288. 1321, 301. 1322, 305. 1324, 317. 1345, 425. 1349, 449. 455. 1352, 469. 470. 475. 476. 478. 479. 1353, 483. 486. 1354, 488. 1368, 597.

v. Wittorf. Werner 1205, 34.
v.d. Word (Area). Diedrich 1247, 67.
v. Wrestede. Heinrich 1258, 83. 1263, 91. 1289, 165. 1293, 198.
v. Wrestorp. Eckhard u. Ecardo 1276, 119.
Wulf. Busse 1364, 561.
— Marquard 1342, 406.
v. Wustrow. Deithard 1321, 302.
— Gerhard 1355, 498. 1369, 615.
Zabel. Bertram 1322, 316.
— Hartwich 1322, 312.
— Otto 1322, 312. 1344, 414.
v. Zarenhusen (Zarensen). Johann 1338, 394. 1367, 582.

g) Bürger.

Abbenburg. Hartwich 1356, 514. 1368, 597.
— Heinrich 1322, 310.
— Johann XIII. Jahrh. 88, a.
Abbo. 1219, 40.
Alard, Ricberni. 1276, 120.
Albert, Wolberti. 1310, 265.
v. Alfeld. Simon 1322, 310.
Apenborch. Eler 1335, 505.
v. Arnheim. Arnd 1359, 537.
Arnold, Mag., Arzt. 1354, 494.
Atendher (Atenborn). 1286, 145.
Ballup. Heinrich 1317, 287.
Bar. Nikolaus und Johann 1326, 330.
v. Bardewik. Mechthild XIII. Jahrh. 88, a.
v. Barscamp. Wasmod 1219, 40.
Barthold, Advocati. 1260, 85.
Bartholdi. 1261, 85, a.
— Hermann 1338, 390.
— Johann 1306, 256.
— Nikolaus 1345, 428.
Beckerworte. Albert und Ludolf 1361, 547, a.
v. Benthelen. Heinrich 1324, 319.
Berewinkel. Johann 1312, 272.
v. Berge. Johann 1266, 99. 1267, 100. 1286, 147. 1287, 154. 1294, 215.
Bertram. Heinrich 1351, 463.
Beve. Eylemann 1320, 299. 1339, 395. 396.
— Johann 1339, 396. 1352, 469.

475. 1353, 485. 1355, 510. 1357, 519. 525.

Biel (Bie). Nikolaus 1219, 40. 1226, 42.

v. Bispingen (Biscopinge). Heinrich 1340, 399.

Boleke. Nikolaus und Ermgard 1367, 596.

Bolte. Nikolaus 1345, 425.

v. Boltessen. Johann XIII. Jahrh. 88, a.

v. Bomgarde (a Pomerio) 1281, 136.
— Heinrich 1282, 137. 1297, 223. 1275, 115.
— Jakob 1297, 223.
— Nikolaus, Jakob und Johann 1269, 106.
— Nikolaus 1219, 40.

v. Bora. Friedrich 1260, 85.

Brasche. Hermann 1360, 538.

v. Bremen. Heinrich 1355, 509.

Bromes. Diedrich 1322, 310. 1366, 577.

Brotvos. Konrad 1317, 286.

Brower (Braxator). XIII. Jahrh. 88, a.

v. d. Brügge. Arnold 1361, 547.
— Jakob 1367, 581.
— Siegfried 1276, 118. 1277, 124. 1289, 164. XIII. Jahrh. 88, a.

v. Bugen. Hartwich 1351, 462.

Burge (Bürger?). Adam 1225, 41. 1226, 42.

Burmester. Arnold 1355, 506.
— Diedrich 1289, 162. 1355, 506.
— Johann 1356, 514.

Capelle. Andreas und Diedrich 1352, 470.

v. Clinghenberg. 1344, 419.

Cracht. 1225, 41.

v. Dalenburg. Diedrich 1357, 519.

Degenhard. 1328, 338.

Dicke. Johann 1287, 152. 154. 1289, 162. 1290, 176. 1292, 190. 1366, 573.

Diedrichs. Johann 1350, 458.

v. Diersbüttel. 1322, 320.

Dithmers. Johann 1367, 585.

Ditmar (Sodmeister). 1291, 183.
— Gerberti 1276, 120.

am Dore. Wichern 1267, 102. 1268, 103.

Dorlin. Lüder 1225, 41.

Dovel. Johann 1321, 302.

Ebeber. Johann 1342, 404.

v. Eilbeke. Johann 1325, 327. 1326, 329.

Elmepger. Meyneke 1350, 459. 459, a.

v. Elbingen. Richard 1340, 399.

Elver. 1264, 95.

v. Empsen (Emmessen). Abelheid 1347, 433.
— Johann 1326, 329.

v. Erpensen. Bernhard, Heinrich, Ditmar und Lambert 1323, 313.

Eyko. Heinrich 1244, 66.

Fersen. Johann 1308, 261.

Fortis (Starke). 1261, 86.

v. Gardelegen. Heinrich 1282, 139.

Garlop. Gerhard 1352, 469. 475. 477.
— Johann 1352, 474. 1355, 500. 504. 507. 1356, 517.
— Nikolaus 1366, 572. 1367, 588.

Gerbert. 1264, 95.
— Ditmar 1276, 120.

v. Gerbau. Nikolaus 1304, 254.

v. Gerstede. Gottfried 1368, 608.

v. Gillerminge. Titele 1350, 459.

Goltsmed. Bernold 1273, 113.
— Johann 1360, 541. 1367, 581.
— Siegfried 1338, 394.
— Verdewarb 1273, 113.

Gordelfleger. Johann 1354, 495.

Gottschalk. 1239, 64.

Grotenclaus. 1338, 389.

Grube. Achatius 1361, 545.

v. Hagen. Ludolf 1360, 542.

Halicbern. 1239, 64.

Halt (Holt). Hermann 1281, 136.

Hanenvot. Diedrich 1219, 40.

v. Hardestorp. Gottfried 1322, 310.

Hartwigs. Volfe 1358, 529.

Hassele. 1348, 440. 444. 1365, 569, a.

Hassekin. 1343, 407.

v. d. Heide. Edelke und Elisabet 1367, 584.
— Heinrich 1324, 318.
— Stefan XIII. Jahrh. 88, a.

v. Heil. Geiste. Ludwig 1322, 310.
Helvente. 1358, 531.
Hennefe. Hamer 1368, 595.
v. Hertesberge. 1366, 577.
Heyne (Werinberts). 1294, 212.
Hilbebrand. 1239, 64.
v. Hitfeld. Thomas 1219, 40.
Hogbeherte. Diedrich 1362, 552. 1365, 567. 1367, 581.
— Johann 1322, 310. 1362, 552. 1367, 581.
Holle. Albert 1276, 119. 1310, 266.
Holste. Hartwich 1361, 547, a.
Holt (Holb, Halt). Heinrich 1315, 283. 1322, 310.
— Hermann 1281, 136.
— Johann 1290, 174. 1303, 248.
v. Honovere. 1254, 77. 1257, 79. 81.
— Tancker XIII. Jahrh. 88, a.
v. dem Horne. Friedrich 1349, 449.
Hoth (Houth). Benedicta und Mechthild 1369, 613.
— Friedrich 1369, 613.
— Heinrich 1322, 310.
— Hermann 1325, 326. 1335, 380. 1344, 415.
— Jacob 1364, 559. 1365, 569, a. 1369, 613.
Hoyer (Hoger). Johann 1338, 389.
Hoyte. Albert 1350, 456. 1366, 577. 1368, 607, a.
— Johann 1320, 298.
— Nikolaus 1320, 298. 1322, 310, a. 1325, 322. 1350, 456. 1366, 577.
Hoymann. Heinrich 1364, 559.
— Johann 1336, 385.
v. Hude. Johann 1323, 315.
Hudzenvlet. Johann 1295, 216.
Hutfing. Johann 1366, 577.
Jordanis. 1219, 40. 1247, 67. 1248, 70. 1250, 73. 73, a.
Isernbume. Johann 1350, 459. 1361, 547, a.
Junge (Juvenis). Gebhard 1247, 67.
Kappenberg. Engelke 1369, 615.
Karl. 1265, 97. 98. 1269, 105. 106.
Kind (Puer). Heinrich 1264, 95. 96. 1268, 103. 1273, 113.
— Nikolaus 1250, 72. 1352, 477.
Kindeschemann. Eylemann 1362, 555.

Kramer (Institor). Lambert 1251, 74.
Krumfot. 1303, 251. 1304, 254.
Kruse (Crispus). Heinrich 1219, 40.
Lange. Christian und Ermegardis 1355, 506.
— Etheler 1264, 95.
— Heinrich 1293, 201.
— Johann 1352, 469. 475.
— Leonhard 1301, 245. 1352, 469. 475. 1358, 532.
Leo. Bernhard, Ludolf und Heinrich 1239, 64.
Loso. Martin 1276, 119.
Löwe. Hartwich 1287, 152.
Lübberstede. Friedrich 1312, 272.
— Gerbert 1338, 389.
v. Lübeke. Nikolaus 1250, 73, a.
v. Lüchow. Burchard 1338, 389. 1340, 368. 1343, 412. 1348, 440. 1350, 459. 1355, 510. 1357, 519.
Lucius. Borchard XIII. Jahrh. 88, a.
Lüdenger. 1239, 62.
Lüzeke. Ulrich 1367, 588.
v. Masendorp. Albert 1322, 310.
v. Melbeck. Johann 1276, 120. 1280, 130. 1368, 605.
— Mygele 1304, 254.
v. Metzendorf. Gerhard 1287, 151.
— Werner 1293, 202.
Miles (Ridder). Christian 1275, 116. 1287, 152. 154. 1288, 159. XIII. Jahrh. 88, a.
— Johann 1282, 139.
— Heinrich 1355, 510. 1365, 569, a. 1366, 572.
de Mirica (v. d. Heide). Heinrich 1324, 319.
Misner. Lüdemann 1360, 538.
van der Molen. Alheidis 1349, 451.
— Albert 1322, 305. 1325, 326. 1334, 373. 1335, 380. 1337, 386. 1352, 471. 1368, 607.
— Andreas 1302, 202.
— Ditmar 1352, 471. 1358, 529.
— Gebhard 1367, 582. 1368, 597.
— Heinrich 1322, 304. 1325, 323, a. 1327, 334. 337. 1338, 389. 1340, 398. 1344, 422. 1345, 424. 423. 1346, 431. 1348, 440. 1349, 451.

452. 453. 1357, 524. 1363, 558. 1365, 566. 1366, 571. 1367, 581.
van der Molen. Johann 1216, 37. 1343, 412.
— Nikolaus 1303, 252.
— Willekin 1254, 78.
v. Molzen. Heinrich 1339, 395.
Mornewech. Bertram 1287, 155.
v. d. Moyde (Müden). Everd 1361, 550.
— Johann 1366, 574.
Münter (Monetarius). Leonhard 1219, 40.
v. Nendorp. Friedrich 1263, 91.
Niebur. Jakob 1310, 269.
— Bernhard XIII. Jahrh. 88, a.
Riemarkt. Hoyer XIII. Jhrh. 88, a.
v. Nienlande. Gerbert 1315, 284.
Nieper. Lambert 1225, 41. 1226, 42.
Nikolai. Nikolaus 1293, 201.
v. Nusse. Lambert 1282, 137.
Nybbern ? 1250, 73. 73, a.
Nyenkerken. 1361, 547, a.
Olbern. 1239, 62. 1264, 96.
Om. Gerbert 1342, 404.
Ottersleben. Heinrich 1368, 604.
v. Duhusen. Rotein 1355, 505.
v. d. Ovenbostel. Henneke 1350, 459.
Paron. Nikolaus 1257, 81. 1287, 152.
Pentze. Johann 1363, 556. 1364, 560.
v. Peyne. Johann 1294, 213.
— Heinrich XIII. Jahrh. 88, a.
Pleskow. Jakob 1367, 594.
Polur. Marcward 1263, 89.
Pravest. Gerhard 1317, 287.
Prekel. Johann 1290, 173. 175. 1322, 310. 1345, 425.
v. Preten. Heinrich 1322, 310.
v. Putensen. Lüder 1322, 310.
Rambeke. Rolef 1366, 577.
v. Ramelslo. Heinrich 1340, 399.
Raper. Nikolaus 1322, 310.
Rapesilver. Johann 1280, 132.
Remeke. Tibeke 1361, 550.
Remensnider. Albert 1361, 547, a.
— Heinrich 1287, 152. 1289, 162. 1290, 170.
v. Rempstede. Johann 1323, 315, a.
v. Repenstede. Elver 1282, 137.

Ridder f. Miles.
Rilbern. 1250, 73. 73, a.
Rikward. 1239, 62.
vam Ripe. Berthold 1309, 262. 1367, 583.
— Godeco XIII. Jahrh. 88, a.
de Robe. Make 1354, 495.
Robe. Heinrich 1315, 284.
v. Robenborch. Anton 1322, 309.
Rossack. 1293, 195. 1304, 255.
Rokswale. Johann 1360, 541.
Rosenkamp. Johann 1319, 292.
Rotgherd. Daniel 1358, 526.
Röver. Ludolf 1355, 497.
Ruoter. Wichmann 1366, 577.
Ruscher. Tibeke (Diedrich) 1358, 530. 1360, 538.
— Lüdemann 1360, 538. 1368, 601.
Ruzenbek. Peter und Marquard 1388, 388.
v. Saltwedele. Johann XIII. Jahrh. 88, a.
de S. Spiritu. Johann 1257, 79.
v. Sande. Friedrich 1287, 152. 154. 1289, 170.
— Jakob, Lübiger, Andreas 1276, 117.
— Johann 1325, 326.
— Lübinger 1277, 123. 1309, 263.
— Volkmar 1287, 152.
Sarborn. Johann 1322, 310.
v. Schermbeke. Reyner 1355, 497.
Schiltsten. Diedrich 1334, 371. 1335, 380.
— Nikolaus 1322, 310.
Schomaker. Nikolaus u. Heinrich 1368, 604.
Schröder (Sartor). 1250, 73. 73, a.
v. Seedorp. Hakon 1308, 261.
Segherd (Segherdes). Konrad 1335, 380. 1352, 471. 474. 1353, 482.
v. Selben. Eylemann 1319, 291. 1355, 500. 504. 507.
— Konrad 1322, 310.
Semmelbecker. Albert 1358, 530.
— Johann 1358, 530. 1360, 538. 1361, 547. 1366, 577. 1367, 588.
Slepegrelle. Marquard 1358, 290.
Smilow. Heinrich 1342, 406.
Sodmester. Ditmar 1287, 152.
— Gerbert 1322, 305.
— Johann 1271, 110.

Springintgub. Diedrich 1366,
572. 1367, 588. 1368, 597.
Stadvogede. Albert 1359, 534.
1260, 85.
— Jurius 1239, 64.
v. Stenbike. Ludolf XIII. Jahrh.
88, a.
v. d. Stenhuse. Johann 1357,
519. 1367, 588.
Stesouwe van Saltwidele.
XIII. Jahrh. 88, a.
Stoterogge. Johann 1335, 379.
1352, 470.
Stovermann. Mechthild 1348, 445.
Stüve(Stubo). Hoyger 1282, 137.
— Ludolf 1250, 72.
v. d. Sülten. Gerd 1369, 616.
— Hartwich 1301, 246. 1320, 299.
1355, 510. 1357, 519. 525. 1365,
567. 581. 1368, 600. 1369, 616.
Swaf. Johann, Diedrich, Heinrich
1359, 528.
Swarmestede. Johann u. Jakob
1365, 566.
Swarte (Niger). Johann 1267, 102.
v. Teche. Heinrich XIII. Jahrh. 88, a.
Thode (Todo). Albert 1353, 484, a.
485. 1361, 550. 1365, 569, a.
— Diedrich 1322, 310. 1335, 380.
— Johann 1286, 149. 1353, 484, a.
1365, 569, a.
— Segehard 1353, 484, a.
Tidemann. 1271, 110.
v. Toppenstede. Harder 1276, 119.
— Nikolaus 1340, 397. 1354, 495.
1358, 532. 1361, 549.
— Reiner 1322, 307.
v. d. Trave. Amelung 1344, 419.
Tyle. Hermann 1352, 469.
Tynapelle. Rudolf 1361, 548.
Ube. Mechthild 1322, 310.
v. Uelzen. Gode 1322, 310.

v. Uelzen. Nikolaus 1361, 547, a.
Velehaveren. Johann 1357, 519.
Velping. Diedrich 1322, 310.
v. Verden. Ermgard und Riksa
1358, 529. 1362, 554.
v. Vintlo. Ludolf 1354, 495.
Viscule. Heyne 1355, 510. 1365,
569, a. 1367, 588.
Volkmers. Johann 1360, 538.
Wanperberge. Friedrich 1362, 552.
v. Warendorf. Hermann 1327, 336.
Wasmod. 1271, 110.
Webber. Marquard 1322, 310.
v. Webbessen. Lüder XIII. Jahrh.
88, a.
v. Wenthusen. Tancmar XIII.
Jahrh. 88, a.
Werner Lippolds Sohn. 1293,
202.
v. Wernigerohde. Bertram XIII.
Jahrh. 88, a.
v. d. Weser. Ludolf und Fried-
rich 1366, 577.
— Volkmar, Volzeke 1353, 484, a.
1360, 538. 1366, 577.
v. Wetendorp. Johann 1322, 310.
Wichbert. 1271, 109.
Wichemete. Heinrich 1294, 212.
Widekin. 1239, 62.
Widing. Nikolaus 1355, 505. 1366,
574.
Wido. 1251, 74.
Willers. Johann 1365, 569, a.
Witte. Gertrud 1351, 466.
v. Wittingen. Albert XIII. Jahrh.
88, a.
Wolersin. Johann 1355, 505.
Wrighe. Eckard 1343, 407.
Wulferd. 1271, 109.
Wulfhagen. Albert 1293, 201.
Zabel. Ditmar und Nikolaus 1345,
426. 426, a.

Ortsverzeichniß.

Amelinghausen 1352, 470.

Amelungsborn 1273, 111. 1327, 336.

Arendsee 1340, 398, a. 1351, 463.

Artlenburg (Erteneborg) 1181, 28. 1278, 128. 1323, 316. 1335, 381. 382. 1362, 553. 1366, 572. 677.

Bardengo 795, 1.

Bardewik 795, 1. 2. 1181, 28. 1226, 42. 1247, 69. 1251, 74. 1276, 117. (S. Nikolai Hof 1278, 127.) 1300, 240. 1319, 293. 1366, 572. 1369, 611. 612. (Egistius 2.)

Barendorf (Berdorp) 1291, 181. 1354, 492. 1364, 561.

Behringen 1352, 468.

Bergen b. Zelle 1269, 104. 1293, 192.

Besenhorst 1362, 553. 1369, 614.

Betzingerode (Marienrode) 1287, 150. 1323, 315.

Bevensen 1293, 192. 1348, 439.

Beverbek 1352, 470.

Bierde 1293, 192.

Bilm (Bilne) 1348, 447.

Blekede 1278, 128. 1293, 192. 1351, 464. 465. 1352, 469. 1354, 490. 492. 1355, 510. 1365, 568. 1366, 572. 577. 1367, 586. 588.

Blücher (Bluchter) 1352, 477.

Böddenstedt (Bodenstede) 1360, 541. 1367, 595.

Bodenteich 1293, 192

Boizenburg 1280, 131. 1281, 132.

Bokel (Bokene) 1352, 470.

Bolterfen 1326, 330.

Braunschweig 1227, 44, b. (Gerei 84). 1289, 165. 1320, 300, 1361, 491. 1360, 540. 1367, 586. 590.

Bremen 1276, 118.

Brese 1358, 531.

Brockwinkel (Brechwinkele) 1335, 389.

Bruchdorf 1343, 410.

Buchhorst (Bokhorst) 1323, 316. 1335, 381. 1349, 454.

Buxtehude 1273, 111. 1366, 572.

Clöße 1355, 498.

Crissowe 1334, 377.

Dachtmissen 1334, 373. 374.

Dalenburg 1293, 192.

Dambek 1358, 533. 1366, 572.

Dänemark 1361, 545, a.

Dannenberg 1293, 192. 1301, 240. 1355, 510. 1367, 588.

Darzing 1357, 520.

Deutsch Evering 1365, 569, a.

Distorf 1315, 282. 1323, 313. 1351, 469. 1355, 506. 1366, 572.

Ditmarschen 1357, 520.

Doberan 1273, 111. 1349, 454.

Drage 1278, 128.

Drenhausen (tribus domibus) 1301, 171. 1308, 261, a.

445

Ebstorf 1319, 294. 1344, 415. 1355, 500. 504. 507. 1366, 572. 1367, 585 a.
Eimbeck 1360, 540. 1361, 551.
Eislingen (Zollenspeicher) 1278, 126. 128. 1291, 185. 1341, 402. 1344, 414. 1357, 525.
Eldagsen 1355, 510. 1367, 588.
Emmendorf 1348, 439. 1350, 457.
Erteneborg s. Artlenburg.
Etzen (Ediffen) 1298, 229.
Fallingbostel 1293, 192.
Falsterbo 1368, 602.
Fehmarn 1368, 602.
Garlstorf 1367, 582.
Garze 1369, 616. 1368, 600.
Geesthacht (Hachede) 1335, 381. 1342, 406. 1357, 520.
Gent 1200, 32.
Glüsing 1321, 301. 1315, 281.
Göddingen (Godingbe) 1364, 561. 1369, 611. 612.
Gödenstorf (Gedenstorpe) 1343, 407.
Golste (Goltstede) 1335, 379.
Gorlosen 1354, 496.
Goslar 1359, 537. 1360, 540.
Götze (Ghotessen) 1299, 232.
Güstrow 1281, 135.
Hachede s. Geesthacht.
Hagen 1348, 447.
Häklingen 1368, 601.
Hamburg 1239, 63. 64. 1258, 83. 1270, 107. 1287, 152. 1288, 157. 1294, 211. 1295, 220. 1298, 228. 1299, 231. 1315, 284. 1366, 572.
Hameln 1360, 540.
Handorf XIII. Jahrh. 88, a.
Hannover 1273, 112. 1355, 510. 1357, 519. 525. 1360, 540. 1367, 586. 588. 1368, 609.
Harburg 1273, 112. 1293, 192. 1367, 586. 588. 1369, 615.
Harvstehude 1366, 572.
Haue 1344, 414.
Haverbeck 1301, 244.
Heiligenthal 1352, 469. 1366, 572.
Hemme 1357, 520.
Hitfeld 1293, 192.
Hitzacker 1278, 128. 1290, 175. 1293, 192. 1301, 245.
Hohnstorf 1362, 552.
Holdenstedt 1286, 148. 1293, 192.

Holtorf 1334, 377.
Holzen 1322, 309.
Holzen (Holzele) 1369, 612.
Isenhagen 1280, 132. 1283, 143. 1287, 155. 1289, 162. 1291, 187. 1294, 213. 1302, 247. 1315, 280. 1322, 307. 1323, 313. 1325, 327. 328. 1326, 329. 332. 333. 1328, 339. 1338, 390. 1343, 413. 1347, 433. 1348, 445. 1349, 451. 1350, 458. 1353, 487. 1361, 546. 549. 1363, 558. 1366, 572.
Jütland 1239, 63.
Kirchgellersen 1235, 46. 1326, 329. 1335, 380. 1353, 482. 1361, 544.
Köln 1367, 591.
Königslutter 1135, 13.
Korbetz 1135, 13. 1345, 426.
Lauenburg 1278, 126. 128. (Stecknitzkanal 1342, 426). 1348, 442. 443. 444. 1349, 454. 1357, 520. (Elbfischerei 1362, 553.)
Lenzen 1368, 610.
Lichtenberg (Lechtenb.) 1273, 112.
Lübberstedt 1352, 470.
Lübeck 1218, 38. 1219, 40. 1227, 44. 1230, 47. 48. 1231, 49. 50. 1254, 78. 1282, 140. 141. 1286, 146. 1288, 161. 1289, 164. 166. 167. 170. 1290, 179. 1293, 191. 1294, 204. 209. 1300, 238. 1310, 269. 1335, 378. 1344, 419. 1361, 545. a. 551. 1367, 592. 594. 1368, 610. 1369, 617.
Lüchow 1293, 192. 1320, 295. 1334, 377. 1355, 498. 510. 1367, 588.
Lüdershausen 1352, 471. 474.
Lunden 1357, 520.
Lüne (Hluini) 795, 1. 1200, 31. 1205, 34. 1233, 56. 1248, 71. a. b. 1257, 79. 1276, 119. 121. 1299, 235. 1318, 288. 1349, 452. 453. 1355, 502. 1356, 512. 1366, 572. 575.
Lüneburg. Ablaß 1287, 153. 1290, 178. 1298, 230. 1299, 237. 1300, 239. 240. 1357, 520. 1365, 564. 565.
— Abtsmühle 1147, 17. 1234, 57.
— Abenbruch 1250, 72. 1291, 182. 1308, 261.
— Altstadt 1343, 408. 409. 1347, 437. 1368, 599.

Lüneburg. Badstube 1319, 292. 1356, 514.
— Bare (Bore) 1269, 104.
— Beckerstraße 1368, 598.
— Beginen 1289, 172. 1303, 250. 1314, 279. 1340, 398, a. 1344, 416. 1351, 466. 1358, 529. 1362, 554. 1366, 572. 1368, 607.
— Belagerung 1181, 28.
— Blauer Convent 1351, 466. 1362, 554. 1366, 572.
— Brücke 1289, 169.
— Brüderschaft S. Georgii 1366, 574.
— — S. Lamberti 1367, 596.
— Bündniß gegen den Herzog von Sachsen (Lauenburg) 1289, 168.
— Burg 951, 4. 1071, 11. 1139, 15. 1192, 30.
— Burgbau 1348, 439.
— Burglehn 1282, 142. 1295, 218. 1324, 319. 318. 321. 1325, 322. 1327, 334. 1328, 339. 1336, 384. 1338, 391. 392. 1340, 397. 1346, 431.
— Burgmänner (burgenses) 1225, 41.
— Bürgervorsteher 1290, 180. 1340, 400.
— Chirurgus 1306, 257. 1358, 533.
— Dachmünden 1348, 447.
— Dependal 1359, 534.
— Donatus burgensium antiquus 1290, 180.
— Elbzoll 1344, 414.
— Erbauung 1190, 29.
— Erbfall 1013, 8.
— Fleischbänke 1361, 550.
— Frauengerade 1361, 550.
— Gerberstraße 1355, 497.
— Gerichtswesen 1334, 375. 376.
— Gewerbe vor der Stadt 1369, 618.
— Gilden. S. Jakob 1366, 577. S. Jürgen 1355, 505. 509. S. Marien 1367, 579.
— Goldbach 1348, 447.
— Grimm 1359, 534.
— Grundbesitz der Stadt 1343, 408. 409. 410. 1344, 420. 421. 424. 1347, 434. 437. 1348, 447. 1349, 449. 1350, 457. 1351, 461.
— Handel 1280, 131. 1281, 133.

1282, 139. 1288, 156. 157. 13.. 296. 1322, 316. 1335, 582. 13.. 393. 1341, 403. 1344, 417. 13.. 439. 441. 444. 1357, 520. 1367, 1369, 619.
— Hanse 1295, 219. 1363, 555. 556. 1366, 574, a. 1367, 578. 594, a. 1368, 602.
— Häringshandel 1278, 126.
— Holzwegnahme 1365, 568.
— Hörige 1247, 67. 68.
— Horstenkamp 1341, 401.
— Hospitäler: a) S. Benedicti 12.. 142. b) S. Lamberti 1287, 1303, 251. 1304, 254. 1309, 1310, 265. 1317, 287. 1319, 1320, 297. c) Heil. Geist 12.. 186. 1303, 251. 1304, 254. 13.. 322. 326. 1353, 482. 484. 1358, 1361, 547, a. 1366, 572. d) Le.. Hof 1352, 469. 476. e) S. Ri.. Hof vor Bardewik 1251, 71. 1.. 127. 1293, 197. 1300, 240. 1.. 243. 1306, 256. 1318, 289. 1.. 337. 1334, 372. 1344, 422. 1345, 428. 429. 1346, 431. 1.. 440. 1349, 452. 453. 1352, 469. 1357, 524. 1358, 532. 1361, 54.. 1365, 566. 1366, 572. 1368,
— Huldigung 1288, 159.
— Ilmenau 1244, 66. 1343, 1348, 439. 1367, 586.
— Innungen 1226, 43. 1278, 1302, 248, a.
— Juden 1300, 242. 1306. 1326, 320. 1350, 459, b. 1351, 1355, 509.
— Julius Cäsar 2.
— Kaiserlicher Hof 1203, 33.
— Kaland 1310, 267. 1316, 1320, 300. 1352, 469. 1365,
— Kaltenmoor 1348, 447.
— Kämmerei 1302, 248, b.
— Kapellen a) S. Benedicti 1.. 21. b) S. Gertrudis 1358, 533. c) Heil. Geist am Me.. 1297, 225. 227. 1303, 252. 1.. 234. 1343, 413. 1365, 565. d).. Canuti 1233, 55. e) S. Lam.. 1322, 306. 1327, 335. 1355, f) S. Nikolai 1312, 273.

Lüneburg. Kirchen a) S. Cyriaci 1013, 8. 1106, 12. 1205, 35. 1253, 76. 1294, 214. 1313, 276. 1352, 469. 1366, 572. b) S. Johannis 1297, 226. 1327, 335. 1337, 387. 1343, 413. 1344, 416. 1349, 451. 452. 1355, 503. 505. 1361, 546. 1363, 558. c) S. Marien (Minoriten) 1371, 244.
— Kloster. Bürgertochter in Klöstern 1364, 562.
— Klöster a) S. Michaelis 906, 3. 954, 5. 956, 6. 965, 7. 1216, 37. 1225. 41. 1233, 55. 1234, 57. 1261, 86. 87. 1264, 96. 1282, 142. 1294, 214. 1297, 224. 1324, 320. 1353, 484. 1354, 489, a. 494. 1366, 571. b) Minoriten (Barfüßer) 1229, 46. 1235, 46. 1282, 138. 1297, 224. 1300, 244. 1304, 254. 1309, 264, a. 1310, 270. 1313, 276. 1348, 446. 1366, 572.
— Klosterhäuser a) Ebstorf 1355, 504. 1356, 517. b) Lüne 1318, 288. 1355, 502. 1356, 512. c) Oldenstadt 1351, 461. d) Scharnebeck 1356, 513. 1366, 577.
— Königszins 1303, 251.
— Koten vor dem Thore 1367, 585.
— Kreuzpfennige 1303, 251.
— Lakamp 1341, 401.
— Lehnverhältniß zum Kaiser 1355, 508.
— Leibzucht der Herzogin Mechthild 1288, 158. 159.
— Lobele 1251, 74.
— Lösegraben 1299, 235.
— Lunabild 2.
— Lunow 1.
— Marktzoll 965, 7.
— Maß 1312, 275.
— Meer 1343, 408. 409. 411.
— Modestorpe 1174, 25. 1190, 29 (Moyerstorpe). 1205, 35. 1248, 71. 1288, 160. 1297, 224. 225. 226. 1298, 227. 1310, 270. 271. 1312, 274. 1315, 281. 1316, 285. 1321, 301. 1322, 309. 1340, 399. 1365, 563.
— Mühle 1147, 17. 1234, 57. 1319, 293. 1356, 514. 1366, 571.

Lüneburg. Münze 1234, 58. 1293, 192. 193.
— Name der Stadt 2. 3. 4. 1002, 7. 1013, 8. 1037, 9. 1071, 11.
— Neue Land 1351, 461.
— Neustadt 1364, 561.
— Pfandschaft: Schloß Bleckede 1351, 464.
— Planken der Stadt 1254, 77.
— Polizei 1354, 495. 1364, 562, a.
— Rathmänner in Urkunden genannt 1359, 536.
— Rechtsspruch des Herzogs Erich von Sachsen 1337, 386.
— Rechtsverhältniß der Stadt 1344, 418.
— Redberkamp 1341, 401.
— Reisende, deren Sicherheit 1288, 156. 157. 158.
— Richter 1267, 100. 102.
— Ritter in der Stadt wohnend 1344, 421. 424.
— Rodenkamp 1341, 401.
— Salzhandel 1257, 81. 1258, 82. 1335, 381. 1369, 622.
— Salzzoll 1349, 454.
— Schiedsgericht 1340, 398.
— Schrangen 1294, 212.
— Schule des Klosters S. Michaelis 1353, 480.
— als Stadt bezeichnet 1013, 8.
— Stadtbuch 1289, 171. 1290, 180.
— Stadtmauer 1277, 122. 1347, 435.
— Stadtrecht 1247, 67. 1357, 518.
— Stadtrechte 1365, 568.
— Stadtschreiber. Nikolaus 1290, 180. Nikolaus Florecke 1363, 556. Johann Lentemann 1343, 407. Johann v. Remstede 1334, 171.
— Stadtschuld 1348, 438.
— Stadtverweisung 1353, 485.
— Stadtvogtei 1163, 23. 1369, 619.
— Steuer, herzogliche 1263, 91.
— Sülze 956, 5. 6. Neue Sülze verkauft, Monopol 1273, 111. 1274, 114.
— — Aslohn 1325, 323.
— — Bare (Bora) 1269, 104.
— — Altflodgut 1273, 111.
— — Haferpfennige 1231, 54.
— — Herzogengut 1273, 111.

Lüneburg. Sülze Herzogensilber 1273, 111. 1276, 118.
— — Siedezeit 1262, 88.
— — Sodmeister 1228, 45. 1271, 110.
— — Sonnabendspfennige 1286, 147. 1289, 167. 1325, 323. 1338, 391. 1368, 608.
— Sülzbach (Sültebeke) 1319, 292.
— — Sülzbrücke 1355, 500. 1356, 517. 1368, 597.
— — Sülzgut 15. Sülzgutpacht (Borehure) 34. Sülzgutpreise 1277, 123. 1281, 134. 1282, 140. 1286, 147. 1287, 150. 1289, 164. 166. 173. 1290, 174. 179. 1293, 198. 1294, 204. 206. 208. Auflassung 1267, 100. 102. 1268, 103.
— — Sülzhäuser, deren Namen 1231, 54. 1276, 118. deren Zahl vermehrt 1262, 88.
— — Sülzhülfe 1263, 90. 91. 92.
— — Sülzmonopol 1273, 111. 1274, 114.
— — Sülzrente 15. 88, a.
— — Sülzsteuer 1277, 122.
— — Sülzweg 1296, 221.
— — Sülzwiese 1231, 54. 1282, 142. 1313, 276.
— — Sülzzoll 956, 5. 6. 965, 7. 1225, 41. 1324, 320. 1351, 460. 1360, 538. 1366, 575. 1367, 580.
— — Vogtstiege 1276, 119.
— Testament 1297, 222.
— Thiergarten 1348, 447. 1299, 232.
— Thore 1369, 618. a) Grimmer Thor 1365, 569. b) Lindenberger Thor 1313, 276. 1344, 421. 1347, 434. 437. 1355, 511. 1361, 644. 1365, 568. c) Rothes Thor 1289, 169. 1325, 324.
— Turnier 1263, 93.
— Verdener Domstift 1367, 593.
— Viningburg 1295, 218. 1348, 447.
— Wage 1367, 584.
— Wedelenbek, Wedelenkamp 1341, 401.
— Weiderecht 1341, 401.

Lüneburg. Wordzins 1355, 502. 1356, 512. 513.
— Ziegelei 1282, 137. 1295, 218.
— Zoll 1368, 598. Ilmenauzoll 1348, 439. Zoll in Hamburg 1239, 64. Lauenburger Zoll 1248, 71. 71, a. 1278, 126. 1341, 402. 1342, 405.
— Zollhaus 1353, 481. 1366, 576.
— Zöllner 1294, 205. 1366. 576.
— Zollrolle 1300, 240. 1301, 243.
Marienrode 1287, 150.
Mariensee 1354, 493.
Marschacht 1308, 261, a.
Medingen 1280, 130. 1281, 134. 1318, 288. 1343, 410. 1349, 452. 1352, 469. 1366, 572.
Meklenburg 1369, 620. 621.
Melbeck 1303, 251. 1310, 265.
Mölln (Molne) 1278, 126. 128. 1341, 402. 1342, 406.
Münder 1355, 510. 1367, 588.
Nahrendorf 1368, 604.
Neetze (Retesse) 1282, 141.
Nendorf 1352, 469.
Neuencamp 1291, 184.
Neuen Gamm 1341, 402.
Neuenkirchen 1293, 192.
Neukloster 1315, 282. 1361, 546.
Neustadt a. R. 1367, 588. 1355, 510.
Nortdorp (Rottorf) 1343, 410.
Nowgorod 1295, 219.
Ochtmissen 1327, 337. 1348, 440.
Oedeme 1368, 601.
Oldendorf 1352, 470.
Oldenstadt 1294, 210. 1355, 497.
Oldeslo (Odeslo) 1154, 20.
Parkentin 1349, 450.
Pattensen 1355, 510. 1364, 561. 1367, 588.
Plön (Plone) 1361, 548.
Preußen, Kreuzzug, 1239, 63. 64.
Räber (Rebere) 1352, 470.
Radenbeck 1349, 455.
Ramelslo 1144, 16.
Rammelsberg 1360, 537.
Rastede 1124, 13. 1190, 13.
Ratzeburg 1167, 24. 1273, 113. 1277, 121. 1278, 128. 1291, 181. 1309, 264, a. 1322, 312.
Raben 1205, 36.

Nebboldestorp 1324, 318.
Reinbeck 1366, 572.
Reinefeld 1231, 51. 1273, 111. 1274,
   111. 1287, 151.
Neppenstedt 1322, 305.
Nethem 1367, 588.
Riddagshausen 1361, 545.
Rieste (Ristede) 1335, 393.
Ripenburg 1344, 418.
Rivus S. Mariae 1253, 75.
Salzwedel 1253, 75.
Safendorf 1352, 470.
Scharnebeck 1243, 65. 1250, 72.
   1253, 75. 1281, 134. 1282, 138.
   1291, 182. 189. 1294, 214. 1315,
   283. 1323, 314. 1352, 469. 1366,
   572.
Schöningen 1121, 13.
Schwinden 1362, 553. 1369, 614.
Slambeck 1361, 548.
Soltau 1234, 58.
Steinbeck 1243, 65.
Stralfund 1304, 255. 1361, 545, a.
Stübbinghorn 1235, 46.
Thune 1273, 112. 1293, 192. 1365,
   567.
Thüringen 1181, 28.
Tobeke 1353, 487.
Toppenstedt 1339, 395.
Törwe 1352, 470.
Tosterglope 1352, 470.

Uelzen 1270, 108. 1275, 115. 1278,
   128. 1289, 163. 1293, 192. 1348,
   439. 1355, 510. 1357, 519. 1367,
   586. 588.
Ummenart 1231, 49. 50.
Vemeren (Fehmarn) 1361, 548.
Verden 1264, 94. 1290, 177. 1293,
   194. 1294, 203. 1295, 217. 1312,
   273.
Visselhövede 1358, 526.
Vögelsen 1350, 459.
Walsrode 1203, 33. 1205, 36. 1205
   —1221, 36. 1250, 73. 1257, 80.
   1293, 192. 1303, 249. 1310, 266.
   1351, 462. 1354, 493. 1358, 533.
   1360, 542.
Westergellersen 1304, 255.
Weyhe (Weyneden) 1348, 439.
Wichmannsburg 1343, 410.
Wienebüttel 1335, 383.
Wienhausen 1235, 59. 1295, 220.
   1361, 546. 1366, 572.
Winfen a. L. (Winhusen) 1233,
   55. 1293, 192. 1318, 289. 1319,
   293. 1348, 446. 1355, 499. 510.
   1367, 586. 588.
Wittingen 1247, 69. 1293, 192.
Wittorf 1352, 477.
Wustrow 1355, 498.
Zelle 1292, 189. 1355, 510. 1367, 588.
Zollenspeicher s. Eislingen.

Verbesserungen:

S. 29. Z. 8 v. u. statt Brening lies Breming.

S. 35. Z. 12. Vogt Segeband gehörte nicht der Familie v. d. Berge, sondern v. Wittorf an.

S. 36. Z. 19 statt miles lies Miles; Gerefried war nicht Ritter, sondern hieß Ridder.

S. 106. Z. 10. Der Name Flöreke muß gestrichen werden. Nikolaus Flöreke ist erst 1355 Notarius geworden.

S. 268. Z. 2 v. u. statt 12. Jan. lies 21. März.

S. 310. Z. 17 statt 23. Juni lies 24. Juni.

S. 330. Z. 17 statt 1385 lies 1358.